高等学校土木工程专业"十四五"系列教材

建设工程法规

何 威 主 编

王 宁 副主编

中国建筑工业出版社

图书在版编目（CIP）数据

建设工程法规/何威主编；王宁副主编. —北京：
中国建筑工业出版社，2024.3
高等学校土木工程专业"十四五"系列教材
ISBN 978-7-112-29640-8

Ⅰ.①建… Ⅱ.①何…②王… Ⅲ.①建筑法－中国
－高等学校－教材 Ⅳ.①D922.297

中国国家版本馆 CIP 数据核字（2024）第 052018 号

本教材主要讲解构成建设工程法规体系的法律、法规，以《中华人民共和国建筑法》《中华人民共和国招标投标法》《中华人民共和国土地管理法》等为核心，同时辅以我国最新立法、司法动态及相关执业资格考试内容，较为详细地阐述了整个建设过程各个阶段的法律制度。本教材共 12 章，包括建设工程法规概述、建设工程基本法律知识、建设工程许可法律制度、建设工程合同与劳动合同法律制度、土地管理与城乡规划法律制度、建设工程勘察设计法律制度、房地产开发与工程监理法律制度、建设工程发承包与招标投标法律制度、建设工程安全生产法律制度、建设工程质量法律制度、建设工程相关法律制度、建设工程纠纷处理法律制度。本教材强调基础知识，注重理论联系实际，突出专业特色。

本教材既可作为高等学校土木工程、工程管理、工程造价、房地产开发与管理等专业的教学用书，也可作为注册建造师等执业资格考试的复习参考书。

为了更好地支持相应课程的教学，我们向采用本书作为教材的教师提供课件，有需要者可与出版社联系。建工书院：http：//edu.cabplink.com，邮箱：jckj@cabp.com.cn，电话：(010) 58337285。

责任编辑：吉万旺　周娟华
文字编辑：卜　煜
责任校对：赵　力

高等学校土木工程专业"十四五"系列教材
建设工程法规
何　威　主　编
王　宁　副主编
*
中国建筑工业出版社出版、发行（北京海淀三里河路 9 号）
各地新华书店、建筑书店经销
北京龙达新润科技有限公司制版
北京圣夫亚美印刷有限公司印刷
*
开本：787 毫米×1092 毫米　1/16　印张：25¾　字数：499 千字
2024 年 3 月第一版　　2024 年 3 月第一次印刷
定价：**68.00** 元　　（赠教师课件）
ISBN 978-7-112-29640-8
(42281)

前　　言

　　建设工程法规是高等学校建筑类、土木类、工程管理类等专业的一门必修课，也是建造师执业资格考试的必考科目。建筑业作为国民经济支柱产业，要进一步健康发展，就要对从业人员的职业素养、综合能力提出更高的要求。这门课程面对的是建筑类、土木类、管理类等专业的学生，主要目的是使学生能够在第一时间接触我国建设工程中涉及的最新法律、法规知识和操作实务，从而为培养懂技术、懂管理、懂法律的复合型土建类人才打下良好而坚实的基础。

　　本教材主要讲解构成建设工程法规体系的法律、法规，以《中华人民共和国建筑法》《中华人民共和国招标投标法》《中华人民共和国土地管理法》《中华人民共和国劳动合同法》《中华人民共和国城市房地产管理法》《中华人民共和国安全生产法》《建设工程质量管理条例》《建设工程安全生产管理条例》《中华人民共和国民法典》等为核心，同时辅以我国最新立法、司法动态及相关执业资格考试内容，较为详细地阐述了整个建设过程各个阶段的法律制度，包括建设工程法规概述、建设工程基本法律知识、建设工程许可法律制度、建设工程合同与劳动合同法律制度、土地管理与城乡规划法律制度、建设工程勘察设计法律制度、房地产开发与工程监理法律制度、建设工程发承包与招标投标法律制度、建设工程安全生产法律制度、建设工程质量法律制度、建设工程相关法律制度、建设工程纠纷处理法律制度。本教材强调基础知识，注重理论联系实际，突出专业特色。

　　本教材以高等学校人才培养目标为宗旨，立足于对学生职业素养与理论知识的强化，主要特点有：

　　（1）严格以最新颁布或修改的法律、法规为蓝本，特别是结合 2021 年 1 月 1 日起施行的《中华人民共和国民法典》中涉及的建设工程的相关规定，对建设工程程序进行有针对性的论述，具有显著的新颖性。

　　（2）严格按照建设项目的具体建设程序进行编写，涉及建设项目的全过程，内容更全面。

　　（3）认真设定知识目标及能力目标，凸显课程教学的时代性、创新性和应用性。

　　（4）各章内容后附有针对性练习题，以帮助学生更好地理解和掌握相关法律知识。

　　本教材在编写过程中参考了大量的法律条文、图书文献和网络资料，已在参考文献中列明，在此谨向各位作者表示感谢。

　　由于编者水平有限，书中难免存在疏漏和不足之处，敬请读者予以指正。

2023 年 3 月

目　　录

第1章　建设工程法规概述 ………… 1

1.1　建设工程法规的基本概述 …… 2

1.2　建设工程法规体系 ………… 4

1.3　我国现行建设工程基本法律 … 7

1.4　建设工程法律关系 ………… 10

1.5　建设工程程序法规 ………… 14

本章小结 …………………………… 15

课后练习 …………………………… 15

第2章　建设工程基本法律知识 … 18

2.1　建设工程法人制度 ………… 19

2.2　建设工程代理制度 ………… 22

2.3　建设工程物权制度 ………… 26

2.4　建设工程债权制度 ………… 31

2.5　建设工程知识产权制度 ……… 33

2.6　建设工程担保制度 ………… 41

2.7　建设工程保险制度 ………… 46

2.8　建设工程税收制度 ………… 51

2.9　建设工程法律责任制度 ……… 59

本章小结 …………………………… 61

课后练习 …………………………… 62

第3章　建设工程许可法律制度 … 65

3.1　建设工程施工许可制度 ……… 66

3.2　建设工程施工企业资质许可

管理制度 ……………………… 70

3.3　建设工程从业人员执业资格

许可制度 …………………… 74

本章小结 …………………………… 78

课后练习 …………………………… 79

第4章　建设工程合同与劳动合同

法律制度 ……………… 82

4.1　建设工程合同制度 ………… 83

4.2　建设工程劳动合同及劳动者

权益保护制度 ………………… 94

4.3　相关合同制度 …………… 110

本章小结 …………………………… 129

课后练习 …………………………… 130

第5章　土地管理与城乡规划法律

制度 …………………… 132

5.1　土地管理法 ……………… 133

5.2　城乡规划法 ……………… 142

本章小结 …………………………… 151

课后练习 …………………………… 151

第6章　建设工程勘察设计法律

制度 …………………… 154

6.1　建设工程勘察设计概述 …… 155

6.2　建设工程勘察设计资质

管理 ………………………… 158

6.3　建设工程勘察设计文件的

编制、审批与修改 ………… 162

6.4　建设工程勘察设计相关

管理 ………………………… 165

本章小结 …………………………… 171

课后练习 …………………………… 171

第 7 章　房地产开发与工程监理
**　　　　法律制度** ···············　174

7.1　房地产开发制度 ·············　175

7.2　建设工程监理法律制度 ·····　186

本章小结 ·····················　194

课后练习 ·····················　195

第 8 章　建设工程发承包与招标
**　　　　投标法律制度** ·········　197

8.1　建设工程发承包制度 ·······　198

8.2　建设工程招标投标制度 ·····　205

8.3　建筑市场信用体系建设 ·····　227

本章小结 ·····················　234

课后练习 ·····················　235

第 9 章　建设工程安全生产法律
**　　　　制度** ···············　237

9.1　建设工程安全生产管理
　　　概述 ·····················　238

9.2　施工安全生产许可制度 ······　239

9.3　施工安全责任和安全生产
　　　教育培训制度 ··············　243

9.4　施工现场安全防护制度 ······　255

9.5　施工现场安全事故的应急
　　　救援与调查处理 ············　270

9.6　建设单位和相关单位的建设
　　　工程安全责任制度 ··········　278

本章小结 ·····················　286

课后练习 ·····················　286

第 10 章　建设工程质量法律
**　　　　　制度** ···············　289

10.1　建设工程质量管理概述 ······　290

10.2　工程建设标准 ·············　291

10.3　施工单位的质量责任
　　　　与义务 ·················　298

10.4　建设单位及相关单位的
　　　　质量责任和义务 ·········　304

10.5　建设工程竣工验收制度 ·····　316

10.6　建设工程质量保修制度 ·····　326

本章小结 ·····················　329

课后练习 ·····················　330

第 11 章　建设工程相关法律
**　　　　　制度** ···············　332

11.1　施工现场环境保护制度 ·····　333

11.2　建筑节能与施工节能
　　　　制度 ·················　346

11.3　施工文物保护制度 ·········　354

本章小结 ·····················　360

课后练习 ·····················　361

第 12 章　建设工程纠纷处理法律
**　　　　　制度** ···············　363

12.1　建设工程纠纷概述 ·········　364

12.2　调解、和解制度与争议
　　　　评审 ·················　368

12.3　民事诉讼制度 ············　372

12.4　仲裁制度 ···············　388

12.5　行政复议和行政诉讼
　　　　制度 ·················　395

本章小结 ·····················　400

课后练习 ·····················　400

参考文献 ·······················　403

第 1 章

建设工程法规概述

● 学习目标 ●

知识目标

掌握建设工程法规的概念、基本特征以及调整对象；了解建设工程法规体系的构成；熟悉我国现行的建设工程基本法律；熟悉建设工程法律关系和基本程序。

能力目标

能够正确运用建设工程法规的概念解决基本问题；能够对建设工程中产生的基本民事关系进行分析、处理；能够运用法律知识维护合法的建设工程权益。

1.1 建设工程法规的基本概述

1. 建设工程法规的概念

建设工程法规是我国法律体系的重要组成部分之一，并在国家法律体系中占有重要的地位。建设工程法规是指国家立法机关或其授权的行政机关制定的，旨在调整国家及其有关机构、企事业单位、社会团体、公民之间在建设活动中或建设行政管理活动中发生的各种社会关系的法律规范的总称。其中，（1）建设活动是人类基本的生产活动之一，主要包括土木建筑工程、管线工程和设备安装工程的新建、扩建和改建活动及建设装饰、装修活动；（2）各种社会关系主要有建设活动中的行政管理关系、经济协作关系和其他民事关系。建设工程法规直接体现了国家对建设工程、建筑行业等建设活动进行组织、管理、协调的方针和基本原则。

建设工程法规是由与建设活动有关的法律、行政法规、行政规章、地方性法规、政府章程组成的有机整体。建设工程法规与绝大多数法律部门都有一定的联系，尤其与行政法、民商法、社会法联系紧密。

2. 建设工程法规的基本特征

建设工程法规除了具备一般法律、法规所具备的规范性、概括性、普遍性、强制性等特征外，还具有有别于其他一般法律、法规的特征，具体体现在：

1）行政强制性

建设工程活动投入资金量大，需要消耗大量的人力、物力、财力及土地等资源，涉及面广，影响力大且持久。另外，建设工程所产生的产品的质量还关系到人民的生命和财产安全，国家必须采用行政手段来规范建设活动，从而保证人民的生命财产安全。这也造就了它的特殊性，使其与其他法律、法规有着较大的区别。这一特性决定了建设法律必然要采用直接体现行政权力的调整方法，即以行政指令作为主要的调整方法。建设工程法律的调整方式的特点主要体现为行政强制性，其调整方式主要包括：

（1）授权。国家通过建设工程法规授予国家建设管理机关某种管理权限或具体的权利，对建设业进行监督管理，如文件审批权限、工程质量监督等。

（2）命令。国家通过建设工程法规赋予建设法律关系主体某种作为的义务。如《中华人民共和国建筑法》（以下简称《建筑法》）规定："建筑工程勘察、设计、施工的质量必须符合国家有关建筑工程安全标准的要求，具体管理办法由国务院规定"。

（3）禁止。国家通过建设工程法规赋予建设法律主体某种不作为的义务，即禁止主体某种行为，如无证设计、无证施工、非法牟利等。

（4）许可。国家通过建设工程法规，允许特别的主体在法律允许范围内有某种作为的权利，如房屋建筑工程施工总承包企业资质等级，特级企业可承担各类房屋建筑工程的施工。

（5）免除。国家通过建设工程法规对主体依法应履行的义务在特定情况下予以免除，如工程投资额在 30 万元以下或者建筑面积在 $300\mathrm{m}^2$ 以下的建筑工程，可以不申请办理施工许可证。

（6）确认。国家通过建设工程法规，授权建设管理机关依法对有争议的法律事实和法律关系进行认定，并确定其是否存在，是否有效。

（7）计划。国家通过建设工程法规对建设工程项目进行设计调节，如基本建设程序必须执行国家的固定资产投资计划。

（8）撤销。国家通过建设工程法规授予工程建设行政管理机关运用行政权力对某些权利能力或法律资格予以撤销或消灭，如国家对无证设计、无证施工的取缔就属于撤销。

2）经济性

建设工程法规是经济法的重要组成部分。经济性是建设工程法规的又一重要特征。建设工程活动直接为社会创造财富。建设工程法规的经济性既包括财产性，也包括其与生产、分配、交换、消费的联系性。如工程建设勘察设计、施工安装等都直接为社会创造财富，随着建设工程的发展，其在国民经济中的地位日益突出。

3）政策性

建设工程法规体现了国家的建设政策，是实现国家建设政策的工具和规范，两者具有极强的相关性。

4）技术性

技术性是建设工程法规的一个十分重要的特征。建设活动是一项技术性很强、安全系数要求高的活动，为保证建筑产品的质量和人民生命财产的安全，大量的建设工程法规是以部门规章、技术规范等形式出现的。

3. 建设工程法规的调整对象

建设工程法规的调整对象是指在建设活动、工程监管过程中所产生的各种社会关系，具体包括：

1）行政管理关系

建设活动中的行政管理关系是指国家及其建设主管部门与建设单位、设计单位、施工单位、建筑材料和设备的生产供应单位及建设监理等中介服务单位之间发生相应的管理与被管理的关系。在法治社会，这种关系要由相应的建设工程法规来规范、调整：一方面提供规划、指导、协调与服务，另一方面进行检查、监督、控制与调节。

2）经济协作关系

建设活动中的经济协作关系是一种平等、自愿、公平的横向协作关系。这种协作关系一般以合同的形式来确定。在建设活动中，各种经济主体为了自身的生产、经济利益或经济目标，需要寻求协作伙伴，在建设法律规范内进行经济、技术与生产合作，如投资主体（建设单位）同勘察设计单位、建筑安装施工单位、建设监理单位等发生的勘察设计、施工以及监理关系。

3）民事关系

建设活动中，国家、单位法人、公民之间的关系是民事权利、义务关系。这种民事关系涉及国家社会利益，同时关系个人权益和自由，因此依照民法和建设工程法规中的民事法律规范来予以调整。

4）市场调控关系

为了规范建筑市场管理，维护公平，自由竞争，保护国家和市场各方当事人的合法权益，国家颁发了规范和加强建设市场管理的一系列法律、法规和规章。

4. 建设工程法规的作用

建设工程法规所规定的内容，告诉人们可以做什么、应当做什么和禁止做什么，同时还规定了违反建设工程法规应当承担的法律责任。建设工程法规的作用具体体现在以下三个方面：

1）规范指导建设行为

建设行为只有在建设工程法规规定的范围内进行，才能得到国家的承认与保护，从而达到预期的目的。建设工程法规对建设行为的规范性表现为三种情况：必须为一定的建设行为、禁止所为的建设行为、可以为一定的建设行为。

2）对合理工程建设行为的确认与保护

建设工程法规的作用不仅在于对建设活动主体的行为加以规范和指导，还对一切合法的建设行为给予确认和保护，即合法的建设行为不容侵犯。如施工许可证是施工单位符合各种施工条件、允许开工的批准文件，是建设单位进行工程施工的法律凭证，没有施工许可证的建设项目均属违章建筑，不受法律保护。

3）处罚违法建设行为

处罚违法建设行为是一种强制性手段，通过对违法建设行为的处罚，客观上起到保护和鼓励合法建设行为的积极作用。

1.2　建设工程法规体系

1. 建设工程法规体系的概念

法规体系，通常指的是一个国家的全部现行法律规范按照不同的法律部门组合起来而形成的有机联系的统一整体。当代中国法律体系是在宪法的统领下，划分为若干个法律部门，进而形成的纵横交错、相互联系、相互补充、相互协调、多层次的完整统一的有机体。建设工程法规体系是我国法律体系的一个重要组成部分，主要是指将已经制定的和需要制定的涉及建设全过程的法律、行政法规、部门规章、地方性法规和地方政府规章有机结合起来，形成一个相互作用的体系。

2. 建设工程法规体系的构成

建设工程法规体系的构成包括：

1）宪法

宪法是国家的根本大法，是法律的最高表现形式，其他法律、法规必须与之相吻合，不与宪法相抵触，同时也是其他法律的立法依据，建设工程法规作为国家法律体系中重要的一部分也不例外。

2）建筑法律

建筑法律是由国家立法机关制定、颁布的各项法律，如《建筑法》。

3）建设行政法规

建设行政法规是国家最高行政机关国务院根据宪法和法律，就有关执行法律和履行行政管理职权的问题，依据全国人民代表大会及其常务委员会特别授权所制定的规范性文件的总称，如现行的《建设工程质量管理条例》等。

4）建设部门规章

建设部门规章是指住房和城乡建设部根据国务院规定的职责范围，依法制定并发布的各项规章，包括住房和城乡建设部与国务院相关部门联合制定并发布的规章。

5）地方性建设工程法规

地方性建设工程法规是指由省、自治区、直辖市的人民代表大会及其常务委员会，以及省、自治区人民政府所在地的市和经国务院批准的较大的市的人民代表大会及其常务委员会制定并发布的法规，其效力在其行政区域内有效。

6）地方政府建设规章

地方政府建设规章是指由省、自治区、直辖市和设区的市、自治州的人民政府，根据法律、建设行政法规和本省、自治区、直辖市的地方性建设法规制定的地方政府规章。

7）技术法规

技术法规是由国家制定或认可的，在全国范围内有效的技术规程、规范、标准、定额、方法等技术文件，如预算定额、设计规范等。

8）国际公约、国际惯例、国际标准

我国参与签订的国际公约和双边条约、国际通用的建设技术规程和技术标准以及国际惯例都属于建设法规，这是处理和调整国际工程建设管理关系的基本法律法规依据。

3. 建设工程法规的法的效力

法的效力层级，是指法律体系中的各种法的形式，由于制定的主体、程序、时间、适用范围等的不同，具有不同的效力，形成法的效力等级体系，具体如下：

1）宪法至上

宪法是我国的根本大法，其具有最高的法律效力。宪法还是其他立法活动的最高法律依据。任何法律、法规都必须遵循宪法而产生，都不能违背宪法的基本准则。

2）上位法优于下位法

在我国法律体系中，法的效力从高到低依次为宪法、法律、行政法规、部门规章、地方性法规和地方政府规章。

3）特别法优于一般法

特别法优于一般法，是指公法权力主体在实施公权力行为中，当一般规定与特别规定不一致时，优先适用特别规定。

4）新法优于旧法

新法、旧法对同一事项有不同规定时，新法的效力优于旧法。

5）须由有关机关裁决适用的特殊情况

法律之间对同一事项的新的一般规定与旧的特别规定不一致，不能确定如何适用时，由全国人民代表大会常务委员会裁决。行政法规之间对同一事项的新的一般规定与旧的特别规定不一致，不能确定如何适用时，由国务院裁决。地方性法规、规章之间不一致时，由有关机关依照下列规定的权限来做出裁决：①同一机关制定的新的一般规定与旧的特别规定不一致时，由制定机关裁决；②地方性法规与部门规章之间对同一事项的规定不一致，不能确定如何适用时，由国务院提出意见，国务院认为应当适用地方性法规的，应当决定在该地方适用地方性法规的规定；认为应当适用部门规章的，应当提请全国人民代表大会常务委员会裁决；③部门规章之间、部门规章与地方政府规章之间对同一事项的规定不一致时，由国务院裁决。根据授权制定的法规与法律规定不一致，不能确定如何适用时，由全国人民代表大会常务委员会裁决。

建设工程法规的法的效力层级及相关内容基本遵守以上的原则，具体内容总结如表1-1所示。

立法名称	制定机关	法律效力	内容
宪法	全国人民代表大会	最高	具有最高法律地位和效力的根本法
建筑法律	全国人民代表大会及其常务委员会	相对最高	涉及全国建设领域的根本性、长远性重大问题的规范性法律文件
建设行政法规	国务院	低于法律	对法律条款的细化,对重大问题的规范性法律文件
建设部门规章	住房和城乡建设部或国务院有关部门	低于法律和行政法规	对法律、行政法规的具体化和补充
地方性建设工程法规	省、自治区、直辖市的人民代表大会及其常务委员会	低于法律和行政法规	法律、法规在本辖区内的具体贯彻
地方性政府建设规章	省、自治区、直辖市和设区的市、自治州的人民政府	低于法律、行政法律和同级或上级地方性法规	法律、法规、规章在本辖区内的具体贯彻

1.3　我国现行建设工程基本法律

我国的建设工程法律体系是以建设工程法律为龙头,建设工程行政法规为主干,地方性法规、建设工程部门规章和地方政府规章为枝干而构成的。我国已制定、颁布并现行有效的建筑法律 4 部、行政法规 60 多部、行政规章 400 多项,几乎覆盖建设工程活动的各个行业、各个领域及建设工程的全过程,使建设活动各个方面均有法可依。

1. 城乡规划法

1) 立法目的

《中华人民共和国城市规划法》于 1989 年 12 月 26 日第七届全国人民代表大会常务委员会第十一次会议通过,自 1990 年 4 月 1 日起施行。自 2008 年 1 月 1 日《中华人民共和国城乡规划法》(以下简称《城乡规划法》)施行,《中华人民共和国城市规划法》同时废止。《城乡规划法》共 7 章 70 条。包括总则、城乡规划的制定、城乡规划的实施、城乡规划的修改、监督检查、法律责任和附则。

制定本法的目的是确定城市规模和发展方向,实现城市的经济和社会发展目标,合理制定城市规划和进行城市建设,适应社会主义现代化建设的需要。

2) 调整范围

《城乡规划法》调整城乡规划活动及其产生的社会关系。城乡规划,包括城镇体系规划、城市规划、镇规划、乡规划和村庄规划;城市规划、镇规划分为总体规划和详细规划;详细规划分为控制性详细规划和修建性详细规划。

2. 城市房地产管理法

1）立法目的

《中华人民共和国城市房地产管理法》（以下简称《城市房地产管理法》）于1994年7月5日第八届全国人民代表大会常务委员会第八次会议通过，自1995年1月1日起实施，于2007年8月30日经过第一次修订，2009年8月27日经过第二次修订，2019年8月26日经过第三次修订，共7章73条。包括总则、房地产开发用地、房地产开发、房地产交易、房地产权属登记管理、法律责任和附则。

制定本法的目的是加强对城市房地产的管理，维护房地产市场秩序，保障房地产权利人的合法权益，促进房地产业的健康发展。

2）调整范围

《城市房地产管理法》调整城市房地产业和各项房地产经营活动及其社会关系。在城市规划区国有土地范围内取得房地产开发用地的土地使用权，从事房地产开发、房地产交易，实施房地产管理，应当遵守该法。该法所称房屋，是指土地上的房屋等建筑物及构筑物。该法所称房地产开发，是指在依据本法取得国有土地使用权的土地上进行基础设施、房屋建设的行为。该法所称房地产交易，包括房地产转让、房地产抵押和房屋租赁。

3. 建筑法

1）立法目的

《建筑法》于1997年11月1日第八届全国人民代表大会常务委员会第二十八次会议通过，自1998年3月1日起施行。分别于2011年4月22日和2019年4月23日经过第一次和第二次修订，共8章85条。包括总则、建筑许可、建筑工程发包与承包、建筑工程监理、建筑安全生产管理、建筑工程质量管理、法律责任及附则。

制定本法的目的是加强对建筑活动的监督和管理，维护建筑市场秩序，保证建筑工程的质量和安全，促进建筑业的健康发展。

2）调整范围

《建筑法》调整建筑企业的资质管理、经营管理、工程承包管理和建筑市场管理等活动及其社会关系。该法对建筑许可、建筑工程发包与承包、建筑工程监理、建筑安全生产管理、建筑工程质量管理等内容做出了全面的规定。

4. 住宅法

1）立法目的

住宅法是调整城市住宅的所有权、住宅保障、住宅建设、房屋建设的融资、住宅准让、住宅交换与租赁、房屋管理与维修等活动的法律规范的总称。

制定本法的目的是保障公民享有住房的权利，保证住宅所有者的合法权益，促进住宅建设发展，不断改善公民的住房条件和提高居住水平。但由于涉及住房制度改革，住房问题政策性强，历史遗留问题多，目前主要通过房改政策来调整，这方面的立法规章尚未展开。

2）调整范围

住宅法调整城乡住宅的所有权、建设、资金与融通、优惠、买卖与租赁、管理与维修等活动及其社会关系。

5. 工程设计法

1）立法目的

工程设计法是调整工程设计的资质管理、质量管理、技术管理以及制定设计文件全过程活动及其社会关系的法律。

制定的本法的目的是加强对工程设计的管理，提高工程设计水平。国家法律目前还没有出台，现阶段最高层次的是 2000 年 9 月 25 日国务院公布并实施的《建设工程勘察设计管理条例》。

2）调整范围

工程设计法调整工程设计的资质管理、质量管理、技术管理，以及制定设计文件全过程活动及其社会关系。

6. 市政公用事业法

1）立法目的

市政公用事业法是调整城市市政设施、公用事业、市容环境卫生、园林绿化等建设、管理活动及其社会关系的总称。

制定该法的主要目的是加强市政公用事业的统一管理，保证市政公用事业的建设和管理工作的顺利进行，发挥城市多功能的作用。国家法律目前还没有出台，行政法规有《城市绿化条例》（1992 年 6 月 22 日发布，自 1992 年 8 月 1 日起施行）。

2）调整范围

市政公用事业法调整城市的市政设施、公用事业、市容环境卫生、园林绿化等建设、管理活动及其社会关系。

7. 风景名胜法

1）立法目的

风景名胜法是调整人们在保护、利用、开发和管理风景名胜资源各项活动中产生的各种社会关系的总称。

制定该法的目的是加强风景名胜区的管理，保护、利用和合理开发风景名胜资源。目前国家法律未出台，现阶段最高层次的是国务院颁布的《风景名胜区管理条例》。

2）调整范围

风景名胜区法调整人们在保护、利用、开发和管理风景名胜资源各项活动中产生的各种社会关系。

8. 村镇建设法

1）立法目的

村镇建设法是调整村庄、集镇的规划、综合开发、设计、施工、公用基础设施、住宅和环境管理等各项活动及其社会关系的法律法规的总称。

制定该法的目的是加强村镇建设管理，不断改善村镇的环境，促进城乡经济、社会协调发展，推动社会主义新村镇发展。

2）调整范围

村镇建设法调整村庄、集镇的规划、综合开发、设计、施工、公用基础设施、住宅和环境管理等各项活动及其社会关系。

1.4 建设工程法律关系

1. 建设工程法律关系的概念及特征

法律关系是指由法律规范所确认的人与人之间以权利和义务为内容的社会关系。法律关系具有三个最为重要的特征：（1）法律关系是以法律为前提而产生的社会关系；（2）法律关系是以法律上的权利、义务为内容而形成的社会关系；（3）法律关系是以国家强制力作为保障手段的社会关系。

建设工程法律关系是法律关系中的一种，它指的是由建设工程法规所确认和调整的，在建设管理和建设协作过程中所产生的权利、义务关系，其具有以下特征：

（1）综合性。建设工程法律由建设行政法规、建设民事法规和建设技术组成。这三种法律在调整建设工程活动中相互作用、综合运用。

（2）广泛性和复杂性。建设工程法律关系是一种涉及面广、内容复杂的权利和义务关系。

（3）严格性。建设单位与承建单位在签订勘察设计、施工、安装、购货等合同时，对于制定的建设计划必须严格执行。

（4）协同性和制约性。对于建设项目，各建设单位需要相互配合，协同完成建设项目。同时，建设活动受到国家制定的各项建设工程法规的制约。

2. 建设工程法律关系的构成要素

建设工程法律关系的构成要素是指建设工程法律关系不可缺少的组成部分。包括建设工程法律关系在内的一切法律关系均由主体、客体和内容三个要素构成，缺少其中一个要素就不能构成法律关系，变更其中一个要素就不再是原来的法律关系。

1）建设工程法律关系的主体

建设工程法律关系的主体主要是指参与或管理、监督建设活动的，受到建设工程法律规范调整的，在法律上享有权利，承担义务的自然人、法人或其他组织。主要包括以下三种：

（1）国家机关

国家机关包括国家权力机关和国家行政机关，是建设工程法律关系的重要主体。全国人民代表大会及其常务委员会、地方各级人民代表大会及其常务委员会是我国各级国家权力机关。国家行政机关是国家机构的重要组成部分。我国的最高国家行政机关是国务院，地方国家行政机关分为省（自治区、直辖市）、州或县（市、区）和乡镇三级人民政府。

（2）建设单位

建设单位是指进行建设工程投资建设的国家机关企业或事业单位。在我国建筑市场上，建设单位一般被称为业主方或甲方。由于建设项目的多样化，作为业主方的社会组织也是种类繁多的，有工业企业、商业企业、文化教育部门、医疗卫生单位、各种国家机关等。

（3）自然人

自然人也可以成为建设工程法律关系的主体，如建设企业工作人员（建筑工人等）同企业单位签订劳动合同时，即成为建设工程法律关系的主体。

2）建设工程法律关系的客体

建设工程法律关系的客体，主要是指参加法律关系的主体享有的权利和承担的义务所共同指向的对象。主要包括：

（1）表现为物的客体。建设工程法律关系中表现为物的客体主要指建筑材料，如钢材、木材、水泥等及其构成的建筑物，还有建筑机械设备等。

（2）表现为行为的客体。建设工程法律关系中表现为行为的客体主要指完成的一定的工作，如勘察设计、施工安装、检查验收等活动。

（3）表现为非物质财富的客体。建设工程法律关系中表现为非物质财富的客体主要指智力成果，如设计单位提供的具有创造性的设计图纸。虽然它们不具备物质形态，但具有重要的经济价值和社会价值。

3）建设工程法律关系的内容

建设工程法律关系的内容是指建设法律关系主体享有的权利和承担的义务，它是联络各主体间的桥梁与纽带。

（1）建设工程权利

建设工程权利是指建设工程法律关系主体根据建设工程法律要求和自身业务活动的需要有权进行各种建设活动的资格。权利主体可要求其他主体做出或抑制一定行为，以实现自己的权利。

（2）建设工程义务

建设工程义务是指建设工程法律关系主体必须按法律规定或约定承担应负的责任。义务和权利是相互对应的，相应主体应自觉履行建设义务，义务主体如果不履行或不适当履行，就要承担相应的法律责任。

3. 建设工程法律关系的产生、变更和终止

建设工程法律关系处在不断地产生、变更和终止的运动过程中，它的产生、变更和终止，需要具备一定的条件。

1）建设工程法律关系的产生

建设工程法律关系的产生是指建设工程法律关系主体之间形成了一定的权利义务关系，如建设单位与施工单位签订了工程建设承包合同，主体双方产生了相应的权利与义务。此时，受到建设工程法规调整的建设工程法律关系即宣告产生。

2）建设工程法律关系的变更

建设工程法律关系的变更指的是法律关系的三个构成要素（主体、客体和内容）发生变化。

（1）主体变更

主体变更是指建设工程法律关系的主体数目的增多或减少。在建设工程合同中客体不变，相应权利义务也不变，此时主体变更称为合同转让。

（2）客体变更

客体变更是指建设工程法律关系中权利、义务所指向的事物发生变化，包括法律关系范围和性质的变更。

（3）内容变更

建设工程法律关系中主体和客体的变更，必然会导致相应的权利和义务的变更，即内容的变更。

3）建设工程法律关系的终止

建设工程法律关系的终止是指法律关系中主、客体之间的权利及义务不复存在，彼此丧失了约束力。主要有以下几种形式：

（1）自然终止

自然终止是指某类建设工程法律关系所规范的权利、义务顺利得到履行，取得了各自的利益，从而使该法律关系完结。

（2）协议终止

协议终止是指建设工程法律关系主体之间协商解除某类建设工程法律关系规范的权利、义务，致使该法律关系归于消灭。

（3）违约终止

违约终止是指建设工程法律关系主体一方违约，或发生不可抗力，致使某类建设工程法律关系规范的权利不能实现。

4. 建设工程法律关系的产生、变更和终止的原因

建设工程法律关系并不是由建设工程法规本身产生的。建设法律关系的产生、变更和终止必须具备直接的前提条件，而这个前提条件就是法律事实。所谓法律事实是指能够引起法律关系产生、变更和消灭的客观现象和事实。法律事实按照是否包含当事人的意志为依据分为事件与行为两类。

1）事件

事件是指不以当事人意志为转移而产生的自然现象。事件包括自然事件、社会事件和意外事件。

（1）自然事件。自然现象引起的，如地震、台风、水灾、火灾等自然灾害。

（2）社会事件。社会现象引起的，如战争、暴乱、政府禁令等。

（3）意外事件。意外事件即为突发事故，如失火、爆炸、触礁等。

2）行为

行为是指人有意识的活动，包括积极的作为或消极的不作为。行为通常表现为：

（1）民事法律行为。民事法律行为是指基于法律规定或有法律依据，受法律保护的行为，如根据设计任务书进行的初步设计的行为，依法签订建设工程承包合同的行为。

（2）违法行为。违法行为是指受法律禁止的侵犯其他主体的建设权利和建设义务的行为。如违反法律规定或因过错不履行建设工程合同，没有国家批准的建设计划擅自动工建设等行为。

（3）行政行为。行政行为是指国家授权机关依法行使对建设业的管理权而发生法律后果的行为，如国家建设管理机关下达基本建设计划，监督执行工程项目建设程序的行为。

（4）立法行为。立法行为是指国家机关在法定权限内通过规定的程序，制定、修改、废止建设工程法律规范性文件的活动，如国家制定、颁布建设法律、法规、条例、标准定额等行为。

（5）司法行为。司法行为是指国家司法机关的法定职能活动。它包括各级检察机关所实施的法律监督，各级审判机构的审判、调解活动等，如人民法院对建设工程纠纷案件做出判决的行为。

1.5 建设工程程序法规

1. 建设工程程序的概念

建设工程项目是指土木建筑工程、线路管道和设备安装工程、建筑装修工程等项目的新建、改建和扩建，是形成固定资本的基本生产过程及其关联的其他建设项目的总称，如建一座办公楼等。建设工程程序就是指从建设工程项目的投资意向、投资机会选择、项目决策、设计、施工到项目竣工验收、投入生产的整个基本建设过程中各项工作必须遵循的法定顺序。

2. 建设工程基本程序

目前，我国建设工程程序可分为四个阶段，分别为：①建设工程前期阶段（决策阶段）、②建设工程实施准备阶段、③建设工程实施阶段、④建设工程竣工验收与保修阶段。其中每个阶段又可分为若干环节，各环节以及每个环节的各项工作之间存在着不能随意颠倒的先后顺序。当然，在具体执行时，可根据本行业、本项目的特点，在遵守建设工程基本程序的大前提下，灵活地开展各项工作。

建设工程基本程序如表 1-2 所示。

建设工程基本程序 表 1-2

主要阶段	分阶段	过程
建设工程前期阶段（决策阶段）	投资意向	投资主体发现社会存在合适的投资机会所产生的投资愿望，它是工程建设活动的起点
	投资机会分析	投资主体对若干可选择的投资机会进行考察和分析，从中优选具有发展前景、贡献较大、投资效益高、可行性大的"投资机会"，作为形成项目构思的设想，是项目生成的萌芽
	项目建议书	投资机会分析的结果文字化后所形成的书面文件，以便投资者、决策者分析、选择
	可行性研究	对建设项目在技术、工程和经济上的是否合理和可行进行全面分析、论证
	审批立项	政府有关部门对可行性研究报告的审查批准程序
建设工程实施准备阶段	规划	建设工程项目的选址和布局，须取得城市规划行政主管部门或者村、镇规划部门的同意
	获得土地使用权	建设工程用地都必须通过国家对土地使用权的出让或者划拨而取得
	拆迁	任何单位和个人需要拆迁房屋的，都必须持国家规定的批准文件、拆迁计划和拆迁方案，经批准并取得房屋拆迁许可证之后方可拆迁
	工程报建	向当地的建设行政主管部门进行报建，交验工程项目立项的批准文件
	工程发包与承包	建设单位委托具有从事建筑活动的法定从业资格的单位为其完成某一建筑工程任务的全部或者部分的交易行为

主要阶段	分阶段	过程
建设工程 实施阶段	勘察设计	对拟建工程进行技术和经济上的全面而详尽的安排
	施工准备	施工单位技术、物资方面的准备
	工程施工	按照计划要求,完成建设工程实体
	生产准备	在工程施工临近结束时,为保证假设项目能及时投入使用所进行的准备活动
建设工程竣工验收 与保修阶段	竣工验收	全面考核建设成果、检验设计与施工质量
	工程保修	承包单位要对工程中出现的质量缺陷承担保修和赔偿责任

本章小结

本章主要介绍了五部分内容：建设工程法规的基本概述、建设工程法规体系、我国现行建设工程基本法律、建设工程法律关系、建设工程程序法规。主要对建设工程法规的概念、基本特征、调整对象、作用；建设工程法规体系的概念、构成、法的效力；建设工程法律关系的概念、特征、构成要素、产生、变更及其原因；建设工程基本建设程序等内容进行了具体的阐述。

建设工程法规是由国家立法机关或其授权的行政机关制定的，是调整国家及其有关机构、企事业单位、社会团体、公民之间在建设活动中或建设行政管理活动中发生的各种社会关系的法律法规的总称。

建设工程法律关系是法律关系中的一种，它指的是由建设法律规范所确认和调整的，在建设管理和假设协作过程中所产生的权利、义务关系。

建设工程程序是指建设项目从设想、选择、评估、决策、设计、施工到竣工验收、投入生产的整个建设过程中，各项工作必须遵循的先后次序的法则。这个法则是人们在认识工程建设客观规律的基础上总结出来的，是建设项目科学决策和顺利进行的重要保证。

◆ 课后练习

一、选择题
1. 下列规范性文件中，效力最高的是（   ）。
A. 行政法规　　　B. 司法解释　　　C. 地方性法规　　　D. 行政规章

2. 根据法的效力等级,《建设工程质量管理条例》属于（　　）。

A. 法律　　　　　B. 部门规章　　　　C. 行政法规　　　　D. 单行条例

3. 法律效力等级是正确适用法律的关键,下述对法律效力的排序正确的是（　　）。

A. 国际条约＞宪法＞行政法规＞司法解释

B. 法律＞行政法规＞地方政府规章＞地方性法规

C. 行政法规＞部门规章＞地方性法规＞地方政府规章

D. 宪法＞法律＞行政法规＞地方政府规章

4. 有权制定地方性法规的主体是（　　）。

A. 省人大常委会　　　　　　　　B. 省人民政府

C. 省建设行政主管部门　　　　　D. 市人民政府

5. 有关地方性法规、规章之间发生冲突时,下列解决方法中正确的是（　　）。

A. 部门规章之间不一致的,适用新规定;同时颁布的,双方协商议定

B. 同一机关制定的新规定与旧规定不一致的,由制定机关裁决

C. 部门规章与地方政府规章之间对同一事项的规定不一致时,由全国人大常委会法制工作委员会裁决

D. 地方政府规章与部门规章之间对同一事项的规定不一致时,由国务院裁决

6. 法律关系构成要素不包括（　　）。

A. 法律关系主体　　B. 法律关系客体　　C. 法律关系内容　　D. 法律关系的解除

7. 法律关系的变更,是指法律关系的（　　）发生变化。

A. 主体　　　　　　　　　　　　B. 客体

C. 内容　　　　　　　　　　　　D. 主体、客体或内容

8. 某工程在施工过程中由于业主资金筹措遇到困难,将原设计的 50 层改为 45 层,属于民事法律关系的（　　）。

A. 内容变更　　　B. 主体变更　　　C. 客体性质变更　　　D. 客体范围变更

9. 某政府投资项目,政府相关部门与施工总包企业签订施工总包合同,二者形成（　　）法律关系。

A. 建设　　　　　B. 民事　　　　　C. 行政　　　　　D. 社会

10. A建筑公司承包B公司的办公楼扩建项目,根据《建筑法》有关建筑工程发承包的有关规定,该公司可以（　　）。

A. 把工程转让给 A 建筑公司

B. 把工程分为土建工程和安装工程,分别转让给两家有相应资质的建筑公司

C. 经 B 公司同意，把内墙抹灰工程发包给别的建筑公司

D. 经 B 公司同意，把主体结构的施工发包给别的建筑公司

二、简答题

1. 什么是建设工程法规体系？我国建设工程法规体系由哪些部分构成？

2. 建设工程法规的调整对象有哪些？

3. 建设工程法规的基本特征是什么？

4. 简述建设工程法规的法的效力。

5. 我国《建筑法》的立法目的和调整范围分别是什么？

6. 我国现行建设工程基本法律有哪些？

7. 建设工程法律关系的构成要素有哪些？

8. 建设工程法律关系的变更可能会引起哪些变化？

9. 什么是工程建设程序？

10. 我国现行工程建设程序分为哪几个阶段？简述各阶段的内容。

第 2 章

建设工程基本法律知识

● 学习目标 ●

知识目标

掌握法人的概念和特征，代理的概念、种类，债权、物权、知识产权、担保、保险、税收及法律责任等方面的知识。

能力目标

能利用所学习的建设工程基本法律知识解决建设工程中相关的法律问题。

2.1 建设工程法人制度

1. 法人的概念和应具备的条件

1) 法人的概念

《中华人民共和国民法典》（以下简称《民法典》）第五十七条规定，法人是具有民事权利能力和民事行为能力，依法独立享有民事权利和承担民事义务的组织。法人是与自然人相对应的概念，是法律赋予社会组织具有法律人格的一项制度。这一制度为确立社会组织的权利、义务，为社会组织独立承担责任奠定了基础。

2) 法人应当具备的条件

（1）依法成立。法人的设立目的和方式必须符合法律的规定，并必须经过法定的程序，设立法人必须经过政府主管机关的批准或者核准登记。

（2）有必要的财产或者经费。法人的财产或者经费必须与法人的经营范围或者设立目的相适应，否则将不能被批准设立或者核准登记。必要的财产或者经费是法人进行民事活动的物质基础。

（3）有自己的名称、组织机构和场所。

（4）能够独立承担民事责任。法人必须能够以自己的财产或者经费承担在民事活动中的债务，在民事活动中给其他主体造成损失时能够承担赔偿责任。

2. 法人的分类

法人分为营利法人、非营利法人和特别法人三大类。

1) 营利法人

《民法典》第七十六条规定，以取得利润并分配给股东等出资人为目的成立的法人，为营利法人。营利法人包括有限责任公司、股份有限公司和其他企业法人等。营利法人经依法登记成立。依法设立的营利法人，由登记机关发给营利法人营业执照。营业执照签发日期为营利法人的成立日期。

2) 非营利法人

《民法典》第八十七条规定，为公益目的或者其他非营利目的成立，不向出资人、设立人或者会员分配所取得利润的法人，为非营利法人。非营利法人包括事业单位、社会团体、基金会、社会服务机构等。具备法人条件，为适应经济社会发展需要，提供公益服务设立的事业单位，经依法登记成立，取得事业单位法人资格；依法不需要办理法人登记的，从成立之日起，具有事业单位法人资格。

3) 特别法人

《民法典》第九十六条规定，机关法人、农村集体经济组织法人、城镇农村的合作经济组织法人、基层群众性自治组织法人，为特别法人。有独立经费的机关和承担行政职能的法定机构从成立之日起，具有机关法人资格，可以从事为履行职能所需要的民事活动。

3. 法人在建设工程中的地位和作用

1）法人在建设工程中的地位

法人是具有民事权利能力和民事行为能力，依法独立享有民事权利和承担民事义务的组织。法人是与自然人相对应的概念，是法律赋予社会具有法律人格的一项制度。这一项制度为确立社会组织的权利、义务，便于社会组织独立承担责任提供了有力基础。在建设工程中，大多数建设活动主体都是法人。施工单位、勘察设计单位、监理单位通常是具有法人资格的组织。

法人在建设工程中的地位，表现在其具有民事权利能力和民事行为能力。依法独立享有民事权利和承担民事义务，方能承担民事责任。在法人制度产生前，只有自然人才具有民事权利能力和民事行为能力。随着社会生产活动的扩大和专业化水平的提高，许多社会活动必须由自然人合作完成。因此，法人是出于需要，由法律将其拟制为自然人以确定团体利益的归属，即所谓"拟制人"。法人是社会组织在法律上的人格化，是法律意义上的"人"，而不是实实在在的生命体。建设工程规模浩大，需要众多的自然人合作完成。法人制度的产生，使这种合作成为常态。这是建设工程发展到当今规模和专业程度的基础。

2）法人在建设工程中的作用

（1）法人是建设工程中的基本主体

在计划经济时期，从事建设活动的各企事业单位实际上是行政机关的附属，是不独立的。但在市场经济中，每个法人都是独立的，可以独立开展建设活动。

法人制度有利于企业或者事业单位根据市场经济的客观要求，打破地区、部门和所有制的界限，发展各种形式的横向经济联合，在平等、自愿、互利的基础上建立起新的经济实体。实行法人制度，一方面可以保证企业在民事活动中以独立的"人格"享有平等的法律地位，不再受来自行政主管部门的不适当的干涉；另一方面使作为法人的企业也不得以自己的某种优势去干涉其他法人的经济活动，或者进行不等价的交换。这样，可以使企业发挥各自的优势，进行正当竞争，按照社会化大生产的要求，加快市场经济的发展。

（2）确立了建设领域国有企业的所有权和经营权的分离

建设领域曾经是以国有企业为主体的。确认企业的法人地位，明确法人的独立财产责任并建立起相应的法人破产制度，就真正在法律上使企业由国家行政部门的"附属物"变成了自主经营、自负盈亏的商品生产者和经营者，从而进一步促进企业加强经济核算和科学管理，增强企业在市场竞争中的活力与动力，为我国市场经济的发展和工程建设的顺利实施创造更好的条件。

4. 法定代表人及法人分支机构

1）法定代表人

《民法典》第六十一条规定，依照法律或者法人章程的规定，代表法人从事民事活动的负责人，为法人的法定代表人。在我国现行民事立法中，只有法定代表人可以代表法人对外进行民事活动或者代表法人进行诉讼。法定代表人可以授权法人的其他工作人员以及其他民事主体作为法人的代理人，对外进行民事活动或者进行诉讼。法定代表人以法人名义从事的民事活动，其法律后果由法人承受。

法定代表人因执行职务造成他人损害的，由法人承担民事责任。法人承担民事责任后，依照法律或者法人章程的规定，可以向有过错的法定代表人追偿。

2）法人分支机构

《民法典》第七十四条规定，法人可以依法设立分支机构。法律、行政法规规定分支机构应当登记的，依照其规定。法人的分支机构是法人的组成部分，它是法人在某一区域设置的完成法人部分职能的业务活动机构。分支机构以自己的名义从事民事活动，产生的民事责任由法人承担；也可以先以该分支机构管理的财产承担，不足以承担的，由法人承担。

5. 企业法人与项目经理部的法律关系

从项目管理的理论上说，各类企业都可以设立项目经理部，但施工企业设立的项目经理部具有典型的意义。

1）项目经理部

项目经理部是施工企业为了完成某项建设工程施工任务而设立的组织。项目经理部是由一个项目经理与技术、生产、材料、成本等管理人员组成的项目管理班子，是一次性的具有弹性的现场生产组织机构。对于大中型施工项目，施工企业应当在施工现场设立项目经理部；小型施工项目，可以由施工企业根据实际情况选择适当的管理方式。施工企业应当明确项目经理部的职责、任务和组织形式。项目经理部不具备法人资格，而是施工企业根据建设工程施工项目而组建的非常设的下属机构。项目经理根据企业法人的授权，组织和领导本项目经理部的全面工作。

2）项目经理

项目经理是施工企业法人的法定代表人，其职务行为可以代表企业法人。施工企业的项目经理是受企业法人的委派，对建设工程施工项目全面负责的项目管理者，是一种施工企业内部的岗位职务。建设工程项目上的生产经营活动，必须在企业制度的制约下运行；其质量、安全、技术等活动，必须接受企业相关职能部门的指导和监督。

3）项目经理部行为的法律后果

由于项目经理部不具备独立的法人资格，无法独立承担民事责任。所以，项目经理部行为的法律后果将由企业法人承担。

2.2　建设工程代理制度

在建设工程活动中，通过委托代理实施民事法律行为的情形较为常见。因此，了解和熟悉有关代理的基本法律知识是十分必要的。

1. 代理的概念及法律特征

1）代理的概念

所谓代理，是指代理人在被授予的代理权限范围内，以被代理人的名义与第三人实施法律行为，而行为后果由该代理人承担的法律制度。代理涉及三方当事人，即被代理人、代理人和代理关系所涉及的第三人。

2）代理的法律特征

《民法典》第一百六十一条规定，民事主体可以通过代理人实施民事法律行为。被代理人对代理人的代理行为承担民事责任。

代理具有如下的法律特征：

（1）代理人必须在代理权限范围内实施代理行为

代理人实施代理活动的直接依据是代理权。因此，代理人必须在代理权限范围内与第三人或相对人实施代理行为。

（2）代理人应该以被代理人的名义实施代理行为

《民法典》第一百六十二条规定，代理人应以被代理人的名义对外实施代理行为。代理人如果以自己的名义实施代理行为，则该代理行为产生的法律后果只能由代理人自行承担。那么，这种行为是自己的行为而非代理行为。

（3）代理行为必须是具有法律意义的行为

代理人为被代理人实施的是能够产生法律上权利义务关系，产生法律后果的行为。如果是代理人请朋友吃饭、聚会等，不能产生权利义务关系，就不是代理行为。

（4）代理行为的法律后果归属于被代理人

代理人在代理权限内，以被代理人的名义同第三人进行的具有法律意义的行为，在法律上产生与被代理人自己的行为同样的后果。因而，被代理人对代理人的代理行为承担民事责任。

2. 代理的种类

《民法典》第一百六十三条规定，代理包括委托代理和法定代理。委托代理人按照被代理人的委托行使代理权。法定代理人依照法律的规定行使代理权。

1）委托代理

委托代理，是指代理人的代理权根据被代理人的委托授权行为而产生。

2）法定代理

法定代理，是指代理人的代理权直接根据法律规定而产生。

3. 建设工程代理行为的设立和终止

建设工程活动中涉及的代理行为比较多，如工程招标代理、材料设备采购代理及诉讼代理等。

1）建设工程代理行为的设立

建设工程活动不同于一般的经济活动，其代理行为不仅要依法实施，有些还要受到法律的限制。

不得委托代理的建设工程活动：《民法典》规定，依照法律规定、当事人约定或者民事法律行为的性质，应当由本人亲自实施的民事法律行为，不得代理。

《建筑法》规定，禁止承包单位将其承包的全部建筑工程转包给他人，禁止承包单位将其承包的全部建筑工程肢解以后以分包的名义分别转包给他人。施工总承包的，建筑工程主体结构的施工必须由总承包单位自行完成。

须取得法定资格方可从事的建设工程代理行为：某些建设工程代理行为必须由具有法定资格的组织实施，如《中华人民共和国招标投标法》（以下简称《招标投标法》）规定，招标代理机构是依法设立、从事招标代理业务并提供相关服务的社会中介组织。招标代理机构应当具备下列条件：①有从事招标代理业务的营业场所和相应资金；②有能够编制招标文件和组织评标的相应专业力量；③有符合本法规定条件、可以作为评标委员会成员的技术、经济等方面的专家库。《招标投标法》还规定，从事工程建设项目招标代理业务的招标代理机构，其资格由国务院或者省、自治区、直辖市人民政府的建设行政主管部门认定。

民事法律行为的委托代理。建设工程代理行为多为民事法律行为的委托代理。民事法律行为的委托代理，可以用书面形式，也可以用口头形式。但是，法律规定用书面形式的，应当用书面形式。书面委托代理的授权委托书应当载明代理人的姓名或者名称、代理事项、权限和期间，并由委托人签名或者盖章。委托书授权不明的，被代理人应当向第三人承担民事责任，代理人负连带责任。

2）建设工程代理行为的终止

《民法典》第一百七十三条规定，有下列情形之一的，委托代理终止：①代理期限届满或者代理事务完成；②被代理人取消委托或者代理人辞去委托；③代理人丧失民事行为能力；④代理人或者被代理人死亡；⑤作为代理人或者被代理人的法人、非法人组织终止。

《民法典》第一百七十五条规定，有下列情形之一的，法定代理终止：①被代理人取得或者恢复完全民事行为能力；②代理人丧失民事行为能力；③代理人或者被代理人死亡；④法律规定的其他情形。

4. 代理人和被代理人的权利、义务法律责任

建设工程代理法律关系与其他代理关系一样，存在两个法律关系：一是代理人与被代理人之间的委托关系；二是被代理人与第三人的合同关系。

1）代理人在代理权限内以被代理人的名义实施代理行为

《民法典》第一百六十二条规定，代理人在代理权限内，以被代理人名义实施的民事法律行为，对被代理人发生效力。被代理人对代理人的代理行为，承担民事责任。这是代理人与被代理人基本权利和义务的规定。代理人必须取得代理权，并依据代理权限，以被代理人的名义实施民事法律行为。被代理人要对代理人的代理行为承担民事责任。

2）转托他人代理应当事先取得被代理人的同意

《民法典》规定，委托代理人为被代理人的利益需要转托他人代理的，应当事先取得被代理人的同意。事先没有取得被代理人的同意的，应当在事后及时告知被代理人，如果被代理人不同意，由代理人对自己所转托的人的行为负民事责任，但在紧急情况下，为了保护被代理人的利益而转托他人代理的除外。

3）无权代理与表见代理

《民法典》第一百七十一条规定，行为人没有代理权、超越代理权或者代理权终止后，仍然实施代理行为，未经被代理人追认的，对被代理人不发生效力。只有经过被代理人的追认，被代理人才承担民事责任；未经追认的行为，由行为人承担民事责任。本人知道他人以本人名义实施民事行为而不做否认表示的，视为同意。

（1）无权代理

无权代理是指行为人不具有代理权，但以他人的名义与第三人进行法律行为。无权代理一般存在三种表现形式：①自始未经授权，如果行为人自始至终没有被授予代理权，就以他人的名义进行民事行为，属于无权代理；②超越代理权，代理权限是有范围的，超越了代理权限，依然属于无权代理；③代理权已终止，行为人虽曾得到被代理人的授权，但该代理权已经终止的，行为人如果仍以被代理人的名义进行民事行为，则属于无权代理。

被代理人对无权代理人实施的行为如果予以追认，则无权代理可转化为有权代理，产生与有权代理相同的法律效力，并不会发生代理的赔偿责任。如果被代理人不予以追认的，对被代理人不发生效力，则无权代理人需承担因无权代理行为给被代理人和善意第三人造成的损失。

（2）表见代理

《民法典》第一百七十二条规定，［表见代理］行为人没有代理权、超越代理权或者代理权终止后，仍然实施代理行为，相对人有理由相信行为人有代理权的，代理行为有效。表见代理是指行为人虽无权代理，但由于行为人的某些行为，造成了足以使善意第三人相信其有代理权的表象，而与善意第三人进行的，由本人承担法律后果的代理行为。

表见代理除需要符合代理的一般条件外，还需具备以下特别构成要件：①须存在足以使相对人相信行为人具有代理权的事实或理由，这是构成表见代理的客观要件；②须本人存在过失，其过失表现为本人表达了足以使第三人相信有授权意思的表示，或者实施了足以使第三人相信有授权意义的行为，发生了外表授权的事实；③须相对人为善意，这是构成表见代理的主观要件，如果相对人明知行为人无代理权而仍与之实施民事行为，则相对人为主观恶意，不构成表见代理。

表见代理对本人产生有权代理的效力，即在相对人与本人之间产生民事法律关系。本人受表见代理人与相对人之间实施的法律行为的约束，享有该行为设定的权利和履行该行为约定的义务。本人不能以无权代理为抗辩。本人在承担表见代理行为所产生的责任后，可以向无权代理人追偿因代理行为而遭受的损失。

（3）知道他人以本人名义实施民事行为不做否认表示的视为同意

本人知道他人以本人名义实施民事行为而不做否认表示的，视为同意，这是一种被称为默示方式的特殊授权。就是说，即使本人没有授予他人代理权，但事后并未做否认的意思表示，应视为授予了代理权。由此，他人以其名义实施法律行为的后果应由本人承担。

4）不当或违法行为应承担的法律责任

（1）委托书授权不明应承担的法律责任

委托书授权不明的，被代理人应当向第三人承担民事责任，代理人负连带责任。

（2）损害被代理人利益应承担的法律责任

代理人不履行职责而给被代理人造成损害的，应当承担民事责任。代理人和第三人串通，损害被代理人的利益的，由代理人和第三人负连带责任。

（3）第三人故意行为应承担的法律责任

第三人知道行为人没有代理权，超越代理权或者代理权已终止还与行为人实施民事行为给他人造成损害的，由第三人和行为人负连带责任。

（4）违法代理行为应承担的法律责任

代理人知道被委托代理的事项违法仍然进行代理活动的，或者被代理人知道代理人的代理行为违法不表示反对的，被代理人和代理人负连带责任。

2.3 建设工程物权制度

物权是一项基本民事权利，也是大多数经济活动的基础和目的。在建设工程活动中涉及的许多权利都源于物权。建设单位对建设工程项目的权利来自物权中最基本的权利——所有权。

1. 物权的概念及特征

1）物权的概念

《民法典》规定，物权是权利人依法对特定的物享有直接支配和排他的权利，包括所有权、用益物权和担保物权。

所有民事主体都能够成为物权权利人，包括法人、法人以外的其他组织、自然人。物权的客体一般是物，包括不动产和动产。不动产是不能够移动或虽可移动但却会因移动损害价值的物，如土地、房屋等；动产是能够移动并且不因移动损害价值的物，如家具、金银等。

2）物权的特征

物权具有以下特征：

（1）物权是支配权

物权是权利人直接支配的权利，即物权人可以依自己的意志就标的物直接行使权利，无需他人的意思或义务人的行为介入。

（2）物权是绝对权

物权的权利人可以对抗一切不特定的人。物权的权利人是特定的，义务人是不特定的，且义务内容是不作为，只要不侵犯物权人行使权利就履行义务。

（3）物权是财产权

物权是一种具有物质内容的，直接体现为财产利益的权利。财产利益包括对物的利用、物的归属和就物的价值设立的担保。

（4）物权具有排他性

物权人有权排除他人对于其行使物权的干涉，而且同一物上不许有内容不相容的物权并存，即"一物一权"。

2. 物权的种类

物权包括所有权、用益物权和担保物权。

1）所有权

《民法典》第二百四十条规定，所有权的定义为，所有权人对自己的不动产或者动产，依法享有占有、使用、收益和处分的权利。它是一种财产权，又称财产所有权。所有权是物权中最重要的也最完全的一种权利。当然，所有权在法律上也受到一定的限制。最主要的限制是为了公共利益的需要，依照法律规定的权限和程序可以征收集体所有的土地和单位、个人的房屋及其他不动产。财产所有权的权能，是指所有人对其所有的财产依法享有的权利，包括占有权、使用权、收益权、处分权。

（1）占有权

占有权是指对财产实际掌握、控制的权能。占有权是行使物的使用权的前提条件，是所有人行使财产所有权的一种方式。占有权可以根据所有人的意志和利益分离出去，由非所有人享有，如根据货物运输合同，承运人对托运人的财产享有占有权。

（2）使用权

使用权是指对财产的实际利用和运用的权能。通过对财产实际利用和运用以满足所有人的需要，是实现财产使用价值的基本渠道。使用权是所有人享有的一项独立权能。所有人可以在法律规定的范围内，以自己的意志使用其所有物。

（3）收益权

收益权是指收取由原物产生出来的新经济价值的权能。原物新增的经济价值，包括由原物直接派生出来的果实、由原物所产生出来的租金和利息、对原物直接利用而产生的利润等。收益往往是因为使用而产生的，因而，收益权也往往与使用权联系在一起。但是，收益权本身是一项独立的权能，而使用权并不能包括收益权。有时所有人并不行使对物的使用权，仍可以享有对物的收益权。

（4）处分权

处分权是指依法对财产进行处置，决定财产在事实上或法律上的命运的权能。处分权的行使决定着物的归属。处分权是所有人的最基本的权利，是所有权内容的核心。

2）用益物权

《民法典》第三百二十三条规定，用益物权的定义为，用益物权人对他人所有的不动产或者动产，依法享有占有、使用和收益的权利。用益物权包括土地承包经营权、建设用地使用权、宅基地使用权和地役权。

《民法典》第三百二十四条规定了国家和集体所有自然资源的用益物权，国家所有或者国家所有集体使用以及法律规定属于集体所有的自然资源，组织、个人依法可以占有、使用和收益。此时，单位或者个人就成为用益物权人。因不动产或者动产被征收、征用，致使用益物权消灭或者影响用益物权行使的，用益物权人有权获得相应补偿。

3）担保物权

担保物权是权利人在债务人不履行到期债务或者发生当事人约定的实现担保物权的情形，依法享有就担保财产优先受偿的权利。债权人在借贷、买卖等民事活动中，为保障实现其债权，需要担保的，可以依照《民法典》和其他法律的规定设立担保物权。

3. 土地所有权、建设用地使用和地役权

1）土地所有权

土地所有权是国家或农民集体依法对归其所有的土地所享有的具有支配性和绝对性的权利。我国实行土地的社会主义公有制，即全民所有制和农民集体所有制。国家所有土地的所有权由国务院代表国家行使。农民集体所有的土地由本集体经济组织的成员承包经营，从事种植业、林业、畜牧业、渔业生产。耕地承包经营期限为30年。发包方和承包方应当订立承包合同，约定双方的权利和义务。承包经营土地的农民有保护和按照承包合同约定的用途合理利用土地的义务。农民的土地承包经营权受法律保护，在土地承包经营期限内，对个别承包经营者承包的土地进行适当调整的，必须经村民会议2/3以上成员或者2/3以上村民代表同意，并报乡（镇）人民政府和县级人民政府农业行政主管部门批准。

国家实行土地用途管制制度。国家编制土地利用总体规划，规定土地用途，将土地分为农用地、建设用地和未利用地。严格限制农用地转为建设用地，控制建设用地总数，对耕地实行特殊保护。

城市市区的土地属于国家所有，农村和城市郊区的土地，除由法律规定属于国家所有的以外，属于农民集体所有；宅基地和自留地、自留山，属于农民集体所有。

2）建设用地使用权

（1）建设用地使用权的概念

《民法典》第三百四十四条规定，建设用地使用权的定义为，建设用地使用权人依法对国家所有的土地享有占有、使用和收益的权利，有权利用该土地建造建筑物、构筑物及其附属设施。建设用地使用权是因建造建筑物、构筑物及其附属设施而使用国家所有的土地的权利。建设用地使用权只能存在于国家所有的土地上，不包括集体所有的农村土地。

取得建设用地使用权后，建设用地使用权人依法对国家所有的土地享有占有、使用和收益的权利，有权利用该土地建造建筑物、构筑物及其附属设施。

（2）建设用地使用权的设立

《民法典》第三百四十五条、第三百四十六、第三百四十七条分别规定，建设用地使用权可以在土地的地表、地上或者地下分别设立。新设立的建设用地使用权不得损害已设立的用益物权。设立建设用地使用权，可以采取出让或者划拨等方式。工业、商业、旅游、娱乐和商品住宅等经营性用地以及同一土地有两个以上意向用地者的，应当采取招标、拍卖等公开竞价的方式出让。国家严格限制以划拨方式设立建设用地使用权。采取划拨方式的，应当遵守法律、行政法规关于土地用途的规定。

《民法典》第三百四十九条、第三百五十条分别规定，设立建设用地使用权的，应当向登记机构申请建设用地使用权登记。建设用地使用权自登记时设立。登记机构应当向建设用地使用权人发放权属证书。建设用地使用权人应当合理利用土地，不得改变土地用途；需要改变土地用途的，应当依法经有关行政主管部门批准。

（3）建设用地使用权的流转、续期和消灭

《民法典》第三百五十三条规定，建设用地使用权人有权将建设用地使用权转让、互换、出资、赠与或者抵押，但法律另有规定的除外。建设用地使用权人将建设用地使用权转让、互换、出资、赠与或者抵押，应当符合以下规定。

①当事人应当采取书面形式订立相应的合同。

②使用期限由当事人约定，但不得超过建设用地使用权的剩余期限。

③应当向登记机构申请变更登记。

④附着于该土地上的建筑物、构筑物及其附属设施一并处分。

住宅建设用地使用权期间届满的，自动续期。非住宅建设用地使用权期间届满后的续期，依照法律规定办理；该土地上的房屋及其他不动产的归属，有约定的，按照约定执行；没有约定或者约定不明确的，依照法律、行政法规的规定办理。

建设用地使用权消灭的，出让人应当及时办理注销登记，登记机构应当收回建设用地使用权证书。

3）地役权

（1）地役权的概念

《民法典》第三百七十二条规定，地役权的定义，地役权人有权按照合同约定，利用他人的不动产，以提高自己不动产的效益。地役权是指为使用自己不动产的便利或提高其效益而按照合同约定利用他人不动产的权利。他人的不动产为供役地，自己的不动产为需役地。从性质上说，地役权是按照当事人的约定设立的用益物权。

（2）地役权的设立

设立地役权，当事人应当采取书面形式订立地役权合同。地役权合同一般包括下列条款：①当事人的姓名或者名称和住所、②供役地和需役地的位置、③利用目的和方法、④利用期限、⑤费用及其支付方式、⑥解决争议的方法。

地役权自地役权合同生效时设立。当事人要求登记的，可以向登记机构申请地役权登记，未经登记，不得对抗善意第三人。

土地上已设立土地承包经营权、建设用地使用权、宅基地使用权等权利的，未经用益物权人同意，土地所有权人不得设立地役权。

（3）地役权的变动

需役地以及需役地上的土地承包经营权、建设用地使用权、宅基地使用权部分转让时，转让部分涉及地役权的，受让人同时享有地役权。供役地以及供役地上的土地承包经营权、建设用地使用权、宅基地使用权部分转让时，转让部分涉及地役权的，地役权对受让人具有约束力。

4. 物权的设立、变更、转让、消灭和保护

1）不动产物权的设立、变更、转让、消灭

不动产物权的设立、变更、转让和消灭，应当依照法律规定登记，自记载于不动产登记簿时发生效力。经依法登记，发生效力；未经登记，不发生效力，但法律另有规定的除外。依法属于国家所有的自然资源，所有权可以不登记。不动产登记由不动产所在地的登记机构办理。

物权变动的基础往往是合同关系，如买卖合同导致物权的转让。需要注意的是，当事人之间订立有关设立、变更、转让和消灭不动产物权的合同，除法律另有规定或者合同另有约定外，自合同成立时生效，未办理物权登记的，不影响合同效力。

2）动产物权的设立和转让

动产物权以占有和交付为公示手段。动产物权的设立和转让，应当依照法律规定交付。动产物权的设立和转让自交付时发生效力，但法律另有规定的除外。船舶、航空器和机动车等物权的设立、变更、转让和消灭，未经登记，不得对抗善意第三人。

3）物权的保护

物权的保护是指通过法律规定的方法和程序保障物权人在法律许可的范围内对其财产行使占有、使用、收益、处分权利的制度。物权受到侵害的，权利人可以通过和解、调解、仲裁、诉讼等途径解决。

因物权的归属、内容发生争议的，利害关系人可以请求确认权利。无权占有不动产或者动产的，权利人可以请求返还原物。妨害物权或者可能妨害物权的，权利人可以请求排除妨害或者消除危险。造成不动产或者动产毁损的，权利人可以请求修理、重作、更换或者恢复原状。侵害物权，造成权利人损害的，权利人可以请求损害赔偿，也可以请求承担其他民事责任。对于物权保护方式，可以单独适用，也可以根据权利被侵害的情形合并适用。

侵害物权，除承担民事责任外，违反行政管理规定的，依法承担行政责任；构成犯罪的，依法追究刑事责任。

2.4　建设工程债权制度

在建设工程活动中，经常会遇到一些债权债务的问题。因此，学习有关债权的基本法律知识，有助于在实践中防范债务风险。

1. 债的概念、内容及发生根据

1）债的概念

《民法典》规定，债是按照合同的约定或者按照法律规定，在当事人之间产生的特定的权利和义务关系，享有权利的人是债权人，负有义务的人是债务人。债权人有权要求债务人按照合同的约定或者依照法律的规定履行义务。

债是特定当事人之间的法律关系。债权人只能向特定的人主张自己的权利，债务人也只需向享有该项权利的特定人履行义务，即债的相对性。

2）债的内容

债的内容是指，债的主体双方之间的权利与义务，即债权人享有的权利和债务人负担的义务，也就是债权与债务。债权是请求特定人为特定行为作为或不作为的权利。

债权与物权不同，物权是绝对权，而债权是相对权。债权相对性理论的内涵，可以归纳为以下三个方面：①债权主体的相对性、②债权内容的相对性、③债权责任的相对性。债务是根据当事人的约定或者法律规定，债务人所负担的特定的行为义务。

3）建设工程债的发生根据

建设工程债的产生，是指特定当事人之间债权债务关系的产生。引起债产生的一定的法律事实，就是债产生的根据。建设工程债产生的根据有合同、侵权、无因管理和不当得利。

（1）合同之债

当事人之间产生了合同法律关系，也就产生了权利义务关系，便设立了债的关系。任何合同关系的设立，都会在当事人之间发生债权债务关系。合同引起债的关系，是债发生的最主要、最普遍的依据。因合同而产生的债被称为合同之债。

建设工程债的产生，最主要的也是合同。施工合同的订立，会在施工单位与建设单位之间产生债；材料设备买卖合同的订立，会在施工单位与材料设备供应商之间产生债的关系。

（2）侵权之债

侵权是指公民或法人没有法律依据而侵害他人的财产权利或人身权利的行为。侵权行为一经发生，即在侵权行为人和被侵权人之间形成债的关系。侵权行为产生的债，被称为侵权之债。在建设工程活动中，也常会产生侵权之债，如施工现场的施工噪声，有可能产生侵权之债。

《民法典》第一千二百五十三条规定，建筑物、构筑物或者其他设施及其搁置物、悬挂物发生脱落、坠落造成他人损害，所有人、管理人或者使用人不能证明自己没有过错的，应当承担侵权责任。所有人、管理人或者使用人赔偿后，有其他责任人的，有权向其他责任人追偿。

《民法典》第一千二百五十二条规定，建筑物、构筑物或者其他设施倒塌、塌陷造成他人损害的，由建设单位与施工单位承担连带责任，但是建设单位与施工单位能够证明不存在质量缺陷的除外。建设单位、施工单位赔偿后，有其他责任人的，有权向其他责任人追偿。因所有人、管理人、使用人或者第三人的原因，建筑物、构筑物或者其他设施倒塌、塌陷造成他人损害的，由所有人、管理人、使用人或者第三人承担侵权责任。

（3）无因管理之债

无因管理是指管理人员和服务人员没有法律上的特定义务，也没有受到他人委托，自觉为他人管理事务或提供服务。无因管理在管理人员或服务人员与受益人之间形成了债的关系。无因管理产生的债被称为无因管理之债。

（4）不当得利之债

不当得利是指没有法律上或者合同上的依据，有损他人利益而自身取得利益的行为。由于不当得利造成他人利益的损害，因此在得利者与受害者之间形成债的关系。得利者应当将所得的不当利益返还给受损失的人。不当得利产生的债被称为不当得利之债。

2. 建设工程债的主要种类

1）施工合同债

施工合同债是发生在建设单位和施工单位之间的债。施工合同的义务主要是完成施工任务和支付工程款。对于完成施工任务，建设单位是债权人，施工单位是债务人；对于支付工程款，则相反。

2）买卖合同债

在建设工程活动中，会产生大量的买卖合同，主要是材料设备买卖合同。材料设备的买方可能是建设单位，也可能是施工单位，它们会与材料设备供应商产生债的关系。

3）侵权之债

在侵权之债中，最常见的是施工单位的施工活动产生的侵权，如施工噪声或者废水、废弃物排放等扰民，可能对工地附近的居民构成侵权。此时，居民是债权人，施工单位或者建设单位是债务人。

2.5 建设工程知识产权制度

1. 知识产权的概念及特征

知识产权是指自然人、法人或者非法人组织对其智力成果所依法享有的专有权利。知识产权的特征概括起来有以下几个方面：

1）无形财产权

知识产权的客体是不具有物质形态的智力成果。这是知识产权的本质属性，是知识产权区别于物权、债权、人身权和财产继承权等民事权利的首要特征。

2）双重性

知识产权既具有某种人身权的性质，又包含财产权的内容。但商标权是一个例外，它只保护财产权，不保护人身权。

3）专有性

知识产权为权利主体所专有。权利人以外的任何人，未经权利人同意或者法律的特别规定，都不能享有或者使用这种权利。

4）地域性

某一国法律所确认和保护的知识产权，只在该国领域内发生法律效力。

5）时间性

知识产权仅在法律规定的期限内受到保护，一旦超过法律规定的有效期限，这一权利就自行消灭。

2. 建设工程知识产权的常见种类

在建设工程中常见的知识产权主要是专利权、商标权、著作权以及发明权和其他科技成果。计算机软件也是工程建设中经常使用的，计算机软件属于著作权保护的客体。

1）专利权

（1）专利权的概念

专利权是指权利人在法律规定的期限内，对其发明创造所享有的制造、使用和销售的专有权。国家授予权利人对其发明创造享有专有权，能保护权利人的利益，使其公开其发明创造的技术内容，有利于发明创造的应用。在建设工程活动中，不断有新技术产生，有许多新技术是取得了专利权的。

（2）专利法保护的对象

专利法保护的对象就是专利权的客体，各国规定各不相同。《中华人民共和国专利法》(以下简称《专利法》)保护的是发明创造专利权,并规定发明创造是指发明、实用新型和外观设计。

①发明

《专利法》规定,发明是指产品、方法或者其改进所提出的新的技术方案。

这是专利权保护的最主要对象,应当具备以下条件:(a)必须是一种能够解决特定技术问题做出的创造性构思;(b)必须是具体的技术方案;(c)必须是利用自然规律的结果。

②实用新型

实用新型,是指对产品的形状、构造或者其结合所提出的适于实用的新的技术方案。它与发明相似,都是一种新的技术方案,但发明专利的创造性水平要高于实用新型。因此,实用新型被称为"小发明"。

我国实用新型保护的客体必须具有一定的形状或者结构,或者两者的结合。如果是方法,不能获得实用新型专利。即使是产品,如果没有固定的形状或者是材料本身,也不能成为实用新型的客体。

③外观设计

外观设计,是指对产品的形状、图案或者其结合以及色彩与形状、图案的结合所得到的富有美感并适于工业应用的新设计。外观设计必须具备以下条件:是形状、图案、色彩或者其结合的设计;是对产品的外表所做的设计;具有美感;是适合于工业上应用的新设计。

(3)授予专利权的条件

①授予发明和实用新型专利权的条件

授予专利权的发明和实用新型,应当具备新颖性、创造性和实用性。

新颖性。新颖性是指该发明或者实用新型不属于现有技术,也没有任何单位或者个人就同样的发明或者实用新型在申请日以前向国务院专利行政主管部门提出过申请,并记载在申请日以后公布的专利申请文件或者公告的专利文件中。

创造性。创造性是指与现有技术相比,该发明或该实用新型具有突出的实质性特点和显著的进步。所谓现有技术,是指申请日以前在国内外为公众所知的技术。

实用性。实用性是指该发明或者实用新型能够制造或者使用,并且能够产生积极效果。取得专利权的发明或者实用新型必须是能够应用于生产领域的,而不能是纯理论的。需要注意的是,实用性并不要求发明或者实用新型已经产生积极效果,而只要求将来有产生积极效果的可能性。

②授予外观设计专利权的条件

授予专利权的外观设计,应当同申请日以前在国内外出版物上公开发表过或者国内公开使用过的外观设计不相同和不相近似，并不得与他人先取得的合法权利相冲突。除了新颖性外，外观设计还应当具备富有美感和适于工业应用两个条件。

（4）专利权人的权利和专利权的期限

①专利权人的权利

发明和实用新型专利权被授予后，除《专利法》另有规定的以外，任何单位或者个人未经专利权人许可，都不得实施其专利，即不得为生产经营目的制造、使用、许诺销售、销售、进口其专利产品，或者使用其专利方法以及使用、许诺销售、销售、进口依照该专利方法直接获得的产品。

外观设计专利权被授予后，任何单位或者个人未经专利权人许可，都不得实施其专利，即不得为生产经营目的制造、销售、进口其外观设计专利产品。

②专利权的期限

发明专利权的期限为 20 年，实用新型专利权和外观设计专利权的期限为 10 年，均自申请日起计算。

（5）专利的申请和审批

①申请专利应当提交的文件

申请发明或者实用新型专利的，应当提交请求书、说明书及其摘要和权利要求书等文件。

请求书。请求书应当写明发明或者实用新型的名称，发明人或者设计人的姓名，申请人姓名或者名称、地址，以及其他事项。

说明书及其摘要。说明书应当对发明或者实用新型做出清楚、完整的说明，以所属技术领域的技术人员能够实现为准；必要的时候，应当有附图。摘要应当简要说明发明或者实用新型的技术要点。

权利要求书。权利要求书应当以说明书为依据，说明要求专利保护的范围。

②专利申请日

国务院专利行政主管部门收到专利申请文件之日为申请日。如果申请文件是邮寄的，以寄出的邮戳日为申请日。

③专利审批制度

初步审查和公布申请。初步审查是指审查专利申请是否具备《专利法》规定的文件和其他必要的文件，以及这些文件是否符合规定的格式。国务院专利行政主管部门收到发明专利申请后，经初步审查认为符合专利法要求的，自申请日起满 18 个月，即行公布。

国务院专利行政主管部门可以根据申请人的请求早日公布其申请。

实质审查。发明专利申请自申请日起 3 年内，国务院专利行政主管部门可以根据申请人随时提出的请求，对其申请进行实质审查；申请人无正当理由逾期不请求实质审查的，该申请即被视为撤回。国务院专利行政主管部门认为必要的时候，可以自行对发明专利申请进行实质审查。

专利权的授予。发明专利申请经实质审查没有发现驳回理由的，由国务院专利行政主管部门做出授予发明专利权的决定，发放发明专利证书，同时予以登记和公告。发明专利权自公告之日起生效。实用新型或外观设计专利申请经初步审查没有发现驳回理由的，由国务院专利行政主管部门做出授予实用新型专利权或者外观设计专利权的决定，发给相应的专利证书，同时予以登记和公告。实用新型专利权和外观设计专利权自公告之日起生效。

2）商标权

（1）商标与商标专用权的概念

商标是指企业、事业单位和个体工商业者，为了使其生产经营的商品或者提供的服务项目有别于他人的商品或者服务项目，用具有显著特征的文字、图形、字母、数字、三维标志和颜色组合，以及上述要素的组合来表示的标志。商标可以分为商品商标和服务商标两大类。

商标专用权是指企业、事业单位和个体工商业者对其注册的商标依法享有的专用权。

由于商标有表示质量和信誉的作用，他人使用商标所有人的商标，有可能对商标所有人的信誉造成损害，必须严格禁止。

《中华人民共和国商标法》（以下简称《商标法》）规定，自然人、法人或者其他组织对其生产、制造、加工、拣选或者经销的商品，需要取得商标专用权的，应当向商标局申请商品商标注册。自然人、法人或者其他组织对其提供的服务项目，需要取得商标专用权的，应当向商标局申请服务商标注册。

（2）商标专用权的内容以及保护对象

商标专用权的内容只包括财产权，商标设计者的人身权受著作权法保护。商标专用权包括使用权和禁止权两个方面。使用权是商标注册人对其注册商标充分支配和完全使用的权利，权利人也有权将商标使用权转让给他人或通过合同许可他人使用其注册商标。禁止权是商标注册人禁止他人未经其许可而使用注册商标的权利。

商标专用权的保护对象是经过国家商标管理机关核准注册的商标，未经核准注册的商标不受商标法保护。使用注册商标应当标明"注册商标"或者"注册标记"。商标必须使用文字、图形或者其组合作为表现形式，并应当具备显著特征，便于人们识别。

（3）商标注册的申请、审查和批准

商标注册是指企业、事业单位和个体工商业者将已经或准备使用的商标，按照法定的条件、原则和程序，向商标局提出申请，经商标局核准注册，授予商标专用权的法律事实。

商标注册的审查和批准：①初步审定和公告。申请注册的商标，凡是符合《商标法》有关规定的，由商标局初步审定，予以公告。②对初步审定的商标，自公告之日起3个月内，任何人均可以提出异议。商标局应当听取异议人和申请人陈述事实和理由，经过调查核实后做出裁定。当事人不服的，可以在收到通知15天内申请复审，由商标评审委员会做出终局裁定，并书面通知异议人和申请人。异议成立后，商标不予核准注册。③对初审公告的商标，在规定的异议期间内没有异议，或者经裁定异议不能成立的，予以核准注册，发给商标注册证，并予以公告。

（4）注册商标的续展、转让和使用许可

注册商标的有效期为10年，自核准注册之日起计算。但是，商标与其他知识产权的客体不同，往往使用时间越长越有价值。商标的知名度较高往往也是长期使用的结果。因此，注册商标可以无数次提出续展申请，其理论上的有效期是无限的。注册商标有效期满，需要继续使用的，应当在期满前6个月内申请续展注册；在此期间未能提出申请的，可以给予6个月的宽展期；宽展期满仍未提出申请的，注销其注册商标。每次续展注册的有效期为10年。

注册商标的转让是指商标专用人将其所有的注册商标依法转移给他人所有并由其专用的法律行为。转让注册商标的，转让人和受让人应当共同向商标局提出申请。受让人应当保证使用该注册商标的商品或服务的质量。商标专用权人可以将商标连同企业或者商誉同时转让，也可以将商标单独转让。

注册商标的使用许可是指商标注册人通过签订商标使用许可合同，许可他人使用其注册商标的法律行为。许可人应当监督被许可人使用其注册商标的商品或者服务的质量。被许可人应当保证使用注册商标的商品或服务的质量。经许可使用他人注册商标的，必须在使用该注册商标的商品上标明被许可人的名称和商品产地。

3）著作权

（1）著作权的概念

著作权是指作者及其他著作权人依法对文学、艺术和科学作品所享有的专有权。在我国，著作权等同于版权。

（2）建设工程活动中常见的著作权作品

著作权保护的客体是作品，在建设工程活动中，会产生许多具有著作权的作品。

①文字作品。对于施工单位而言，施工单位编制的投标文件等文字作品、项目经理完成的工作报告等，都会享有著作权。建设单位编制的招标文件等文字作品也享有著作权。

②建筑作品。建筑作品是指以建筑物或者构筑物形式表现的有审美意义的作品。

③图形作品。图形作品是指为施工、生产绘制的工程设计图、产品设计图，以及反映地理现象、说明事物原理或者结构的地图、示意图等作品。

（3）著作权主体

著作权的主体是指从事文学、艺术、科学等领域的创作出作品的作者及其他享有著作权的公民、法人或者其他组织。在特定情况下，国家也可以成为著作权的主体。

在建设工程活动中，有许多作品属于单位作品。由法人或者其他组织主持，代表法人或者其他组织意志创作，并由法人或者其他组织承担责任的作品，法人或者其他组织视为作者。如招标文件、投标文件，往往就是单位作品，单位作品的著作权完全归单位所有。在建设工程活动中，有些作品属于职务作品。公民为完成法人或者其他组织工作任务所创作的作品是职务作品。职务作品与单位作品在形式上的区别在于，单位作品的作者是单位，而职务作品的作者是公民个人。一般情况下，职务作品的著作权由作者享有，但法人或者其他组织有权在其业务范围内优先使用。作品完成2年内，未经单位同意，作者不得许可第三人以与单位使用的相同方式使用该作品。《中华人民共和国著作权法》（以下简称《著作权法》）规定，有下列情形之一的职务作品，作者享有署名权，著作权的其他权利由法人或者其他组织享有，法人或者其他组织可以给予作者奖励：①主要是利用法人或者其他组织的物质技术条件创作，并由法人或者其他组织承担责任的工程设计图、产品设计图、地图、计算机软件等职务作品；②法律、行政法规规定或者合同约定著作权由法人或者其他组织享有的职务作品。

在建设工程活动中，有些作品属于委托作品。一般情况下，勘察设计文件都是勘察设计单位接受建设单位委托创作的委托作品。受委托创作的作品，著作权的归属由委托人和受托人通过合同约定。合同未做明确约定或者没有订立合同的，著作权属于受托人。

（4）著作权的保护期

著作权的保护期由于权利内容以及主体的不同而有所不同：①作者的署名权、修改权、保护作品完整权的保护期不受限制。②公民的作品，其发表权、使用权和获得报酬权的保护期，为作者终生及其死后50年。如果是合作作品，截止于最后死亡的作者死亡后第50年的12月31日。③法人或者其他组织的作品、著作权（署名权除外）由法人或者其他组织享有的职务作品，其发表权、使用权和获得报酬权的保护期为50年，截止于作品首次发表后第50年的12月31日，但作品自创作完成后50年内未发表的，不再受《著作权法》保护。

4）计算机软件的法律保护

（1）计算机软件的概念

计算机软件是指计算机程序及其有关文档。计算机程序是指为了得到某种结果而可以由计算机等具有信息处理能力的装置执行的代码化指令序列，或者可以被自动转换成代码化指令序列的符号化指令序列或者符号化语句序列。同一计算机程序的源程序和目标程序为同一作品。文档，是指用来描述程序的内容、组成、设计、功能规格、开发情况、测试结果及使用方法的文字资料和图表等，如程序设计说明书、流程图、用户手册等。

（2）软件著作权的归属

软件著作权属于软件开发者，如无相反证明，在软件上署名的自然人、法人或者其他组织为开发者。

由两个以上的自然人、法人或者其他组织合作开发的软件，其著作权的归属由合作开发者签订书面合同约定。接受他人委托开发的软件，其著作权的归属由委托人与受托人签订书面合同约定；无书面合同或者合同未做明确约定的，其著作权由受托人享有。由国家机关下达任务开发的软件，著作权的归属与行使由项目任务书或者合同规定；项目任务书或者合同中未做明确规定的，软件著作权由接受任务的法人或者其他组织享有。

自然人在法人或者其他组织中任职期间所开发的软件有下列情形之一的，该软件著作权由该法人或者其他组织享有，该法人或者其他组织可以对开发软件的自然人进行奖励：

①针对本职工作中明确指定的开发目标所开发的软件。

②开发的软件是从事本职工作活动所预见的结果或者自然的结果。

③主要使用了法人或者其他组织的资金、专用设备、未公开的专门信息等物质技术条件所开发并由法人或者其他组织承担责任的软件。

（3）软件著作权的限制

软件的合法复制品所有人享有下列权利：

①根据使用的需要把该软件装入计算机等具有信息处理能力的装置内。

②为了防止复制品损坏而制作备份复制品。这些备份复制品不得通过任何方式提供给他人使用，并在所有人丧失该合法复制品的所有权时，负责将备份复制品销毁。

③为了把该软件用于实际的计算机应用环境或者改进其功能、性能而进行必要的修改；但是，除合同另有约定外，未经该软件著作权人许可，不得向任何第三方提供修改后的软件。

软件著作权制度也存在合理使用，即为了学习和研究软件内含的设计思想和原理，通过安装、显示、传输或者存储软件等方式使用软件的，可以不经软件著作权人许可，不向其支付报酬。

（4）计算机软件著作权的保护期限

自然人的软件著作权，保护期为自然人终生及其死亡后 50 年，截止于自然人死亡后第 50 年的 12 月 31 日；软件是合作开发的，截止于最后死亡的自然人死亡后第 50 年的 12 月 31 日。法人或者其他组织的软件著作权，保护期为 50 年。

3. 建设工程知识产权的保护

建设工程知识产权权利人的权益受到损害的情况包括违约和侵权两种情况，当事人可以寻求的保护途径包括民法保护、行政法保护和刑法保护。

建设工程知识产权发生纠纷后，由当事人协商解决；不愿协商或者协商不成的，权利人或者利害关系人可以依照《中华人民共和国民事诉讼法》（以下简称《民事诉讼法》）向人民法院起诉，也可以请求知识产权行政主管部门处理。

1）建设工程专利权的保护

《专利法》规定，建设工程发明或者实用新型专利权的保护范围以其权利要求的内容为准，说明书及附图可以用于解释权利要求的内容。外观设计专利权的保护范围以表示在图片或者照片中的该产品的外观设计为准，简要说明可以用于解释图片或者照片所表示的该产品的外观设计。专利权人或者利害关系人有证据证明他人正在实施或者即将实施侵犯专利权的行为，如不及时制止将会使其合法权益受到难以弥补的损害的，可以在起诉前向人民法院申请采取责令停止有关行为的措施。申请人提出申请时，应当提供担保；不提供担保的，驳回申请。人民法院应当自接受申请之时起 48 小时内做出裁定；有特殊情况需要延长的，可以延长 48 小时。裁定责令停止有关行为的，应当立即执行。当事人对裁定不服的，可以申请复议一次；复议期间不停止裁定的执行。

2）建设工程商标权的保护

《商标法》规定，注册商标的专用权，以核准注册的商标和核定使用的商品为限。有下列行为之一的，均属侵犯注册商标专用权：①未经商标注册人的许可，在同一种商品或者类似商品上使用与其注册商标相同或者近似的商标的；②销售侵犯注册商标专用权的商品的；③伪造、擅自制造他人注册商标标识或者销售伪造、擅自制造的注册商标标识的；④未经商标注册人同意，更换其注册商标并将该更换商标的商品又投入市场的；⑤给他人的注册商标专用权造成其他损害的。

县级以上工商行政管理部门根据已经取得的违法嫌疑证据或者举报，对涉嫌侵犯他人注册商标专用权的行为进行查处，对有证据证明是侵犯他人注册商标专用权的物品，可以查封或者扣押。

3）建设工程著作权的保护

对于著作权的保护，主要是民法保护。如果侵权行为同时损害公共利益的，可以由著作权行政管理部门责令停止侵权行为，没收违法所得，没收、销毁侵权复制品，并可处以罚款；情节严重的，著作权行政管理部门还可以没收主要用于制作侵权复制品的材料、工具、设备等；构成犯罪的，依法追究刑事责任。

4）建设工程知识产权侵权的法律责任

建设工程知识产权侵权的民事责任，《民法典》第一百七十九条规定，承担民事责任的方式主要有：（1）停止侵害、（2）排除妨碍、（3）消除危险、（4）返还财产、（5）恢复原状、（6）修理、重作、更换、（7）继续履行、（8）赔偿损失、（9）支付违约金、（10）消除影响、恢复名誉、（11）赔礼道歉。以上承担侵权责任的方式，可以单独使用，也可以合并使用。

在建设工程知识产权侵权的民事责任中，最主要的还是赔偿损失。赔偿损失的数额确定方法：侵权的赔偿数额按照权利人因被侵权所受到的实际损失确定；实际损失难以确定的，可以按照侵权人因侵权所获得的利益确定；权利人的损失或者侵权人获得的利益难以确定的，参照该知识产权许可使用费的倍数合理确定；权利人的损失、侵权人获得的利益和专利许可使用费均难以确定的，人民法院可以根据专利权的类型、侵权行为的性质和情节等因素，确定给予一定数额的赔偿。如侵犯的是建设工程专利权，应当给予1万元以上100万元以下的赔偿；侵犯的是建设工程著作权和商标权，应当给予50万元以下的赔偿。赔偿数额还应当包括权利人为制止侵权行为所支付的合理开支。

2.6　建设工程担保制度

1. 担保与担保合同的规定

1）担保

担保是指当事人根据法律规定或者双方约定，为促使债务人履行债务实现债权人的权利的法律制度。第三人为债务人向债权人提供担保时，可以要求债务人提供反担保。

2）担保合同

担保合同是主合同的从合同，主合同无效，担保合同无效。担保合同另有约定的，按照约定。担保合同被确认无效后，债务人、担保人、债权人有过错的，应当根据其过错各自承担相应的民事责任。

2. 建设工程保证担保的方式和责任

担保方式主要有：保证、抵押、质押、留置和定金。

在建设工程活动中，保证是最为常用的一种担保方式。所谓保证，是指保证人和债权人约定，当债务人不履行债务时，保证人按照约定履行债务或者承担责任的行为。具有代为清偿债务能力的法人、其他组织或者公民，可以作为保证人。但在建设工程活动中，由于担保的标的额较大，保证人往往是银行，也有信用较高的其他担保人，如担保公司。银行出具的保证通常称为保函，其他保证人出具的书面保证一般称为保证书。

1）保证的基本法律规定

（1）保证合同

保证人与债权人应当以书面形式订立保证合同。保证人与债权人可以就单个主合同分别订立保证合同，也可以协议在最高债权额限度内就一定期间连续发生的贷款合同或者某项商品交易订立一个保证合同。

保证合同应当包括以下内容：①被保证的主债权种类、数额；②债务人履行债务的期限；③保证的方式；④保证担保的范围；⑤保证的期间；⑥双方认为需要约定的其他事项。保证合同不完全具备以上规定内容的，可以补正。

（2）保证方式

保证的方式有一般保证和连带责任保证两种。

当事人在保证合同中约定，债务人不能履行债务时，由保证人承担保证责任的，为一般保证。当事人在保证合同中约定保证人与债务人对债务承担连带责任的，为连带责任保证。连带责任保证的债务人在主合同规定的债务履行期届满没有履行债务的，债权人可以要求债务人履行债务，也可以要求保证人在其保证范围内承担保证责任。

当事人对保证方式没有约定或者约定不明确的，按照连带责任保证承担保证责任。

（3）保证人资格

具有代为清偿债务能力的法人、其他组织或者公民，可以作为保证人。但是，以下组织不能作为保证人：

①国家机关不得为保证人，但经国务院批准为使用外国政府或者国际经济组织贷款进行转贷的除外。

②学校、幼儿园、医院等以公益为目的的事业单位、社会团体不得为保证人。

③企业法人的分支机构、职能部门不得为保证人。企业法人的分支机构有法人书面授权的，可以在授权范围内提供保证。

任何单位和个人不得强令银行等金融机构或者企业为他人提供保证；银行等金融机构或者企业对强令其为他人提供保证的保证行为，有权拒绝。

（4）保证责任

保证合同生效后，保证人就应当在合同约定的保证范围和保证期间承担保证责任。保证担保的范围包括主债权及利息、违约金、损害赔偿金和实现债权的费用。保证合同另有约定的，按照约定。当事人对保证担保的范围没有约定或者约定不明确的，保证人应当对全部债务承担责任。

保证期间，债权人依法将主债转让给第三人的，保证人在原保证担保的范围继续承担保证责任。保证合同另有约定的，按照约定。保证期间，债权人许可债务人转让债务的，应当取得保证人书面同意，保证人对未经其同意转让的债务，不再承担保证责任。债权人与债务人协议变更合同的，应当取得保证人书面同意，未经保证人书面同意的，保证人不再承担保证责任。保证合同另有约定的，按照约定。

一般保证的保证人未约定保证期间的，保证期间为主债务履行期届满之日起 6 个月。连带责任保证的保证人与债权人未约定保证期间的，债权人有权自主债务履行期届满之日起 6 个月内要求保证人承担保证责任。

2）建设工程施工的担保种类

（1）施工投标保证金

投标保证金是指投标人按照招标文件的要求向招标人出具的，以一定金额表示的投标责任担保。其实质是为了避免因投标人在投标有效期内随意撤回、撤销投标或中标后不能提交履约保证金和签署合同等行为而给招标人造成损失。

投标保证金除现金外，可以是银行出具的银行保函、保兑支票、银行汇票或现金支票。

（2）施工合同履约保证金

《招标投标法》规定，招标文件要求中标人提交履约保证金的，中标人应当提供。

施工合同履约保证金是为了保证施工合同的顺利履行而要求承包人提供的担保。施工合同履约保证金多为提供第三人的信用担保，一般是由银行或者担保公司向招标人出具履约保函或者保证书。

（3）工程款支付担保

《工程建设项目施工招标投标办法》规定，招标人要求中标人提供履约保证金或其他形式履约担保的，招标人应当同时向中标人提供工程款支付担保。

工程款支付担保，是发包人向承包人提交的、保证按照合同约定支付工程款的担保，通常采用由银行出具保函的方式。

（4）预付款担保

发包人要求承包人提供预付款担保的，承包人应在发包人支付预付款 7 日前提供预付款担保，专用合同条款另有约定除外。预付款担保可采用银行保函、担保公司担保等形式，具体由合同当事人在专用条款中约定。在预付款完全扣回之前，承包人应保证预付款担保持续有效。发包人在工程款中逐期扣回预付款后，预付款担保额度应相应减少，但剩余的预付款担保金额不得低于未被扣回的预付款金额。

3. 抵押权、质权、留置权、定金的规定

1）抵押权

（1）抵押的法律概念

抵押是指债务人或者第三人不转移对财产的占有，将该财产作为债权的担保。债务人不履行债务时，债权人有权依照法律规定以该财产折价或者以拍卖、变卖该财产的价款优先受偿。其中，债务人或者第三人称为抵押人，债权人称为抵押权人。

（2）抵押物

债务人或者第三人提供担保的财产为抵押物。由于抵押物是不转移其占有的，因此能够成为抵押物的财产必须具备一定的条件。这类财产轻易不会灭失，其所有权的转移应当经过一定的程序。

债务人或者第三人有权处分的下列财产可以抵押：

①建筑物和其他土地附着物；②建设用地使用权；③以招标、拍卖、公开协商等方式取得的荒地等土地承包经营权；④生产设备、原材料、半成品、产品；⑤正在建造的建筑物、船舶、航空器；⑥交通运输工具；⑦法律、行政法规未禁止抵押的其他财产。

下列财产不得抵押：

①土地所有权；②耕地、宅基地、自留地、自留山等集体所有的土地使用权；③学校、幼儿园、医院等以公益为目的的事业单位、社会团体的教育设施、医疗卫生设施和其他社会公益设施；④所有权、使用权不明或者有争议的财产；⑤依法被查封、扣押、监管的财产；⑥依法不得抵押的其他财产。

当事人以下列财产抵押的，应当办理抵押登记，抵押权自登记时设立：

①建筑物和其他土地附着物；②建设用地使用权；③以招标、拍卖、公开协商等方式取得的荒地等土地承包经营权；④正在建造的建筑物。

当事人以下列财产抵押的，抵押权自抵押合同生效时设立，未经登记，不得对抗善意第三人：①生产设备、原材料、半成品、产品；②交通运输工具；③正在建造的船舶、航空器。

办理抵押物登记，应当向登记部门提供主合同、抵押合同、抵押物的所有权或者使用权证书。

（3）抵押的效力

抵押担保的范围包括主债权及利息、违约金损害赔偿金和实现抵押权的费用。当事人也可以在抵押合同中约定抵押担保的范围。

抵押人有义务妥善保管抵押物并保证其价值。抵押期间，抵押人转让已办理登记的抵押物，应当通知抵押权人并告知受让人转让物已经抵押的情况；否则，该转让行为无效。抵押人转让抵押物的价款，应当向抵押权人提前清偿所担保的债权或者向与抵押权人约定的第三人提存。超过债权的部分归抵押人所有，不足部分由债务人清偿。转让抵押物的价款不得明显低于其价值。抵押人的行为足以使抵押物价值减少的，抵押权人有权要求抵押人停止其行为。

抵押权与其担保的债权同时存在。抵押权不得与债权分离而单独转让或者作为其他债权的担保。

（4）抵押权的实现

债务履行期届满抵押权人未受清偿的，可以与抵押人协议以抵押物折价或者以拍卖、变卖该抵押物所得的价款受偿；协议不成的，抵押权人可以向人民法院提起诉讼。抵押物折价或者拍卖、变卖后，其价款超过债权数额的部分归抵押人所有，不足部分由债务人清偿。

同一财产向两个以上债权人抵押的，拍卖、变卖抵押物所得的价款按照以下规定清偿：①抵押合同已登记生效的，按抵押物登记的先后顺序清偿；顺序相同的，按照债权比例清偿。②抵押合同自签订之日起生效的，如果抵押物未登记的，按照合同生效的先后顺序清偿，顺序相同的，按照债权比例清偿。抵押物已登记的先于未登记的受偿。

2）质权

（1）质押的法律概念

质押是指债务人或者第三人将其动产或权利移交债权人占有，将该动产或权利作为债权的担保。债务人不履行债务时，债权人有权依照法律规定以该动产或权利折价，或者以拍卖、变卖该动产或权利的价款优先受偿。

质权是一种约定的担保物权，以转移占有为特征。债务人或者第三人为出质人，债权人为质权人，移交的动产或权利为质物。

（2）质押的分类

质押分为动产质押和权利质押。

动产质押是指债务人或者第三人将其动产移交债权人占有，将该动产作为债权的担保。能够用作质押的动产没有限制。

权利质押一般是将权利凭证交付质押人的担保。可以质押的权利包括：①汇票、支票、本票、债券、存款单、仓单、提单；②依法可以转让的股份、股票；③依法可以转让的商标专用权、专利权、著作权中的财产权；④依法可以质押的其他权利。

3）留置权

留置权是指债权人按照合同约定占有债务人的动产，债务人不按照合同约定的期限履行债务的，债权人有权依照法律规定留置该财产，以该财产折价或者以拍卖、变卖该财产的价款优先受偿。

由于留置是一种比较强烈的担保方式，必须依法行使。因保管合同、运输合同、加工承揽合同发生的债权，债务人不履行债务的，债权人有留置权。法律规定可以留置的其他合同，适用以上规定。当事人可以在合同中约定不得留置的物。

留置权人负有妥善保管留置物的义务。因保管不善致使留置物灭失或者毁损的，留置权人应当承担民事责任。

4）定金

《民法典》规定，当事人可以约定一方向对方给付定金作为债权的担保。债务人履行债务后，定金应当抵作价款或者收回。给付定金的一方不履行约定的债务的，无权要求返还定金；收受定金的一方不履行约定的债务的，应当双倍返还定金。

定金应当以书面形式约定。当事人在定金合同中应当约定交付定金的期限。定金合同从实际交付定金之日起生效。定金的数额由当事人约定，但不得超过主合同标的额的 20%。

2.7 建设工程保险制度

1. 保险的概念及保险合同的概念

1）保险的概念

《中华人民共和国保险法》（以下简称《保险法》）规定，保险是指投保人根据合同约定，向保险人支付保险费，保险人对于合同约定的可能发生的事故，因其发生所造成的财产损失承担赔偿保险金责任，或者当被保险人死亡、伤残、疾病或者达到合同约定的年龄、期限时承担给付保险金责任的商业保险行为。

保险是一种受法律保护的分散危险、消化损失的法律制度。因此，危险的存在是保险产生的前提。但保险制度上的危险具有损失发生的不确定性，包括发生与否的不确定性、发生时间的不确定性和发生后果的不确定性。

2）保险合同的概念

保险合同是指投保人与保险人约定保险权利义务关系的协议。投保人是指与保险人订立保险合同，并按照保险合同负有支付保险费义务的人。保险人是指与投保人订立保险合同，并承担赔偿或者给付保险金责任的保险公司。保险合同在履行中还会涉及被保险人和受益人。被保险人是指其财产或者人身受保险合同保障，享有保险金请求权的人，投保人可以为被保险人。受益人是指人身保险合同中由被保险人或者投保人指定的享有保险金请求权的人，投保人、被保险人可以为受益人。保险合同一般是以保险单的形式订立的。保险合同分为财产保险合同和人身保险合同。

（1）财产保险合同

财产保险合同是以财产及其有关利益为保险标的的保险合同。在财产保险合同中，保险合同的转让应当通知保险人，经保险人同意继续承保后，依法转让合同。在合同的有效期内，保险标的的危险程度是显著增加的，被保险人应当按照合同约定及时通知保险人，保险人可以按照合同约定增加保险费或者解除合同。建筑工程一切险和安装工程一切险，即财产保险合同。

（2）人身保险合同

人身保险合同是以人的寿命和身体为保障标的的保障合同。投保人应向保险人如实申报被保险人的年龄、身体状况。投保人在合同成立后，可以向保障人一次支付全部保险费，也可以按照合同规定分期支付保险费。人身保险的受益人由被保险人或者投保人指定。保险人对人身保险的保险费，不得用诉讼方式要求投保人支付。

2. 保险索赔

对于投保人而言，保险的根本目的是发生灾难事件时能够得到补偿，而这一目的必须通过索赔来实现。

（1）投保人进行保险索赔需提供必要的、有效的证明

保险事故发生后，依照保险合同请求保障人赔偿或者给付保险金时，投保人、被保险人或者受益人应当向保险人提供其所能提供的与确认保险事故的性质、原因、损失程度等有关的证明和资料。这就要求投保人在日常管理中应当注意证据的收集和保存。当保险事件发生后，更应注意收集证据，有时还需要有关部门的证明。索赔的证据一般包括保单、建设工程合同、事故照片、鉴定报告以及保单中规定的证明文件。

（2）投保人等应当及时提出保险索赔

投保人、被保险人或者受益人知道保险事故发生后，应当及时通知保险人。这与索赔的成功与否密切相关。因为，资金有时间价值，如果保险事件发生后很长时间才能取得索赔，即使是全额赔偿也不足以补偿自己的全部损失。而且，时间过长还会给索赔人的取证或保险人的理赔增加很大的难度。

（3）计算损失大小

保险单上载明的保险财产全部损失，应当按照全损进行保险索赔。保险单上载明的保险财产没有全部损失，应当按照部分损失进行保险索赔。财产虽然没有全部毁损或者灭失，但其损坏程度已达到无法修理，或者虽然能够修理但修理费将超过赔偿金额的，也应当按照全损进行索赔。如果一个建设工程项目同时由多家保险公司承保，则应当按照约定的比例分别向不同的保险公司提出索赔要求。

3. 建设工程保险的主要种类和投保权益

建设工程活动涉及的法律关系较为复杂，风险较为多样。因此，建设工程活动涉及的险种也较多，主要包括建筑工程一切险（及第三者责任险）、安装工程一切险（及第三者责任险）、机器损坏险、机动车辆险、建筑职工意外伤害险、勘察设计责任保险、工程监理责任保险等。

1）建筑工程一切险（及第三者责任险）

建筑工程一切险是承保各类民用、工业和公用事业建筑工程项目，包括道路、桥梁、水坝、港口等，在建造过程中因自然灾害或意外事故而引起的一切损失的险种。因在建工程抗灾能力差，危险程度高，一旦发生损失，不仅会对工程本身造成巨大的物质财富损失，甚至可能殃及邻近人员与财物。因此，随着各种新建、扩建、改建的建设工程项目日渐增多，许多保险公司已经开设这一险种。

建筑工程一切险，往往还加保第三者责任险。第三者责任险是指在保险有效期内因在施工工地上发生意外事故造成在施工工地及邻近地区的第三者人身伤亡或财产损失，依法应由被保险人承担的经济赔偿责任。

（1）投保人与被保险人

《建设工程施工合同（示范文本）》中规定，除专用合同条款另有约定外，发包人应投保建筑工程一切险或安装工程一切险；发包人委托承包人投保的，因投保产生的保险费和其他相关费用由发包人承担。

建筑工程一切险的被保险人范围较宽，所有在工程进行期间，对该项工程承担一定风险的有关各方（即具有可保利益的各方），均可作为被保险人。如果被保险人不止一家，则各家接受赔偿的权利以不超过其对保险标的的可保利益为限。被保险人具体包括：①业主或工程所有人；②承包商或者分包商；③技术顾问，包括业主聘用的建筑师、工程师及其他专业顾问。

（2）保险责任范围

保险人对下列原因造成的损失和费用，负责赔偿：①自然事件，指地震、海啸、雷电、飓风、台风、龙卷风、风暴、暴雨、洪水、水灾、冻灾、冰雹、地崩、山崩、雪崩、火山爆发、地面下陷下沉及其他人力不可抗拒的破坏力强大的自然现象；

②意外事故，指不可预料的以及被保险人无法控制并造成物质损失或人身伤亡的突发性事件，包括火灾和爆炸。

（3）除外责任

保险人对下列各项原因造成的损失不负责赔偿：①设计错误引起的损失和费用；②自然磨损、内在或潜在缺陷、物质本身变化、自燃、自热、氧化、锈蚀、渗漏、鼠咬、虫蛀、大气（气候或气温）变化、正常水位变化或其他渐变原因造成的保险财产自身的损失和费用；③因原材料缺陷或工艺不善引起的保险财产本身的损失以及为换置、修理或矫正这些缺点错误所支付的费用；④非外力引起的机械或电气装置的本身损失，或施工用机具、设备、机械装置失灵造成的本身损失；⑤维修保养或正常检修的费用；⑥档案、文件、账簿、票据、现金、各种有价证券、图表资料及包装物料的损失；⑦盘点时发现的短缺；⑧领有公共运输行驶执照的，或已由其他保险予以保障的车辆、船舶和飞机的损失；⑨除非另有约定，在保险工程开始以前已经存在或形成的位于工地范围内或其周围的属于被保险人的财产的损失；⑩除非另有约定，在保险单保险期限终止以前，保险财产中已由工程所有人签发完工验收证书或验收合格或实际占有或使用或接收的部分。

（4）第三者责任险

建筑工程一切险，如果加保第三者责任险，保险人对下列原因造成的损失和费用，负责赔偿：①在保险期限内，因发生与所保工程直接相关的意外事故引起工地内及邻近区域的第三者人身伤亡、疾病或财产损失；②被保险人因上述原因支付的诉讼费用以及事先经保险人书面同意而支付的其他费用。

（5）赔偿金额

保险人对每次事故引起的赔偿金额以法院或政府有关部门根据现行法律裁定的应由被保险人偿付的金额为准，但在任何情况下，均不得超过保险单明细表中对应列明的每次事故赔偿限额。在保险期限内，保险人经济赔偿的最高赔偿责任不得超过本保险单明细表中列明的累计赔偿限额。

（6）保险期限

建筑工程一切险的保险责任自保险工程在工地动工或用于保险工程的材料、设备运抵工地之时起始，至工程所有人对部分或全部工程签发完工验收证书或验收合格，或工程所有人实际占用或使用，或接收该部分或全部工程之时终止，以先发生者为准。但在任何情况下，保险期限的起始或终止不得超出保险单明细表中列明的保险生效日或终止日。

2）安装工程一切险（及第三者责任险）

安装工程一切险是承保安装机器、设备、储油罐、钢结构工程、起重机、吊车以及包含机械工程因素的各种安装工程的险种。由于科学技术日益进步，现代工业的机器设备已进入电子计算机操控的时代，设备工艺精密、构造复杂，技术高度密集，价格十分昂贵。在安装、调试机器设备的过程中遇到自然灾害和意外事故的发生都会造成巨大的经济损失。安装工程一切险可以保障机器设备在安装、调试过程中，被保险人可能遭受的损失能够得到经济补偿。

安装工程一切险往往还加保第三者责任险。安装工程一切险的第三者责任险，负责被保险人在保险期限内，因发生意外事故，造成在工地及邻近地区的第三者人身伤亡、疾病或财产损失，依法应由被保险人赔偿的经济损失，以及因此而支付的诉讼费用和经保险人书面同意支付的其他费用。

（1）保险责任范围

保险人对因自然灾害、意外事故（具体内容与建筑工程一切险基本相同）造成的损失和费用，负责赔偿。

（2）除外责任

其除外责任与建筑工程一切险的第②、⑤、⑥、⑦、⑧、⑨、⑩相同，不同之处主要是：①因设计错误、铸造或原材料缺陷或工艺不善引起的保险财产本身的损失以及为换置、修理或矫正这些缺点错误所支付的费用；②由于超负荷、超电压、碰线、电弧、漏电、短路、大气放电及其他电气原因造成电气设备或电气用具本身的损失；③施工用机具、设备、机械装置失灵造成的本身损失。

（3）保险期限

安装工程一切险的保险责任自保险工程在工地动工或用于保险工程的材料、设备运抵工地之时起始，至工程所有人对部分或全部工程签发完工验收证书或验收合格，或工程所有人实际占有或使用接收该部分或全部工程之时终止，以先发生者为准。但在任何情况下，安装期保险期限的起始或终止不得超出保险单明细表中列明的保险生效日或终止日。

安装工程一切险的保险期内，一般应包括一个试车考核期。试车考核期的长短一般根据安装工程合同中的约定进行确定，但不得超出安装工程保险单明细表中列明的试车和考核期限。安装工程一切险对考核期的保险责任一般不超过 3 个月，若超过 3 个月，应另行加收保险费。安装工程一切险对于旧机器设备不负考核期的保险责任，也不承担其维修期的保险责任。

3）工伤保险和建筑职工意外伤害险

《建筑法》规定，建筑施工企业应当依法为职工参加工伤保险缴纳工伤保险费。鼓励企业为从事危险作业的职工办理意外伤害保险，支付保险费。

4）保险代理人和保险经纪人

《保险法》规定，保险代理人是根据保险人的委托，向保险人收取佣金，并在保险人授权的范围内代为办理保险业务的机构或者个人。保险经纪人是基于投保人的利益，为投保人与保险人订立保险合同提供中介服务，并依法收取佣金的机构。

保险代理人与保险经纪人的最大区别是：保险代理人是受保险公司的委托，为该保险公司推销保险产品。保险经纪人则是受投保人（保险客户）委托，根据客户风险情况，为其设计保险方案、制定保险计划，横向比较各保险公司的保险条款优劣，帮助投保人选择适当的保险公司。形象地说，如果保险业是销售柜台的话，保险代理人就像是站在一个特定产品前的专职推销员。而保险经纪人则是帮助顾客选购产品的秘书或顾问，他不偏向于任何一个产品，而是完全根据顾客需求，选择同类产品中最适合消费者的那一款。

有关资料表明，60%的风险是通过保险方式进行规避的，其余风险则需要通过非保险的方式进行管理。保险经纪公司作为衔接保险公司与保险客户的中间环节，可以为客户提供专业的、全方位的保险咨询服务，代表客户与保险公司谈判，协助客户办理投保与索赔工作，最大限度地保障投保人的利益。

2.8 建设工程税收制度

税收是政府为了满足社会公共需要，凭借政治权力，按照法律规定，强制、无偿地取得财政收入的一种形式。在建设工程活动中，应当熟悉和执行有关税收法律制度。

1. 企业所得税和个人所得税的规定

1）企业所得税的规定

企业所得税是对我国境内的企业和其他取得收入的组织的生产经营所得和其他所得征收的所得税。

（1）纳税人

在中华人民共和国境内，企业和其他取得收入的组织（以下统称"企业"）为企业所得税的纳税人。

企业分为居民企业和非居民企业。居民企业，是指依法在中国境内成立，或者依照外国（地区）法律成立但实际管理机构在中国境内的企业。非居民企业，是指依照外国（地区）法律成立且实际管理机构不在中国境内，但在中国境内设立机构、场所的，或者在中国境内未设立机构、场所，但有来源于中国境内所得的企业。

（2）征税对象

居民企业应当就其来源于中国境内、境外的所得缴纳企业所得税。

非居民企业在中国境内设立机构、场所的，应当就其所设机构、场所取得的来源于中国境内的所得，以及发生在中国境外但与其所设机构、场所有实际联系的所得，缴纳企业所得税。非居民企业在中国境内未设立机构、场所的，或者虽设立机构、场所但取得的所得与其所设机构、场所没有实际联系的，应当就其来源于中国境内的所得缴纳企业所得税。

（3）应纳税所得额

企业每一纳税年度的收入总额，减除不征税收入、免税收入、各项扣除以及允许弥补的以前年度亏损后的余额，为应纳税所得额。企业以货币形式和非货币形式从各种来源取得的收入，为收入总额，包括：①销售货物收入；②提供劳务收入；③转让财产收入；④股息、红利等权益性投资收益；⑤利息收入；⑥租金收入；⑦特许权使用费收入；⑧接受捐赠收入；⑨其他收入。

收入总额中的下列收入为不征税收入：①财政拨款；②依法收取并纳入财政管理的行政事业性收费、政府性基金；③国务院规定的其他不征税收入。

企业实际发生的与取得收入有关的、合理的支出，包括成本、费用、税金、损失和其他支出，准予在计算应纳税所得额时扣除。

（4）税率

居民企业所得税的税率为25%。非居民企业在中国境内未设立机构、场所的，或者虽设立机构、场所但取得的所得与其所设机构、场所没有实际联系的，应当就其来源于中国境内的所得缴纳企业所得税，适用税率为20%。

2）个人所得税的规定

个人所得税是以自然人取得的各项应税所得为征税对象而征收的一种所得税。

（1）纳税人

在中国境内有住所，或者无住所而一个纳税年度内在中国境内居住累计满183天的个人，为居民个人。居民个人从中国境内和境外取得的所得，依照《中华人民共和国个人所得税法》规定缴纳个人所得税。在中国境内无住所又不居住，或者无住所而一个纳税年度内在中国境内居住累计不满183天的个人，为非居民个人。非居民个人从中国境内取得的所得，依照《中华人民共和国个人所得税法》规定缴纳个人所得税。纳税年度，自公历1月1日起至12月31日止。

（2）征税范围

下列各项个人所得，应当缴纳个人所得税：①工资、薪金所得；②劳务报酬所得；③稿酬所得；④特许权使用费所得；⑤经营所得；⑥利息、股息、红利所得；

⑦财产租赁所得；⑧财产转让所得；⑨偶然所得。居民个人取得上述第①～④项所得（以下称为综合所得），按纳税年度合并计算个人所得税；非居民个人取得前款第①～④项所得，按月或者按次分项计算个人所得税；纳税人取得上述第⑤～⑨项所得，依法分别计算个人所得税。

（3）税率

个人所得税的税率：①综合所得，适用3％～45％的超额累进税率；②经营所得，适用5％～35％的超额累进税率；③利息、股息、红利所得，财产租赁所得，财产转让所得和偶然所得，适用比例税率，税率为20％。

（4）减免税优惠

下列各项个人所得，免征个人所得税：①省级人民政府、国务院部委和中国人民解放军军以上单位，以及外国组织、国际组织颁发的科学、教育、技术、文化、卫生、体育、环境保护等方面的奖金；②国债和国家发行的金融债券利息；③按照国家统一规定发给的补贴、津贴；④福利费、抚恤金、救济金；⑤保险赔款；⑥军人的转业费、复员费、退役金；⑦按照国家统一规定发给干部、职工的安家费、退职费、基本养老金或者退休费、离休费、离休生活补助费；⑧依照我国有关法律规定应予免税的各国驻华使馆、领事馆的外交代表、领事官员和其他人员的所得；⑨中国政府参加的国际公约、签订的协议中规定免税的所得；⑩国务院规定的其他免税所得。上述第⑩项免税规定，由国务院报全国人民代表大会常务委员会备案。

有下列情形之一的，可以减征个人所得税，具体幅度和期限，由省、自治区、直辖市人民政府规定，并报同级人民代表大会常务委员会备案：①残疾、孤老人员和烈属的所得；②因自然灾害遭受重大损失的。国务院可以规定其他减税情形，报全国人民代表大会常务委员会备案。

（5）纳税扣缴和申报

个人所得税，以所得人为纳税人，以支付所得的单位或者个人为扣缴义务人。有下列情形之一的，纳税人应当依法办理纳税申报：①取得综合所得需要办理汇算清缴；②取得应税所得没有扣缴义务人；③取得应税所得，扣缴义务人未扣缴税款；④取得境外所得；⑤因移居境外注销中国户籍；⑥非居民个人在中国境内从两处以上取得工资、薪金所得；⑦国务院规定的其他情形。扣缴义务人应当按照国家规定办理全员全额扣缴申报，并向纳税人提供其个人所得和已扣缴税款等信息。

2. 企业增值税的规定

增值税是以商品和劳务在流转过程中产生的增值额作为征税对象而征收的一种流转税。

1）纳税人

《中华人民共和国增值税暂行条例》（以下简称《增值税暂行条例》）规定，在中华人民共和国境内销售货物或者加工、修理修配劳务（以下简称劳务），销售服务、无形资产、不动产以及进口货物的单位和个人，为增值税的纳税人。

纳税人分为一般纳税人和小规模纳税人。小规模纳税人以外的纳税人应当向主管税务机关办理登记。小规模纳税人会计核算健全，能够提供准确税务资料的，可以向主管税务机关办理登记，不作为小规模纳税人计算应纳税额。

2）应纳税额的计算

纳税人兼营不同税率的项目，应当分别核算不同税率项目的销售额：未分别核算销售额的，从高适用税率。纳税人销售货物、劳务、服务、无形资产、不动产（以下统称应税销售行为），应纳税额为当期销项税额抵扣当期进项税额后的余额。当期销项税额小于当期进项税额不足抵扣时，其不足部分可以结转下期继续抵扣。小规模纳税人发生应税销售行为，实行按照销售额和征收率计算应纳税额的简易办法，并不得抵扣进项税额。纳税人进口货物，按照组成计税价格和《增值税暂行条例》规定的税率计算应纳税额。

纳税人发生应税销售行为，按照销售额和《增值税暂行条例》规定的税率计算收取的增值税额，为销项税额。纳税人发生应税销售行为的价格明显偏低并无正当理由的，由主管税务机关核定其销售额。纳税人购进货物、劳务、服务、无形资产、不动产支付或者负担的增值税额，为进项税额。

纳税人发生应税销售行为，应当向索取增值税专用发票的购买方开具增值税专用发票，并在增值税专用发票上分别注明销售额和销项税额。属于下列情形之一的，不得开具增值税专用发票：（1）应税销售行为的购买方为消费者个人的；（2）发生应税销售行为适用免税规定的。

《财政部　税务总局关于建筑服务等营改增试点政策的通知》（财税〔2017〕58号）规定，建筑工程总承包单位为房屋建筑的地基与基础、主体结构提供工程服务，建设单位自行采购全部或部分钢材、混凝土、砌体材料、预制构件的，适用简易计税方法计税。地基与基础、主体结构的范围，按照《建筑工程施工质量验收统一标准》GB 50300—2013 附录 B "建筑工程的分部工程、分项工程划分" 中的 "地基与基础""主体结构" 分部工程的范围执行。纳税人提供建筑服务取得预收款，应在收到预收款时，以取得的预收款扣除支付的分包款后的余额，按照规定的预征率预缴增值税。按照现行规定应在建筑服务发生地预缴增值税的项目，纳税人收到预收款时在建筑服务发生地预缴增值税。按照现行规定无需在建筑服务发生地预缴增值税的项目，纳税人收到预收款时在机构所在地预缴增值税。适用一般计税方法计税的项目预征率为2%，适用简易计税方法计税的项目预征率为3%。

财政部、国家税务总局、住房和城乡建设部《关于进一步做好建筑行业营改增试点工作的意见》规定，各地税务部门要积极创造条件，在建材市场、大型工程项目部等地增设专用发票代开点，为砂土石料销售企业、临时经营企业及建筑材料零售企业代开专用发票提供便利，不断提高建筑企业购买建筑材料获得专用发票的比例。各级住房城乡建设部门和税务部门要进一步加强信息共享，充分利用税收征管数据，对于增值税缴纳单位与建设工程合同承包方不一致的工程项目，重点核查是否存在转包、违法分包、挂靠等行为，一经发现，严肃查处，切实维护建筑市场秩序。

3）销项税额的抵扣

《增值税暂行条例》规定，下列进项税额准予从销项税额中抵扣：（1）从销售方取得的增值税专用发票上注明的增值税额；（2）从海关取得的海关进口增值税专用缴款书上注明的增值税额；（3）购进农产品，除取得增值税专用发票或者海关进口增值税专用缴款书外，按照农产品收购发票或者销售发票上注明的农产品买价和11%的扣除率计算的进项税额，国务院另有规定的除外；（4）自境外单位或者个人购进劳务、服务、无形资产或者境内的不动产，从税务机关或者扣缴义务人取得的代扣代缴税款的完税凭证上注明的增值税额。

纳税人购进货物、劳务、服务、无形资产、不动产，取得的增值税扣税凭证不符合法律、行政法规或者国务院税务主管部门有关规定的，其进项税额不得从销项税额中抵扣。

下列项目的进项税额不得从销项税额中抵扣：（1）用于简易计税方法计税项目、免征增值税项目、集体福利或者个人消费的购进货物、劳务、服务、无形资产和不动产；（2）非正常损失的购进货物，以及相关的劳务和交通运输服务；（3）非正常损失的在产品、产成品所耗用的购进货物（不包括固定资产）、劳务和交通运输服务；（4）国务院规定的其他项目。

4）税率

按照国务院常务会议决定，从2018年5月1日起，增值税税率调整为：（1）纳税人销售货物、劳务、有形动产租赁服务或者进口货物，除下述第（2）项、第（4）项、第（5）项另有规定外，税率为16%。（2）纳税人销售交通运输、邮政、基础电信、建筑、不动产租赁服务，销售不动产，转让土地使用权，销售或者进口下列货物，税率为10%：①粮食等农产品、食用植物油、食用盐；②自来水、暖气、冷气、热水、煤气、石油液化气、天然气、二甲醚、沼气、居民用煤炭制品；③图书、报纸、杂志、音像制品、电子出版物；④饲料、化肥、农药、农机、农膜；⑤国务院规定的其他货物。（3）纳税人销售服务、无形资产，除所述第（1）项、第（2）项、第（5）项另有规定外，税率为6％。（4）纳税人出口货物，税率为零；但是，国务院另有规定的除外。（5）境内单位和个人跨境销售国务院规定范围内的服务、无形资产，税率为零。

3. 环境保护税的规定

环境保护税是为了保护和改善环境，减少污染物排放，推进生态文明建设而征收的一种税。

1）纳税人

《中华人民共和国环境保护税法》规定，在中华人民共和国领域和中华人民共和国管辖的其他海域，直接向环境排放应税污染物的企业事业单位和其他生产经营者为环境保护税的纳税人。应税污染物详见该法所附"环境保护税税目税额表""应税污染物和当量值表"。

有下列情形之一的，不属于直接向环境排放污染物，不缴纳相应污染物的环境保护税：（1）企业事业单位和其他生产经营者向依法设立的污水集中处理、生活垃圾集中处理场所排放应税污染物的；（2）企业事业单位和其他生产经营者在符合国家和地方环境保护标准的设施场所贮存或者处置固体废物的。

依法设立的城乡污水集中处理、生活垃圾集中处理场所超过国家和地方规定的排放标准向环境排放应税污染物的，应当缴纳环境保护税。企业事业单位和其他生产经营者贮存或者处置固体废物不符合国家和地方环境保护标准的，应当缴纳环境保护税。

2）计税依据和应纳税额

应税污染物的计税依据，按照下列方法确定：（1）应税大气污染物按照污染物排放量折合的污染当量数确定；（2）应税水污染物按照污染物排放量折合的污染当量数确定；（3）应税固体废物按照固体废物的排放量确定；（4）应税噪声按照超过国家规定标准的分贝数确定。

环境保护税应纳税额按照下列方法计算：（1）应税大气污染物的应纳税额为污染当量数乘以具体适用税额；（2）应税水污染物的应纳税额为污染当量数乘以具体适用税额；（3）应税固体废物的应纳税额为固体废物排放量乘以具体适用税额；（4）应税噪声的应纳税额为超过国家规定标准的分贝数对应的具体适用税额。

3）税收减免

下列情形，暂予免征环境保护税：（1）农业生产（不包括规模化养殖）排放应税污染物的；（2）机动车、铁路机车、非道路移动机械、船舶和航空器等流动污染源排放应税污染物的；（3）依法设立的城乡污水集中处理、生活垃圾集中处理场所排放相应应税污染物，不超过国家和地方规定的排放标准的；（4）纳税人综合利用的固体废物，符合国家和地方环境保护标准的；（5）国务院批准免税的其他情形。

纳税人排放应税大气污染物或者水污染物的浓度值低于国家和地方规定的污染物排放标准30％的，减按75％征收环境保护税。纳税人排放应税大气污染物或者水污染物的浓度值低于国家和地方规定的污染物排放标准50％的，减按50％征收环境保护税。

4. 其他相关税收的规定

同建设工程有关的税收法律制度还有城市维护建设税、教育费附加、城镇土地使用税、房产税、车船税、印花税等。

1）城市维护建设税

《中华人民共和国城市维护建设税暂行条例》规定，凡缴纳消费税、增值税、营业税的单位和个人，都是城市维护建设税的纳税义务人。

城市维护建设税，以纳税人实际缴纳的消费税、增值税、营业税税额为计税依据，分别与消费税、增值税、营业税同时缴纳。城市维护建设税税率如下：纳税人所在地在市区的，税率为7％；纳税人所在地在县城、镇的税率为5％；纳税人所在地不在市区、县城或镇的，税率为1％。

开征城市维护建设税后，任何地区和部门，都不得再向纳税人摊派资金或物资。遇到摊派情况，纳税人有权拒绝执行。

2）教育费附加

《征收教育费附加的暂行规定》中规定，凡缴纳消费税、增值税、营业税的单位和个人，除按照《国务院关于筹措农村学校办学经费的通知》的规定，缴纳农村教育事业费附加的单位外，都应当依照本规定缴纳教育费附加。

教育费附加，以各单位和个人实际缴纳的增值税、营业税、消费税的税额为计征依据，教育费附加率为3％，分别与增值税、营业税、消费税同时缴纳。

凡办有职工子弟学校的单位，应当先按本规定缴纳教育费附加：教育部门可根据办学的情况酌情返还给办学单位，作为对所办学校经费的补贴。办学单位不得借口缴纳教育费附加而撤并学校，或者缩小办学规模。

3）城镇土地使用税

《中华人民共和国城镇土地使用税暂行条例》（以下简称《城镇土地使用税暂行条例》）规定，在城市、县城、建制镇、工矿区范围内使用土地的单位和个人，为城镇土地使用税的纳税人。

土地使用税以纳税人实际占用的土地面积为计税依据，依照规定税额计算征收。土地使用税每平方米年税额如下：（1）大城市1.5～30元；（2）中等城市1.2～24

元；（3）小城市 0.9～18 元；（4）县城、建制镇、工矿区 0.6～12 元。

经省、自治区、直辖市人民政府批准，经济落后地区土地使用税的适用税额标准可以适当降低，但降低额不得超过《城镇土地使用税暂行条例》规定最低税额的 30%。经济发达地区土地使用税的适用税额标准可以适当提高，但须报经财政部批准。

下列土地免缴土地使用税：（1）国家机关、人民团体、军队自用的土地；（2）由国家财政部门拨付事业经费的单位自用的土地；（3）宗教寺庙、公园、名胜古迹自用的土地；（4）市政街道、广场、绿化地带等公共用地；（5）直接用于农、林、牧、渔业的生产用地；（6）经批准开山填海整治的土地和改造的废弃土地，从使用的月份起免缴土地使用税 5～10 年；（7）由财政部另行规定免税的能源、交通、水利设施用地和其他用地。土地使用税按年计算、分期缴纳。缴纳期限由省、自治区、直辖市人民政府确定。

4）房产税

《中华人民共和国房产税暂行条例》规定，房产税在城市、县城、建制镇和工矿区征收。房产税由产权所有人缴纳。产权属于全民所有的，由经营管理的单位缴纳。产权出典的，由承典人缴纳。产权所有人、承典人不在房产所在地的，或者产权未确定及租典纠纷未解决的，由房产代管人或者使用人缴纳。上述列举的产权所有人、经营管理单位、承典人、房产代管人或者使用人，统称为纳税义务人。

房产税依照房产原值一次减除 10%～30% 后的余值计算缴纳。具体减除幅度，由省、自治区、直辖市人民政府规定。没有房产原值作为依据的，由房产所在地税务机关参考同类房产核定。房产出租的，以房产租金收入为房产税的计税依据。

房产税的税率，依照房产余值计算缴纳的，税率为 1.2%；依照房产租金收入计算缴纳的，税率为 12%。

5）车船税

《中华人民共和国车船税法》规定，在中华人民共和国境内属于本法所附"车船税税目税额表"规定的车辆、船舶（以下简称车船）的所有人或者管理人，为车船税的纳税人。车辆的适用税额详见该法所附的"车船税税目税额表"和《中华人民共和国车船税法实施条例》。

下列车船免征车船税：（1）捕捞、养殖渔船；（2）军队、武装警察部队专用的车船；（3）警用车船；（4）悬挂应急救援专用号牌的国家综合性消防救援车辆和国家综合性消防救援专用船舶；（5）依照法律规定应给予免税的外国驻华使领馆、国际组织驻华代表机构及其有关人员的车船。

对节约能源、使用新能源的车船可以减征或者免征车船税；对受严重自然灾害影响纳税困难以及有其他特殊原因确需减税、免税的，可以减征或者免征车船税。

从事机动车第三者责任强制保险业务的保险机构为机动车车船税的扣缴义务人，应当在收取保险费时依法代收车船税，并出具代收税款凭证。

6）印花税

《中华人民共和国印花税暂行条例》规定，在中华人民共和国境内书立、领受本条例所列举凭证的单位和个人，都是印花税的纳税义务人。

下列凭证为应纳税凭证：（1）购销、加工承揽、建设工程承包、财产租赁、货物运输、仓储保管、借款、财产保险、技术合同或者具有合同性质的凭证；（2）产权转移书据；（3）营业账簿；（4）权利、许可证照；（5）经财政部确定征税的其他凭证。

纳税人根据应纳税凭证的性质，分别按比例税率或者按件定额计算应纳税额。具体税率、税额详见《中华人民共和国印花税暂行条例》所附的"印花税税目税率表"。应纳税额不足1角的，免纳印花税；应纳税额在1角以上的，其税额尾数不满5分的不计，满5分的按1角计算缴纳。

下列凭证免纳印花税：（1）已缴纳印花税的凭证的副本或者抄本；（2）财产所有人将财产赠给政府、社会福利单位、学校所立的书据；（3）经财政部批准免税的其他凭证。

2.9 建设工程法律责任制度

法律责任是指行为人由于违法行为、违约行为或者由于法律规定而应承受的某种不利的法律后果。法律责任不同于其他社会责任，法律责任的范围、性质、大小、期限等均在法律上有明确规定。

1. 法律责任的基本种类和特征

按照违法行为的性质和危害程度，可以将法律责任分为违反宪法的法律责任、刑事法律责任、民事法律责任、行政法律责任和国家赔偿责任。

法律责任的特征为：①法律责任是因违反法律上的义务（包括违约等）而形成的法律后果，以法律义务的存在为前提；②法律责任是承担不利的后果；③法律责任的认定和追究，由国家专门机关依照法定程序进行；④法律责任的实现由国家强制力保障。

2. 建设工程民事责任的种类及承担方式

民事责任是指民事主体在民事活动中，因实施了民事违法行为，根据民法所应承担的对其不利的民事法律后果或者基于法律特别规定而应承担的民事法律责任。民事责任的功能主要是一种民事救济手段，使受害人被侵犯的权益得以恢复。民事责任主要是财产责任，如《民法典》规定的损害赔偿、支付违约金等；但也不限于财产责任，还有恢复名誉、赔礼道歉等。

1）民事责任的种类

民事责任可以分为违约责任和侵权责任两类。违约责任是指合同当事人违反法律规定或合同约定的义务而应承担的责任。侵权责任是指行为人因过错侵害他人财产、人身而依法应当承担的责任，以及虽没有过错，但在造成损害以后，依法应当承担的责任。

2）民事责任的承担方式

承担民事责任的方式主要有停止侵害；排除妨碍；消除危险；返还财产；恢复原状；修理、重作、更换；赔偿损失；支付违约金；消除影响、恢复名誉；赔礼道歉。以上承担民事责任的方式，可以单独适用，也可以合并适用。

3. 建设工程行政责任的种类及承担方式

行政责任是指违反有关行政管理的法律法规规定，但尚未构成犯罪的行为，依法应承担的行政法律后果，包括行政处罚和行政处分。

1）行政处罚

《中华人民共和国行政处罚法》规定，行政处罚的种类包括警告；罚款；没收违法所得，没收非法财物；责令停产停业；暂扣或者吊销许可证，暂扣或者吊销执照；行政拘留；法律、行政法规规定的其他行政处罚。

在建设工程领域，法律、行政法规所设定的行政处罚主要有警告、罚款、没收违法所得、责令限期改正、责令停业整顿、取消一定期限内参加依法必须进行招标的项目的投标资格、责令停止施工、降低资质等级、吊销资质证书（同时吊销营业执照）、责令停止执业、吊销执业资格证书或其他许可证等。

2）行政处分

行政处分是指国家机关、企事业单位对所属的国家工作人员违法失职行为尚不构成犯罪，依据法律、法规所规定的权限而给予的一种惩戒。行政处分种类有警告、记过、记大过、降级、撤职、开除。《建设工程质量管理条例》规定，国家机关工作人员在建设工程质量监督管理工作中玩忽职守、滥用职权、徇私舞弊，构成犯罪的，依法追究刑事责任；尚不构成犯罪的，依法给予行政处分。

4. 建设工程刑事责任的种类及承担方式

刑事责任，是指犯罪主体因违反刑法，实施了犯罪行为所应承担的法律责任。《中华人民共和国刑法》（以下简称《刑法》）规定，刑罚分为主刑和附加刑。主刑包括管制、拘役、有期徒刑、无期徒刑、死刑；附加刑包括罚金、剥夺政治权利、没收财产、驱逐出境。

在建设工程领域，常见的刑事法律责任如下：

1）工程重大安全事故罪

《刑法》第一百三十七条规定，建设单位、设计单位、施工单位、工程监理单位违反国家规定，降低工程质量标准，造成重大安全事故的，对直接责任人员，处5年以下有期徒刑或者拘役，并处罚金；后果特别严重的，处5年以上10年以下有期徒刑，并处罚金。

2）重大责任事故罪

《刑法》第一百三十四条规定，在生产、作业中违反有关安全管理的规定，因而发生重大伤亡事故或者造成其他严重后果的，处3年以下有期徒刑或者拘役；情节特别恶劣的，处3年以上7年以下有期徒刑。强令他人违章冒险作业，因而发生重大伤亡事故或者造成其他严重后果的，处5年以下有期徒刑或者拘役；情节特别恶劣的，处5年以上有期徒刑。

3）重大劳动安全事故罪

安全生产设施或者安全生产条件不符合国家规定，因而发生重大伤亡事故或者造成其他严重后果的，对直接负责的主管人员和其他直接责任人员，处3年以下有期徒刑或者拘役；情节特别恶劣的，处3年以上7年以下有期徒刑。

4）串通投标罪

《刑法》第二百二十三条规定，投标人相互串通投标报价，损害招标人或者其他投标人利益，情节严重的，处3年以下有期徒刑或者拘役，并处或者单处罚金。投标人与招标人串通投标，损害国家、集体、公民的合法利益的，依照以上规定处罚。

本章小结

本章主要介绍了九部分内容：建设工程法人制度、建设工程代理制度、建设工程物权制度、建设工程债权制度、建设工程知识产权制度、建设工程担保制度、建设工程保险制度、建设工程税收制度、建设工程法律责任制度。分别对法人的概念和应具备的条件、法人的分类、法人在建设工程中的地位和作用、法定代表人及法人分支机构、企业法人与项目经理部的法律关系；代理的概念及特征、代理的种类、建设工程代理行为的设立和终止、代理人和被代理人的权利、义务法律责任；物权的概念及特征、物权的种类、土地所有权、建设用地使用和地役权、物权的设立、变更、转让、消灭和保护；债的概念、内容及发生根据、建设工程债的主要种类；知识产权的概念及特征、建设工程知识产权的常见种类、建设工程知识产权的保护；担保与担保合同的规定、建设工程保证担保的方式和责任、抵押权、质权、留置权、定金的规定；保险及保险合同的概念、保险索赔、建设工程保险的主要种类和投保权益；企业和个人所得税的规定、企业增值税的规定、环境保护税的规定、其他相关税收的规定；法律责任的基本种类和特征、建设工程民事责任、行政责任、刑事责任的种类及承担方式进行了具体的阐述。

课后练习

一、选择题

1. 关于法人的说法，正确的是（　　）。

A. 法人以其登记注册地为住所

B. 企业法人自取得营业执照时取得法人资格

C. 非企业法人是指行政法人和事业法人

D. 建设单位可以是没有法人资格的其他组织

2. 某施工单位法定代表人授权市场合约部经理赵某参加某工程的招标活动，这个行为属于（　　）。

A. 法定代理　　　　B. 委托代理　　　　C. 制定代理　　　　D. 表见代理

3. 甲与乙签订房屋买卖合同，将自有的一幢房屋卖给乙，并约定任何一方违约须向对方支付购房款 25% 的违约金。但在交房前，甲又与丙签订了合同，将该房屋卖给丙，并与丙办理了过户登记手续。则下列说法中错误的是（　　）。

A. 若乙要求甲支付约定的违约金，甲可以请求法院或仲裁机构予以适当减少

B. 甲必须收回房屋并向乙方交付

C. 丙取得该房屋的所有权

D. 乙不能要求甲实际交付该房屋，但可以要求甲承担违约责任

4. 甲建筑设备生产企业将乙施工单位订购的价值 10 万元的某设备错发给了丙施工单位，几天后，甲索回该设备交付给乙，乙发现丙曾使用过该设备造成局部磨损。关于本案，说法正确的有（　　）。

A. 丙有权要求甲支付保管费用

B. 丙有权要求乙支付保管费用

C. 乙有权要求丙承担侵权责任

D. 乙有权要求甲承担违约责任

5. 甲发包人与乙承包人订立建设工程合同，并由丙公司为甲出具工程款支付担保，担保方式为一般保证。现甲到期未能支付工程款，则下列关于该工程款清偿的说法，正确的是（　　）。

A. 丙公司应代甲清偿 B. 乙可要求甲或丙清偿

C. 只能由甲先行清偿 D. 不可能由甲或丙共同清偿

6. 发明专利权的期限为自申请日起（　　）年。

A. 10 B. 15 C. 20 D. 25

7. 甲发包人与乙承包人订立建设工程合同，并由丙公司为甲出具工程款支付担保，担保方式为一般保证。现甲到期未能支付工程款，则下列关于该工程款清偿的说法正确的是（　　）。

A. 丙公司应代甲清偿 B. 乙可要求甲或丙清偿

C. 只能由甲先行清偿 D. 不可能由甲或丙共同清偿

8. 某项目在施工中，项目经理和监理工程师监督管理不到位，施工人员没有按规定操作，致使砖块坠落砸伤现场外的行人赵某。对赵某承担赔偿责任的应当是（　　）。

A. 施工人员 B. 项目经理 C. 监理工程师 D. 施工单位

9. 个人所得税的纳税对象不包括（　　）。

A. 在中国境内无住所，而且在境内居住不满1年的个人，从中国境内取得的所得

B. 在中国境内有住所，或者无住所而在境内居住满1年的个人，从中国境内取得的所得

C. 在中国境内有住所，或者无住所而在境内居住满1年的个人，从中国境外取得的所得

D. 在中国境内无住所又不居住或者无住所而在境内居住不满1年的个人，从中国境外取得的所得

10. 某建设工程施工合同履行中，施工单位违约，则可能承担违约责任的形式有（　　）。

A. 支付违约金与解除合同 B. 赔偿损失与修理、重作、更换

C. 定金与支付违约金 D. 继续实际履行与解除合同

二、简答题

1. 建设企业法人应当具备哪些基本条件？建设企业法人与项目经理部是一种什么样的法律关系？

2. 代理有哪些基本的种类？与建设工程活动密切相关的代理有哪些？

3. 什么是物权？物权具有哪些特征？

4. 建设工程债发生的根据有哪些？

5. 建设工程知识产权的常见种类有哪些？

6. 建设工程担保制度的担保方式有哪些?

7. 建设工程保险的主要种类和投保权益是什么?

8. 企业所得税的纳税对象有哪些?

9. 什么是法律责任? 法律责任的特征有哪些?

10. 建设活动中常见的违约责任与侵权责任有哪些?

第 3 章

建设工程许可法律制度

知识目标

掌握建设工程施工许可制度和建设工程施工企业资质许可管理制度；了解建设工程从业人员执业资格许可制度。

能力目标

熟练掌握施工许可证申请办理条件的规定；能进行延期开工、核验和重新办理条件的熟练应用；能熟练掌握施工企业从业资格条件的具体规定；具备一定的分析判断、解决施工许可法律问题的能力。

3.1 建设工程施工许可制度

1. 建设工程施工许可制度的概念

建设工程施工许可制度是指由国家授权的有关行政主管部门，在建设工程开工之前对其是否符合法定的开工条件进行审核，对符合条件的建设工程允许其开工建设的法定制度。

《建筑法》规定，建筑工程开工前，建设单位应当按照国家有关规定向工程所在地县级以上人民政府建设行政主管部门申请领取施工许可证；但是，国务院建设行政主管部门确定的限额以下的小型工程除外。

我国实行建设工程施工许可制度，有利于确保建设工程在开工前符合法定条件，避免不具备条件的建设工程盲目开工而给当事人造成损失或导致国家财产的浪费，进而为其开工后顺利实施奠定基础；也有利于有关建设行政主管部门全面掌握建设工程的数量、规模等基本情况，依法及时、有效地实施监督和指导，保证建设活动依法有序进行。

2. 建设工程施工许可证的申领范围、时间及主体

1）建设工程施工许可证的申领范围

（1）需要申领施工许可证的建设工程

在中华人民共和国境内从事各类房屋建筑及其附属设施的建造、装修装饰和与其配套的线路、管道、设备的安装，以及城镇市政基础设施工程施工，建设单位在开工前应当依照规定向工程所在地的县级以上地方人民政府住房和城乡建设主管部门申请并领取施工许可证。

（2）不需要申请施工许可证的建设工程类型

并非所有的建设工程都需要在开工之前申请施工许可证，如：

①限额以下的小型工程

《建筑工程施工许可管理办法》规定，工程投资额在 30 万元以下或者建筑面积在 $300m^2$ 以下的建筑工程，可以不申请办理施工许可证。省、自治区、直辖市人民政府建设行政主管部门可以根据当地的实际情况，对限额进行调整，并报国务院建设行政主管部门备案。

②抢险救灾工程

由于这类工程的特殊性，《建筑法》明确规定此类工程不需要申请施工许可证。

③临时性建筑

建设工程中经常会出现临时性的建筑，例如工人宿舍、食堂等。由于这些临时建筑生命周期短，《建筑法》明确规定此类工程不需要申请施工许可证。

④军用房屋建设工程

由于此类工程涉及军事秘密，不宜过多公开信息，《建筑法》明确规定军用房屋建设工程建设活动的具体管理办法由国务院、中央军事委员会依据本法进行规定。

2）建设工程施工许可证的申领时间

根据《建筑法》的规定，施工许可证应在建设工程开工前申请领取。建设工程施工许可证应当在施工准备工作就绪之后、组织施工之前领取。

根据国家计划主管部门的有关规定，开工日期是指建设项目或单项工程设计文件中规定的永久性工程计划开始施工的时间，以永久性工程正式破土开槽开始施工的时间为准，在此之前的准备工作，如地质勘探、平整场地、拆除旧有建筑物、临时建筑、施工用临时道路、水、电等工程都不算正式开工。建设单位未依法在开工前申请领取施工许可证便开工建设的，属于违法行为，应当按照规定追究其行政法律责任。

3）建设工程施工许可证的申领主体

建设单位（又称业主或项目法人）是建设项目的投资者。为施工单位进场和开工做好各项前期准备工作，是建设单位应尽的义务。因此，施工许可证的申请领取，应该是由建设单位负责而不是施工单位或其他单位负责。

3. 建设工程施工许可证的申领条件和程序

1）建设工程施工许可证的申领条件

《建筑法》规定，申请领取施工许可证，应当具备下列条件：

（1）已经办理该建筑工程用地批准手续

《中华人民共和国土地管理法》（以下简称《土地管理法》）规定，任何单位和个人进行建设，需要使用土地的，必须依法申请使用国有土地。依法申请使用的国有土地包括国家所有的土地和国家征收的原属于农民集体所有的土地。经批准的建设项目需要使用国有建设用地的，建设单位应当持法律、行政法规规定的有关文件，向有批准权的县级以上人民政府土地行政主管部门提出建设用地申请，经土地行政主管部门审查，报本级人民政府批准。

办理用地批准手续是建设工程依法取得土地使用权的必经程序，也是建设工程取得施工许可的必要条件。如果没有依法取得土地使用权，就不能批准建设工程开工。

（2）在城市规划区的建筑工程，已经取得规划许可证

《城乡规划法》规定，在城市、镇规划区内进行建设需要申请用地的，建设单位

在依法办理用地批准手续之前，必须先取得该工程的建设用地规划许可证。在城市、镇规划区内进行建筑物、构筑物、道路、管线和其他工程建设的，建设单位或者个人应当向城市、县人民政府城乡规划主管部门或者省、自治区、直辖市人民政府确定的镇人民政府申请办理建设工程规划许可证。

（3）需要拆迁的，其拆迁进度符合施工要求

《城市房屋拆迁管理条例》规定，拆迁房屋的单位取得房屋拆迁许可证后，方可实施拆迁。拆迁人应当在房屋拆迁许可证确定的拆迁范围和拆迁期限内，实施房屋拆迁。

需要先期进行拆迁的建筑工程，其拆迁工作状况直接影响到整个建筑工程能否顺利进行。在建设工程开始施工时，拆迁的进度必须符合工程开工的要求，这是保证该建设工程正常施工的基本条件。

（4）已经确定建筑施工企业

《建筑工程施工许可管理办法》规定，按照规定应该招标的工程没有招标，应该公开招标的工程没有公开招标，或者肢解发包工程，以及将工程发包给不具备相应资质条件的，所确定的施工企业无效。

建设工程的施工必须由具备相应资质的施工企业来承担。因此，在建设工程开工前，建设单位必须依法通过招标或直接发包的方式确定承包该建设工程的施工企业，并签订建设工程承包合同，明确双方的责任、权利和义务。否则，建设工程的施工将无法进行。

（5）有满足施工需要的施工图纸及技术资料

施工图纸是实行建设工程最根本的技术文件，也是在施工过程中保证建设工程质量的重要依据。这就要求设计单位要按照工程的施工顺序和施工进度，安排好施工图纸的配套交付来保证施工的需要。另外，施工文件不仅要满足施工的需要，还应当按照规定进行审查。

技术资料一般包括地形、地质、水文、气象等自然条件资料和主要原材料、燃料来源、水电供应和运输条件等技术经济条件资料。掌握客观、准确、全面的技术资料，是实现建设工程质量和安全的重要保证。在建设工程开工前，必须有能够满足施工需要的技术资料。

（6）有保证工程质量和安全的具体措施

《建设工程安全生产管理条例》规定，建设单位在申请领取施工许可证时，应当提供建设工程有关安全施工措施的资料。建设行政主管部门在审核发放施工许可证时，应当对建设工程是否有安全施工措施进行审查，对没有安全施工措施的，不得颁发施工许可证。

（7）建设资金已经落实

建设资金的落实是建设工程开工后顺利实施的关键。近年来，一些建设单位无视国家固定资产投资的宏观调控和自身的经济实力，违反建设工程基本程序，在建设资金不落实或资金不足的情况下，盲目上新建设项目，强行要求建筑施工企业带资承包工程和垫款施工，转嫁投资缺口，造成拖欠工程款数额急剧增加，这不仅干扰了国家对固定资产投资的宏观调控和工程建设的正常进行，严重影响了投资效益的提高，也加重了建筑施工企业生产经营的困难。因此，在建筑工程开工前，建设资金必须落实。

根据《建筑工程施工许可管理办法》的规定，建设工期不足 1 年的，到位资金原则上不得少于工程合同价的 50%；建设工期超过 1 年的，到位资金原则上不得少于工程合同价的 30%。建设单位应当提供银行出具的到位资金证明，有条件的可以实行银行付款保函或者其他第三方担保。计划、财政、审计等部门应严格审查建设项目开工前和年度计划中的资金来源，据实出具资金证明。

（8）法律、行政法规规定的其他条件

由于施工活动本身很复杂，各类工程施工方法、建设要求等也不相同，申领施工许可证的条件很难在一部法律中采用列举的方式全部覆盖。国家对建设活动的管理也在不断完善，施工许可证的申领还会发生变化。所以《建筑法》为今后法律、行政法可能规定的施工许可证的申领条件做了特别的规定。

2）建设工程施工许可证的申领程序

根据《建筑法》和《建筑工程施工许可管理办法》的规定，申请办理施工许可证时，应当按照下列程序进行：

（1）建设单位向发证机关领取《建筑工程施工许可证申请表》。

（2）建设单位持加盖单位及法定代表人印鉴的《建筑工程施工许可证申请表》，并附上述规定的证明文件，向发证机关提出申请。

（3）发证机关在收到建设单位报送的《建筑工程施工许可证申请表》和所附证明文件后，对于符合条件的，应当自收到申请之日起 15 日内颁发施工许可证；对于证明文件不齐全或者失效的，应当限期要求建设单位补正，审批时间可以自证明文件补正齐全后相应顺延；对于不符合条件的，应当自收到申请之日起 15 日内书面通知建设单位，并说明理由。

4. 未取得建设工程施工许可证擅自开工应承担的法律责任

1）未经许可擅自开工应承担的法律责任

《建筑法》规定，违反本法规定，未取得施工许可证或者开工报告未经批准擅自施工的，责令改正，对不符合开工条件的责令停止施工，可以处以罚款。

《建设工程质量管理条例》规定，建设单位未取得施工许可证或者开工报告未经批准擅自施工的，责令停止施工，限期改正，处工程合同价款1%以上2%以下的罚款。

2）规避办理施工许可证应承担的法律责任

《建筑工程施工许可管理办法》规定，对于未取得施工许可证或者为规避办理施工许可证将工程项目分解后擅自施工的，由有管辖权的发证机关责令改正；对于不符合开工条件的，责令停止施工，并对建设单位和施工单位分别处以罚款。

3）骗取和伪造施工许可证应承担的法律责任

《建筑工程施工许可管理办法》规定，对于采用虚假证明文件骗取施工许可证的，由原发证机关收回施工许可证，责令停止施工，并对责任单位处以罚款；构成犯罪的，依法追究刑事责任。对于伪造施工许可证的，该施工许可证无效，由发证机关责令停止施工，并对责任单位处以罚款；构成犯罪的，依法追究刑事责任。对于涂改施工许可证的，由原发证机关责令改正，并对责任单位处以罚款；构成犯罪的，依法追究刑事责任。

3.2 建设工程施工企业资质许可管理制度

1. 建设工程施工企业资质的法定条件和分类管理

1）建设工程施工企业资质的法定条件

《建筑法》规定，从事建设工程活动的单位，如建筑施工企业、勘察单位、设计单位和工程监理单位，应当具备下列条件：

（1）有符合国家规定的注册资本。

（2）有与其从事的建筑活动相适应的具有法定执业资格的专业技术人员。

（3）有从事相关建筑活动所应有的技术装备。

（4）法律、行政法规规定的其他条件。

具备以上条件后，经过资质审查合格，取得相应等级的资质证书后，方可在其资质等级许可的范围内从事建筑活动。

2）建设工程施工企业资质的分类管理

根据《建筑业企业资质管理规定》规定，建设工程企业资质分为施工总承包资质、专业承包资质、劳务分包三个序列。施工总承包资质、专业承包资质按照工程性质和技术特点分别划分为若干资质类别，各资质类别按照规定的条件划分为若干资质等级。具体分类如表3-1所示。

企业类别	资质等级	承包工程范围
施工总承包企业	特级	可承担各类房屋建筑工程的施工
	一级	可承担单项建安合同额不超过企业注册资本金 5 倍的下列房屋建筑工程的施工： (1)40 层以下各类跨度的房屋建筑工程 (2)高度 240m 及以下的构筑物工程 (3)建筑面积 20 万 m^2 及以下的住宅小区或建筑群体
	二级	可承担单项建安合同额不超过企业注册资本金的 5 倍的下列房屋建筑工程的施工： (1)28 层以下、单跨跨度 36m 及其以下的房屋建筑工程 (2)高度 120m 及其以下的构筑物工程 (3)建筑面积 12 万 m^2 及以下的住宅小区或建筑群体
	三级	可承担单项建安合同额不超过企业注册资本金 5 倍的下列房屋建筑工程的施工： (1)14 层以下、单跨跨度 24m 及其以下的房屋建筑工程 (2)高度 70m 及其以下的构筑物工程 (3)建筑面积 6 万 m^2 及以下的住宅小区或建筑群体
专业承包资质企业	一级	地基与基础工程：可承担各类地基与基础工程施工
	二级	地基与基础工程：可承担工程造价 1000 万元及以下各类地基与基础工程的施工
	三级	地基与基础工程：可承担工程造价 300 万元及以下各类地基与基础工程的施工
劳务分包		劳务资质不分类别与等级

2. 建设工程施工企业资质的申请、许可、延续和变更

1）资质的申请

建筑业企业申请资质，按照属地管理原则，向企业注册所在地县级以上地方人民政府建设行政主管部门申请。其中，国务院国有资产管理部门直接监管的企业及其下属一层级的企业、由国务院国有资产管理部门直接监管的企业向国务院建设主管部门提出申请。

建筑业企业可以申请一项或多项建筑业企业资质。申请多项建筑业企业资质的，应当选择等级最高的一项资质为企业主项资质，其余为增项资质企业的增项资质级别不得高于主项资质的级别。

新设立的建筑业企业，到工商行政管理部门办理登记注册手续并取得企业法人营业执照后，方可到建设行政主管部门办理资质申请手续。新设立的企业申请资质，应当向建设行政主管部门提供下列资料：

（1）建筑业企业资质申请表及相应的电子文档。

（2）企业法人营业执照副本。

（3）企业章程。

（4）企业负责人和技术、财务负责人的身份证明、职称证书、任职文件及相关资质标准要求提供的材料。

（5）建筑业企业资质申请表中所列注册执业人员的身份证明、注册执业证书。

（6）建筑业企业资质标准要求的非注册的专业技术人员的职称证书、身份证明及养老保险凭证。

（7）部分资质标准要求企业必须具备的特殊专业技术人员的职称证书、身份证明及养老保险凭证。

（8）建筑业企业资质标准要求的企业设备、厂房的相应证明。

（9）建筑业企业安全生产条件有关材料。

（10）资质标准要求的其他有关材料。

2）资质的许可

建筑业企业资质证书分为正本和副本，由国务院住房城乡建设主管部门统一印制，正、副本具备同等法律效力。资质证书有效期为5年。

3）资质的延续

建筑业企业资质证书有效期届满，企业继续从事建筑施工活动的，应当于资质证书有效期届满3个月前，向原资质许可机关提出延续申请。

4）资质的变更

企业在建筑业企业资质证书有效期内名称、地址、注册资本、法定代表人等发生变更的，应当在工商部门办理变更手续后1个月内办理资质证书变更手续。

由国务院住房城乡建设主管部门颁发的建筑业企业资质证书的变更，企业应当向企业工商注册所在地的省、自治区、直辖市人民政府住房城乡建设主管部门提出变更申请，省、自治区、直辖市人民政府住房城乡建设主管部门应当自受理申请之日起2日内将有关变更证明材料报国务院住房城乡建设主管部门，由国务院住房城乡建设主管部门在2日内办理变更手续。规定以外的资质证书的变更，由企业工商注册所在地的省、自治区、直辖市人民政府住房城乡建设主管部门或者设区的市人民政府住房城乡建设主管部门依法另行规定。变更结果应当在资质证书变更后15日内，报国务院住房城乡建设主管部门备案。资质涉及公路、水运、水利、通信、铁路、民航等方面的建筑业企业资质证书的变更，办理变更手续的住房城乡建设主管部门应当将建筑业企业资质证书变更情况告知同级有关部门。企业发生合并、分立、重组以及改制等事项，需承继原建筑业企业资质的，应当申请重新核定建筑业企业资质等级。

企业需更换、遗失补办建筑业企业资质证书的，应当持建筑业企业资质证书更换、遗失补办申请等材料向资质许可机关申请办理。资质许可机关应当在2个工作日内办理完毕。

企业遗失建筑业企业资质证书的，在申请补办前应当在公众媒体上刊登遗失声明。

3. 违法行为应承担的法律责任

施工企业资质违法行为应承担的主要法律责任如下：

1）企业申请办理资质违法行为应承担的法律责任

《建筑法》规定，以欺骗手段取得资质证书的，吊销资质证书，处以罚款；构成犯罪的，依法追究刑事责任。

《建筑业企业资质管理规定》规定，申请人隐瞒有关情况或者提供虚假材料申请建筑业企业资质的，不予受理或者不予行政许可，并给予警告，申请人在 1 年内不得再次申请建筑业企业资质。

以欺骗、贿赂等不正当手段取得建筑业企业资质证书的，由县级以上地方人民政府建设主管部门或者有关部门给予警告，并依法处以罚款，申请人 3 年内不得再次申请建筑业企业资质。

建筑业企业未按照规定及时办理资质证书变更手续的，由县级以上地方人民政府建设主管部门责令限期办理；逾期不办理的，可处以 1000 元以上 1 万元以下的罚款。

2）无资质承揽工程应承担的法律责任

《建筑法》规定，发包单位将工程发包给不具有相应资质条件的承包单位的，或者违反本法规定将建筑工程肢解发包的，责令改正，处以罚款。未取得资质证书承揽工程的，予以取缔，并处罚款；有违法所得的，予以没收。

《建设工程质量管理条例》进一步规定，建设单位将建设工程发包给不具有相应资质等级的勘察、设计、施工单位或者委托给不具有相应资质等级的工程监理单位的，责令改正，处 50 万元以上 100 万元以下的罚款。

未取得资质证书承揽工程的，予以取缔，对施工单位处工程合同价款 2％以上 4％以下的罚款；有违法所得的，予以没收。

3）企业申请办理资质违法行为应承担的法律责任

《建筑法》规定，超越本单位资质等级承揽工程的，责令停止违法行为，处以罚款，可以责令停业整顿，降低资质等级；情节严重的，吊销资质证书；有违法所得的，予以没收。

《建设工程质量管理条例》进一步规定，勘察、设计、施工、工程监理单位超越本单位资质等级承揽工程的，责令停止违法行为；对施工单位处工程合同价款 2％以上 4％以下的罚款，可以责令停业整顿，降低资质等级；情节严重的，吊销资质证书；有违法所得的，予以没收。

《外商投资建筑业企业管理规定》中规定，外资建筑业企业超越资质许可的业务范围承包工程的，处工程合同价款 2%以上 4%以下的罚款；可以责令停业整顿，降低资质等级；情节严重的，吊销资质证书；有违法所得的，予以没收。

4）允许其他单位或者个人以本单位名义承揽工程应承担的法律责任

《建筑法》规定，建筑施工企业转让、出借资质证书或者以其他方式允许他人以本企业的名义承揽工程的，责令改正，没收违法所得，并处罚款，可以责令停业整顿，降低资质等级；情节严重的，吊销资质证书。对因该项承揽工程不符合规定的质量标准造成的损失，建筑施工企业与使用本企业名义的单位或者个人承担连带赔偿责任。

《建设工程质量管理条例》规定，勘察、设计、施工、工程监理单位允许其他单位或者个人以本单位名义承揽工程的，责令改正，没收违法所得；对施工单位处工程合同价款 2%以上 4%以下的罚款；可以责令停业整顿，降低资质等级；情节严重的，吊销资质证书。

5）将建设工程分包给不具备相应资质条件的单位（违法分包）应承担的法律责任

《建筑法》规定，承包单位将承包的工程转包的，或者违反本法规定进行分包的，责令改正，没收违法所得，并处罚款，可以责令停业整顿、降低资质等级；情节严重的，吊销资质证书。承包单位有以上规定的违法行为的，对因转包工程或者违法分包的工程不符合规定的质量标准造成的损失，与接受转包或者分包的单位承担连带赔偿责任。

《建设工程质量管理条例》规定，承包单位将承包的工程转包或者违法分包的，责令改正，没收违法所得；对施工单位处工程合同价款 0.5%以上 1%以下的罚款；可以责令停业整顿，降低资质等级；情节严重的，吊销资质证书。

《房屋建筑和市政基础设施工程施工分包管理办法》规定，转包、违法分包或者允许他人以本企业名义承揽工程的，按照《建筑法》《招标投标法》和《建设工程质量管理条例》的规定予以处罚；对于接受转包、违法分包和用他人名义承揽工程的，处 1 万元以上 3 万元以下的罚款。

6）以欺骗手段取得资质证书承揽工程应承担的法律责任

《建设工程质量管理条例》规定，以欺骗手段取得资质证书承揽工程的，吊销资质证书，处工程合同价款 2%以上 4%以下的罚款；有违法所得的，予以没收。

3.3　建设工程从业人员执业资格许可制度

执业资格制度是指对具有一定专业学历和资历并从事特定专业技术活动的专业技

术人员，通过考试和注册确定其执业的技术资格，获得相应文件签字权的一种制度。

《建筑法》规定，从事建筑活动的专业技术人员，应当依法取得相应的执业资格证书，并在执业资格证书许可的范围内从事建筑活动。

1. 建造师考试、注册和继续教育的规定

注册建造师是指从事建设工程项目总承包和施工管理关键岗位的执业注册人员。注册建造师分为一级注册建造师和二级注册建造师，相关内容如表 3-2 所示。

注册建造师相关内容　　　　　　　　　　　　表 3-2

项目		一级建造师	二级建造师
考试	建造师执业资格实行统一大纲、统一命题、统一组织的考试制度。由人力资源和社会保障部、住房和城乡建设部共同组织实施		
	考试内容	《工程经济》《建设工程法规及相关知识》《建设工程项目管理》《专业工程管理与实务》	《建设工程法规及相关知识》《建设工程项目管理》《专业工程管理与实务》
注册	申请初始注册	申请初始注册的条件，包括：①考试合格取得证书；②受聘于相关单位；③达到继续教育要求；④没有《注册建造师管理规定》中规定中不予注册的情况	
		申请初始注册，提交的材料，包括：①初始注册申请表；②资格证书、学历证书和身份证明；③聘用劳动合同；④达到继续教育要求的证明材料	
	延续注册	申请延续注册的，应该提交下列材料：①注册建造师延续注册表；②原注册证书；③申请人和聘用单位签订的聘用劳务合同复印件或其他有效证明文件；④申请人注册有效期内达到继续教育要求的证明材料	
	变更注册	申请变更注册，提交的材料包括：①变更注册申请表；②注册证书和执业印章；③新单位的聘用合同复印件；④工作调动证明	
	不予注册和注册证书的失效、注销	不予注册	①不具有完全民事行为能力的；②申请在两个或者两个以上单位注册的；③未达到注册建造师继续教育要求的；④受到刑事处罚，刑事处罚尚未执行完毕的；⑤因执业活动受到刑事处罚，自刑事处罚执行完毕之日起至申请注册之日止不满5年的；⑥因前项规定以外的原因受到刑事处罚，自处罚决定之日起至申请注册之日止不满3年的；⑦被吊销注册证书，自处罚决定之日起至申请注册之日止不满2年的；⑧在申请注册之日前3年内担任项目经理期间，所负责项目发生过重大质量和安全事故的；⑨申请人的聘用单位不符合注册单位要求的；⑩年龄超过65周岁的
		注册和执业印章失效	①聘用单位破产的；②聘用单位被吊销营业执照的；③聘用单位被吊销或者撤回资质证书的；④已与聘用单位解除聘用合同关系的；⑤注册有效期满且未延续注册的；⑥年龄超过65周岁的；⑦死亡或不具有完全民事行为能力的；⑧其他导致注册失效的情形
		注销	①有以上规定的注册证书和执业印章失效情形发生的；②依法被撤销注册的；③依法被吊销注册证书的；④受到刑事处罚的
继续教育	注册建造师按规定参加继续教育，是申请注册、延续注册、增项注册和重新注册的必要条件		

2. 建造师的受聘单位和执业岗位的范围

建造师的受聘单位和执业岗位的范围如表 3-3 所示。

注册建造师的受聘单位和执业岗位范围　　　　　　　　　表 3-3

项目		一级建造师	二级建造师
建造师的受聘单位		《注册建造师管理规定》要求,取得资格证书的管理人员应当受聘于一个具有建设工程勘察、设计、施工、监理、招标代理、造价咨询等一项或者多项资质的单位,经注册后方可从事相应的执业活动	
		一级建造师可以担任特级、一级建筑业企业资质的建设工程项目施工的项目经理	二级建造师可以担任二级及以下建筑业企业资质的建设工程项目施工的项目经理
建造师的执业岗位范围	执业区域范围	一级注册建造师可在全国范围内以一级注册建造师名义执业	通过二级建造师资格考核认定,或参加全国统考取得二级建造师资格证书并经注册人员,可在全国范围内以二级注册建造师名义执业
	执业岗位范围	建造师经注册后,有权以建造师名义担任建设工程项目施工的项目经理及从事其他施工活动的管理,但不得同时担任两个及两个以上建设工程施工项目负责人。注册建造师担任施工项目负责人期间原则上不得更换。注册建造师担任施工项目负责人,在其承建的建设工程项目竣工验收或移交项目手续办结前,除以上规定的情形外,不得变更注册至另一企业。建设工程合同履行期间变更项目负责人的,企业应当于项目负责人变更 5 个工作日内报建设行政主管部门和有关部门及时进行网上变更。此外,注册建造师还可以从事建设工程项目总承包管理或施工管理,建设工程项目管理服务,建设工程技术经济咨询,以及法律、行政法规和国务院建设主管部门规定的其他业务	
	执业工程范围	注册建造师应当在其注册证书所注明的专业范围内从事建设工程施工管理活动。注册建造师分 10 个专业	

3. 建造师的基本权利和义务

根据的《注册建造师管理规定》,建造师具有如表 3-4 所示的基本权利和义务。

建造师的基本权利和义务　　　　　　　　　表 3-4

	建造师的基本权利和义务		
建造师基本权利	①使用注册建造师名称 ②在规定范围内从事执业活动 ③在本人执业活动中形成的文件上签字并加盖执业印章 ④保管和使用本人注册证书、执业印章 ⑤对本人执业活动进行解释和辩护 ⑥接受继续教育 ⑦获得相应的劳动报酬 ⑧对侵犯本人权利的行为进行申述	不得有的行为	①不履行注册建造师义务 ②在执业过程中,索贿、受贿或者谋取合同约定费用外的其他利益 ③在执业过程中实施商业贿赂 ④签署有虚假记载等不合格的文件 ⑤允许他人以自己的名义从事执业活动 ⑥同时在两个或者两个以上单位受聘或者执业 ⑦涂改、倒卖、出租、出借、复制或以其他形式非法转让资格证书、注册证书和执业印章 ⑧超出执业范围和聘用单位业务范围内从事执业活动 ⑨法律、法规、规章禁止的其他行为
建造师基本义务	①遵守法律、法规和有关管理规定,恪守职业道德 ②执行技术标准、规范和规程 ③保证执业成果的质量,并承担相应责任 ④接受继续教育,努力提高执业水准 ⑤保守在执业中知悉的国家秘密和他人的商业、技术等秘密 ⑥与当事人有利害关系的,应当主动回避 ⑦协助注册管理机关完成相关工作		

4. 建造师违法行为应承担的法律责任

建造师及建造师工作中违法行为应承担的主要法律责任如下：

1) 建造师注册违法行为应承担的法律责任

《注册建造师管理规定》中规定，隐瞒有关情况或者提供虚假材料申请注册的，建设主管部门不予受理或者不予注册，并给予警告，申请人1年内不得再次申请注册。

以欺骗、贿赂等不正当手段取得注册证书的，由注册机关撤销其注册，3年内不得再次申请注册，并由县级以上地方人民政府建设主管部门处以罚款。其中没有违法所得的，处以1万元以下的罚款；有违法所得的，处以违法所得3倍以下且不超过3万元的罚款。

聘用单位为申请人提供虚假注册材料的，由县级以上地方人民政府建设主管部门或者其他有关部门给予警告，责令限期改正；逾期未改正的，可处以1万元以上3万元以下的罚款。

2) 建造师继续教育违法行为应承担的法律责任

注册建造师应按规定参加继续教育，接受培训测试，不参加继续教育或继续教育不合格的不予注册。

对于采取弄虚作假等手段取得注册建造师继续教育证书的，一经发现，立即取消其继续教育记录，并记入不良信用记录，对社会公布。

3) 无证或未办理变更注册执业应承担的法律责任

《注册建造师管理规定》中规定，未取得注册证书和执业印章，担任大中型建设工程项目施工单位项目负责人，或者以注册建造师的名义从事相关活动的，其所签署的工程文件无效，由县级以上地方人民政府建设主管部门或者其他有关部门给予警告，责令停止违法活动，并可处以1万元以上3万元以下的罚款。

未办理变更注册而继续执业的，由县级以上地方人民政府建设主管部门或者其他有关部门责令限期改正；逾期不改正的，可处以5000元以下的罚款。

4) 建造师执业活动中违法行为应承担的法律责任

《注册建造师管理规定》中规定，注册建造师在执业活动中有下列行为之一的，由县级以上地方人民政府建设主管部门或者其他有关部门给予警告，责令改正，没有违法所得的，处以1万元以下的罚款；有违法所得的，处以违法所得3倍以下且不超过3万元的罚款。

①不履行注册建造师义务。

②在执业过程中，索贿、受贿或者谋取合同约定费用外的其他利益。

③在执业过程中实施商业贿赂。

④签署有虚假记载等不合格的文件。

⑤允许他人以自己的名义从事执业活动。

⑥同时在两个或者两个以上单位受聘或者执业。

⑦涂改、倒卖、出租、出借或以其他形式非法转让资格证书、注册证书和执业印章。

⑧超出执业范围和聘用单位业务范围内从事执业活动。

⑨法律、法规、规章禁止的其他行为。

5）未提供注册建造师信用档案信息应承担的法律责任

《注册建造师管理规定》中规定，注册建造师或者其聘用单位未按照要求提供注册建造师信用档案信息的，由县级以上地方人民政府建设主管部门或者其他有关部门责令限期改正；逾期未改正的，可处以1000元以上1万元以下的罚款。

6）政府主管部门及其工作人员违法行为应承担的法律责任

《注册建造师管理规定》中规定，县级以上人民政府建设主管部门及其工作人员、在注册建造师管理工作中，有下列情形之一的，由其上级行政机关或者监察机关责令改正，对直接负责的主管人员和其他直接责任人员依法给予处分；构成犯罪的，依法追究刑事责任。

①对不符合法定条件的申请人准予注册的。

②对符合法定条件的申请人不予注册或者不在法定期限内做出准予注册决定的。

③符合法定条件的申请不予受理或者未在法定期限内初审完毕的。

④利用职务上的便利，收受他人财物或者其他好处的。

⑤不依法履行监督管理职责或者监督不力，造成严重后果的。

7）注册执业人员因过错造成质量事故应承担的法律责任

《建设工程质量管理条例》规定，违反本条例规定，注册建筑师、注册结构工程师、监理工程师等注册执业人员因过错造成质量事故的，责令停止执业1年；造成重大质量事故的，吊销执业资格证书，5年以内不予注册；情节特别恶劣的，终身不予注册。

本章小结

本章主要介绍了三部分内容：建设工程施工许可制度、建设工程施工企业资质许可管理制度、建设工程从业人员执业资格许可制度，主要对建设工程施工许可的相关规定，如概念、范围、时间、主体、申领条件及程序以及未取得建设工程施工许可证擅自开工应承担的法律责任；建筑施工企业资质的申请及法律责任；建造师考试以及建造师的权利和义务等内容进行了阐述。

建设工程在开工之前，建设单位应当按照国家的有关规定向工程所在地县级以上人民政府建设行政主管部门申请领取施工许可证，并在领取施工许可证书之日起3个月内开工。

从事建设活动的建设施工企业，应该按照资质条件，划分为不同的资质等级，经资质审查合格，取得相应等级的资质证书后，即可在其资质等级许可的范围内从事建设活动。

从事建设活动的专业技术人员（注册建造师），应当依法取得相应的执业资格证书，并在执业资格证书许可的范围内从事建设活动。

◆ 课后练习

一、选择题

1. 关于建设工程施工许可管理的说法，错误的是（　　）。

A. 申请施工许可证是取得建设用地规划许可证的前置条件

B. 保证工程质量和安全的施工措施需在申请施工许可证前编制完成

C. 只有法律和行政法规才有权设定施工许可证的申请条件

D. 消防设计审核不合格的，不予颁发施工许可证

2. 根据《建设工程施工许可管理办法》，下列工程项目必须申请施工许可证的是（　　）。

A. 北京故宫修缮工程　　　　　　B. 长江汛期抢险工程

C. 部队导弹发射塔　　　　　　　D. 某私人投资工程

3. 根据《建筑法》，申请领取施工许可证应当具备的条件不包括（　　）。

A. 建筑工程按照规定的权限和程序已批准开工报告

B. 已办理该建筑工程用地批准手续

C. 城市规划区的建筑工程已经取得规划许可证

D. 材料设备已经购入

4. 某工程1年前中止施工后决定恢复施工，恢复施工前，该建设单位应当（　　）。

A. 报发证机关核验施工许可证　　B. 重新申领施工许可证

C. 向发证机关报告　　　　　　　D. 请发证机关检查施工场地

5. 按照建筑业企业资质管理的有关规定，我国建筑业企业的三个资质序列是（　　）。

A. 工程总承包、专业总承包、劳务承包

B. 综合总承包、建筑专业承包、建筑劳务承包

C. 施工总承包、专业承包、劳务分包

D. 项目总承包、建筑总承包、劳务专业分包

6. 关于无资质承揽工程，下列表述中正确的是（　　）。

A. 无资质承包主体签订的专业分包合同或劳务分包合同都是无效合同

B. 当作为无资质的"实际施工人"的利益受到损害时，不能向合同相对人主张权利

C. 当无资质的"实际施工人"以分包人为被告起诉时，法院不应受理

D. 无资质的"实际施工人"不能以发包人为被告主张权利

7. 取得建造师资格证书的人员，以建造师名义执业的前提是按规定（　　）。

A. 备案　　　　B. 注册　　　　　C. 审批　　　　D. 认证

8. 按照《建筑法》的规定，申请人以欺骗手段取得资质证书应承担的法律责任不包括（　　）。

A. 吊销资质证书　　　　　　　　　B. 处以罚款

C. 1年内不得再次申请建筑业企业资质　　　D. 3年内不得再次申请建筑业企业资质

9. 注册建造师有权（　　）。

A. 超出聘用单位业务范围从事执业活动

B. 在两个或两个以上单位受聘或执业

C. 允许信得过的人以自己的名义从事执业活动

D. 对本人执业活动进行解释和辩解

10. 关于一级注册建造师的执业活动，下列说法中正确的是（　　）。

A. 施工单位的注册建造师，可同时担任两个施工项目的负责人

B. 注册建造师不能从事项目总承包管理和工程技术经济咨询

C. 不得擅自在本人执业活动中形成的文件上签字并加盖执业印章

D. 保证执业成果的质量并承担相应的责任

二、简答题

1. 什么是建设工程许可？我国的建筑许可制度包括哪些内容？

2. 施工许可证的申领条件有哪些？

3. 不需要申领施工许可证的工程有哪些？

4. 关于施工许可证的有效期有哪些规定？

5. 简述未取得建设工程施工许可证擅自开工应承担的法律责任。

6. 建筑施工企业分为哪几个资质序列？

7. 什么是注册建造师？注册建造师的资质分为几级？

8. 简述注册建筑师的执业范围。

9. 简述建造师的权利和义务。

10. 简述建造师违法行为应承担的法律责任。

第4章

建设工程合同与劳动合同法律制度

● **学习目标** ●

知识目标

了解建设工程合同的含义、特点及分类的基本知识；掌握建设工程合同内容、签订原则以及合同的履行、变更、转让和终止的内容；清楚建设工程合同的效力及违法责任的划分；掌握劳动合同的订立、履行、变更、解除和终止；熟悉劳动保护及劳动争议的解决方式；了解相关的合同制度。

能力目标

能正确应用合同相关的知识进行案例分析；能明确建设各方的合同责任和义务；能纠正合同中不符合规定的条款；能运用所学的劳动合同法及相关的法律知识解决实际中遇到的问题；能够运用法律知识维护自身的合法权益。

4.1 建设工程合同制度

1. 建设工程合同概述

1）建设工程合同的含义

《民法典》第七百八十八条规定，建设工程合同是承包人进行工程建设，发包人支付价款的合同。建设工程合同包括工程勘察、设计、施工合同。

2）建设工程合同的特点

由于建设工程具有投资大、周期长、质量要求高、技术力量全面、影响国计民生等特点，因此，建设工程合同与一般的合同相比具有以下突出的特点：

（1）主体特殊性

建设工程合同的承包人只能是法人，而且只有是经国家主管部门审查，具有相应资质等级，并登记注册，领有营业执照的单位，才具有签约承包的民事权利能力和民事行为能力。法律禁止企业无资质或超越本企业资质等级许可的范围承揽工程。

（2）标的特殊性

建设工程合同标的是指建设工程的服务。建设工程具有的诸多特点决定了建设工程合同的重要性，也使得建设工程合同具有一些有别于一般合同的法律特征。

（3）形式特殊性

我国法律规定，建设工程合同必须为书面形式。

（4）监督管理特殊性

建设工程合同签订以后，必须报有关建设行政主管部门审查批准后才能生效。建设工程合同在履行的过程中也要接受有关部门的监督检查。另外，建设工程的拨款、贷款、结算也受银行的监督。

（5）责任特殊性

在建设工程合同的立法中，强制性规范占了相当的比例，相当部分的合同责任因此成为法定责任，使得建设工程合同的主体责任呈现出较强的法定性。

3）建设工程合同的分类

建设工程合同的分类如表 4-1 所示。

建设工程合同分类 　　　　　　　　　　　　　　　　　　　　　　　　表 4-1

建设工程合同分类标准	具体分类
按照建设工程阶段分类	建设工程勘察、设计合同
	建设工程施工合同
	工程建设监理合同

建设工程合同分类标准	具体分类
按照承、发包方式分类	勘察、设计或施工总承包合同
	单位工程施工承包合同
	工程项目总承包合同
按照合同价格形式分类	单价合同
	总价合同
	其他价格形式合同

《民法典》第七百九十一条规定，发包人可以与总承包人订立建设工程合同，也可以分别与勘察人、设计人、施工人订立勘察、设计、施工承包合同。

《民法典》第七百九十二条规定，国家重大建设工程合同，应当按照国家规定的程序和国家批准的投资计划、可行性研究报告等文件订立。

2. 建设工程合同的效力

1）建设工程合同效力的概念

建设工程合同的效力是指建设工程合同依法成立后所具有的法律约束力，即建设工程合同当事人必须严格遵守建设工程合同的约定。建设工程合同的效力内容是指具有法律约束力，这种约束力体现为建设工程合同的履行力。如果违反建设工程合同，就要承担相应的法律责任。

2）有效建设工程合同

有效建设工程合同，是指依法成立、具有法律约束力、受国家法律保护的建设工程合同。

（1）有效建设工程合同应当符合的条件

①主体合格。建设工程合同的当事人必须符合法律规定的要求，企业法人必须受其设立宗旨、目的、章程及经营范围、专营许可和资质等级的约束。

②内容合法。建设工程合同中约定的当事人权利和义务必须合法。凡是涉及法律法规、有强制性规定的，必须符合有关规定，不得利用建设工程合同进行违法活动，扰乱社会经济秩序，损害国家利益和社会公共利益。

③意思表示真实。建设工程合同中必须贯彻平等互利、协商一致的原则，任何一方不得将自己的意志强加给对方。

④符合建设工程合同生效条件。建设工程合同应当符合法定或约定的形式要求。建设工程合同除应采用书面形式外，还应依法律规定或依建设工程合同约定，采用公证、签证、登记、批准等形式后才生效，合同双方当事人依照一般程序就建设工程合同的主要条款达成合意，该建设工程合同成立，依法或依约经过公证、验证、批准等特别程序后，该建设工程合同才生效。未履行特别程序，不影响建设工程合同的成立。

（2）有效建设工程合同的效力

①对内效力。建设工程合同的约束力首先表现为在建设工程合同当事人之间产生特定的法律效果，在当事人之间产生相应的权利和义务，当事人应依约正确行使自己的权利，认真履行自己的义务，不得滥用权利，逃避义务，也不得擅自变更和解除该建设工程合同。

②对外效力。一般来说，建设工程合同的效力只涉及建设工程合同双方当事人，即所谓合同相对性原则。但是，这并不排除建设工程合同对当事人以外的第三人也可能发生一定的法律效力。依法成立的建设工程合同不受任何非法干预，是其对外效力的典型表现。任何单位和个人不得利用任何方式侵犯建设工程合同当事人依据建设工程合同约定所享有的权利，也不得用任何方式非法阻挠当事人履行义务，更不得用行政命令的方式废除建设工程合同的效力。

③制裁效力。建设工程合同的效力还表现在，当事人做出违反建设工程合同约定的行为时，将依法承担相应的法律责任。

3）无效建设工程合同

无效建设工程合同，是指虽然建设工程合同已经订立，但不具有法律约束力、不受法律保护的建设工程合同。无效建设工程合同不能产生设立、变更和终止当事人之间的权利义务关系的效力，无法实现当事人订立合同时的预期。合同一旦被确认无效，就产生溯及既往的效力，即自合同成立时起不具有法律的约束力，以后也不能转化为有效合同。无论当事人是否已经履行，或者已经履行完毕，都不能改变合同无效的状态。

（1）建设工程合同无效的原因

①招标人或投标人的法定代表人、负责人超越权限订立的合同，且相对人知道或应当知道其超越权限的合同无效。

②恶意串通，损害国家、集体或者第三人利益。

③以合法形式掩盖非法目的。

④损害社会公共利益。

⑤违反法律、行政法规的强制性规定，如利用挂靠单位的名义与他人签订建设工程合同，即属违反法律规定的合同。

⑥一方以欺诈胁迫的手段订立合同。

（2）无效建设工程合同的认定

建设工程合同在订立阶段违反了法律规定的要求或者建设工程合同的目的是违法的，则应认定整个建设工程合同无效。

建设工程合同整体中的某些条款如果违反了法律规定，则该条款无效。若该条款与建设工程合同整体相比具有独立性，则认定该无效条款不影响合同其他条款的效力。相反，无效条款部分与建设工程合同具有不可分性，则应认定整体建设工程合同无效。

4）可变更、可撤销的建设工程合同

可变更或可撤销的建设工程合同是指，基于法定原因，建设工程合同当事人有权诉请人民法院或仲裁机构予以变更或撤销的建设工程合同，这也称为相对无效的建设工程合同。变更或撤销的主张只能由建设工程合同当事人提出，由人民法院或仲裁机构进行审查，并确认该建设工程合同是否有效或是否予以撤销，且审查、判决或裁决的范围不得超出当事人的诉讼请求。

建设工程合同可变更或可撤销的法定原因有：

（1）重大误解

重大误解是指建设工程合同当事人对建设工程合同关系中某种事实因素产生的错误认识。因重大误解而订立的建设工程合同，是基于主观认识上的错误，履行的后果与建设工程合同缔约人的真实意思相悖，是有瑕疵的建设工程合同。构成重大误解应同时具备下列条件。

由于重大误解才订立的建设工程合同，即重大误解与建设工程合同的订立或合同条件之间存在因果关系。

重大误解是建设工程合同当事人自己的误解。第三人的误解可能导致合同不成立，但不能导致合同撤销。

误解必须是重大的，如对标的物本质或性质的误解，对无关紧要的细节产生误解的不构成重大误解。同时，误解需造成当事人的重大不利后果。这种不利后果也表现在两个方面：一是合同对价不充分；二是虽然合同对价充分，但达不到订立合同的目的，给当事人造成重大损失。

建设工程合同当事人不愿承担误解的风险。如果当事人一方或双方愿意承担误解的后果则不应以误解为由撤销合同。

（2）显失公平

在订立建设工程合同时，建设工程合同当事人之间享有的权利和承担的义务严重不对等，如价款与标的价值过于悬殊。

此外，一方以欺诈、胁迫的手段或者乘人之危，使对方在违背真实意思的情况下订立的建设工程合同，受损害方有权请求人民法院或者仲裁机构变更或者撤销。

当事人没有向人民法院或仲裁机构提出申请要求变更或撤销，该建设工程合同仍然有效。

当事人提出申请，人民法院或仲裁机构做出变更或撤销的判决或裁决的，已变更部分建设工程合同内容或已被撤销了的建设工程合同无效。

3. 建设工程合同的签订

1）建设工程合同的签订的原则

《民法典》第七百八十九条规定，建设工程合同应当采用书面形式。签订建设工程合同时，必须遵循的基本原则有：平等原则、合同自由原则、公平原则、诚实信用原则和遵守法律、遵守社会公德、不得损害社会公共利益原则。

（1）平等原则

平等原则是指合同的当事人，不论其是自然人还是法人，也不论其经济实力的强弱或地位的高低，他们在法律上的地位一律平等，任何一方都不得把自己的意志强加给对方。同时，法律也给双方提供平等的法律保护及约束。

（2）合同自由原则

合同自由原则是指合同的当事人在法律允许的范围内享有完全的自由，他可按自己的意愿缔结合同，自己设定权利和义务，任何机关、组织和个人都不得非法干预。合同自由原则主要表现在当事人有缔结或不缔结合同的自由、选择与谁缔结合同的自由、决定合同内容的自由、选择合同形式的自由、变更和解除合同的自由。当然上述自由不是自由放任，而是在法律允许范围内所享有的自由。

（3）公平原则

公平原则是指以利益均衡作为价值判断标准，依此来确定合同当事人的民事权利、民事义务及其承担的民事责任。它具体表现为合同的当事人应有同等进行交易活动的机会；当事人所享有的权利与其所承担的义务应大致相当，不得显失公平；当实际情况发生重大变化导致不能维持合同效力时，合同内容应得到相应变更等。

（4）诚实信用原则

简称诚信原则，是指合同当事人在行使权利、履行义务时，都应本着诚实、善意的态度，恪守信用，不得滥用权力，也不得规避法律或合同规定的义务。诚实信用原则是一切民事行为都应遵循的"黄金原则"，它可平衡当事人与社会之间的利益关系。

（5）遵守法律、遵守社会公德、不得损害社会公共利益原则

当事人订立、履行合同，应当遵守法律、行政法规，遵守社会公德，不得扰乱社会经济秩序，不得损害社会公共利益。

2）建设工程合同的内容

合同的内容是指以确定当事人权利、义务和责任的具体规定，一般包含以下内容：

（1）当事人的名称或者姓名和住所。

（2）标的。标的即合同当事人权利和义务共同指向的对象，合同的标的可以为财产或行为，是合同的必备条款。

（3）数量。数量是对标的的计量，是以数字和计量单位来衡量标的尺度。

（4）质量。质量是指标的的内在素质和外观形态的综合，如产品的品种、规格、执行标准等。当事人约定质量条款时，必须符合国家有关规定和要求。

（5）价款或报酬。价款或报酬统称"价金"，是合同当事人一方向另一方所支付的代价。它包括价金的确定标准、价格的计算方法、货币种类、计算和支付的时间和方式。当事人在约定价款或者报酬时，应遵守国家有关价格方面的法律和规定，并接受工商行政管理机关和物价管理部门的监督。

（6）履行期限、地点和方式。履行期限是合同当事人履行义务的时间界限，是确定当事人是否按时履行的客观标准，也是当事人主张合同权利的时间依据；履行地点是当事人交付标的或者支付价款的地方，当事人应在合同中予以明确；履行方式是指当事人以什么方式来完成合同的义务。合同标的不同，则履行的方式有所不同，即使合同标的相同，也有不同的履行方式。

（7）违约责任。违约责任是指因合同当事人不履行合同或履行合同不符合法定条件而应承担的民事责任。在违约责任条款中，当事人应明确约定承担违约责任的方式。

（8）解决争议的办法。根据我国现有法律规定，争议解决的方法有和解、调解、仲裁和诉讼四种。

（9）根据法律规定或按合同性质必须具备的条款。

（10）当事人一方要求必须规定的条款。例如，担保条款、风险转移条款、合同终止条款、仲裁条款、不可抗力条款等。

《民法典》第七百九十四条还规定，勘察、设计合同的内容一般包括提交有关基础资料和概预算等文件的期限、质量要求、费用以及其他协作条件等条款。

《民法典》第七百九十五条规定，施工合同的内容一般包括工程范围、建设工期、中间交工工程的开工和竣工时间、工程质量、工程造价、技术资料交付时间、材料和设备供应责任、拨款和结算、竣工验收、质量保修范围和质量保证期、相互协作等条款。

3）建设工程合同签订程序

签订经济合同一般要经过要约与承诺两个步骤，而建设工程合同的签订有其特殊性，需要经过要约邀请、要约和承诺三个步骤。

（1）要约邀请

《民法典》第四百七十三条中规定，要约邀请是希望他人向自己发出要约的表示。被邀请的一方做出要约邀请的行为属于事实行为，一般没有法律约束力。只有经过被邀请的一方做出要约并经邀请方的承诺后，合同方能成立。

在建设工程合同签约的过程中，发包方发布招标通告或招标邀请书的行为就是一种要约邀请行为，其目的在于邀请承包方投标。

（2）要约

要约是指当事人一方向另一方提出合同条件，希望与另一方订立合同的意思表示。提出要约的一方称为要约人，另一方则称为受要约人。要约是以签订合同为目的的一种意思表示，首先其内容必须具体明确，并应包括应具备的主要条款，而且必须向受要约人提出。要约具有法律约束力。在建设工程合同签订过程中，承包方向发包方递交投标文件的投标行为就是一种要约行为。投标文件中应包含建设工程合同应具备的主要条款，如工程造价、工程质量、工程工期等内容，作为要约的投标对承包方具有法律约束力，表现在承包方在投标生效后无权修改或撤回投标，以及一旦中标就必须与发包方签订合同，否则要承担相应责任等。

法定的要约失效的情形有：拒绝要约的信息到达要约人；要约人依法撤销要约；承诺期限届满，受要约人未做出承诺；受要约人对要约内容做出实质性变更。

（3）承诺

《民法典》第四百七十九条中规定，承诺是受要约人同意要约的意思表示。它是受要约人意愿按照要约的内容与要约人订立合同的允诺。承诺的内容必须与要约完全一致，不得有任何修改，否则将视为拒绝要约或违反要约。承诺必须在要约规定的有效期限内向要约人提出，而承诺生效的时间就是要约人收到承诺的时刻。承诺人做出承诺后，即受到法律的约束，不得任意变更或解除承诺。在招标投标活动中，发包方经过开标、评标过程，最后发出中标通知书，确立承包方的行为，即为承诺。

4. 建设工程合同的履行、变更、转让和终止

1）建设工程合同的履行

建设工程合同的履行是指建设工程合同双方当事人依法完成建设工程合同约定义务的行为。建设工程合同履行的原则有：

（1）全面履行原则

建设工程合同一经依法成立，当事人应当信守诺言，按照建设工程合同的条款全面、正确地履行建设工程合同。遵守约定原则是判定建设工程合同是否履行、是否违约的标准，同时也是衡量建设工程合同履行和承担违约责任程度的一个尺度。

（2）诚实信用原则

诚实信用原则是指导建设工程合同履行的基本原则，对于一切建设工程合同及其履行的一切方面均适用。同时，根据建设工程合同的性质、目的和交易习惯还需履行附随义务，如及时通知、协助、提供必要的条件、防止损失的扩大及保密等。

2）建设工程合同的变更

建设工程施工合同的变更，一般主要是在合同主体不变的情况下，对合同内容进行的变更：

（1）标的条款变更，主要包括标的本身、标的数量、质量、型号、规格以及标的其他方面的条款内容发生变更。

（2）履行条款变更，主要包括价款或报酬、履行期限、地点、方式和所附条件等条款内容的变更。

（3）合同责任条款变更，主要是担保、违约责任形式、合同救济方式或争议解决方式等条款内容的变更。

由于建设工程施工合同的履行期长，涉及范围广，影响因素多，因此，一份建设工程施工合同签订得再好，签约时考虑得再全面，履行时也不免因工程实施条件及环境的变化而需对合同约定的事项进行修正，即对建设工程施工合同的内容进行变更。

建设工程施工合同的变更往往可以通过工程签证来实现，其实质是工程承、发包双方在合同履行过程中对支付各种费用、顺延工期、赔偿损失等事项所达成的补充协议。经双方书面确认的工程签证，将成为工程结算和工程索赔的依据。

3）建设工程合同的转让

建设工程合同的转让不同于一般合同转让，严格受到《建筑法》《招标投标法》《中华人民共和国招标投标实施条例》等法律法规的规范。

根据《建筑法》和《招标投标法》的规定，建设工程必须依法实行招标投标。由于招标人通过招标方式确定中标人时，除价格因素外，主要考虑的是中标人的个人履约能力，以确保工程质量，如果中标人在获取中标项目后倒手转让给他人或将中标项目肢解后分别转让给他人，实际用于该项目的资金就会减少，并将严重影响招标项目的质量，使招标程序失去意义。因此，《招标投标法》中规定，中标人不得向他人转让中标项目，也不得将中标项目肢解后分别向他人转让。

但是，若中标人（承包人）对完成某部分工作不具有优势时，《招标投标法》允许中标人按照合同约定或者经招标人同意，将中标项目的部分非主体、非关键性工作分包给他人完成。同时，《招标投标法》中规定，接受分包的人应当具备相应的资格条件，并不得再次分包。中标人应当就分包项目向招标人负责，接受分包的人就分包项目承担连带责任。

4）建设工程合同的终止

合同权利与义务的终止就是合同的消灭，即合同当事人享有的权利与承担义务的结束。《民法典》中规定，有下列情形之一的，合同的权利义务终止：

（1）债务已经履行。

（2）债务相互抵消。

（3）债务人依法将标的物提存。

（4）债权人免除债务。

（5）债权债务同归一人。

（6）法律规定或者当事人约定终止的其他情形。

合同解除的，该合同的权利义务关系终止。

建设工程合同的解除包括法定解除和协议解除两种。对于协议解除，只要是双方当事人的真实意思又不违反法律规定，一般应予准许。对于法定解除，包括发包人的解除权和承包人的解除权两个方面。

（1）发包人的合同解除权

根据《最高人民法院关于审理建设工程施工合同纠纷案件适用法律问题的解释》第八条的规定，承包人具有下列情形之一，发包人请求解除建设工程施工合同的，应予支持：①明确表示或者以行为表明不履行合同主要义务的；②合同约定的期限内没有完工，且在发包人催告的合理期限内仍未完工的；③已经完成的建设工程质量不合格，并拒绝修复的；④将承包的建设工程非法转包、违法分包的。

（2）承包人的合同解除权

根据《最高人民法院关于审理建设工程施工合同纠纷案件适用法律问题的解释》第九条的规定，发包人具有下列情形之一，致使承包人无法施工，且在催告的合理期限内仍未履行相应义务，承包人请求解除建设工程施工合同的，应予支持：①未按约定支付工程价款的；②提供的主要建筑材料、建筑构配件和设备不符合强制性标准的；③不履行合同约定的协助义务的。

在司法实践中，解除合同对双方来讲，损失都很大，一般情况下当事人都不希望解除合同。解除不是合同履行的常态，一般限制合同解除权的行使。

5. 建设工程合同的违约责任和索赔

1）建设工程合同的违约责任的概念及承担形式

（1）建设工程合同的违约责任的概念

违约责任（又称违反合同的民事责任），是指合同当事人因违反合同义务所承担的责任。《民法典》第五百七十七条规定，当事人一方不履行合同义务或者履行合同义务不符合约定的，应当承担继续履行、采取补救措施或者赔偿损失等违约责任。

违约责任的特征有以下几个方面：

①违约责任的产生是以合同当事人不履行合同义务为条件的。

②违约责任具有相对性。

③违约责任主要具有补偿性，即旨在弥补或补偿因违约行为造成的损害。

（2）建设工程合同的违约责任的承担形式

建设工程合同的违约责任的承担形式总结如表 4-2 所示。

建设工程合同的违约责任的承担形式		
继续履行	价款或者报酬的实际履行	《民法典》第五百七十九条规定,当事人一方未支付价款、报酬、租金、利息,或者不履行其他金钱债务的,对方可以请求其支付
	非金钱债务的实际履行	当事人一方不履行非金钱债务或者履行非金钱债务不符合约定的,对方可以要求履行,但有下列情形之一的除外:法律上或者事实上不能履行;债务的标的不适于强制履行或者履行费用过高;债权人在合理期限内未要求履行
采取补救措施		采取补救措施是指当事人违反合同的事实发生后,为防止损失发生或者扩大,而由违约方依据法律规定或者约定采取补救措施,以减少或者挽回非违约方的损失。《民法典》第八百零一条规定,因施工人的原因致使建设工程质量不符合约定的,发包人有权请求施工人在合理期限内无偿修理或者返工、改建。经过修理或者返工、改建后,造成逾期交付的,施工人应当承担违约责任
赔偿损失		《民法典》第五百八十四条规定,当事人一方不履行合同义务或者履行合同义务不符合约定,造成对方损失的,损失赔偿额应当相当于因违约所造成的损失,包括合同履行后可以获得的利益;但是,不得超过违约一方订立合同时预见到或者应当预见到的因违约可能造成的损失
支付违约金或定金担保	支付违约金	违约金是指按照当事人的约定或者法律规定因一方违约而应向另一方支付的金钱。违约金可分为约定违约金和法定违约金 《民法典》第五百八十五条规定,当事人可以约定一方违约时应当根据违约情况向对方支付一定数额的违约金,也可以约定因违约产生的损失赔偿额的计算方法。约定的违约金低于造成的损失的,人民法院或者仲裁机构可以根据当事人的请求予以增加;约定的违约金过分高于造成的损失的,人民法院或者仲裁机构可以根据当事人的请求予以适当减少 当事人就迟延履行约定违约金的,违约方支付违约金后,还应当履行债务
	定金担保	定金是合同当事人一方预先支付给对方的款项,其目的在于担保合同债权的实现。定金是债权担保的一种形式,定金之债是从债,因此,合同当事人对定金的约定是一种从属于被担保债权所依附的合同的从合同。当事人可以依照《民法典》约定一方向对方给付定金作为债权的担保。债务人履行债务后,定金应当抵作价款或者收回。给付定金的一方不履行约定的债务的,无权要求返还定金;收受定金的一方不履行约定的债务的,应当双倍返还定金。定金的数额由当事人约定,但不得超过主合同标的额的 20% 当事人既约定违约金,又约定定金的,一方违约时,对方可以选择适用违约金或者定金条款

2)建设工程合同的索赔

(1)建设工程合同的索赔的概念和起因

①索赔的概念

索赔是指在合同实施过程中,根据法律、合同规定及惯例,对不应由自己承担责任的情况造成的损失,向合同的另一方当事人提出给予赔偿或补偿要求的行为。

②索赔的起因

工程项目的特殊性。现代工程规模大、技术性强、投资额大、工期长、材料设备价格变化快。工程项目的差异性大，综合性强，风险大，使得工程项目在实施过程中存在许多不确定的变化因素，而合同必须在工程开始前签订，它不可能对工程项目所有的问题都能做出合理的预见和规定，而且发包人在实施过程中还会有许多新的决策，这一切使得合同变更极为频繁，而合同变更必然会导致项目工期和成本的变化。

工程项目内外部环境的复杂性和多变性。工程项目的技术环境、经济环境、社会环境、法律环境的变化，会在工程实施过程中经常发生，使得工程的计划实施过程与实际情况不一致，这些因素同样会导致工期和费用的变化。

参与工程建设主体的多元性。由于工程参与单位多，一个工程项目往往会有发包人、总包人、分包人、监理工程师、材料供应商等众多参与单位。只要一方失误，不仅会造成自己的损失，而且会影响其他合作者，造成他人损失，从而导致索赔。

工程合同的复杂性、极易出错性。建设工程合同文件多且复杂，经常会出现缺陷、图纸错误，以及合同文件前后自相矛盾或可做不同解释等问题，容易造成合同双方对合同文件理解不一致，从而出现索赔。

（2）建设工程合同索赔的分类

根据不同的分类标准对建设工程合同索赔进行如表 4-3 所示的分类。

建设工程合同索赔的分类 表 4-3

分类标准	具体类型	具体内容
按索赔依据的范围分类	合同内索赔	合同内索赔是以合同条款为依据，在合同中有明文规定的索赔，如工期延误、工程变更，工程师的错误指令，业主不按合同规定支付进度款等。承包商可根据合同规定提出索赔要求
	合同外索赔	合同外索赔一般难以直接从合同某条款中找到依据，必须根据适用于合同关系的法律解决索赔问题。如施工过程中发生重大的民事侵权行为造成承包商损失
	道义索赔	道义索赔无合同和法律依据，例如发生业主没有违约或业主不应承担责任的干扰事件；可能由于承包商失误（报价失误、环境调查失误等）发生承包商应负责的风险，造成承包商重大损失。损失极大影响承包商的财务能力、履约积极性、履约能力，甚至危及承包企业的生存。承包商提出索赔要求，希望业主从道义或从工程整体利益的角度给予一定的经济补偿
按索赔的目的分类	工期延长索赔	工期延长索赔是指由于非承包人直接或间接责任事件造成计划工期延误，要求批准顺延合同工期的索赔
	费用索赔	费用索赔是指承包人对施工中发生的非承包人直接或间接责任事件造成的合同价外费用支出，向发包人提出的经济补偿
按索赔事件的性质分类	工程延误索赔	因发包人未按合同要求提供施工条件，如未及时交付设计图纸、施工现场、道路等，或因发包人指令工程暂停或不可抗力事件等原因造成工期拖延的，承包人对此提出索赔
	工程变更索赔	由于发包人或监理工程师指令增加或减少工程量或增加附加工程、修改设计、变更工程顺序等，造成工期延长和费用增加，承包人对此提出索赔

分类标准	具体类型	具体内容
按索赔事件的性质分类	合同被迫终止的索赔	由于发包人或承包人违约以及不可抗力事件等原因造成合同非正常终止,无责任的受害方因其蒙受经济损失而向对方提出索赔
	工程加速索赔	由于发包人或整理工程师指令加快施工速度,缩短工期,引起承包人人、财、物的额外支出而引起的索赔
	意外风险和不可预见因素索赔	在工程实施过程中,因人力不可抗拒的自然灾害、特殊风险以及一个有经验的承包人通常不能合理预见的不利施工条件或外界障碍,如地下水、地质断层、溶洞、地下障碍物等引起的索赔
	其他索赔	如因货币贬值、汇率变化、物价、工资上涨、政策法令变化等原因引起的索赔

4.2 建设工程劳动合同及劳动者权益保护制度

劳动合同是在市场经济体制下,用人单位与劳动者进行双向选择、确立劳动关系、明确双方权利和义务的协议,是保护劳动者合法权益的基本依据。劳动合同法是专门调整劳动者与用人单位之间的劳动合同关系的法律规范的总称。主要规定劳动合同的订立、履行、变更、解除和终止等方面的内容。

《中华人民共和国劳动合同法》(以下简称《劳动合同法》)的颁布,对于完善劳动合同制度,明确劳动合同双方当事人的权利和义务关系,保护劳动者的合法权益,构建和发展和谐稳定的劳动关系,具有重要的意义。

1. 劳动合同的订立的规定

1) 订立劳动合同应当遵守的原则

《劳动合同法》规定,订立劳动合同,应当遵循合法、公平、平等自愿、协商一致、诚实信用的原则。

用人单位招用劳动者,不得要求劳动者提供担保或者以其他名义向劳动者收取财物,不得扣押劳动者的居民身份证或者其他证件。

2) 劳动合同的种类

根据《劳动合同法》的规定,劳动合同分为固定期限劳动合同、无固定期限劳动合同和以完成一定工作任务为期限的劳动合同。

(1) 固定期限劳动合同

固定期限劳动合同,是指用人单位与劳动者约定合同终止时间的劳动合同。用人单位与劳动者协商一致,可以订立固定期限劳动合同。

(2) 无固定期限劳动合同

无固定期限劳动合同,是指用人单位与劳动者约定无确定终止时间的劳动合同。用人单位与劳动者协商一致,可以订立无固定期限劳动合同。

有下列情形之一，劳动者提出或者同意续订、订立劳动合同的，除劳动者提出订立固定期限劳动合同外，应当订立无固定期限劳动合同：

①劳动者在该用人单位连续工作满 10 年的。

②用人单位初次实行劳动合同制度或者国有企业改制重新订立劳动合同时，劳动者在该用人单位连续工作满 10 年且距法定退休年龄不足 10 年的。

③连续订立二次固定期限劳动合同，且劳动者没有《劳动合同法》第三十九条和第四十条第一项、第二项规定的情形，续订劳动合同的。

用人单位自用工之日起满 1 年不与劳动者订立书面劳动合同的，视为用人单位与劳动者已订立无固定期限劳动合同。

（3）以完成一定工作任务为期限的劳动合同

以完成一定工作任务为期限的劳动合同，是指用人单位与劳动者约定以某项工作的完成为合同期限的劳动合同。用人单位与劳动者协商一致，可以订立以完成一定工作任务为期限的劳动合同。

3）劳动合同订立时间

建立劳动关系，应当及时订立书面劳动合同。劳动合同由用人单位与劳动者协商一致，并经用人单位与劳动者在劳动合同文本上签字或者盖章生效。劳动合同文本由用人单位和劳动者各执一份。

已建立劳动关系，未同时订立书面劳动合同的，应当自用工之日起 1 个月内订立书面劳动合同。用人单位与劳动者在用工前订立劳动合同的，劳动关系自用工之日起建立。

4）劳动合同的条款

根据《劳动合同法》的规定，劳动合同应当具备以下条款：

①用人单位的名称、住所和法定代表人或者主要负责人。

②劳动者的姓名、住址和居民身份证或者其他有效身份证件号码。

③劳动合同期限。

④工作内容和工作地点。

⑤工作时间和休息休假。

⑥劳动报酬。

⑦社会保险。

⑧劳动保护、劳动条件和职业危害防护。

⑨法律、法规规定应当纳入劳动合同的其他事项。

劳动合同除上述规定的必备条款外，用人单位与劳动者可以约定试用期、培训、保守秘密、补充保险和福利待遇等其他事项。

5）订立劳动合同应当注意的事项

（1）建立劳动关系即应订立劳动合同

用人单位自用工之日起即与劳动者建立劳动关系。《劳动合同法》规定，建立劳动关系，应当订立书面劳动合同。已建立劳动关系，未同时订立书面劳动合同的，应当自用工之日起1个月内订立书面劳动合同。用人单位未在用工的同时订立书面劳动合同，与劳动者约定的劳动报酬不明确的，新招用的劳动者的劳动报酬应当按照企业的或者同行业的集体合同规定的标准执行；没有集体合同的，用人单位应当对劳动者实行同工同酬。用人单位与劳动者在用工前订立劳动合同的，劳动关系自用工之日起建立。

合同形式：书面形式、口头形式和其他形式。按照《劳动合同法》的规定，除了非全日制用工，即以小时计酬为主，劳动者在同一用人单位一般平均每日工作时间不超过4小时，每周工作时间累计不超过24小时的用工形式可以订立口头协议外，建立劳动关系应当订立书面劳动合同。如果没有订立书面合同，不订立书面合同的一方将要承担相应的法律后果。劳动合同文本由用人单位和劳动者各执一份。

（2）劳动报酬和试用期

劳动合同对劳动报酬和劳动条件等标准约定不明确，引发争议的，用人单位与劳动者可以重新协商；协商不成的，适用集体合同规定；没有集体合同或者集体合同未规定劳动报酬的，实行同工同酬；没有集体合同或者集体合同未规定劳动条件等标准的，适用国家有关规定。

劳动合同期限3个月以上不满1年的，试用期不得超过1个月；劳动合同期限1年以上不满3年的，试用期不得超过2个月；3年以上固定期限和无固定期限的劳动合同，试用期不得超过6个月。同一用人单位与同一劳动者只能约定1次试用期。以完成一定工作任务为期限的劳动合同或者劳动合同期限不满3个月的，不得约定试用期。试用期包含在劳动合同期限内。劳动合同仅约定试用期的，试用期不成立，该期限为劳动合同期限。劳动者在试用期的工资不得低于本单位相同岗位最低档工资或者劳动合同约定工资的80%，并不得低于用人单位所在地的最低工资标准。在试用期内，除劳动者有《劳动合同法》第三十九条和第四十条前两项规定的情形外，用人单位不得解除劳动合同。用人单位在试用期解除劳动合同的，应当向劳动者说明理由。

（3）劳动合同的生效与无效

劳动合同由用人单位与劳动者协商一致，并经用人单位与劳动者在劳动合同文本上签字或者盖章生效。双方当事人签字或者盖章时间不一致的，以最后一方签字或者盖章的时间为准；如果一方没有写签字时间，则另一方写明的签字时间就是合同生效时间。

劳动合同无效或者部分无效：

①以欺诈、胁迫的手段或者乘人之危，使对方在违背真实意思的情况下订立或者变更劳动合同的。

②用人单位免除自己的法定责任、排除劳动者权利的。

③违反法律、行政法规强制性规定的。

对于部分无效的劳动合同，只要不影响其他部分效力的，其他部分仍然有效。劳动合同被确认无效，劳动者已付出劳动的，用人单位应当向劳动者支付劳动报酬。劳动报酬的数额，参照本单位相同或者相近岗位劳动者的劳动报酬确定。对劳动合同的无效或者部分无效有争议的，由劳动争议仲裁机构或者人民法院确认。

2. 劳动合同的履行、变更、解除和终止

1）劳动合同的履行

劳动合同的履行是指劳动合同的双方当事人按照合同规定的条件，履行各自应承担义务的行为。劳动合同的依法订立即具有法律约束力，用人单位与劳动者应当按照劳动合同的约定，全面履行各自的义务。

（1）劳动合同履行中用人单位的义务

①建设工程用人单位与劳动者应当按照劳动合同的约定，全面履行各自的义务。用人单位应当按照劳动合同约定和国家规定，向劳动者及时足额支付劳动报酬。工程总承包企业应对专业承包公司或劳务分包单位的用工情况和工资支付进行监督，并对分包工程发生的劳务纠纷承担连带责任。若专业承包公司或劳务分包单位拖欠劳动者工资，工程总承包企业应当履行先行支付的义务。

②用人单位应当严格执行劳动定额标准，不得强迫或者变相强迫劳动者加班。用人单位安排加班的，应当按照国家有关规定向劳动者支付加班费。

（2）劳动合同履行中劳动者的权利

①用人单位拖欠或者未足额支付劳动报酬的，劳动者可以依法向当地人民法院申请支付令，人民法院应当依法发出支付令。

②劳动者有权拒绝用人单位管理人员违章指挥、强令冒险作业。劳动者对危害生命安全和身体健康的劳动条件，有权对用人单位提出批评、检举和控告。比如施工单位要求在暴风雨、风级六级以上的天气进行吊装作业，吊装人员有权拒绝该作业。

2）劳动合同的变更

劳动合同的变更是指当事人双方对尚未履行或尚未完全履行的劳动合同，依照法律规定的条件和程序，对原劳动合同进行修改或增删的行为。

根据《劳动合同法》第三十三条至第三十五条的规定，劳动合同的变更应符合以下规定：

①用人单位变更名称、法定代表人、主要负责人或者投资人等事项，不影响劳动合同的履行。

②用人单位发生合并或者分立等情况，原劳动合同继续有效，劳动合同由承继其权利和义务的用人单位继续履行。

③用人单位与劳动者协商一致，可以变更劳动合同约定的内容。变更劳动合同，

应当采用书面形式。变更后的劳动合同文本由用人单位和劳动者各执一份。

3）劳动合同的解除和终止

劳动合同的解除，是指当事人双方提前终止劳动合同、解除双方权利义务关系的法律行为。劳动合同的终止，是指劳动合同期满或者出现法定情形以及当事人约定的情形而导致劳动合同的效力消灭，劳动合同即行终止。

（1）劳动者单方解除劳动合同的规定

劳动者提前 30 日以书面形式通知用人单位，可以解除劳动合同。劳动者在试用期内提前 3 日通知用人单位，可以解除劳动合同。

根据《劳动合同法》规定，用人单位有下列情形之一的，劳动者可以单方解除劳动合同：

①未按照劳动合同约定提供劳动保护或者劳动条件的。

②未及时足额支付劳动报酬的。

③未依法为劳动者缴纳社会保险费的。

④用人单位的规章制度违反法律、法规的规定，损害劳动者权益的。

⑤因《劳动合同法》第二十六条第一款规定的情形致使劳动合同无效的。

⑥法律、行政法规规定劳动者可以解除劳动合同的其他情形。

注意：用人单位以暴力、威胁或者非法限制人身自由的手段强迫劳动者劳动的，或者用人单位违章指挥、强令冒险作业危及劳动者人身安全的，劳动者可以立即解除劳动合同，不需事先告知用人单位。

（2）用人单位单方解除劳动合同的规定

该条规定是法律赋予用人单位单方解除劳动合同的权利，以保障用人单位的用工自主权。但为了防止用人单位滥用解除权，随意与劳动者解除劳动合同，法律严格限定企业与劳动者解除劳动合同的条件，以保护劳动者的劳动权。

根据《劳动合同法》第三十九条的规定，劳动者有下列情形之一的，用人单位可以解除劳动合同：

①在试用期间被证明不符合录用条件的。

②严重违反用人单位的规章制度的。

③严重失职，营私舞弊，给用人单位造成重大损害的。

④劳动者同时与其他用人单位建立劳动关系，对完成本单位的工作任务造成严重影响，或者经用人单位提出，拒不改正的。

⑤因本法第二十六条第一款第一项规定的情形致使劳动合同无效的（即以欺诈、胁迫的手段或者乘人之危，使对方在违背真实意思的情况下订立或者变更劳动合同的）。

⑥被依法追究刑事责任的。

（3）用人单位经济性裁员的规定

经济性裁员，是指企业由于经营不善等经济性原因，解雇多个劳动者的情形。经济性裁员是用人单位行使解除劳动合同权的主要方式之一。

根据《劳动合同法》第四十一条的规定，有下列情形之一，需要裁减人员 20 人以上或者裁减不足 20 人但占企业职工总数 10% 以上的，用人单位提前 30 日向工会或者全体职工说明情况，听取工会或者职工的意见后，裁减人员方案经向劳动行政部门报告，可以裁减人员：

①依照企业破产法规定进行重整的。

②生产经营发生严重困难的。

③企业转产、重大技术革新或者经营方式调整，经变更劳动合同后，仍需裁减人员的。

④其他因劳动合同订立时所依据的客观经济情况发生重大变化，致使劳动合同无法履行的。

裁减人员时，应当优先留用下列人员：

①与本单位订立较长期限的固定期限劳动合同的。

②与本单位订立无固定期限劳动合同的。

③家庭无其他就业人员，有需要扶养的老人或者未成年人的。

用人单位依照上述规定裁减人员，在 6 个月内重新招用人员的，应当通知被裁减的人员，并在同等条件下优先招用被裁减的人员。

（4）用人单位不得解除劳动合同的规定

《劳动合同法》第四十二条规定，劳动者有下列情形之一的，用人单位不得解除劳动合同：

①从事接触职业病危害作业的劳动者未进行离岗前职业健康检查，或者疑似职业病病人在诊断或者医学观察期间的。

②在本单位患职业病或者因工负伤并被确认丧失或者部分丧失劳动能力的。

③患病或者非因工负伤，在规定的医疗期内的。

④女职工在孕期、产期、哺乳期的。

⑤在本单位连续工作满 15 年，且距法定退休年龄不足 5 年的。

⑥法律、行政法规规定的其他情形。

用人单位违反《劳动合同法》规定解除或者终止劳动合同，劳动者要求继续履行劳动合同的，用人单位应当继续履行；劳动者不要求继续履行劳动合同或者劳动合同已经不能继续履行的，用人单位应当依法向劳动者支付赔偿金。赔偿金标准为经济补偿标准的 2 倍。

（5）劳动合同的终止

根据《劳动合同法》第四十四条的规定，有下列情形之一的，劳动合同终止：

①劳动合同期满的。

②劳动者开始依法享受基本养老保险待遇的。

③劳动者死亡，或者被人民法院宣告死亡或者宣告失踪的。

④用人单位被依法宣告破产的。

⑤用人单位被吊销营业执照、责令关闭、撤销或者用人单位决定提前解散的。

⑥法律、行政法规规定的其他情形。

上述劳动合同期满的规定，主要适用于固定期限劳动合同和以完成一定工作任务为期限的劳动合同两种情形。劳动合同期满除依法续订劳动合同的和依法应延期的以外，劳动合同自然终止，双方权利义务结束。

（6）终止劳动合同的经济补偿

根据《劳动合同法》规定，有下列情形之一的，用人单位应当向劳动者支付经济补偿：

①劳动者依照《劳动合同法》第三十八条（未按照劳动合同约定提供劳动保护或者劳动条件的；未及时足额支付劳动报酬的；未依法为劳动者缴纳社会保险费的；用人单位的规章制度违反法律、法规的规定，损害劳动者权益的；因以欺诈、胁迫的手段或者乘人之危，使对方在违背真实意思的情况下订立或者变更劳动合同致使劳动合同无效的；法律、行政法规规定劳动者可以解除劳动合同的其他情形）规定解除劳动合同的。

②用人单位向劳动者提出解除劳动合同并与劳动者协商一致解除劳动合同的。

③用人单位依照《劳动合同法》第四十条（劳动者患病或者非因工负伤，在规定的医疗期满后不能从事原工作，也不能从事由用人单位另行安排的工作的；劳动者不能胜任工作，经过培训或者调整工作岗位，仍不能胜任工作的；劳动合同订立时所依据的客观情况发生重大变化，致使劳动合同无法履行，经用人单位与劳动者协商，未能就变更劳动合同内容达成协议的）规定解除劳动合同的。

④用人单位依照《劳动合同法》第四十一条第一款（依照企业破产法规定进行重整的）规定解除劳动合同的。

⑤除用人单位维持或者提高劳动合同约定条件续订劳动合同，劳动者不同意续订的情形外，依照《劳动合同法》第四十四条第一项（劳动合同期满的）规定终止固定期限劳动合同的。

3. 劳动保护

劳动保护是国家和单位为保护劳动者在劳动生产过程中的安全和健康所采取的立法、组织和技术措施的总称。劳动保护的目的是为劳动者创造安全、卫生、舒适的劳动工作条件，消除和预防劳动生产过程中可能发生的伤亡、职业病和急性职业中毒，保障劳动者以健康的劳动力参加社会生产，促进劳动生产率的提高，保证经济持续发展。

1）劳动者的工作时间和休息休假

工作时间（又称劳动时间），是指法律规定的劳动者在一昼夜和一周内从事生产、劳动或工作的时间。休息休假（又称休息时间），是指劳动者在国家规定的法定工作时间外，不从事生产、劳动或工作而由自己自行支配的时间，包括劳动者每天休息的时数、每周休息的天数、节假日、年休假、探亲假等。

（1）工作时间

《中华人民共和国劳动法》（以下简称《劳动法》）规定，国家实行劳动者每日工作时间不超过8小时，平均每周工作时间不超过44小时的工时制度。用人单位应当保证劳动者每周至少休息1日。《国务院关于职工工作时间的规定》中规定职工每日工作8小时，每周工作40小时。

《劳动法》还规定，企业因生产特点不能实行本法第三十六条（国家实行劳动者每日工作时间不超过8小时，平均每周工作时间不超过44小时的工时制度）、第三十八条（用人单位应当保证劳动者每周至少休息1日）规定的，经劳动行政部门批准，可以实行其他工作和休息办法。

①缩短工作日。《国务院关于职工工作时间的规定》中规定，在特殊条件下从事劳动和有特殊情况需要适当缩短工作时间的，按照国家有关规定执行。目前，我国实行缩短工作时间的主要是：从事矿山、高山、有毒、有害、特别繁重和过度紧张的体力劳动的职工，以及纺织、化工、建筑冶炼、地质勘探、森林采伐、装卸搬运等行业或岗位的职工；从事夜班工作的劳动者；在哺乳期工作的女职工；16～18岁的未成年劳动者等。

②不定时工作日。在《关于企业实行不定时工作制和综合计算工时工作制的审批办法》中规定，企业对符合下列条件之一的职工，可以实行不定时工作日制：

（a）企业中的高级管理人员、外勤人员、推销人员、部分值班人员和其他因工作无法按标准工作时间衡量的职工。

（b）企业中的长途运输人员、出租汽车司机和铁路、港口、仓库的部分装卸人员以及因工作性质特殊需机动作业的职工。

（c）其他因生产特点、工作特殊需要或职责范围的关系，适合实行不定时工时制的职工。

③综合计算工作日。即分别以周、月、季、年等为周期综合计算工作时间，但其平均日工作时间和平均周工作时间应与法定标准工作时间基本相同。如交通、铁路等行业中因工作性质特殊需连续作业的职工，地质及资源勘探、建筑等受季节和自然条件限制的行业的部分职工等，可实行综合计算工作日。

④计件工资时间。对实行计件工作的劳动者，用人单位应当根据《劳动法》第三十六条规定的工时制度合理确定其劳动定额和计件报酬标准。

（2）休息休假

根据《劳动法》的规定，用人单位在下列节日期间应当依法安排劳动者休假：

元旦、春节、国际劳动节、国庆节以及法律、法规规定的其他休假节日。劳动者连续工作1年以上的，享受带薪年休假。此外，劳动者按有关规定还可以享受探亲假、婚丧假、生育（产）假、节育手术假等。

《劳动法》规定，用人单位由于生产经营需要，经与工会和劳动者协商可以延长工作时间，一般每日不得超过1小时；因特殊原因需要延长工作时间的，在保障劳动者身体健康的条件下延长工作时间每日不得超过3小时，但是每月不得超过36小时。在发生自然灾害、事故等需要紧急处理，或者生产设备、交通运输线路、公共设施发生故障必须及时抢修等法律、行政法规规定的特殊情况的，延长工作时间不受上述限制。

根据《劳动法》第四十四条的规定，用人单位应当按照下列标准支付高于劳动者正常工作时间工资的工资报酬：安排劳动者延长工作时间的，支付不低于工资的150％的工资报酬；休息日安排劳动者工作又不能安排补休的，支付不低于工资的200％的工资报酬；法定休假日安排劳动者工作的，支付不低于工资的300％的工资报酬。

2）劳动者的工资

工资是指用人单位依据国家有关规定和劳动关系双方的约定，以货币形式支付给劳动者的劳动报酬，如计时工资、计件工资、奖金、津贴和补贴等。

（1）工资基本规定

《劳动法》规定，工资分配应当遵循按劳分配原则，实行同工同酬，工资水平在经济发展的基础上逐步提高。国家对工资总量实行宏观调控。用人单位根据本单位的生产经营特点和经济效益，依法自主确定本单位的工资分配方式和工资水平。

工资应当以货币形式按月支付给劳动者本人。不得克扣或者无故拖欠劳动者的工资。劳动者在法定休假日和婚丧假期间以及依法参加社会活动期间，用人单位应当依法支付工资。

在我国，企业、机关（包括社会团体）、事业单位实行不同的基本工资制度。企业基本工资制度主要有等级工资制、岗位技能工资制、岗位工资制、结构工资制等。

（2）最低工资保障制度

最低工资保障制度是我国实行的一项劳动和社会保障制度。它确保了劳动者在劳动过程中至少领取最低的劳动报酬，以维持劳动者个人及其家庭成员的基本生活。《劳动法》第四十八条规定，国家实行最低工资保障制度。最低工资的具体标准由省、自治区、直辖市人民政府规定，报国务院备案。用人单位支付劳动者的工资不得低于当地最低工资标准。

最低工资标准，是指劳动者在法定工作时间或依法签订的劳动合同约定的工作时间内提供了正常劳动的前提下，用人单位依法应支付的最低劳动报酬。最低工资标准一般采取月最低工资标准和小时最低工资标准的形式。月最低工资标准适用于全日制就业劳动者，小时最低工资标准适用于非全日制就业劳动者。

根据《最低工资规定》第十二条的规定，在劳动者提供正常劳动的情况下，用人单位应支付给劳动者的工资在剔除下列各项以后，不得低于当地最低工资标准：

①延长工作时间工资。

②中班、夜班、高温、低温、井下、有毒有害等特殊工作环境条件下的津贴。

③法律、法规和国家规定的劳动者福利待遇等。

实行计件工资或提成工资等工资形式的用人单位，在科学合理的劳动定额基础上，其支付劳动者的工资不得低于相应的最低工资标准。

3）劳动安全卫生制度

《劳动法》规定，用人单位必须建立、健全劳动安全卫生制度，严格执行国家劳动安全卫生章程和标准，对劳动者进行劳动安全卫生教育，防止劳动过程中的事故，减少职业危害。

劳动安全卫生设施必须符合国家规定的标准。新建、改建、扩建工程的劳动安全卫生设施必须与主体工程同时设计、同时施工、同时投入生产和使用。用人单位必须为劳动者提供符合国家规定的劳动安全卫生条件和必要的劳动防护用品，对从事有职业危害作业的劳动者应当定期进行健康检查。

从事特种作业的劳动者必须经过专门培训并取得特种作业资格。劳动者在劳动过程中必须严格遵守安全操作规程，对用人单位管理人员违章指挥、强令冒险作业，有权拒绝执行；对危害生命安全和身体健康的行为，有权提出批评、检举和控告。

4）女职工和未成年工的特殊保护

（1）女职工的特殊保护

《劳动法》规定，禁止安排女职工从事矿山井下、国家规定的第四级体力劳动强度的劳动和其他禁忌从事的劳动。不得安排女职工在经期从事高处、低温、冷水作业和国家规定的第三级体力劳动强度的劳动。不得安排女职工在怀孕期间从事国家规定的第三级体力劳动强度的劳动和孕期禁忌从事的活动。对怀孕 7 个月以上的女职工，不得安排其延长工作时间和夜班劳动。女职工生育享受不少于 90 天的产假。不得安排女职工在哺乳未满 1 周岁的婴儿期间从事国家规定的第三级体力劳动强度的劳动和哺乳期禁忌从事的其他劳动，不得安排其延长工作时间和夜班劳动。

《女职工劳动保护规定》还规定，凡适合妇女从事劳动的单位，不得拒绝招收女职工。不得在女职工怀孕期、产期、哺乳期降低其基本工资，或者解除劳动合同。女职工劳动保护的权益受到侵害时，有权向所在单位的主管部门或者当地劳动部门提出申诉。受理申诉的部门应当自收到申诉书之日起 30 日内做出处理决定，女职工对处理决定不服的，可以在收到处理决定书之日起 15 日内向人民法院起诉。

（2）未成年工的特殊保护

未成年工的特殊保护是针对未成年工处于生长发育期的特点，以及接受义务教育的需要，采取的特殊劳动保护措施。未成年工是指满 16 周岁未满 18 周岁的劳动者。《劳动法》规定，禁止用人单位招用未满 16 周岁的未成年人。不得安排未成年工从事矿山井下、有毒有害、国家规定的第四级体力劳动强度的劳动和其他禁忌从事的劳动，用人单位应对未成年工定期进行健康检查。

《未成年工特殊保护规定》中规定，用人单位应根据未成年工的健康检查结果安排其从事适合的劳动，对不能胜任原劳动岗位的，应根据医务部门的证明，予以减轻劳动量或安排其他劳动。对未成年工的使用和特殊保护实行登记制度。用人单位招收未成年工除符合一般用工要求外，还需向所在地的县级以上劳动行政部门办理登记。未成年工上岗前用人单位应对其进行有关的职业安全卫生教育、培训。

5）劳动者的社会保险和福利

国家建立基本养老保险、基本医疗保险、工伤保险、失业保险、生育保险等社会保险制度，保障公民在年老、疾病、工伤、失业、生育等情况下依法从国家和社会获得物质帮助的权利。

（1）基本养老保险

职工应当参加基本养老保险，由用人单位和职工共同缴纳基本养老保险费。用人单位应当按照国家规定的本单位职工工资总额的比例缴纳基本养老保险费，记入基本养老保险统筹基金。职工应当按照国家规定的本人工资比例缴纳基本养老保险费，记入个人账户。

参加基本养老保险的个人，达到法定退休年龄时累计缴费满 15 年的，按月领取基本养老金。参加基本养老保险的个人，达到法定退休年龄时累计缴费不足 15 年的，可以缴费至满 15 年，按月领取基本养老金；也可以转入新型农村社会养老保险或者城镇居民社会养老保险，按照国务院规定享受相应的养老保险待遇。

个人跨统筹地区就业的，其基本养老保险关系随本人转移，缴费年限累计计算。个人达到法定退休年龄时，基本养老金分段计算、统一支付。

（2）基本医疗保险

职工应当参加职工基本医疗保险，由用人单位和职工按照国家规定共同缴纳基本医疗保险费。医疗机构应当为参保人员提供合理、必要的医疗服务。

参加职工基本医疗保险的个人，达到法定退休年龄时累计缴费达到国家规定年限的，退休后不再缴纳基本医疗保障费，按照国家规定享受基本医疗保障待遇；未达到国家规定年限的，可以缴费至国家规定年限。

符合基本医疗保险药品目录、诊疗项目、医疗服务设施标准以及急诊、抢救的医疗费用，按照国家规定从基本医疗保险基金中支付。下列医疗费用不纳入基本医疗保险基金支付范围：

①应当从工伤保险基金中支付的。

②应当由第三人负担的。

③应当由公共卫生负担的。

④在境外就医的。

医疗费用依法应当由第三人负担，第三人不支付或者无法确定第三人身份的，由基本医疗保险基金先行支付。基本医疗保险基金先行支付后，有权向第三人追偿。个人跨统筹地区就业的，其基本医疗保险关系随本人转移，缴费年限累计计算。

（3）工伤保险

职工应当参加工伤保险，由用人单位缴纳工伤保险费，职工不缴纳工伤保险费。此外，《建筑法》还规定，鼓励企业为从事危险作业的职工办理意外伤害保险，支付保险费。

①工伤保险费率。国家根据不同行业的工伤风险程度确定行业的差别费率，并根据工伤保险费使用、工伤发生率等情况在每个行业内确定若干费率档次。统筹地区经办机构根据用人单位工伤保险费使用、工伤发生率等情况，适用所属行业内相应的费率档次确定单位缴费费率。用人单位缴纳工伤保险费的数额为本单位职工工资总额乘以单位缴费费率。

②工伤认定。对于工伤的认定，详见工伤处理的相关规定。但是，职工因下列情形之一导致本人在工作中伤亡的，不认定为工伤：（a）故意犯罪；（b）醉酒或者吸毒；（c）自残或者自杀。

③工伤保险基金支付的费用。因工伤发生的下列费用，按照国家规定从工伤保险基金中支付：（a）治疗工伤的医疗费用和康复费用；（b）住院伙食补助费；（c）到统筹地区以外就医的交通食宿费；（d）安装配置伤残辅助器具所需费用；（e）生活不能自理的，经劳动能力鉴定委员会确认的生活护理费；（f）一次性伤残补助金和一至四级伤残职工按月领取的伤残津贴；（g）终止或者解除劳动、聘用合同时，应当享受的一次性工伤医疗补助金；（h）因工死亡的，其近亲属领取的丧葬补助金、供养亲属抚恤金和一次性工伤死亡补助金；（i）劳动能力鉴定费。

④用人单位支付的费用。因工伤发生的下列费用，按照国家规定由用人单位支付：治疗工伤期间的工资福利；五级、六级伤残职工按月领取的伤残津贴；终止或者解除劳动合同时，应当享受的一次性伤残就业补助金。

⑤先行支付的规定。职工所在用人单位未依法缴纳工伤保险费，发生工伤事故的，由用人单位支付工伤保险待遇。用人单位不支付的，从工伤保险基金中先行支付。从工伤保险基金中先行支付的工伤保险待遇应当由用人单位偿还。用人单位不偿还的，社会保险经办机构可以追偿。

由于第三人的原因造成工伤，第三人不支付工伤医疗费用或者无法确定第三人的，由工伤保险基金先行支付。工伤保险基金先行支付后，有权向第三人追偿。

⑥停止享受工伤保险待遇的规定。工伤职工有下列情形之一的，停止享受工伤保险待遇：（a）丧失享受待遇条件的；（b）拒不接受劳动能力鉴定的；（c）拒绝治疗的。

（4）失业保险

职工应当参加失业保险，由用人单位和职工按照国家规定共同缴纳失业保险费。职工跨统筹地区就业的，其失业保险关系随本人转移，缴费期限累计计算。

①失业保险金的领取。失业人员符合下列条件的，从失业保险基金中领取失业保险金：（a）失业前用人单位和本人已经缴纳失业保险费满1年的；（b）非因本人意愿中断就业的；（c）已经进行失业登记，并有求职要求的。

失业人员失业前用人单位和本人累计缴费满1年不足5年的，领取失业保险金的期限最长为12个月；累计缴费满5年不足10年的，领取失业保险金的期限最长为18个月；累计缴费10年以上的，领取失业保险金的期限最长为24个月。重新就业后，再次失业的，缴费时间重新计算，领取失业保险金的期限与前次失业应当领取而尚未领取的失业保险金的期限合并计算，最多不超过24个月。

失业保险金的标准，由省、自治区、直辖市人民政府确定，但不得低于城市居民的最低生活保障标准。

②领取失业保险金期间的有关规定。失业人员在领取失业保险金期间，参加职工基本医疗保险，享受基本医疗保险待遇。失业人员应当缴纳的基本医疗保险费从失业保险基金中支付，个人不缴纳基本医疗保险费。失业人员在领取失业保险金期间死亡的，参照当地对在职职工死亡的规定，向其遗属发给一次性丧葬补助金和抚恤金。所需资金从失业保险基金中支付。个人死亡同时符合领取基本养老保险丧葬补助金、工伤保险丧葬补助金和失业保险丧葬补助金条件的，其遗属只能选择领取其中的1项。

③办理领取失业保险金的程序。用人单位应当及时为失业人员出具终止或者解除劳动关系的证明，并将失业人员的名单自终止或者解除劳动关系之日起15日内告知社会保险经办机构。

失业人员应当持本单位为其出具的终止或者解除劳动关系的证明，及时到指定的公共就业服务机构办理失业登记。失业人员凭失业登记证明和个人身份证明，到社会保险经办机构办理领取失业保险金的手续。失业保险金领取期限自办理失业登记之日起计算。

④停止享受失业保险待遇的规定。失业人员在领取失业保险金期间有下列情形

之一的，停止领取失业保险金，并同时停止享受其他失业保险待遇：（a）重新就业的；（b）应征服兵役的；（c）移居境外的；（d）享受基本养老保险待遇的；（e）无正当理由，拒不接受当地人民政府指定部门或者机构介绍的适当工作或者提供的培训的。

（5）生育保险

职工应当参加生育保险，由用人单位按照国家规定缴纳生育保险费，职工不缴纳生育保险费。用人单位已经缴纳生育保险费的，其职工享受生育保险待遇；职工未就业配偶按照国家规定享受生育医疗费用待遇。所需资金从生育保险基金中支付。

生育保险待遇包括生育医疗费用和生育津贴。生育医疗费用包括下列各项：①生育的医疗费用；②计划生育的医疗费用；③法律、法规规定的其他项目费用。

生育津贴：①女职工生育享受产假；②享受计划生育手术休假；③法律、法规规定的其他情形。生育津贴按照职工所在用人单位上年度职工月平均工资计发。

4. 劳动争议的解决

劳动争议（又称劳动纠纷），是指劳动关系当事人之间因劳动的权利与义务发生分歧而引起的争议。

1）劳动争议的范围

劳动争议的范围主要包括以下几种类型：

①因确认劳动关系发生的争议。

②因订立、履行、变更、解除和终止劳动合同发生的争议。

③因除名、辞退和辞职、离职发生的争议。

④因工作时间、休息休假、社会保险、福利、培训以及劳动保护发生的争议。

⑤因劳动报酬、工伤医疗费、经济补偿或者赔偿金等发生的争议。

⑥劳动者与用人单位在履行劳动合同过程中发生的纠纷。

⑦劳动者与用人单位之间没有订立书面劳动合同，但已形成劳动关系后发生的纠纷。

⑧劳动者退休后，与尚未参加社会保险统筹的原用人单位因追索养老金、医疗费、工伤保险待遇和其他社会保险而发生的纠纷。

⑨法律、法规规定的其他劳动争议。

2）劳动争议的解决方式

用人单位与劳动者发生劳动争议，当事人可以依法申请调解、仲裁、提起诉讼，也可以协商解决。调解原则适用于仲裁和诉讼程序。

（1）调解

劳动争议发生后，当事人可以向本单位劳动争议调解委员会申请调解。在用人单位内，可以设立劳动争议调解委员会。劳动争议调解委员会由职工代表、用人单位代表和工会代表组成。劳动争议调解委员会主任由工会代表担任。劳动争议经调解达成协议的，当事人应当履行。

（2）仲裁

对于调解不成，当事人一方要求仲裁的，可以向劳动争议仲裁委员会申请仲裁。当事人一方也可以直接向劳动争议仲裁委员会申请仲裁。

劳动争议仲裁委员会由劳动行政部门代表、同级工会代表、用人单位方面的代表组成。劳动争议仲裁委员会主任由劳动行政部门代表担任。

劳动争议申请仲裁的时效期间为1年。仲裁时效期间从当事人知道或者应当知道其权利被侵害之日起计算。前款规定的仲裁时效，因当事人一方向对方当事人主张权利，或者向有关部门请求权利救济，或者对方当事人同意履行义务而中断。从中断时起，仲裁时效期间重新计算。因不可抗力或者有其他正当理由，当事人不能在规定的仲裁时效期间申请仲裁的，仲裁时效中止。从中止时效的原因消除之日起，仲裁时效期间继续计算。劳动关系存续期间因拖欠劳动报酬发生争议的，劳动者申请仲裁不受规定的仲裁时效期间的限制；但是，劳动关系终止的，应当自劳动关系终止之日起1年内提出。

（3）诉讼

当事人对仲裁裁决不服的，可以自收到仲裁裁决书之日起15日内向人民法院提起诉讼。

当事人对发生法律效力的调解书、裁决书，应当依照规定的期限履行。一方当事人逾期不履行的，另一方当事人可以依照民事诉讼法的有关规定向人民法院申请执行。受理申请的人民法院应当依法执行。

5. 违法行为应承担的责任

1）劳动合同订立过程中违法行为应承担的法律责任

《劳动合同法》规定，用人单位提供的劳动合同文本未载明本法规定的劳动合同必备条款或者用人单位未将劳动合同文本交付劳动者的，由劳动行政部门责令改正；给劳动者造成损害的，应当承担赔偿责任。

用人单位自用工之日起超过1个月不满1年未与劳动者订立书面劳动合同的，应当向劳动者每月支付2倍的工资。用人单位自用工之日起满1年不与劳动者订立书面劳动合同的，视为用人单位与劳动者已订立无固定期限劳动合同。

用人单位违反《劳动合同法》规定不与劳动者订立无固定期限劳动合同的，应自当订立无固定期限劳动合同之日起向劳动者每月支付2倍的工资。劳动合同依照《劳动合同法》第二十六条规定被确认无效，给对方造成损害的，有过错的一方应当承担赔偿责任。

2）劳动合同履行、变更、解除和终止中违法行为应承担的法律责任

（1）用人单位应承担的法律责任

《劳动合同法》规定，用人单位有下列情形之一的，由劳动行政部门责令限期支付劳动报酬、加班费或者经济补偿；劳动报酬低于当地最低工资标准的，应当支付其差额部分；逾期不支付的，责令用人单位按应付金额50％以上100％以下的标准向劳动者加付赔偿金。

①未按照劳动合同的约定或者国家规定及时足额支付劳动者劳动报酬的。

②低于当地最低工资标准支付劳动者工资的。

③安排加班不支付加班费的。

④解除或者终止劳动合同，未依照本法规定向劳动者支付经济补偿的。

用人单位有下列情形之一的，依法给予行政处罚；构成犯罪的，依法追究刑事责任；给劳动者造成损害的，应当承担赔偿责任。

①以暴力、威胁或者非法限制人身自由的手段强迫劳动的。

②违章指挥或者强令冒险作业危及劳动者人身安全的。

③侮辱、体罚、殴打、非法搜查或者拘禁劳动者的。

④劳动条件恶劣、环境污染严重、给劳动者身心健康造成严重损害的。

用人单位违反《劳动合同法》规定解除或者终止劳动合同的，应当依照《劳动合同法》第四十七条规定的经济补偿标准的2倍向劳动者支付赔偿金。用人单位违反《劳动合同法》规定未向劳动者出具解除或者终止劳动合同的书面证明，由劳动行政部门责令改正；给劳动者造成损害的，应当承担赔偿责任。

（2）劳动者的违法责任

劳动者违反规定解除劳动合同，或者违反劳动合同中约定的保密义务或者竞业限制，给用人单位造成损失的，应当承担赔偿责任。

（3）劳务派遣单位违法行为应承担的法律责任

《劳动合同法》规定，用人单位招用与其他用人单位尚未解除或者终止劳动合同的劳动者，给其他用人单位造成损失的，应当承担连带赔偿责任。

劳务派遣单位违反本法规定的，由劳动行政部门和其他有关主管部门责令改正；情节严重的，以每人1000元以上5000元以下的标准处以罚款，并由工商行政管理部门吊销营业执照；给被派遣劳动者造成损害的，劳务派遣单位与用工单位承担连带赔偿责任。

3）劳动保护违法行为应承担的法律责任

《劳动法》规定，用人单位违反本法规定，延长劳动者工作时间的，由劳动行政

部门给予警告，责令改正，并可以处以罚款。

用人单位的劳动安全设施和劳动卫生条件不符合国家规定或者未向劳动者提供必要的劳动保护用品和劳动保护设施的，由劳动行政部门或者有关部门责令改正，可以处以罚款；情节严重的，提请县级以上人民政府决定责令停产整顿；对事故隐患不采取措施，致使发生重大事故，造成劳动者生命和财产损失的，对责任人员比照《刑法》第一百八十七条的规定追究刑事责任。

用人单位非法招用未满16周岁的未成年人的，由劳动行政部门责令改正，处以罚款；情节严重的，由工商行政管理部门吊销营业执照。

用人单位违反本法对女职工和未成年工的保护规定，侵害其合法权益的，由劳动行政部门责令改正，处以罚款；对女职工或者未成年工造成损害的，应当承担赔偿责任。

用人单位无故不缴纳社会保险费的，由劳动行政部门责令其限期缴纳，逾期不缴纳的，可以加收滞纳金。

4.3 相关合同制度

同建设工程活动关系密切的相关合同，主要是承揽合同、买卖合同、借款合同、租赁合同、融资合同、运输合同、委托合同等。

1. 承揽合同

《民法典》第七百七十条规定，承揽合同是承揽人按照定作人的要求完成工作，交付工作成果，定作人支付报酬的合同。承揽包括加工、定作、修理、复制、测试、检验等工作。在承揽合同中，提出工作要求，按约定接受工作成果并给付酬金的一方称为定作人；完成工作并交付工作成果，按约定获取报酬的一方称为承揽人。

1）承揽合同主要特征

承揽合同具有以下的法律特征：

（1）承揽合同以完成一定的工作并交付工作成果为标的

在承揽合同中，承揽人必须按照定作人的要求完成一定的工作。定作人所关心的是工作成果的品质好坏，而非承揽人的工作过程。

（2）承揽人须以自己的设备、技术和劳力完成所承揽的工作

定作人将工作交给承揽人，其重要原因是定作人相信承揽人具有完成工作的条件和能力。因此，除当事人另有约定的外，承揽人应当以自己的设备、技术和劳力完成主要工作。未经定作人的同意，承揽人将承揽的主要工作交由第三人完成的，

定作人可以解除合同；经定作人同意的，承揽人也应就第三人完成的工作成果向定作人负责。

承揽人有权将其承揽的辅助工作交由第三人完成。承揽人将承揽的辅助工作交由第三人完成的，应当就第三人完成的工作成果向定作人负责。

（3）承揽人的工作具有独立性

承揽人在完成工作的过程中，不受定作人的指挥管理，独立承担完成合同约定的质量、数量、期限等责任。承揽人在工作期间，应当接受定作人必要的监督检验，但定作人不得因监督检验而妨碍承揽人的正常工作。

2）承揽合同当事人的权利和义务

承揽合同属于双务合同。在承揽合同中，承揽人及定作人都具有一定的权利，也都承担其相应的义务。另外，双方的权利和义务还存在着对应的关系，即承揽人的权利就是定作人的义务，承揽人的义务就是定作人的权利。

（1）承揽人的义务

①按照合同约定完成承揽工作的义务

承揽人应当按照合同的约定，按时、按质、按量完成工作。

②材料检验的义务

承揽人提供材料的，承揽人应当按照约定选用材料，并接受定作人检验。定作人提供材料的，承揽人应当对定作人提供的材料及时检验，发现不符合约定时，应当及时通知定作人更换、补齐或者采取其他补救措施。承揽人不得擅自更换定作人提供的材料，不得更换不需要修理的零部件。

③通知和保密的义务

承揽人发现定作人提供的图纸或者技术要求不合理的，应当及时通知定作人。承揽人应当按照定作人的要求保守秘密，未经定作人许可，不得留存复制品或者技术资料。

④接受监督检查和妥善保管工作成果的义务

承揽人在工作期间，应当接受定作人必要的监督检验。承揽人应当妥善保管定作人提供的材料以及完成的工作成果，因保管不善造成毁损、丢失的，应当承担损害赔偿责任。

⑤交付符合质量要求的工作成果的义务

承揽人完成工作后，应当向定作人交付工作成果，并提交必要的技术资料和有关质量证明。承揽人交付的工作成果不符合质量要求的，定作人可以要求承揽人承担修理、重作、减少报酬、赔偿损失等违约责任。

共同承揽人对定作人承担连带责任，但当事人另有约定的除外。

（2）定作人义务

①按照约定提供材料和协助承揽人完成工作的义务

定作人提供材料的，定作人应当按照约定提供材料。承揽工作需要定作人协助的，定作人有协助的义务。

②支付报酬的义务

定作人应当按照约定的期限支付报酬。对支付报酬的期限没有约定或者约定不明确的，可以协议补充；不能达成补充协议的，按照合同有关条款或者交易习惯确定。对于不能达成补充协议，也不能按照合同有关条款或者交易习惯确定的，定作人应当在承揽人交付工作成果时支付；工作成果部分交付的，定作人应当相应支付。除当事人另有约定的以外，定作人未向承揽人支付报酬或者材料费等价款的，承揽人对完成的工作成果享有留置权。

③依法赔偿损失的义务

定作人中途变更承揽工作的要求，造成承揽人损失的，应当赔偿损失。承揽人发现定作人提供的图纸或者技术要求不合理的，在通知定作人后，因定作人怠于答复等原因造成承揽人损失的，定作人应当赔偿损失。

④验收工作成果的义务

承揽人完成工作向定作人交付工作成果，并提交了必要的技术资料和有关质量证明的，定作人应当验收该工作成果。

2. 买卖合同

《民法典》第五百九十五条规定，买卖合同是出卖人转移标的物的所有权于买受人，买受人支付价款的合同。在买卖合同中，取得标的物所有权的一方称为买受人，转移标的物并取得价款的一方称为出卖人。

1）买卖合同主要特征

买卖合同具有以下法律特征：

（1）买卖合同是一种转移财产所有权的合同

买受人不但要取得合同涉及的财产，更以依法获得其所有权作为根本目的。这也是区别于其他以行为、智力成果作为法律关系客体的合同的本质特征。

（2）买卖合同是有偿合同

买卖合同的实质是以等价有偿方式转让标的物的所有权，即出卖人移转标的物的所有权于买方，买方向出卖人支付价款。这是买卖合同的基本特征。

（3）买卖合同是双务合同

在买卖合同中，买方和卖方都享有一定的权利，承担一定的义务。而且，其权利和义务存在对应关系，即买方的权利就是卖方的义务，买方的义务就是卖方的权利。

（4）买卖合同是诺成合同

诺成合同自当事人双方意思表示一致时即可成立，不以一方交付标的物为合同的成立要件。当事人交付标的物属于履行合同，与合同的成立无关。买卖合同可以是书面的，也可以是口头的。但对于房屋买卖等标的额较大的财产买卖，应当签订书面合同。

买卖合同的内容由当事人约定，除一般合同所具有的当事人名称或者姓名和住所、标的、数量、质量、价款或者报酬、履行期限、地点和方式、违约责任及解决争议的方法等条款外，还可以包括包装方式、检验标准和方法、结算方式、合同使用的文字及其效力等条款。

2）买卖合同当事人的权利义务

（1）出卖人的义务

《民法典》第五百九十八条、第五百九十九条、第六百零一条规定，出卖人应当履行向买受人支付标的物或者支付提取标的物的单证，并转移标的物所有权的义务；出卖人应当按照约定或者习惯向买受人支付提取标的物单证以外的有关单证和资料；出卖人应当按照约定的时间交付标的物，约定交付期限的，出卖人可以在该交付期限内的任何时间交付。

①按照合同约定交付标的物的义务

出卖的标的物，应当属于出卖人所有或者出卖人有权处分。法律、行政法规禁止或者限制转让的标的物，不得违法出卖。

a. 出卖人应当向买受人交付标的物或者交付提取标的物的单证，并应当按照约定或者交易习惯向买受人交付提取标的物单证以外的有关单证和资料，主要应当包括保险单、保修单、普通发票、增值税专用发票、产品合格证、质量保证书、质量鉴定书、品质检验证书、产品进出口检疫书、原产地证明书、使用说明书、装箱单等。交付的方式可以是：（a）现实交付。标的物由出卖人直接交付给买受人。普通发票可以作为买受人付款和履行付款义务的凭证，但有相反证据足以推翻的除外。（b）简易交付。标的物在订立合同之前已为买受人占有，合同生效即视为完成交付。（c）占有改定。买卖双方特别约定，合同生效后标的物仍然由出卖人继续占有，但其所有权已完成法律上的转移。（d）指示交付。合同成立时，标的物为第三人合法占有，买受人取得了返还标的物请求权。（e）拟制交付。出卖人将标的物的权利凭证（如仓单、提单）交给买受人，以代替标的物的现实交付。出卖人仅以增值税专用发票及税款抵扣资料证明其已履行交付标的物义务，买受人不认可的，出卖人应当提供其他证据证明交付标的物的事实。

b. 标的物为无需以有形载体交付的电子信息产品，当事人对交付方式约定不明确，买受人收到约定的电子信息产品或者权利凭证即为交付。

c.《民法典》第六百二十九条规定，出卖人多交标的物的，买受人可以接收或者拒绝接收多交的部分。买受人接收多交部分的，按照约定的价格支付价款；买受人拒绝接收多交部分的，应当及时通知出卖人。

d. 出卖人应当按照约定的期限交付标的物。约定交付期间的，出卖人可以在该交付期间内的任何时间交付。当事人没有约定标的物的交付期限或者约定不明确的，可以协议补充；不能达成补充协议的，按照合同有关条款或者交易习惯确定。对于不能达成补充协议，也不能按照合同有关条款或者交易习惯确定的，债务人可以随时履行，债权人也可以随时要求履行，但应当给对方必要的准备时间。

e. 出卖人应当按照约定的地点交付标的物。当事人没有约定交付地点或者约定不明确，可以协议补充；不能达成补充协议的，按照合同有关条款或者交易习惯确定。《民法典》第六百零三条中规定，当事人没有约定交付地点或者约定不明确，适用下列规定：（a）标的物需要运输的，出卖人应当将标的物交付给第一承运人以运交给买受人；（b）标的物不需要运输，出卖人和买受人订立合同时知道标的物在某一地点的，出卖人应当在该地点交付标的物；不知道标的物在某一地点的，应当在出卖人订立合同时的营业地交付标的物。

对于不能达成补充协议，也不能按照合同有关条款或者交易习惯确定的，适用下列规定：（a）标的物需要运输的，出卖人应当将标的物交付给第一承运人以运交给买受人；（b）标的物不需要运输，出卖人和买受人订立合同时知道标的物在某一地点的，出卖人应当在该地点交付标的物；不知道标的物在某一地点的，应当在出卖人订立合同时的营业地交付标的物。

f. 出卖人应当按照约定的质量要求交付标的物。出卖人提供有关标的物质量说明的，交付的标的物应当符合该说明的质量要求。当事人对标的物的质量要求没有约定或者约定不明确，可以协议补充；不能达成补充协议的，按照合同有关条款或者交易习惯确定。对于不能达成补充协议，也不能按照合同有关条款或者交易习惯确定的，按照国家标准、行业标准履行；没有国家标准、行业标准的，按照通常标准或者符合合同目的的特定标准履行。

出卖人交付的标的物不符合质量要求的，应当按照当事人的约定承担违约责任。对违约责任没有约定或者约定不明确的，可以协议补充；不能达成补充协议的，按照合同有关条款或者交易习惯确定。对于不能达成补充协议，也不能按照合同有关条款或者交易习惯确定的，受损害方根据标的的性质以及损失的大小，可以合理选择要求对方承担修理、更换、重作、退货、减少价款或者报酬等违约责任。

g. 出卖人应当按照约定的包装方式交付标的物。对包装方式没有约定或者约定不明确的，可以协议补充；不能达成补充协议的，按照合同有关条款或者交易习惯确定。对于不能达成补充协议，也不能按照合同有关条款或者交易习惯确定的，应当按照通用的方式包装，没有通用方式的，应当采取足以保护标的物的包装方式。

②转移标的物所有权的义务

除法律另有规定或者当事人另有约定的外，标的物的所有权自标的物交付时起转移。出卖人应当履行向买受人交付标的物或者交付提取标的物的单证，并转移标的物所有权的义务。但是，出卖具有知识产权的计算机软件等标的物的，除法律另有规定或者当事人另有约定的以外，该标的物的知识产权不属于买受人。

买受人的最终目的是获得标的物的所有权，将标的物所有权转移给买受人是出卖人的一项重要义务。

③出卖人的瑕疵担保义务

可分为权利瑕疵担保义务和物的瑕疵担保义务。

a. 权利瑕疵担保义务

《民法典》第六百一十二条规定，出卖人就交付的标的物，负有保证第三人对该标的物不享有任何权利的义务，但是法律另有规定的除外。如果出卖人对于出卖的标的物没有所有权或处分权，或者没有完全的所有权或处分权，或者其处分涉及第三人的物权、知识产权等权益，则称其标的物存在权利瑕疵，出卖人因此应当承担权利瑕疵担保责任。

但是，买受人订立合同时知道或者应当知道第三人对买卖的标的物享有权利的，出卖人不承担《民法典》第六百一十四条规定的义务，即买受人有确切证据证明第三人对标的物享有权利的，可以中止支付相应的价款，但是出卖人提供适当担保的除外。

b. 物的瑕疵担保义务

物的瑕疵担保义务，是指出卖人就其所交付的标的物具备约定或法定品质所负有的担保义务。

出卖人必须保证标的物转移于买受人之后，具有约定或法定的品质。就是说，出卖人应当按照约定的质量要求交付标的物。

（2）买受人的义务

①支付价款的义务

买受人应当按照约定的数额支付价款。对价款没有约定或者约定不明确的，可以协议补充；不能达成补充协议的，按照合同有关条款或者交易习惯确定。对于不能达成补充协议，也不能按照合同有关条款或者交易习惯确定的，按照订立合同时履行地的市场价格履行；依法应当执行政府定价或者政府指导价的，按照规定履行。执行政府定价或者政府指导价的，在合同约定的交付期限内政府价格调整时，按照交付时的价格计价。逾期交付标的物的，遇价格上涨时，按照原价格执行；价格下降时，按照新价格执行。逾期提取标的物或者逾期付款的，遇价格上涨时，按照新价格执行；价格下降时，按照原价格执行。

买受人应当按照约定的地点支付价款。对支付地点没有约定或者约定不明确的，可以协议补充；不能达成补充协议的，按照合同有关条款或者交易习惯确定。对于不能达成补充协议，也不能按照合同有关条款或者交易习惯确定的，买受人应当在出卖人的营业地支付，但约定支付价款以交付标的物或者交付提取标的物单证为条件的，在交付标的物或者交付提取标的物单证的所在地支付。

买受人应当按照约定的时间支付价款。对支付时间没有约定或者约定不明确的，可以协议补充；不能达成补充协议的，按照合同有关条款或者交易习惯确定。对于不能达成补充协议，也不能按照合同有关条款或者交易习惯确定的，买受人应当在收到标的物或者提取标的物单证的同时支付。

当事人可以在买卖合同中约定买受人未履行支付价款或者其他义务的，标的物的所有权属于出卖人。

②受领标的物的义务

买受人应当按照约定接受买卖标的物及其有关权利和单证。没有正当理由拒不受领，致使标的物毁损灭失的风险由买受人承担。

出卖人多交标的物的，买受人可以接收或者拒绝接收多交的部分。买受人接收多交部分的，按照合同的价格支付价款；买受人拒绝接收多交部分的，应当及时通知出卖人。

③对标的物进行检验和及时通知的义务

买受人收到标的物时应当在约定的检验期间内检验。没有约定检验期间的，应当及时检验。当事人约定检验期间的，买受人应当在检验期间内将标的物的数量或者质量不符合约定的情形通知出卖人。买受人怠于通知的，视为标的物的数量或者质量符合约定。当事人没有约定检验期间的，买受人应当在发现或者应当发现标的物的数量或者质量不符合约定的合理期间内通知出卖人。买受人在合理期间内未通知或者自标的物收到之日起 2 年内未通知出卖人的，视为标的物的数量或者质量符合约定，但对标的物有质量保证期的，适用质量保证期，不适用该 2 年的规定。出卖人知道或者应当知道提供的标的物不符合约定，买受人通知出卖人的时限不受上述检验期间、合理期间的限制。

3. 借款合同

《民法典》第六百六十七条规定，借款合同是借款人向贷款人借款，到期返还借款并支付利息的合同。

1）借款合同的主要特征

借款合同具有以下法律特征：

（1）借款合同的标的物是货币

借款合同的标的物是作为一般等价交换物的货币，属于特殊种类物。因此，原则上只发生履行迟延，不发生履行不能。

（2）借款合同一般为要式合同

借款合同采用书面形式，但自然人之间借款另有约定的除外。借款合同的内容包括借款种类、币种、用途、数额、利率、期限和还款方式等条款。

（3）借款合同一般是有偿合同（有息借款）

借款合同原则上为有偿合同（有息借款），也可以是无偿合同（无息借款）。自然人之间的借款合同如果没有约定利息，贷款人主张利息的，人民法院不予支持。

2）借款合同当事人的权利义务

（1）贷款人的义务

贷款人的主要义务是提供借款和不得预扣利息。

贷款人应当按照合同约定提供借款。贷款人未按照约定的日期、数额提供借款，造成借款人损失的，应当赔偿损失。

借款的利息不得预先在本金中扣除。利息预先在本金中扣除的，应当按照实际借款数额返还借款并计算利息。

（2）借款人的义务

①提供担保的义务。订立借款合同，贷款人可以要求借款人提供担保。

②提供真实情况的义务。订立借款合同，借款人应当按照贷款人的要求提供与借款有关的业务活动和财务状况的真实情况。《民法典》第六百六十九条规定，订立借款合同，借款人应当按照贷款人的要求提供与借款有关的业务活动和财务状况的真实情况。

③按照约定收取借款的义务。借款人未按照约定的日期、数额收取借款的，应当按照约定的日期、数额支付利息。《民法典》第六百七十一条规定，贷款人未按照约定的日期、数额提供借款，造成借款人损失的，应当赔偿损失。借款人未按照约定的日期、数额收取借款的，应当按照约定的日期、数额支付利息。

④按照约定用途使用借款的义务。借款人应当按照约定向贷款人定期提供有关财务会计报表等资料。借款人未按照约定的借款用途使用借款的，贷款人可以停止发放借款、提前收回借款或者解除合同。《民法典》第六百七十三条规定，借款人未按照约定的借款用途使用借款的，贷款人可以停止发放借款、提前收回借款或者解除

合同。

⑤按期归还本金和利息的义务。借款人应当按照约定的期限返还借款。对借款期限没有约定或者约定不明确的，可以协议补充；不能达成补充协议的，按照合同有关条款或者交易习惯确定。对于不能达成补充协议，也未能按照合同有关条款或者交易习惯确定的，借款人可以随时返还；贷款人可以催告借款人在合理期限内返还。借款人应当按照约定的期限支付利息。对支付利息的期限没有约定或者约定不明确的，可以协议补充；不能达成补充协议的，按照合同有关条款或者交易习惯确定。对于不能达成补充协议，也不能按照合同有关条款或者交易习惯确定的，借款期间不满 1 年的，应当在返还借款时一并支付；借款期间 1 年以上的，应当在每届满 1 年时支付，剩余期间不满 1 年的，应当在返还借款时一并支付。借款人未按照约定的期限返还借款的，应当按照约定或者国家有关规定支付逾期利息。借款人提前偿还借款的，除当事人另有约定的以外，应当按照实际借款的期间计算利息。

3）借款合同的其他规定

（1）《民法典》第六百七十八条规定，借款人可以在还款期限届满前向贷款人申请展期；贷款人同意的，可以展期。

（2）办理贷款业务的金融机构贷款的利率，应当按照中国人民银行规定的贷款利率的上下限确定。

（3）《民法典》第六百七十九条规定，自然人之间的借款合同，自贷款人提供借款时成立。自然人之间的借款合同对支付利息没有约定或者约定不明确的，视为不支付利息。自然人之间的借款合同约定支付利息的，借款的利率不得违反国家有关限制借款利率的规定。

4. 租赁合同

《民法典》第七百零三条规定，租赁合同是出租人将租赁物交付承租人使用、收益，承租人支付租金的合同。

1）租赁合同的主要特征

租赁合同具有以下法律特征：

（1）租赁合同是转移租赁物使用收益权的合同

在租赁合同中，承租人的目的是取得租赁物的使用收益权，出租人也只转让租赁物的使用收益权，而不转让其所有权；租赁合同终止时，承租人须返还租赁物。这是租赁合同区别于买卖合同的根本特征。

（2）租赁合同是诺成合同

租赁合同的成立不以租赁物的交付为要件，当事人只要依法达成协议，合同即告成立。

（3）租赁合同是双务、有偿合同

在租赁合同中，双方当事人互享权利、互负义务，一方权利的实现有赖于对方履行约定及法定的义务。同时，承租人须向出租人支付租金。

2）租赁合同的内容和类型

（1）租赁合同的内容

《民法典》第七百零四条规定，租赁合同的内容一般包括租赁物的名称、数量、用途、租赁期限、租金及其支付期限和方式、租赁物维修等条款。

（2）租赁合同的类型

租赁合同根据租赁标的物不同，可分为动产租赁和不动产租赁。此外，根据是否约定租赁期限，还可分为定期租赁和不定期租赁。

①定期租赁

《民法典》第七百零五条规定，租赁期限不得超过 20 年，超过 20 年的，超过部分无效。租赁期限届满，当事人可以续订租赁合同；但是，约定的租赁期限自续订之日起不得超过 20 年。

《民法典》第七百零七条规定，租赁期限 6 个月以上的，应当采用书面形式。当事人未采用书面形式，无法确定租赁期限的，视为不定期租赁。

②不定期租赁

不定期租赁分为两种情形：一种是当事人没有约定租赁期限；另一种是定期租赁合同期限届满，承租人继续使用租赁物，出租人没有提出异议的，原租赁合同继续有效，但租赁期限为不定期。

此外，当事人对租赁期限没有约定或者约定不明确，可以协议补充；不能达成补充协议的，按照合同有关条款或者交易习惯确定。对于不能达成补充协议，也不能按照合同有关条款或者交易习惯确定的，视为不定期租赁，当事人可以随时解除合同，但出租人解除合同应当在合理期限之前通知承租人。

3）租赁合同当事人的权利义务

（1）出租人的义务

①交付租赁物的义务

《民法典》第七百零八条规定，出租人应当按照约定将租赁物交付承租人，并在租赁期限内保持租赁物符合约定的用途。

②维修租赁物的义务

《民法典》第七百一十二条规定，出租人应当履行租赁物的维修义务，但是当事人另有约定的除外。承租人在租赁物需要维修时可以要求出租人在合理期限内维修。

出租人不履行维修义务，承租人可以自行维修，维修费用由出租人负担。因维修租赁物影响承租人使用时，应当相应减少租金或者延长租期。

③权利瑕疵担保的义务

在租赁期间，出租人应当担保没有第三人对租赁物主张权利。如果因第三人主张权利，致使承租人不能对租赁物使用、收益的，承租人可以要求减少租金或者不支付租金。

④物的瑕疵担保的义务

出租人应当担保租赁物质量完好，不存在影响承租人正常使用的瑕疵。当然，若承租人在签订合同时知悉某瑕疵存在，则不应受此约束。

当租赁物危及承租人的安全或者健康时，即使承租人订立合同时明知该租赁物质量不合格，承租人仍然可以随时解除合同。

⑤保证承租人优先购买权的义务

出租人出卖租赁房屋的，应当在出卖之前的合理期限内通知承租人，承租人享有以同等条件优先购买的权利。租赁物在租赁期间发生所有权变动的，不影响租赁合同的效力。

⑥保证共同居住人继续承租的义务

承租人在房屋租赁期间死亡的，与其生前共同居住的人可以按照原租赁合同租赁该房屋。生前共同居住的人不以与承租人是否有继承关系、亲属关系为限。

（2）承租人的义务

①支付租金的义务

承租人应当按照约定的期限支付租金。对支付期限没有约定或者约定不明确的，可以协议补充；不能达成补充协议的，按照合同有关条款或者交易习惯确定。对于不能达成补充协议，也不能按照合同有关条款或者交易习惯确定的，租赁期不满1年的，应当在租赁期届满时支付；租赁期在1年以上的，应当在每届满1年时支付，剩余期不满1年的，应当在租赁期届满时支付。

承租人无正当理由未支付或者迟延支付租金的，出租人可以要求承租人在合理期限内支付。承租人逾期不支付的，出租人可以解除合同。

②按照约定使用租赁物的义务

《民法典》第七百一十条规定，承租人按照约定的方法或者根据租赁物的性质使用租赁物，致使租赁物受到损耗的，不承担赔偿责任。《民法典》第七百一十一条规定，承租人未按照约定的方法或者未根据租赁物的性质使用租赁物，致使租赁物受到损失的，出租人可以解除合同并请求赔偿损失。租赁物的使用方法没有约定或者约定不明确，可以协议补充；不能达成补充协议的，按照合同有关条款或者交易习惯确定。对于不能达成补充协议，也不能按照合同有关条款或者交易习惯确定的，应当按照租赁物的性质使用。

③妥善保管租赁物的义务

承租人应当妥善保管租赁物，因保管不善造成租赁物毁损、灭失的，应当承担损害赔偿责任。承租人经出租人同意，可以对租赁物进行改善或者增设他物。承租人未经出租人同意，对租赁物进行改善或者增设他物的，出租人可以要求承租人恢复原状或者赔偿损失。

④有关事项通知的义务

在租赁期间，遇到租赁物需要维修、第三人主张权利及其他涉及租赁物的相关事项，承租人应当及时通知出租人。

⑤返还租赁物的义务

租赁期间届满，承租人应当返还租赁物。返还的租赁物应当符合按照约定或者租赁物的性质使用后的状态。

⑥损失赔偿的义务

承租人经出租人同意，可以将租赁物转租给第三人。承租人转租的，承租人与出租人之间的租赁合同继续有效，第三人对租赁物造成损失的，承租人应当赔偿损失。承租人未经出租人同意转租的，出租人可以解除合同。

5. 融资租赁合同

《民法典》第七百三十五条规定，融资租赁合同是出租人根据承租人对出卖人、租赁物的选择，向出卖人购买租赁物，提供给承租人使用，承租人支付租金的合同。

1）融资租赁合同的主要特征

融资租赁是将融资与融物结合在一起的特殊交易方式。融资租赁合同涉及出租人、出卖人和承租人三方主体。通常的做法是，承租人要求出租人为其融资购买所需的租赁物，由出租人向出卖人支付价款，并由出卖人向承租人交付租赁物及承担瑕疵担保义务，而承租人仅向出租人支付租金并无须向出卖人承担义务。

融资租赁合同是由出卖人与买受人（租赁合同的出租人）之间的买卖合同和出租人与承租人之间的租赁合同构成的，但其法律效力又不是买卖和租赁两个合同效力的简单相加。其法律特征如下：

（1）出租人身份的二重性

出租人是租赁行为的出租方，但在承租人选择承租物和出卖人后，出租人与出卖人之间构成了法律上的买卖关系，因而又是买受人。

《最高人民法院关于审理融资租赁合同纠纷案件适用法律问题的解释》中规定，承租人将其自有物出卖给出租人，再通过融资租赁合同将租赁物从出租人处租回的，人民法院不应仅以承租人和出卖人系同一人为由认定不构成融资租赁法律关系。

（2）出卖人权利与义务相对人的差异性

融资租赁合同不同于买卖合同。在买卖合同中，出卖人的权利和义务总是指向同一方主体，但在融资租赁合同中，出卖人是向承租人履行交付标的物和瑕疵担保义务，而不是向买受人（出租人）履行义务，即承租人享有买受人的权利，但不承担买受人的义务。

融资租赁合同也不同于租赁合同。融资租赁合同的出租人不负担租赁物的维修与瑕疵担保义务，但承租人须向出租人履行交付租金义务。

（3）融资租赁合同是要式合同

融资租赁是三方主体参与的经济活动。为明确各自的权利和义务，《民法典》第七百三十六条中规定，融资租赁合同应当采用书面形式。

融资租赁合同的内容包括租赁物的名称、数量、规格、技术性能、检验方法、租赁期限、租金构成及其支付期限和方式、币种、租赁期间届满租赁物的归属等条款。

2）融资租赁合同当事人的权利义务

（1）出租人的义务

①向出卖人支付价金的义务

出租人应当根据承租人对出卖人、租赁物的选择订立的买卖合同，向出卖人支付标的物的价金。

②保证承租人对租赁物占有和使用的义务

出租人应当保证承租人对租赁物的占有和使用。出租人把租赁物的所有权转让给第三人时，融资租赁合同对第三人仍然有效。

③协助承租人索赔的义务

出租人、出卖人、承租人可以约定，出卖人不履行买卖合同义务的，由承租人行使索赔的权利。承租人行使索赔权利的，出租人应当协助。

④尊重承租人选择权的义务

出租人根据承租人对出卖人、租赁物的选择订立的买卖合同，未经承租人同意，出租人不得变更与承租人有关的合同内容。租赁物不符合约定或者不符合使用目的的，出租人不承担责任，但承租人依赖出租人的技能确定租赁物或者出租人干预选择租赁物的除外。

（2）出卖人的义务

①向承租人交付标的物的义务

出租人根据承租人对出卖人、租赁物的选择订立的买卖合同，出卖人应当按照约定向承租人交付标的物。根据融资租赁合同，虽然出卖人是向出租人主张价金，但却需按照约定向承租人交付标的物。

②标的物的瑕疵担保的义务

承租人享有与受领标的物有关的买受人的权利。由于出卖人是向承租人交付标的物，则承租人便享有与受领标的物有关的买受人的权利，包括出卖人应向承租人履行标的物的瑕疵担保义务。

（3）承租人的义务

①支付租金的义务

承租人应当按照约定支付租金。承租人经催告后在合理期限内仍不支付租金的，出租人可以要求支付全部租金，也可以解除合同，收回租赁物。

当事人约定租赁期间届满租赁物归承租人所有，承租人已经支付大部分租金，但无力支付剩余租金，出租人因此解除合同收回租赁物的，收回的租赁物的价值超过承租人欠付的租金以及其他费用的，承租人可以要求部分归还。

②妥善保管和使用租赁物的义务

承租人应当妥善保管、使用租赁物。承租人应当履行占有租赁物期间的维修义务。承租人占有租赁物期间，因租赁物造成第三人的人身伤害或者财产损害的，出租人不承担责任。

③租赁期限届满返还租赁物的义务

出租人享有租赁物的所有权。出租人和承租人可以约定租赁期间届满租赁物的归属。对租赁物的归属没有约定或者约定不明确的，可以协议补充；不能达成补充协议的，按照合同有关条款或者交易习惯确定。对于不能达成补充协议，也不能按照合同有关条款或者交易习惯确定的，租赁物的所有权归出租人。承租人破产的，租赁物不属于破产财产。

6. 运输合同

《民法典》第八百零九条规定，运输合同是承运人将旅客或者货物从起运地点运输到约定地点，旅客、托运人或者收货人支付票款或者运输费用的合同。运输合同可分为客运合同和货运合同，这里仅介绍货运合同。

1）货运合同的主要特征

货运合同具有以下法律特征：

（1）货运合同是双务、有偿合同

承运人与托运人各承担一定的义务，互享一定的权利。承运人有义务安全、准时将货物运抵约定地点，并有权取得托运人支付的费用，而托运人或收货人有义务支付运输费用。

（2）货运合同的标的是运输行为

货运合同当事人的权利及义务关系，不是围绕货物本身产生的，而是围绕着运送货物的行为而产生的。

（3）货运合同是诺成合同

货运合同一般以托运人提出运输货物的请求为要约，承运人同意运输为承诺，合同即告成立。

（4）货运合同当事人的特殊性

货运合同的收货人和托运人可以是同一人，但在大多数情况下不是同一人。在第三人作为收货人的情况下，收货人虽不是订立合同的当事人，但却是合同的利害关系人。

2）货运合同当事人的权利义务

（1）承运人的权利义务

①承运人的权利

求偿权：因托运人申报不实或者遗漏重要情况，造成承运人损失的，托运人应当承担损害赔偿责任。

拒运权：托运人应当按照约定的方式包装货物。对包装方式没有约定或者约定不明确的，托运人违反包装的规定的，承运人可以拒绝运输。

留置权：托运人或者收货人不支付运费、保管费以及其他运输费用的，承运人对相应的运输货物享有留置权，但当事人另有约定的除外。

②承运人的义务

运送货物的义务：承运人应当在约定期间或者合理期间内，按照约定的或者通常的运输路线，将货物安全运输到约定地点。承运人未按照约定路线或者通常路线运输增加运输费用的，托运人或者收货人可以拒绝支付增加部分的运输费用。

及时通知提领货物的义务：货物运输到达后，承运人知道收货人的，应当及时通知收货人。

按指示运输的义务：在承运人将货物交付收货人之前，托运人可以要求承运人中止运输、返还货物、变更到达地或者将货物交给其他收货人，但应当赔偿承运人因此受到的损失。

货物毁损、灭失的赔偿义务：承运人对运输过程中货物的毁损、灭失承担损害赔偿责任，但承运人证明货物的毁损、灭失是因不可抗力、货物本身的自然性质或者合理损耗以及托运人、收货人的过错造成的，不承担损害赔偿责任。两个以上承运人以同一运输方式联运的，与托运人订立合同的承运人应当对全程运输承担责任。损失发生在某一运输区段的，与托运人订立合同的承运人和该区段的承运人承担连带责任。

因不可抗力灭失货物不得要求支付运费的义务：货物在运输过程中因不可抗力灭失，未收取运费的，承运人不得要求支付运费；已收取运费的，托运人可以要求返还。

（2）托运人的权利义务

①托运人的权利

有条件的拒绝支付运费权：承运人未按照约定路线或者通常路线运输增加运输费用的，托运人或者收货人可以拒绝支付增加部分的运输费用。

任意变更解除权：在承运人将货物交付收货人之前，托运人可以要求承运人中止运输、返还货物、变更到达地或者将货物交给其他收货人，但应当赔偿承运人因此受到的损失。

②托运人的义务

支付运费的义务：托运人或者收货人应当支付运输费用。托运人或者收货人不支付运费、保管费以及其他运输费用的，承运人对相应的运输货物享有留置权，但当事人另有约定的除外。

妥善包装的义务：托运人应当按照约定的方式包装货物。对包装方式没有约定或者约定不明确的，可以协议补充；不能达成补充协议的，按照合同有关条款或者交易习惯确定。对于不能达成补充协议，也不能按照合同有关条款或者交易习惯确定的，应当按照通用的方式包装，没有通用方式的，应当采取足以保护标的物的包装方式。托运人违反以上规定的，承运人可以拒绝运输。

托运人托运易燃、易爆、有毒、有腐蚀性、有放射性等危险物品的，应当按照国家有关危险物品运输的规定对危险物品妥善包装，做出危险物标志和标签，并将有关危险物品的名称、性质和防范措施的书面材料提交承运人。托运人违反以上规定的，承运人可以拒绝运输，也可以采取相应措施以避免损失的发生，因此产生的费用由托运人承担。

告知的义务：托运人办理货物运输，应当向承运人准确表明收货人的名称或者姓名或者凭指示的收货人，货物的名称、性质、重量、数量、收货地点等有关货物运输的必要情况。因托运人申报不实或者遗漏重要情况，造成承运人损失的，托运人应当承担损害赔偿责任。货物运输需要办理审批、检验等手续的，托运人应当将办理完有关手续的文件提交承运人。

（3）收货人的权利和义务

①收货人的权利

承运人未按照约定路线或者通常路线运输增加运输费用的，托运人或者收货人可以拒绝支付增加部分的运输费用。

②收货人的义务

提货验收的义务：收货人应当及时提货。收货人逾期提货的，应当向承运人支付保管费等费用。收货人提货时应当按照约定的期限检验货物。对检验货物的期限没有约定或者约定不明确的，可以协议补充；不能达成补充协议的，按照合同有关条款或者交易习惯确定。对于不能达成补充协议，也不能按照合同有关条款或者交易习惯确定的，应当在合理期限内检验货物。收货人在约定的期限或者合理期限内对货物的数量、毁损等未提出异议的，视为承运人已经按照运输单证的记载交付的初步证据。

支付托运人未付或者少付运费及其他费用的义务：一般情况下，运费由托运人在发站向承运人支付。但如果合同约定由收货人在到站支付或者托运人未支付的，收货人应支付。在运输中发生的其他费用，应由收货人支付的，收货人也必须支付。

7. 仓储合同

《民法典》第九百零四条规定，仓储合同是保管人储存存货人交付的仓储物，存货人支付仓储费的合同。

1）仓储合同的主要特征

仓储合同是一种特殊的保管合同，具有如下的法律特征：

（1）仓储合同是诺成合同

仓储合同自成立时生效，不以仓储物是否交付为要件。这是区别于保管合同的显著特征。

（2）仓储合同的保管对象是动产

仓储合同保管的对象必须是动产，不动产不能作为仓储合同的保管对象。这是区别于保管合同的又一显著特征。

（3）仓储合同是双务合同、有偿合同

存货人或者仓单持有人逾期提取的，应当加收仓储费；提前提取的，不减收仓储费。据此，仓储合同为双务性、有偿性的合同。

2）仓储合同当事人的义务

（1）保管人的义务

①验收的义务

保管人应当按照约定对入库仓储物进行验收。保管人验收时发现入库仓储物与约定不符合的，应当及时通知存货人。保管人验收后，发生仓储物的品种、数量、质量不符合约定的，保管人应当承担损害赔偿责任。

②出具仓单的义务

存货人交付仓储物的，保管人应当给付仓单，并在仓单上签字或者盖章。仓单是提取仓储物的凭证。存货人或者仓单持有人在仓单上背书并经保管人签字或者盖章的，可以转让提取仓储物的权利。

③允许检查或者提取样品的义务

保管人根据存货人或者仓单持有人的要求，应当同意其检查仓储物或者提取样品。

④通知的义务

保管人对入库仓储物发现有变质或者其他损坏的，应当及时通知存货人或者仓单持有人。

⑤催告或做出必要处置的义务

保管人对入库仓储物发现有变质或者其他损坏，危及其他仓储物的安全和正常保管的，应当催告存货人或者仓单持有人做出必要的处置。因情况紧急，保管人可以做出必要的处置，但事后应当将该情况及时通知存货人或者仓单持有人。

⑥损害赔偿的义务

损害赔偿的义务储存期间，因保管人保管不善造成仓储物毁损、灭失的，保管人应当承担损害赔偿责任。因仓储物的性质、包装不符合约定或者超过有效储存期造成仓储物变质、损坏的，保管人不承担损害赔偿责任。

（2）存货人的义务

①支付仓储费用的义务

存货人应当按照约定向保管人支付仓储费。

②说明的义务

储存易燃、易爆、有毒、有腐蚀性、有放射性等危险物品或者易变质物品，存货人应当说明该物品的性质，提供有关资料。存货人违反以上规定的，保管人可以拒收仓储物，也可以采取相应措施以避免损失的发生，因此产生的费用由存货人承担。

③按时提取仓储物的义务

储存期间届满，存货人或者仓单持有人应当凭仓单提取仓储物。存货人或者仓单持有人逾期提取的，应当加收仓储费；提前提取的，不减收仓储费。

储存期间届满，存货人或者仓单持有人不提取仓储物的，保管人可以催告其在合理期限内提取，逾期不提取的，保管人可以提存仓储物。

当事人对储存期间没有约定或者约定不明确的，存货人或者仓单持有人可以随时提取仓储物，保管人也可以随时要求存货人或者仓单持有人提取仓储物，但应当给予必要的准备时间。

8. 委托合同

《民法典》第九百一十九条规定，委托合同是委托人和受托人约定，由受托人处理委托人事务的合同。《民法典》第九百二十条规定，委托人可以特别委托受托人处理一项或者数项事务，也可以概括委托受托人处理一切事务。

1）委托合同的主要特征

委托合同具有如下法律特征：

（1）委托合同的目的是为他人处理或管理事务。

（2）委托合同的订立以双方相互信任为前提。

（3）委托合同未必是有偿合同。

2）委托合同当事人的义务

（1）委托人的义务

①支付费用的义务

委托人应当预付处理委托事务的费用。受托人为处理委托事务垫付的必要费用，委托人应当偿还该费用及其利息。

②支付报酬的义务

受托人完成委托事务的，委托人应当向其支付报酬。因不可归责于受托人的事由，委托合同解除或者委托事务不能完成的，委托人应当向受托人支付相应的报酬。当事人另有约定的，按照其约定。

③赔偿损失的义务

委托人经受托人同意，可以在受托人之外委托第三人处理委托事务。因此给受托人造成损失的，受托人可以向委托人要求赔偿损失。受托人处理委托事务时，因不可归责于自己的事由受到损失的，可以向委托人要求赔偿损失。

（2）受托人的义务

①按指示处理委托事务的义务

受托人应当按照委托人的指示处理委托事务。需要变更委托人指示的，应当经委托人同意；因情况紧急，难以和委托人取得联系的，受托人应当妥善处理委托事务，但事后应当将该情况及时报告委托人。

②亲自处理委托事务的义务

受托人应当亲自处理委托事务。经委托人同意，受托人可以转委托。转委托经同意的，委托人可以就委托事务直接指示转委托的第三人，受托人仅就第三人的选任及其对第三人的指示承担责任。转委托未经同意的，受托人应当对转委托的第三人的行为承担责任，但在紧急情况下受托人为维护委托人的利益需要转委托的除外。

③委托事务报告和转交财产的义务

受托人应当按照委托人的要求，报告委托事务的处理情况。委托合同终止时，受托人应当报告委托事务的结果。受托人处理委托事务取得的财产，应当转交给委托人。

④披露委托人或第三人的义务

受托人以自己的名义与第三人订立合同时，第三人不知道受托人与委托人之间的代理关系的，受托人因第三人的原因对委托人不履行义务，受托人应当向委托人披露第三人，委托人因此可以行使受托人对第三人的权利，但第三人与受托人订立合同时如果知道该委托人就不会订立合同的除外。

受托人因委托人的原因对第三人不履行义务，受托人应当向第三人披露委托人，第三人因此可以选择受托人或者委托人作为相对人主张其权利，但第三人不得变更选定的相对人。

⑤承担赔偿的义务

有偿的委托合同，因受托人的过错给委托人造成损失的，委托人可以要求赔偿损失。无偿的委托合同，因受托人的故意或者重大过失给委托人造成损失的，委托人可以要求赔偿损失。受托人超越权限给委托人造成损失的，应当赔偿损失。

3）委托合同的终止

委托人或者受托人可以随时解除委托合同。因解除合同给对方造成损失的，除不可归责于该当事人的事由以外，应当赔偿损失。

委托人或者受托人死亡、丧失民事行为能力或者破产的，委托合同终止，但当事人另有约定或者根据委托事务的性质不宜终止的除外。

委托人死亡、丧失民事行为能力或者破产，致使委托合同终止从而将损害委托人利益的，在委托人的继承人、法定代理人或者清算组织承受委托事务之前，受托人应当继续处理委托事务。

受托人死亡、丧失民事行为能力或者破产致使委托合同终止的，受托人的继承人、法定代理人或者清算组织应当及时通知委托人。因委托合同终止从而将损害委托人利益的，在委托人做出善后处理之前，受托人的继承人、法定代理人或者清算组织应当采取必要措施。

本章小结

本章主要介绍了三部分内容：建设工程合同制度、建设工程劳动合同及劳动者权益保护制度以及相关合同制度。主要对建设工程合同的含义、特点、种类，建设工程合同的效力，建设工程合同的签订，建设工程合同的履行、变更、转让和终止，建设工程合同的违约责任和索赔；劳动合同订立的规定，劳动合同的履行、变更、解除、终止，劳动保护，劳动争议的解决，违法行为应承担的责任；相关的合同制度，如承揽合同、买卖合同等内容进行了具体的阐述。

建设工程合同，是承包人依约定完成建设工程，发包人按约定验收工程并支付酬金的合同。由于建设工程具有投资大、周期长、质量要求高、技术力量全面、影响国计民生等特点，因此，建设工程合同从内容到形式，从订立到履行与一般合同相比均有其特殊性。建设工程合同的订立应遵循平等、自愿、公平、合法和诚实信用的原则。已经订立的建设工程合同因其具体内容的不同，对当事人产生不同的约束力。若当事人不履行建设工程合同或者履行建设工程合同不符合法定或约定条件，则应承担相应的法律责任。

劳动关系是社会关系中最重要、最基本的关系。构建和谐劳动关系，完善劳动合同和劳动保护法律制度，有助于巩固和健全适应社会主义市场经济体制要求的劳动用工机制，保障劳动者的合法权益，实现劳动力资源的有序流动和合理配置。

◆ 课后练习

一、选择题

1. 根据不同的分类标准，建设工程施工合同属于（　　）。

A. 有名合同、双务合同、有偿合同　　　　B. 有名合同、双务合同、不要式合同

C. 无名合同、单务合同、要式合同　　　　D. 有名合同、单务合同、有偿合同

2. 某建材供应商向建筑公司发出一份销售建筑材料的广告，其内容除介绍多种建筑材料的规格、价格和性能外，还包括销售合同的一份条款，内容具体明确，则此广告属于（　　）。

A. 要约　　　　　　B. 要约邀请　　　　C. 承诺　　　　　　D. 合同

3. 以下情形属于无效合同的是（　　）。

A. 当事人无履约能力　　　　　　　　　　B. 当事人对合同有重大误解

C. 违反法律规定的强制性规定　　　　　　D. 非主观意愿损害第三人利益

4. 关于施工合同变更的说法，正确的是（　　）。

A. 合同变更应当办理批准、登记手续

B. 合同变更内容约定不明确的，推定为未变更

C. 工程变更必将导致合同变更

D. 合同非实质性条款的变更无须当事人双方协商一致

5. 某施工总承包单位与分包单位在分包合同中约定：分包施工中出现的任何安全事故，均由分包单位承担，该约定（　　）。

A. 因显失公平而无效　　　　　　　　　　B. 由于分包单位自愿签署而有效

C. 仅对总承包单位和分包单位有效　　　　D. 因违反法律、法规强制性规定而无效

6. 劳动合同是指劳动者与所在企业确立劳动关系，明确双方权利和义务的（　　）。

A. 书面协议　　　　　B. 口头协议　　　　　C. 书面或者口头协议　　　D. 合同

7. 有下列情形之一的，劳动者可以随时通知用人单位解除劳动合同（　　）。

A. 劳动报酬高于国家规定标准

B. 用人单位停业整顿

C. 过了试用期

D. 用人单位以暴力、威胁或者非法限制人身自由的手段强迫劳动

8. 女职工的产假不低于（　　）天。

A. 45　　　　　　　　B. 80　　　　　　　　C. 90　　　　　　　　D. 98

9. 关于租赁合同，下列表述错误的是（　　）。

A. 租赁期限 6 个月以下的，可以采用口头形式

B. 租赁期限 6 个月以上的，应当采用书面形式

C. 书面租赁合同未约定租赁期限的，视为 20 年租赁期限

D. 当事人未采用书面形式的，无论是否约定租赁期限均视为不定期租赁

10. 根据《民法典》第九百二十六条的规定，委托人行使介入权必须具备的条件包括（　　）。

A. 因委托人的原因使受托人对第三人不履行义务

B. 第三人的原因使受托人对委托人不履行义务

C. 受托人向委托人披露第三人

D. 受托人以自己的名义与第三人订立合同时，第三人不知道受托人与委托人之间的代理关系

二、简答题

1. 建设工程合同订立的基本原则有哪些？

2. 法律规定的无效建设工程合同主要有哪些？

3. 简述建设工程合同履行的原则。

4. 建设工程合同可以变更或者撤销的情况有哪些？

5. 违反建设工程合同应当承担何种法律责任？

6. 简述劳动合同基本条款。

7. 特殊劳动防护用品包括哪些？

8. 解决劳动争议的方式有哪些？

9. 劳动者的社会保险和福利有哪些？

10. 简述买卖合同当事人的权利义务。

第5章

土地管理与城乡规划法律制度

━━━━━━● 学习目标 ●━━━━━━

知识目标

熟悉我国土地管理法律制度的主要内容，包括土地的所有权和使用权、土地利用总体规划和建设用地以及违反法律规定应承担的法律责任；了解城乡规划的制定、实施、修改等城乡规划的主要内容。

能力目标

能够运用所学的土地管理和城乡规划的知识解决建设工程中相关的法律问题。

5.1 土地管理法

1. 土地管理制度的概况

1) 土地的概念和特征

(1) 土地的概念

从土地管理角度，土地是地球表面上由土壤、岩石、气候、水文、地貌、植被等组成的自然综合体，它包括人类过去和现在的活动结果。

根据土地的性状、地域和用途等方面存在的差异性，按照一定的规律，将土地归并成若干不同的类别。我国土地目前大致有三种分类：

①按土地的自然属性分类，即按地貌、植被、土壤等进行分类。

②按土地的经济属性分类，如按土地生产力水平、土地的所有权、使用权等进行分类。

③按土地的自然和经济属性以及其他因素进行的综合分类，如按土地利用现状分类。

为了加强对土地的管理，从我国的实际情况出发，《土地管理法》将我国土地分为三大类，即农用地、建设用地和未利用地。《土地管理法》中定义：农用地是指直接用于农业生产的土地，包括耕地、林地、草地、农田水利用地、养殖水面等；建设用地是指建造建筑物、构筑物的土地，包括城乡住宅和公共设施用地、工矿用地、交通水利设施用地、旅游用地、军事设施用地等；未利用地是指农用地和建设用地以外的土地。

(2) 土地的特征

土地是极其重要的人类赖以生存的物质基础，它有以下自然特征：

①土地位置的不可移动性

②土地数量的有限性

土地作为一种资源，其数量和面积是自然形成的，不会自动地增减，人们只能靠自身的努力对土地进行开发利用，把不能利用的土地变成可利用的土地，以及变更土地的用途。

③土地的不可替代性

土地在人类的生存和生活中的作用是不可替代的，一旦土地遭到破坏或者被污染，就意味着人类赖以生存的物质基础受到了破坏，人类就会面临生存危机。

④土地利用的长久性

土地利用的长久性有两重含义，一是作为农用地，只要合理开发和利用，土地的肥力还可能得到提高，土地可以持续利用；二是城市土地使用权出让年限。

⑤土地的整体性

土地的整体性是指某个区域内的土地与岩石、土壤、气候、动植物、人类具有不可分割的整体性，土地自身具有比较完整的生态平衡系统。

⑥土地条件的差异性

土地所处地理位置不同，会有不同的地层和地表结构，有不同的地形和地势，如平原、丘陵、山地、湖泊等。人类活动对土地造成不同的影响，也会形成土地条件的差异。

2）土地管理法的概念及基本原则

（1）土地管理法的概念

土地管理法是指调整人们在开发、利用和保护土地过程中所形成的权利和义务关系的法律规范的总称。土地管理法有狭义和广义之分。

狭义的土地管理法是指 1986 年 6 月第六届全国人民代表大会常务委员会第十六次会议通过的《土地管理法》，后分别于 1988 年 12 月 29 日、2004 年 8 月 28 日、2019 年 8 月 26 日经过第一次、第二次和第三次修正。

广义的土地管理法是除了《土地管理法》外，还包括《建设用地计划管理办法》《中华人民共和国土地管理法实施条例》等与土地相关的法律、法规。

不论是狭义的还是广义的土地管理法，其法律效力虽然因为制定的机关、规定的内容有所不同，但它对任何组织和个人来说都是具有普遍约束力的，其主要目的都是合理开发利用和保护改善每寸土地，加强国家对土地的监管。

（2）《土地管理法》的基本原则

①土地公有原则

土地公有制是我国土地制度的基础和核心，一切土地立法必须遵循这一基本原则。

②合理利用和保护土地原则

《中华人民共和国宪法》（以下简称《宪法》）规定："一切使用土地的组织和个人必须合理地利用土地。"

《土地管理法》第三十九条规定，国家鼓励单位和个人按照土地利用总体规划，在保护和改善生态环境、防止水土流失和土地荒漠化的前提下，开发未利用的土地；适宜开发为农用地的，应当优先开发成农用地。

合理开发利用土地对于提高土地利用率和产出率，增加土地产品的有效供给具有重要作用。

③耕地特殊保护原则

《土地管理法》第四条规定，对耕地实行特殊保护。

④土地用途管制原则

国家为保证土地资源的合理利用，通过编制土地利用规划，划定土地用途区，确定土地使用条件，要求土地的所有者和土地的使用者严格按照国家确定的土地用途使用和利用土地的制度。《土地管理法》第四条规定，国家实行土地用途管制制度。国家编制土地利用总体规划，规定土地用途，将土地分为农用地、建设用地和未利用地。严格限制农用地转为建设用地，控制建设用地总量，对耕地实行特殊保护。

⑤土地有偿使用原则

《土地管理法》第二条规定，国家依法实行国有土地有偿使用制度。但是，国家在法律规定的范围内划拨国有土地使用权的除外。在计划经济条件下，土地实行无偿划拨使用，从而造成国有土地资产严重流失、土地资源浪费、土地使用效益低下等问题。在社会主义市场经济条件下，实行土地的有偿使用，是经济体制改革和产权理论的要求，有利于理顺土地所有者和土地使用者之间的经济关系，有利于合理利用土地，促进土地资源的优化配置。

⑥国家对土地统一管理原则

由各级人民政府及其土地管理部门代表国家统一行使土地管理的职权。既要对国家所有土地进行管理，也要对集体所有土地进行管理；既要对城市土地进行管理，也要对农村土地进行管理；既要管理农用地，也要管理建设用地。总之，各级人民政府及其土地管理部门要对所辖区域的土地依法实施全面管理。

⑦保护土地所有者和土地使用者合法权益的原则

在我国，土地财产权主要包括土地所有权、土地使用权和土地承包经营权等。土地财产权一经依法取得，其合法权益就应受法律保护。这是我国《宪法》和《民法典》基本原则在土地管理中的具体体现。

2. 土地的所有权与使用权

1）土地所有权

（1）土地所有权的概念及特征

土地所有权，是土地所有者在法律规定的范围内，对其拥有的土地享有的占有、使用、收益和处分的权利，是一定社会形态下土地所有制的法律表现。我国土地所有权分为国家土地所有权和集体土地所有权两种不同的类型。《宪法》《民法典》《土地管理法》对土地所有权都有明确规定。《土地管理法》第九条规定，城市市区的土地属于国家所有；农村和城市郊区的土地，除由法律规定属于国家所有的以外，属于农民集体所有；宅基地和自留地、自留山，属于农民集体所有。

①主体的特定性

根据我国《宪法》和《土地管理法》的规定，土地只能为国家和集体所有，即除国家和集体以外，其他民事主体不能成为土地所有权人。

②交易的限制性

按照我国法律规定，禁止任何形式土地所有权的交易。土地所有权的买卖、互易、赠与和以土地所有权作为投资，均属非法，没有任何民事法律效力。

③权属的稳定性

土地所有权主体的特定性和交易的限制性，决定了我国土地所有权权属的高度稳定性，土地所有权的权属一般不会改变，除非国家为了公共利益对集体所有的土地进行征用和征收。

④权能的分离性

要发挥土地应有的价值，土地必须进入市场才能实现。但我国法律规定土地所有权不可转让，即不能进行交易。为了充分利用土地资源，需要将土地使用权从土地所有权中分离出来，使土地使用权成为一种相对独立的物权形态，而且法律允许其交易。在不改变土地所有权属的前提下，使土地的经济价值得到充分的利用。

（2）国家土地所有权

根据《土地管理法》规定，国家对下述范围内的土地享有所有权：

①城市市区的土地。《宪法》和《民法典》都明确规定，城市的土地属于国家所有。《民法典》第二百四十九条规定，城市的土地，属于国家所有。法律规定属于国家所有的农村和城市郊区的土地，属于国家所有。

②农村和城市郊区中依法没收、征收、征购、收归国有的土地。

③依据《中华人民共和国森林法》《中华人民共和国草原法》《中华人民共和国渔业法》等相关法律规定不属于集体所有的林地、草地、荒地、滩涂以及其他土地。

④国家依法征收的土地。

⑤农村集体经济组织全部转为城镇居民的，原属于其成员集体所有的土地。

⑥因国家组织移民、自然灾害等原因，农民成建制地集体迁移后不再使用的原属于迁移农民集体所有的土地。

国有土地的所有权由国务院代表国家行使，其他任何单位和个人都不得侵占、买卖或以其他形式非法转让国有土地。国有土地范围大、数量多，国家不可能也没必要将所有土地都归自己使用。所以，《土地管理法》进一步规定，国有土地除国家使用外，其使用权还可以通过出让、划拨等方式转让给其他单位或个人。

（3）集体土地所有权

在我国，享有集体土地所有权的只能是农民集体，它可分为村农民集体所有权和乡（镇）农民集体所有权。属于村农民集体所有的，由村集体经济组织或村民委员会（村民小组）经营、管理；属于乡（镇）农民集体所有的，由乡（镇）集体经济组织经营、管理。

《土地管理法》及有关法规规定，农民集体享有所有权的土地范围如下：

①农村和城市郊区中除法律规定属于国家所有以外的全部土地。

②农村的宅基地和自留地、自留山。

③乡（镇）或村在集体所有的土地上修建并管理的道路、水利设施用地等。

农村集体经济组织可以对其所有的土地行使占有、使用、收益和处分的权利，也可依法转让、抵押和租赁。

《民法典》第二百六十二条规定，对于集体所有的土地和森林、山岭、草原、荒地、滩涂等，依照下列规定行使所有权：

①属于村农民集体所有的，由村集体经济组织或者村民委员会依法代表集体行使所有权。

②分别属于村内两个以上农民集体所有的，由村内各该集体经济组织或者村民小组依法代表集体行使所有权。

③属于乡镇农民集体所有的，由乡镇集体经济组织代表集体行使所有权。

2）土地使用权

（1）土地使用权的概念

土地使用权是土地所有权派生出来的一种权利，是指土地使用者依法对其占有的土地进行开发利用，并取得收益的权利。在我国现实经济和社会生活中，土地所有权与土地使用权常常是分离的，但这种分离是以法律为依据的。在保证土地所有人不失去土地所有权的情况下，土地所有人可以将土地出租、出让、转让给土地使用人使用。

（2）土地使用权的取得

《土地管理法》规定，国有土地和农民集体所有的土地可以依法确定给单位或个人使用。

土地使用者可以通过国家依法出让、划拨，其他土地使用权人依法转让、继承、获取地上建筑物所有权等方式取得国有土地的使用权。国有土地也可由单位或个人承包，用以进行种植业、林业、畜牧业、渔业等生产。

农民集体所有的土地使用权可依法通过承包、转让、继承等方式取得。集体经济组织的成员可承包本单位所有的土地，进行种植业、林业、畜牧业、渔业等生产，承包经营期限为30年，其土地承包经营权受法律保护。农民集体所有的土地要承包给本集体经济组织之外的单位或个人经营的，须经村民会议2/3以上成员或2/3以上村民代表的同意，并报乡（镇）人民政府批准。农民还可依法取得宅基地、自留山、自留地的使用权。

3. 土地利用总体规划

1）土地利用总体规划的概述

土地利用总体规划是在综合考虑社会、经济发展需要，国土整治和资源与环境保护要求，土地使用现状及实际供给能力等各项因素的基础上所编制出的一定期限内土地利用规划。它是国家对土地用途进行管制的依据，使用土地的单位和个人都必须严格按照土地利用总体规划确定的用途来使用土地。

土地利用总体规划按行政区划分为国家、省、地、县、乡五级，分别由各级人民政府负责编制。

土地利用总体规划的期限应与国民经济和社会发展规划相适应，一般为15年，同时应展望土地利用远景目标和确定分阶段实施的土地利用目标。各级人民政府还应根据土地利用总体规划，结合国民经济和社会发展计划、国家产业政策、建设用地和土地利用实况编制土地利用年度计划，并严格执行，以确保土地利用总体规划的落实和施行。

2）土地利用总体规划的编制

地方各级人民政府必须依据上一级土地利用总体规划来编制本级土地利用总体规划，建设用地总量不得超过上一级土地利用总体规划中所确定的控制指标。

省、自治区、直辖市人民政府编制的土地利用总体规划，应当确保本行政区域内耕地量不减少。

县级和乡（镇）土地利用总体规划应当根据需要划定基本农田保护区、土地开垦区、设用地区和禁止开垦区等，其中乡（镇）土地利用总体规划还应当根据土地使用条件，规定每一块土地的用途，并予以公告。

土地利用总体规划的原则为：

（1）严格保护基本农田，控制非农田建设占用农用地。

（2）提高土地利用率。

（3）统筹安排各类、各区域用地。

（4）保护和改善生态环境，保障土地的可持续利用。

（5）占用耕地和开发复垦耕地相平衡。

3）土地利用总体规划的内容

（1）各级土地利用总体规划的成果包括规划文件、规划图件和规划附件三部分，但内容有不同。

①土地利用现状分析。分析土地利用自然与社会经济条件，土地资源数量、质量、土地；利用动态变化规律、土地利用结构和分布状况，阐明土地利用特点和存在的问题。

②土地供需分析。分析现在建设用地、农用地整理的情况；分析后备土地资源开发利用潜力，预测各类用地可供给量；分析研究国民经济和社会发展规划及各行业发展规划对用地的需求，预测各类用地需求量；根据土地可供给量和各类用地需求量，分析土地供求趋势。

③确定规划目标。在分析土地利用现状、供需趋势基础上，提出土地利用远期和近期目标。

④土地利用结构和布局调整。根据规划目标、土地资源条件和区域生产力布局，确定各行业用地规模、重点土地利用区的区域布局和重点建设项目布局。

⑤编制规划供选方案。根据土地利用调控措施和保证条件，拟定供选方案，并对每个供选方案实施的可行性进行分析评价，提出推荐方案。

⑥拟定实施规划的政策措施。

（2）县级土地利用总体规划，应包括下述主要内容：

①确定全县土地利用规划目标和任务。

②合理调整土地利用结构和布局，制定全县各类用地指标，确定土地整理、复垦、开发、保护等阶段任务。

③划定土地利用区，确定各区土地利用管制规划。

④安排能源、交通、水利等重点建设项目用地。

⑤将全县土地利用指标落实到乡镇。

⑥拟定实施规划的措施。

（3）乡级土地利用总体规划，应在分析乡、镇区域内土地利用现状和问题的基础上，重点阐明落实上级规划指标和各类土地利用区的途径和措施。

4. 建设用地管理法律制度

1）建设用地的概念

建设用地是指建造建筑物、构筑物的土地，包括城乡住宅和公共设施用地、工矿用地、交通水利设施用地、旅游用地、军事设施用地等。建设用地包括土地利用总体规划中已确定的建设用地和因经济及社会发展的需要，由规划中的非建设用地转成的建设用地。前者可称为规划内建设用地，后者则可称为规划外建设用地。

2）规划内建设用地

土地利用总体规划内的建设用地，可用于进行工程项目建设。我国土地分属国家和农民集体所有，所以又有国家所有的建设用地和农民集体所有的建设用地。

（1）农民集体所有的建设用地只可用于村民住宅建设、乡镇企业建设和乡（镇）村公共设施及公益事业建设等与农业有关的乡村建设，不得出让、转让或出租给他人用于非农业建设。

（2）对于规划内建设用地，而现在实为农用地的土地，在土地利用总体规划确定的建设用地规模范围内，由原批准土地利用总体规划的机关审批，按土地利用年度计划，分批次将农用地批转为建设用地。在为实施城市规划而占用土地时，必须由市（县）人民政府按土地利用年度计划拟订农用地转用方案、补充耕地方案和征收土地方案，分批次上报给有批准权的人民政府，由其土地行政主管部门先进行审查，提出意见，再经其批准后，方可实施。为实施村庄、集镇规划而占用土地的，也须按上述规定报批，但报批方案中没有征收土地方案。在已批准的农用地转为建设用地的范围内，具体建设项目用地可由市（县）人民政府批准。

（3）具体建设项目需占用国有城市建设用地的，其可行性论证中的用地事项，须交土地行政主管部门审查并出具预审报告；其可行性报告报批时，必须附有该预审报告。在项目批准后，建设单位须持有关批准文件，向市（县）人民政府土地行政主管部门提出用地申请，由该土地行政主管部门审查通过后，再拟定供地方案，报市（县）人民政府批准，然后由市（县）人民政府向建设单位颁发建设用地批准书。

3）规划外建设用地

土地利用总体规划中，除建设用地外，土地还分为农用地和未利用土地。将国有未利用土地转为建设用地，按各省、自治区、直辖市的相关规定办理，但国家重点建设项目、军事设施和跨省、自治区、直辖市的建设项目以及国务院规定的其他建设项目用地，须报国务院批准。但是，将农用地转为建设用地，对于耕地稀缺的我国来说，就会严重影响国民经济的发展和社会的稳定，也与我国切实保护耕地的基本国策不符。因此，《土地管理法》对此做了严格的限制，也规定了严格的审批程序：①省、自治区、直辖市人民政府批准的道路、管线工程、大型基础设施建设项目和国务院批准的建设项目的用地，涉及农用地转为建设用地的，须经国务院批准；②其他建设项目的用地，涉及农用地转为建设用地的，由省、自治区、直辖市人民政府批准。

4）临时建设用地

临时建设用地，是指因建设工程项目施工和地质勘察需要，经土地行政主管部门批准，而临时使用的国有土地或者农民集体所有的土地。其中，在城市规划区内的临时用地，在报批前，应当先经有关城市规划主管部门同意。

根据《土地管理法》和《城市房地产管理法》的有关规定，临时建设用地使用者应当根据土地权属，与有关土地行政主管部门或者农村集体经济组织、村民委员会签订临时使用土地合同，并按照合同约定支付临时使用土地补偿费。临时建设用地期限一般不超过2年。其中，在城市规划区内进行临时建设，必须在批准的使用期限内拆除。

临时建设用地的使用者应当按照临时使用土地合同约定的用途使用土地，并不得修建永久性建筑物、构筑物和其他设施。

5. 违反《土地管理法》的法律责任

我国在土地管理方面制定了一系列的法律法规，对土地所有权和使用权、征用和占用、审批权限和审批程序等，都有比较明确的规定。现在突出的问题是一些地区有法不依、执法不严、违法不究和滥用行政权力。加强土地管理首先要增强法治意识，自觉遵守土地管理法律法规。国家加强了对违法的查处，违反法律法规的必须承担法律责任。

（1）买卖或者以其他形式非法转让土地的，由县级以上人民政府土地行政主管部门没收违法所得；对违反土地利用总体规划擅自将农用地改为建设用地的，限期拆除在非法转让的土地上新建的建筑物和其他设施，恢复土地原状，对符合土地利用总体规划的，没收在非法转让的土地上新建的建筑物和其他设施，可以并处罚款；对直接负责的主管人员和其他直接责任人员，依法给予行政处分；构成犯罪的，依法追究刑事责任。

（2）违反本法规定，占用耕地建窑、建坟或者擅自在耕地上建房、挖砂、采石、采矿、取土等，破坏种植条件的，或者因开发土地造成土地荒漠化、盐渍化的，由县级以上人民政府土地行政主管部门责令限期改正或者治理，可以并处罚款；构成犯罪的，依法追究刑事责任。

（3）未经批准或者采取欺骗手段骗取批准，非法占用土地的，由县级以上人民政府土地行政主管部门责令退还非法占用的土地，对违反土地利用总体规划擅自将农用地改为建设用地的，限期拆除在非法占用的土地上新建的建筑物和其他设施，恢复土地原状，对符合土地利用总体规划的，没收在非法占用的土地上新建的建筑物和其他设施，可以并处罚款；对非法占用土地单位的直接负责的主管人员和其他直接责任人员，依法给予行政处分；构成犯罪的，依法追究刑事责任。超过批准的数量占用土地，多占的土地以非法占用土地论处。

（4）无权批准征收、使用土地的单位或者个人非法批准占用土地的，超越批准权限非法批准占用土地的，不按照土地利用总体规划确定的用途批准用地的，或者违反法律规定的程序批准占用、征收土地的，其批准文件无效。对非法批准征收、使用土地的直接负责的主管人员和其他直接责任人员，依法给予行政处分；构成犯罪的，依法追究刑事责任。非法批准使用的土地应当收回，有关当事人拒不归还的，以非法占用土地论处。非法批准征收、使用土地，对当事人造成损失的，依法应当承担赔偿责任。

（5）依照本法规定，责令限期拆除在非法占用的土地上新建的建筑物和其他设施的，建设单位或者个人必须立即停止施工，自行拆除；对继续施工的，做出处罚决定的机关有权制止。建设单位或者个人对责令限期拆除的行政处罚决定不服的，可以在接到责令限期拆除决定之日起15日内，向人民法院起诉；期满不起诉又不自行拆除的，由做出处罚决定的机关依法申请人民法院强制执行，费用由违法者承担。

（6）土地行政主管部门的工作人员玩忽职守、滥用职权、徇私舞弊，构成犯罪的，依法追究刑事责任；尚不构成犯罪的，依法给予行政处分。

5.2　城乡规划法

1. 城乡规划的概述

1）城乡与城乡规划法规的概念

（1）城乡的概念

城乡包括城市、集镇和村庄：

①城市。城市是指一定区域内政治、经济、文化的中心，包括国家按行政建制设立的直辖市、市、建制镇。

②集镇。集镇是指乡、民族乡人民政府所在地和经县级人民政府确认由集市发展而形成的作为农村一定区域经济文化和生活服务的非建制镇。

③村庄。村庄是指农村村民居住和从事各种生产活动聚居点。

（2）城乡规划的概念及种类

城市规划是城市政府为了实现一定时期内城市的经济和社会发展目标，确定城市性质、规模和发展方向，合理利用和节约使用城市土地，协调城市生产要素空间布局和各项建设的综合部署和具体安排。城乡规划是包括城镇体系规划、城市规划、镇规划、乡规划和村庄规划在内的总称。城市规划、镇规划分为总体规划和详细规划。详细规划又可分为控制性详细规划和修建性详细规划。

（3）城乡规划法规的概念

城乡规划法有狭义和广义之分。广义的城乡规划法是指调整城市、镇及村庄规划制定、实施和管理过程中各类社会关系的法律规范的总称。

狭义的城乡规划法是指《城乡规划法》。该法于 2007 年 10 月 28 日第十届全国人民代表大会常务委员会第三十次会议通过，自 2008 年 1 月 1 日起施行。共 7 章 70 条。包括总则、城乡规划的制定、城乡规划的实施、城乡规划的修改、监督检查、法律责任和附则。

2）《城乡规划法》的适用范围

《城乡规划法》第三条规定，城市和镇应当依照本法制定城市规划和镇规划。城市、镇规划区内的建设活动应当符合规划要求。县级以上地方人民政府根据本地农村经济社会发展水平，按照因地制宜、切实可行的原则，确定应当制定乡规划、村庄规划的区域。在确定区域内的乡、村庄时，应当依照本法制定规划，规划区内的乡、村庄建设应当符合规划要求。

城乡规划法的适用范围包括两个方面：

（1）城市和镇应当依照《城乡规划法》制定城市规划和镇规划。这里的规划包括总体规划和详细规划。

（2）某些特定区域内的乡、村庄，应当依照《城乡规划法》制定规划，并且规划区内的乡、村庄建设应当符合规划要求。

2. 城乡规划的制定

1）城乡规划的制定原则

城乡规划是政府合理布局城乡发展，实现公共利益的一项重要的行政行为，同时也是一项庞大的系统性工作，必须遵循一定的工作原则。这些原则应当包括法治程序、城乡统筹、合理布局、节约土地、先规划后建设等。

（1）坚持城乡统筹

各地在制定城乡规划的过程中应统筹考虑城市、镇、乡和村庄发展，根据各类规划的内容要求和特点，编制好相关规划。实施城乡规划时，要根据城乡特点，强化对乡村规划建设的管理，完善乡村规划许可制度，坚持便民利民和以人为本。

（2）节约资源、保护环境

坚持可持续发展。必须充分认识我国人口众多、人均资源短缺和环境容量压力大的基本国情。在制定城乡规划时，认真分析城乡建设发展的资源环境条件，明确为保护环境、资源需要严格控制的区域，合理确定发展规模、建设步骤和建设标准，推进城乡建设发展方式从粗放型向集约型转变，增强可持续发展能力。

（3）关注民生

要按照《城乡规划法》的有关要求，在制定和实施城乡规划时进一步重视社会公正和改善民生。要有效配置公共资源，合理安排城市基础设施和公共服务设施，改善人居环境，方便群众生活。要关注中低收入阶层的住房问题，做好住房建设规划。要加强对公共安全的研究，提高城乡居民点的综合防灾减灾能力。

（4）提高规划的科学性和规划实施的依法行政

要进一步改进规划编制方法，充实规划内容，落实规划"四线"等强制性内容。要坚持"政府组织、专家领衔、部门合作、公众参与、科学决策"的规划编制组织方式，严格执行规划编制、审批、修改、备案的程序性要求。要按照《城乡规划法》的规定和要求，建立完善规划公开和公众参与的程序和制度。要依法做好城乡规划实施效果的评估和总结。规划的实施要严格按法定程序要求进行，保证规划许可内容和程序的合法性。

（5）先规划后建设

要按照《城乡规划法》的要求，依法编制城乡规划、控制性详细规划、乡和村庄规划。坚持以经依法批准的上位规划为依据，编制下位规划不得违背上位规划的要求，编制城乡规划不得违背国家有关的技术标准、规范。各地及城乡规划主管部门必须依据经法定程序批准的规划实施规划管理。县级以上人民政府及其城乡规划主管部门应当按照《城乡规划法》规定的事权进行监督检查、查处、纠正违法行为。

2）城乡规划的分类及编制内容

（1）城镇体系规划

城镇体系规划，是指一定地域范围内，以区域生产力合理布局和城镇职能分工为依据，确定不同人口规模等级和职能分工的城镇的分布和发展规划。一般分为全国城镇体系规划、省域（或自治区域）城镇体系规划、市域（包括直辖市，市和有中心城市依托的地区、自治州、盟域）城镇体系规划、县域（包括县、自治县、旗、自治旗域）城镇体系规划共四个基本层次。城镇体系规划处于对国土规划和城市总体规划进行衔接的重要地位，它既是城市规划的组成部分，又是区域国土规划的组成部分。城镇体系规划区域范围一般按行政区划定，规划期限通常为 20 年。

（2）城镇总体规划

城市总体规划、镇总体规划的内容应当包括：城市、镇的发展布局，功能分区，用地布局，综合交通体系，禁止、限制和适宜建设的地域范围，各类专项规划等。

城市总体规划、镇总体规划的强制性内容包括：规划区范围、规划区内建设用地规模、基础设施和公共服务设施用地、水源地和水系、基本农田和绿化用地、环境保护、自然历史文化遗产保护以及防灾减灾等。

（3）城镇详细规划

城市和镇在总体规划的基础上，编制详细规划。详细规划是以总体规划为依据，详细规定建设用地的各项控制指标和其他规划管理要求，或者直接对建设做出具体的安排和规划设计。

详细规划分为控制性详细规划和修建性详细规划。控制性详细规划以城市总体规划或分区规划为依据，确定建设地区的土地使用性质和使用强度的控制指标、道路和工程管线控制性位置以及空间环境控制的规划要求。《城市规划编制办法》规定，根据城市规划的深化和管理的需要，一般应当编制控制性详细规划，以控制建设用地性质、使用强度和空间环境，作为城市规划管理的依据，并指导修建性详细规划的编制。对于当前要进行建设的地区，应当编制修建性详细规划，用以指导各项建筑和工程设施的设计和施工。

　　（4）修建性详细规划

　　修建性详细规划是指以总体规划或控制性详细规划为依据，制定用以指导各项建筑和工程设施及其施工的规划设计。它一般针对的是某一具体地块，能够直接用于指导建筑和工程施工。修建性详细规划内容包括规划地块的建设条件分析和综合经济论证，建筑和绿地的空间布局、景观规划设计，布置总平面图，道路系统规划设计，绿地系统规划设计，工程管线规划设计，竖向规划设计，估算工程量、拆迁量和总造价，分析投资效益。修建性详细规划的成果由规划说明书和图纸组成。

　　3）城乡规划的审批与备案

　　（1）城乡规划的审批

　　我国城乡规划实行分级审批制度。

　　全国城镇体系规划由国务院城乡规划主管部门报国务院审批。省域城镇体系规划由国务院审批。

　　直辖市的城市总体规划由直辖市人民政府报国务院审批。

　　省、自治区人民政府所在地的城市以及国务院确定的城市的总体规划，由省、自治区人民政府审查同意后，报国务院审批。

　　其他城市的总体规划，由市人民政府报省、自治区人民政府审批。

　　县人民政府组织编制县人民政府所在地镇的总体规划，报上一级人民政府审批。其他镇的总体规划由镇人民政府组织编制，报上一级人民政府审批。

　　城市的控制性详细规划，由本级人民政府批准。镇的控制性详细规划，由县人民政府审批。

　　（2）城乡规划的备案

　　城市的控制性详细规划经本级人民政府批准后，报本级人民代表大会常务委员会和上一级人民政府备案。

　　县人民政府所在地镇的控制性详细规划，经县人民政府批准后，报本级人民代表大会常务委员会和上一级人民政府备案。

　　3. 城乡规划的实施

　　地方各级人民政府应当根据当地经济社会发展水平，量力而行，尊重群众意愿，有计划、分步骤地组织实施城乡规划。

（1）城市、乡、镇、村庄的建设发展必须执行城乡规划的有关规定

城市的建设和发展，应当优先安排基础设施以及公共服务设施的建设，妥善处理新区开发与旧区改建的关系，统筹兼顾进城务工人员生活和周边农村经济社会发展、村民生产与生活的需要。

镇的建设和发展，应当结合农村经济社会发展和产业结构调整，优先安排供水、排水、供电、供气、道路、通信、广播电视等基础设施和学校、卫生院、文化站、幼儿园、福利院等公共服务设施的建设，为周边农村提供服务。

乡、村庄的建设和发展，应当因地制宜、节约用地，发挥村民自治组织的作用，引导村民合理进行建设，改善农村生产、生活条件。

（2）城市新区开发、旧城改建应坚持城市的长期总体规划

城市新区的开发和建设，应当合理确定建设规模和时序，充分利用现有市政基础设施和公共服务设施，严格保护自然资源和生态环境，体现地方特色。在城市总体规划、镇总体规划确定的建设用地范围以外，不得设立各类开发区和城市新区。

旧城区的改建，应当保护历史文化遗产和传统风貌，合理确定拆迁和建设规模，有计划地对危房集中、基础设施落后等地段进行改建。

（3）及时办理相关文件的审批

城乡规划确定的铁路、公路、港口、机场、道路、绿地、输配电设施及输电线路走廊、通信设施广播电视设施、管道设施、河道、水库、水源地、自然保护区、防汛通道、消防通道、核电站、垃圾填埋场及焚烧厂、污水处理和公共服务设施的用地以及其他需要依法保护的用地，禁止擅自改变用途。

按照国家规定需要有关部门批准或者核准的建设项目，以划拨方式提供国有土地使用权的，建设单位在报送有关部门批准或者核准前，应当向城乡规划主管部门申请核发选址意见书。

在城市、镇规划区内以划拨方式提供国有土地使用权的建设项目，经有关部门批准、核准、备案后，建设单位应当向城市、县人民政府城乡规划主管部门提出建设用地规划许可申请，由城市、县人民政府城乡规划主管部门依据控制性详细规划核定建设用地的位置、面积、允许建设的范围，核发建设用地规划许可证。建设单位在取得建设用地规划许可证后，方可向县级以上地方人民政府土地主管部门申请用地，经县级以上人民政府审批后，由土地主管部门划拨土地。

在城市、镇规划区内进行建筑物、构筑物、道路管线和其他工程建设的，建设单位或者个人应当向城市、县人民政府城乡规划主管部门或者省、自治区、直辖市人民政府确定的镇人民政府申请办理建设工程规划许可证。申请办理建设工程规划

许可证，应当提交使用土地的有关证明文件、建设工程设计方案等材料。需要建设单位编制修建性详细规划的建设项目，还应当提交修建性详细规划。对符合控制性详细规划和规划条件的，由城市、县人民政府城乡规划主管部门或者省、自治区、直辖市人民政府确定的镇人民政府核发建设工程规划许可证。城市、县人民政府城乡规划主管部门或者省、自治区、直辖市人民政府确定的镇人民政府应当依法将经审定的修建性详细规划、建设工程设计方案的总平面图予以公布。另外，城乡规划主管部门不得在城乡规划确定的建设用地范围以外做出规划许可。

建设单位应当按照规划条件进行建设，确需变更的，必须向城市、县人民政府城乡规划主管部门提出申请。变更内容不符合控制性详细规划的，城乡规划主管部门不得批准。城市、县人民政府城乡规划主管部门应当及时将依法变更后的规划条件通报同级土地主管部门并公示。建设单位应当及时将依法变更后的规划条件报有关人民政府土地主管部门备案。

4. 城乡规划的修改

城乡规划一经制定并通过审批即具有付诸实施的法律效力，不得随意进行修改调整。否则，既会损害城乡规划的严肃性和权威性，也不利于城乡规划执法工作的开展。因此，《城乡规划法》确立了城乡规划未经法定程序不得修改的原则，并专设了"城乡规划的修改"章节，对城乡规划修改的条件、程序和权限等均做了明确的规定。

1) 省域城镇体系规划、城市总体规划、镇总体规划的修改

省域城镇体系规划、城市总体规划、镇总体规划属于牵一发即可动全身的一类系统性规划，在城乡规划体系中具有较强的基础地位。为此，我国城乡规划法明确规定严格限制这一类规划修改的条件和程序。

（1）修改的条件

具备下列情形之一的，可以修改省域城镇体系规划、城市总体规划和镇总体规划：

①上级人民政府制定的城乡规划发生变更，提出修改规划要求的。

②行政区划调整确需修改规划的。

③因国务院批准重大建设项目确需修改规划的。

④经评估确需修改规划的。

⑤城乡规划的审批机关认为应当修改规划的其他情形。

（2）修改的程序

规划的组织编制机关应当对原规划的实施情况进行总结，并向原审批机关报告。修改涉及城市总体规划、镇总体规划强制性内容的，应当先向原审批机关提出专题

报告，经同意后方可编制修改方案。修改后的省域城镇体系规划、城市总体规划、镇总体规划，应当重新进行审议、公告和审批。

2）乡规划、村庄规划的修改

乡规划、村庄规划分别是指一定时期内乡、村庄的经济和社会发展、土地利用空间布局以及各项建设的综合部署、具体安排和实施措施。乡规划、村庄规划范围较小，建设活动形式单一，城乡规划法规对它们未做总体规划和详细规划的分类。但是，这并不意味着乡规划和村庄规划在我国城乡规划体系中的地位不重要。从我国城乡统筹发展的长远来看，乡规划和村庄规划与农业、农村、农民的联系最为紧密，是当前实现农村大发展战略的关键步骤。乡规划、村庄规划应当从农村实际出发，充分尊重村民意愿，体现地方和农村特色，要贴近农村、农民的生产和生活实际，规划内容要更加具体，更为细致。

修改乡规划、村庄规划的，应当重新进行审批。其中，村庄规划审批前还需经村民会议或者村民代表会议讨论同意。

3）规划修改的补偿

修改规划造成损失的，应该给予遭受损失的当事人一定的补偿。

（1）发放"一书两证"后的规划修改

在选址意见书、建设用地规划许可证、建设工程规划许可证或者乡村建设规划许可证发放后，因依法修改城乡规划给被许可人合法权益造成损失的，应当依法给予补偿。

（2）修建性详细规划、建设工程设计方案的总平面图的修改

经依法审定的修建性详细规划、建设工程设计方案的总平面图因修改给利害关系人合法权益造成损失的，应当依法给予补偿。

5. 城乡规划的监督检查与法律责任

1）城乡规划的监督检查

城乡规划的监督检查贯穿于城乡规划制定和实施的全过程，是城乡规划管理工作的重要组成部分，也是保障城乡规划工作科学性与严肃性的重要手段。《城乡规划法》单列一章，强化城乡规划工作的监督检查。包括人大监督、行政监督、公众监督以及各项检查措施，形成了人大监督、行政监督、公众监督等多形式、多层次的城乡规划监督检查体系。

（1）人大监督检查

《城乡规划法》明确了在规划、编制、审批、修改和实施等全过程的人大监督。地方各级人民政府应当向本级人民代表大会常务委员会或者乡、镇人民代表大会报告城乡规划的实施情况，可以根据实际情况主动报告，也可以根据人大及其常委会

的要求进行报告，以充分运用听取和审议政府专项工作报告这一基本形式，接受人民代表大会及其常务委员会的监督和检查。

（2）行政监督检查

对于城乡规划工作行政监督的规定包括两个层面。一是县级以上人民政府及其城乡规划主管部门对下级政府及其城乡规划主管部门执行城乡规划编制、审批、实施、修改情况的监督检查，也就是通常所说的政府层级的检查。二是县级以上人民政府城乡规划主管部门对城乡规划实施情况进行的监督检查，即对管理相对人的监督检查。检查内容包括：土地使用和建设申请的申报条件是否符合法定要求，有无弄虚作假；用地的坐标、面积等与建设用地规划许可证是否相符；对已经领取建设工程规划许可证并放线的建设工程，履行验线手续，检查其坐标、标高，平面布置是否与建设工程规划许可证相符；建设工程竣工验收前，检查核实有关建设工程是否符合规划设计条件等。对于经核实建设工程违反许可的，要及时提出处理意见。经核实，不合格的或者未经规划核实的建设工程，依据法律规定，建设单位不得组织竣工验收。

（3）公众监督检查

《城乡规划法》规定，县级以上地方各级人民政府及其城乡规划主管部门的监督检查，县级以上地方各级人民代表大会常务委员会或者乡、镇人民代表大会对城乡规划工作的监督检查，其基本情况和处理结果都应当依法公开，供公众查阅和监督。

2）违反城乡规划法的法律责任

（1）行政人员的法律责任

①地方人民政府有下列行为之一的，对有关责任人员给予警告、记过或者记大过处分；情节较重的，给予降级或者撤职处分；情节严重的，给予开除处分：制定或者做出与城乡规划法律、法规、规章和国家有关文件相抵触的规定或者决定，造成不良后果或者经上级机关、有关部门指出仍不改正的；在城市总体规划、镇总体规划确定的建设用地范围以外设立各类开发区和城市新区；违反风景名胜区规划，在风景名胜区内设立各类开发区的；违反规定以会议或者集体讨论决定方式要求城乡规划主管部门对不符合城乡规划的建设项目发放规划许可的。

②地方人民政府及其有关主管部门工作人员，利用职权或者职务上的便利，为自己或者他人谋取私利，有下列行为之一的，给予记过或者记大过处分；情节较重的，给予降级或者撤职处分；情节严重的，给予开除处分：违反法定程序干预控制性详细规划的编制和修改，或者擅自修改控制性详细规划的；违反规定调整土地用途、容积率等规划条件核发规划许可，或者擅自改变规划许可内容的；违反规定对违法建设降低标准进行处罚，或者对应当依法拆除的违法建设不予拆除的。

③县级以上地方人民政府城乡规划主管部门及其工作人员或者由省、自治区、

直辖市人民政府确定的镇人民政府及其工作人员有下列行为之一的，对有关责任人员给予警告或者记过处分；情节较重的，给予记大过或者降级处分；情节严重的，给予撤职处分：违反规划条件核发建设用地规划许可证、建设工程规划许可证的；超越职权或者对不符合法定条件的申请人核发选址意见书、建设用地规划许可证、建设工程规划许可证、乡村建设规划许可证的；对符合法定条件的申请人不予核发或者未在法定期限内核发选址意见书、建设用地规划许可证、建设工程规划许可证、乡村建设规划许可证的；违反规划批准在历史文化街区、名镇、名村核心保护范围内进行新建、扩建活动或者违反规定批准对历史建筑进行迁移、拆除的；违反基础设施用地的控制界限（黄线）、各类绿地范围的控制线（绿线）、历史文化街区和历史建筑的保护范围界限（紫线）、地表水体保护和控制的地域界限（蓝线）等城乡规划强制性内容的规定核发规划许可的。

④县级以上人民政府有关部门及其工作人员有下列行为之一的，对有关责任人员给予警告或者记过处分；情节较重的，给予记大过或者降级处分；情节严重的，给予撤职处分：对未依法取得选址意见书的建设项目核发建设项目批准文件的；未依法在国有土地使用权出让合同中确定规划条件或者改变国有土地使用权出让合同中依法确定的规划条件的；对未依法取得建设用地规划许可证的建设单位划拨国有土地使用权的；对未在乡、村庄规划区建设用地范围内取得乡村建设规划许可证的建设单位或者个人办理用地审批手续，造成不良影响的。

（2）城乡规划编制单位的法律责任

①城乡规划编制单位有下列行为之一的，由所在地城市、县人民政府城乡规划主管部门责令限期改正，处合同约定的规划编制费1倍以上2倍以下的罚款；情节严重的，责令停业整顿，由原发证机关降低资质等级或者吊销资质证书；造成损失的，依法承担赔偿责任：超越资质等级许可的范围承揽城乡规划编制工作的；违反国家有关标准编制城乡规划的。

②未依法取得资质证书承揽城乡规划编制工作的，由县级以上地方人民政府城乡规划主管部门责令停止违法行为，依照上述规定处以罚款；造成损失的，依法承担赔偿责任。以欺骗手段取得资质证书承揽城乡规划编制工作的，由原发证机关吊销资质证书，处合同约定的规划编制费1倍以上2倍以下的罚款；造成损失的，依法承担赔偿责任。

③城乡规划编制单位取得资质证书后，不再符合相应的资质条件的，由原发证机关责令限期改正；逾期不改正的，降低资质等级或者吊销资质证书。

（3）建设单位的法律责任

建设单位及其工作人员有下列行为之一的，对有关责任人员给予警告、记过或者记大过处分；情节较重的，给予降级或者撤职处分；情节严重的，给予开除处分：

①未依法取得建设项目规划许可，擅自开工建设的。

②未经城乡规划主管部门许可，擅自改变规划条件、设计方案，或者不按照规划要求配建公共设施及配套工程的。

③以伪造、欺骗等非法手段获取建设项目规划许可手续的。

④未经批准或者未按照批准内容进行临时建设，或者临时建筑物、构筑物超过批准期限不拆除的。

⑤违反历史文化名城、名镇、名村保护规划，在历史文化街区、名镇、名村核心保护范围内，破坏传统格局、历史风貌，或者擅自新建、扩建、拆除建筑物、构筑物或者其他设施的。

⑥违反风景名胜区规划，在风景名胜区核心景区内建设宾馆、培训中心、招待所、疗养院以及别墅、住宅等与风景名胜资源保护无关的其他建筑物的。

本章小结

本章主要介绍了两部分内容：土地管理法和城乡规划法。

我国实行土地的社会主义公有制，即全民所有制和劳动群众集体所有制。本章主要介绍了土地的概念及特征、土地管理法的概念及基本内容、土地的所有权及使用权、土地利用总体规划、建设用地管理法律制度及违反《土地管理法》的法律责任。

城乡规划是对一定时期内城乡的经济和社会发展、土地利用、空间布局以及各项建设的综合部署、具体安排和实施管理，它对于城乡建设、管理、发展具有指导、调整、综合和科学合理安排的重要作用，是城乡各项建设发展和管理的依据和"龙头"。城乡各项建设活动必须遵循先规划后建设的原则。城乡规划法的内容包括城乡规划的体系，原则和管理体制，城乡规划的制定、实施和修改，监督检查和法律责任。

◆ 课后练习 ────────────

一、选择题

1. 我国土地的所有权是以社会主义公有制为前提的，土地所有权为（　　）所有。

A. 国家　　　　　　　　　　　　　　　B. 全民

C. 集体   D. 全民和农村集体经济组织

2. 娱乐用地土地使用权转让,已使用 10 年,则转让后的土地使用权年限最多为
(   )年。

A. 60   B. 50   C. 40   D. 30

3. 关于临时用地,表述不正确的是 (   )。

A. 在城市规划区的临时用地应先经城市规划行政主管部门同意

B. 抢险救灾等急需使用土地的,可以先行使用土地。其中,属于永久性建设用地的,建设单位应当在灾情结束后 9 个月内申请补办建设用地审批手续

C. 临时用地必须办理报批手续,由县级以上人民政府土地行政主管部门批准

D. 临时用地合同由临时用地的使用者与所有者签订

4. 甲和乙的农田相邻,甲为浇灌自家农田必须从乙的农田里挖一条渠,此时甲可
以和乙签订地役权合同,甲付给乙一定的报酬,从而取得从乙的农田挖渠的权利是
(   )。

A. 土地使用权   B. 用益物权   C. 地役权   D. 处分权

5. 出让合同约定的使用年限届满土地使用者需要继续使用土地的,应当至迟于届
满前 (   ) 申请续期。除根据社会公共利益需要收回该幅土地的,应当予以批准。

A. 6 个月   B. 1 年   C. 15 个月   D. 2 年

6. 城乡规划基本原则不包括 (   )。

A. 城市优先、合理布局、节约土地、集约发展的原则

B. 先规划后建设的原则

C. 公正科学的原则

D. 环保节能、保护耕地的原则

7. 实施城乡规划的"一书两证"制度是指 (   )。

A. 选址意见书、建设用地规划许可证和建设工程规划许可证

B. 选址意见书、城市规划资质证和建设工程规划许可证

C. 选址意见书、建设用地规划许可证和城市规划资质证

D. 城市规划资质证书、建设用地规划许可证和建设工程规划许可证

8. 城市规划区的具体范围,应在 (   ) 中划定。

A. 城镇体系规划   B. 城市总体规划   C. 城市分区规划   D. 近期建设规划

9. 根据《城乡规划法》的有关规定,下列选项中,不属于现行的城市规划实施管
理手段的是 (   )。

A. 建设用地的管理

B. 建设监督管理

C. 建设项目实施的监督管理

D. 建设工程管理

10. 一些大城市的详细规划可以委托（   ）来组织编制。

A. 具有资格的规划设计单位

B. 城市规划行政主管部门

C. 各区（县）人民政府

D. 城市土地行政主管部门

二、简答题

1. 何为土地使用权？土地使用权如何取得？

2. 《土地管理法》的基本原则有哪些？

3. 简述土地利用总体规划的内容。

4. 什么是建设用地？建设用地有哪些规定？

5. 简述违反《土地管理法》应承担哪些法律责任。

6. 什么是城乡规划？城乡规划的种类有哪些？

7. 城乡规划工作的基本原则是什么？

8. 城乡规划是如何实施的？

9. 城乡规划的修改的条件是什么？

10. 违反《城乡规划法》可能承担哪些法律责任？

第 **6** 章

建设工程勘察设计法律制度

● **学习目标** ●

知识目标

了解建设工程勘察设计的概念、建设工程勘察设计资质管理概述、建设工程勘察设计文件的编制依据和原则；熟悉建设工程勘察设计法规的调整对象、建设工程勘察设计资质的分类和分级；掌握建设工程勘察设计资质的申请条件，建设工程勘察设计文件的编制要求、基本内容和深度，建设工程勘察设计文件的审批与修改；熟悉建设工程勘察设计质量管理与监督管理制度。

能力目标

能运用所学的建设工程勘察设计的知识对勘察设计单位进行资质管理；能判断并解决建设工程勘察设计过程中的违法违规行为。

6.1 建设工程勘察设计概述

1. 建设工程勘察设计的概念及原则

1）建设工程勘察设计的概念

建设工程勘察设计是建设工程勘察和建设工程设计的总称。建设工程勘察，是指根据建设工程的要求，查明、分析、评价建设场地的地质地理环境特征和岩土工程条件，编制建设工程勘察文件的活动。

建设工程勘察设计是工程建设的重要环节，勘察是基础，设计是灵魂，其对于工程的质量和综合效益起着决定性作用。而且，工程勘察设计还应当与国民经济和社会发展水平相适应，追求经济效益、社会效益和环境效益的和谐统一。

2）建设工程勘察设计的原则

（1）建设工程勘察设计应当与社会、经济发展水平相适应，做到经济效益、社会效益和环境效益相统一。

（2）从事建设工程勘察设计活动，应当坚持先勘察、后设计、再施工的原则。

（3）建设工程勘察设计单位必须依法进行建设工程勘察设计，严格执行工程建设强制性标准，并对建设工程勘察设计的质量负责。

（4）国家鼓励在建设工程勘察、设计活动中采用先进技术、先进工艺、先进设备、新型材料和现代管理方法。

2. 建设工程勘察设计的任务及工作原则

1）建设工程勘察设计的任务

（1）勘察工作的任务

这里所说的勘察，不是指广泛意义上的地质和矿产资源等方面的勘察，而是指为建设项目的立项、设计和施工服务的，包括工程测量、水文地质勘察的工程地质勘察在内的工程勘探和考察，是为查明拟建项目所占建设地的地形地貌、地层地基的土性、岩性、地质构造、水文地质状况、各种自然地质现象和特殊地质条件而进行的以测量、测绘、测试、观察、地质调查、勘探、试验、分析、研究、鉴定和评价等方面为内容的各种工作。

（2）设计工作的任务

工程设计的根本任务是把计划与理想变成现实蓝图。工程设计是项目建设中的一个关键环节，是基本建设程序中必不可少的一个重要组成部分。在规划厂（场）址和可行性研究等已定的情况下，它是项目建设中一个决定性的环节。

一个建设项目，资源利用是否合理，厂区总图布置是否紧凑、适度，设备选型是否得当，技术、工艺、流程是否先进、合理，生产组织是否科学、严谨，能否以较少的投资，取得较大效益的综合效果，在很大程度上取决于设计质量的好坏和水平的高低。设计对建设项目在建设过程中能否节约投资，在建成投产以后能否充分发挥生产能力和取得最大的综合效益起着举足轻重的作用。

2）建设工程勘察设计的工作原则

（1）勘察工作应坚持的原则

①勘察工作必须遵守国家的法律、法规，贯彻国家有关经济建设的方针、政策和基本建设程序，以及要贯彻执行提高经济效益和促进技术进步的方针。

②勘察成果要反映客观地形、地质情况，确保原始资料的准确性，结合工程具体特点和要求提出明确的评价、结论和建议。

③勘察工作既要防止技术保守或片面追求产值，任意加大工作量，又要防止不适当地减少工作量而影响勘察成果的质量，给工程建设造成事故或浪费。

④要积极采用新理论、新技术、新方法、新手段，并结合工程和勘察地区的具体情况，因地制宜地采用先进可靠的勘察手段和评价方法，努力提高勘察水平。

⑤勘察工作不仅要评价当前环境和地质条件对工程建设的适应性，而且要预测工程建设对地质和环境条件的影响。要从环境出发，做好环境地质评价工作。

⑥勘察工作前期应全面搜集、综合分析，充分使用已有的勘察资料。

⑦要加强对勘察职工的安全生产教育，严格遵守安全规程，避免人身、机具和工程事故。

另外，勘察单位还应当站在国家立场上，认真贯彻执行党的方针政策，树立全局观念，维护国家利益，坚持按建设程序办事，严格执行勘察设计程序；积极采用先进技术，加强质量管理；努力提高工作效率，把完成国家计划任务放在首位，保证完成国家重点项目勘察任务和上级核定的工作量指标。

（2）设计工作应坚持的原则

①要遵守国家的法律、法规，贯彻执行国家经济建设的方针、政策和基本建设程序，特别应贯彻执行提高经济效益和促进技术进步的方针。

②要从全局出发，正确处理工业与农业、工业内部、沿海与内地、城市与乡村、远期与近期、平时与战时、技改与新建、生产与生活、安全质量与经济效益等方面的关系。

③要根据国家有关规定和工程的不同性质、不同要求，从我国实际情况出发，合理确定设计标准。对生产工艺、主要设备和主体工程要做到先进、适用、可靠；对非生产性的建设，应坚持适用、经济，在可能条件下注意美观的原则。

④要实行资源的综合利用。根据国家需要、技术可能和经济合理的原则，充分

考虑矿产、能源、水、农、林、牧、渔等资源的综合利用。

⑤要节约能源。在工业建设项目设计中，要选用耗能少的生产工艺和设备；在民用建设项目中，也要采取节约能源措施。要提倡区域性供热，重视余热利用。

⑥要保护环境。在进行各类工程设计时，应积极改进工艺，采用行之有效的技术措施，防止粉尘、毒物、废水、废气、废渣、噪声、放射性物质及其他有害因素造成环境污染，并进行综合治理和利用，使设计符合国家规定的标准。

⑦要注意专业化和协作。建设项目应根据专业化和协作的原则进行建设，其辅助生产设施、公用设施、运输设施及生活福利设施等，都应尽可能同邻近有关单位密切协作。

⑧要节约用地。一切工程建设，都必须因地制宜，提高土地利用率。建设项目的厂址选择，应尽量利用荒地、劣地，不占或少占耕地。总平面的布置，要紧凑合理。

⑨要合理使用劳动力。在建设项目的设计中，要合理选择工艺流程、设备、线路，合理组织人流、物流，合理确定生产和非生产定员。

⑩要立足于自力更生。引进国外先进技术必须符合我国国情，着眼于提高国内技术水平和制造能力。凡引进技术、进口关键设备能满足需要的，就不应引进成套项目；凡能自行设计或合作设计的，就不应委托或单独依靠国外设计。

3. 建设工程勘察设计法规概念及调整对象

1）建设工程勘察设计法规的概念

建设工程勘察设计法规是指调整工程勘察设计活动中所产生的各种社会关系的法律规范的总称。

建设工程勘察设计法规涉及范围广、内容多，包括了工程勘察设计专门法规和有关工程勘察设计方面的法律规定，如《建设工程勘察设计管理条例》等一系列法律法规。

2）建设工程勘察设计法规的调整对象

（1）行政管理关系

勘察设计主管部门对从事勘察设计活动实施许可证制度。

（2）审批关系

勘察设计主管部门与建设单位（业主）和勘察设计单位之间，因编制、审批、执行勘察设计文件、资料而产生的审批关系。

（3）经济合同关系

因工程建设的实施，建设单位（业主）与勘察设计单位之间的经济合同关系。

（4）内部管理关系

依据各种技术规定、制度和操作规程，在勘察设计单位内部的计划管理、技术管理、质量管理以及各种形式的经济责任制等内部管理关系。

6.2　建设工程勘察设计资质管理

为了加强对建设工程勘察设计活动的监督管理，保证建设工程勘察设计质量，根据《中华人民共和国行政许可法》《建筑法》《建设工程质量管理条例》《建设工程勘察设计管理条例》《建设工程勘察设计资质管理规定》的规定，在中华人民共和国境内申请建设工程勘察设计资质，实施对建设工程勘察设计资质的监督管理，适用建设工程勘察设计资质管理规定。

1. 建设工程勘察设计资质管理概述

从事建设工程勘察设计活动的企业，应当按照其拥有的注册资本、专业技术人员、技术装备和勘察设计业绩等条件申请资质，经审查合格，取得建设工程勘察、工程设计资质证书后，方可在资质许可的范围内从事建设工程勘察设计活动。

国务院建设主管部门负责全国建设工程勘察设计资质的统一监督管理。国务院铁路、交通、水利、信息产业、民航等有关部门配合国务院建设主管部门实施相应行业的建设工程勘察、设计资质管理工作。省、自治区、直辖市人民政府建设主管部门负责本行政区域内建设工程勘察、设计资质的统一监督管理。省、自治区、直辖市人民政府交通、水利、信息产业等有关部门配合同级建设主管部门实施本行政区域内相应行业的建设工程勘察设计资质管理工作。

2. 建设工程勘察设计资质的分类和分级

1）工程勘察设计的分类和分级

工程勘察资质可分为工程勘察综合资质、工程勘察专业资质和工程勘察劳务资质。工程勘察综合资质只设甲级；工程勘察专业资质设甲级、乙级，根据工程性质和技术特点，部分专业可以设丙级；工程勘察劳务资质不分等级。

取得工程勘察综合资质的企业，可以承接各专业（海洋工程勘察除外）、各等级工程勘察业务；取得工程勘察专业资质的企业，可以承接相应等级相应专业的工程勘察业务；取得工程勘察劳务资质的企业，可以承接岩土工程治理、工程钻探、凿井等工程勘察劳务业务。

2）工程设计资质的分类和分级

工程设计资质可分为工程设计综合资质、工程设计行业资质、工程设计专业资质和工程设计专项资质。

工程设计综合资质只设甲级；工程设计行业资质、工程设计专业资质、工程设计专项资质设甲级、乙级。根据工程性质和技术特点，个别行业、专业、专项资质可以设丙级，建筑工程专业资质可以设丁级。取得工程设计综合资质的企业，可以承接各行业、各等级的建设工程设计业务；取得工程设计行业资质的企业，可以承接相应行业相应等级的工程设计业务及本行业范围内同级别的相应专业、专项（设计施工一体化资质除外）工程设计业务；取得工程设计专业资质的企业，可以承接本专业相应等级的专业工程设计业务及同级别的相应专项工程设计业务（设计施工一体化资质除外）；取得工程设计专项资质的企业，可以承接本专项相应等级的专项工程设计业务。

建设工程勘察设计资质的分类和分级具体如表 6-1 所示。

建设工程勘察设计资质的分类和分级　　　　　　　　　表 6-1

资质	分类	分级	可承揽业务
工程勘察资质	工程勘察综合资质	甲级	可以承接各专业(海洋工程勘察除外)、各等级工程勘察业务
	工程勘察专业资质	甲级	可以承接相应等级相应专业的工程勘察业务
		乙级	
		丙级(根据工程性质和技术特点,部分专业可设)	
	工程勘察劳务资质	不分等级	可以承接岩土工程治理、工程钻探、凿井等工程勘察劳务业务
工程设计资质	工程设计综合资质	甲级	可以承接各行业、各等级的建设工程设计业务
	工程设计行业资质	甲级	可以承接相应行业相应等级的工程设计业务及本行业范围内同级别的相应专业、专项(设计施工一体化资质除外)工程设计业务
		乙级	
	工程设计专业资质	甲级	可以承接本专业相应等级的专业工程设计业务及同级别的相应专项工程设计业务(设计施工一体化资质除外)
		乙级	
		丙级(根据工程性质和技术特点,部分专业可设)	
		丁级(根据工程性质和技术特点,部分专业可设)	
	工程设计专项资质	甲级	可以承接本专项相应等级的专项工程设计业务
		乙级	
		丙级(根据工程性质和技术特点,部分专业可设)	

3）建设工程勘察设计资质的申请条件

（1）凡在中华人民共和国境内，依法取得工商行政管理部门颁发的企业法人营业执照的企业，均可申请建设工程勘察设计资质。依法取得合伙企业营业执照的企业，只可申报建筑工程设计事务所资质。

（2）因建设工程勘察未对外开放，资质审批部门不受理外商投资企业（含新成立、改制、重组、合并、并购等）申请建设工程勘察资质。

（3）工程设计综合资质涵盖所有工程设计行业、专业和专项资质。凡具有工程设计综合资质的企业不需单独申请工程设计行业、专业或专项资质证书。工程设计行业资质涵盖该行业资质标准中全部设计类型的设计资质。凡具有工程设计某行业资质的企业不需单独申请该行业内的各专业资质证书。

（4）具备建筑工程行业或专业设计资质的企业，可承担相应范围相应等级的建筑装饰工程设计、建筑幕墙工程设计、轻型钢结构工程设计、建筑智能化系统设计、照明工程设计和消防设施工程设计等专项工程设计业务，不需单独申请以上专项工程设计资质。

（5）有下列资质情形之一的，资质审批部门应按照升级申请办理：

①具有工程设计行业、专业、专项乙级资质的企业，申请与其行业、专业、专项资质对应的甲级资质的。

②具有工程设计行业乙级资质或专业乙级资质的企业，申请现有资质范围内的一个或多个专业甲级资质的。

③具有工程设计某行业或专业甲、乙级资质的企业，其本行业和本专业工程设计内容中包含了某专项工程设计内容，申请相应的专项甲级资质的。

④具有丙级、丁级资质的企业，直接申请乙级资质的。

（6）新设置的分级别的工程勘察设计资质，自正式设置起，设立两年过渡期。在过渡期内，允许企业根据实际达到的条件申请资质等级，不受最高不超过乙级申请的限制，且申报材料不需提供企业业绩。

（7）具有乙级及以上施工总承包资质的企业可直接申请同类别或相近类别的工程设计甲级资质。具有乙级及以上施工总承包资质的企业申请不同类别的工程设计资质的，应从乙级资质开始申请（不设乙级的除外）。

（8）企业的专业技术人员、工程业绩、技术装备等资质条件，均是以独立企业法人为审核单位。企业（集团）的母、子公司在申请资质时，各项指标不得重复计算。

（9）允许每个大专院校有一家所属勘察设计企业可以聘请本校在职教师和科研人员作为企业的主要专业技术人员，但是其人数不得大于资质标准中要求的专业技术人员总数的1/3，且聘期不得少于2年。在职教师和科研人员作为非注册人员考核时，其职称应满足讲师或助理研究员及以上要求，从事相应专业的教学、科研和设计时间 10 年及以上。

4）建设工程勘察设计从业人员的资质及执业管理

对建设工程勘察设计单位必须实行相应的资质管理，同样的，对在这些单位内从事勘察设计业务的专业技术人员则必须实行执业管理。

（1）工程勘察设计从业人员的资质管理

参照国际惯例，我国对工程勘察设计从业人员的资格管理主要是通过注册执业资格制度来进行的。按照国家有关规定，从事建设工程勘察设计活动的专门工作人员必须经国家统一资格考试，获得从事建设工程勘察设计从业人员执业资格并经国家注册，方可执业。同一名从业人员只能接受一个建设工程勘察设计单位的聘用从事建设工程勘察设计工作。勘察设计行业执业注册资格分为注册工程师、注册建筑师和注册景观设计师三大类。

①注册工程师

《勘察设计注册工程师管理规定》规定，注册工程师，是指经考试取得中华人民共和国注册工程师资格证书（以下简称资格证书），并按照规定注册，取得中华人民共和国注册工程师注册执业证书（以下简称注册证书）和执业印章，从事建设工程勘察、设计及有关业务活动的专业技术人员。按专业类别不同，我国将注册工程师分为土木、结构、公用设备、电气、机械、化工、电子工程、航天航空、农业、冶金等 17 个专业。目前，我国 17 个专业中的部分专业开展了注册工程师考试。且注册工程师的注册证书和执业印章的有效期为 3 年。

注册工程师享有的执业权利包括：依法从事执业活动，保管和使用本人注册证书和印章，接受继续教育，获得报酬等权利。注册工程师应当履行的执业义务包括：遵守法律、法规和有关规定；严格执行工程建设标准规范，保证执业活动成果质量；保守在执业中知悉的国家秘密和商业秘密、技术秘密；努力提高执业水平等。

②注册建筑师

注册建筑师是指经全国统一考试合格后，依法登记注册，取得《中华人民共和国一级注册建筑师证书》或《中华人民共和国二级注册建筑师证书》，在一个建筑单位内执行注册建筑师业务的人员。

③注册景观设计师

注册景观设计师主要从事风景园林设计、城市及小区景观设计和广场设计等。目前，我国的注册景观设计师制度还处于论证阶段，不少培训机构开展的所谓注册景观设计师培训只能获得国家劳动和社会保障部颁发的《注册景观设计师职业资格证书》和中国建筑设计研究院颁发的《中国景观设计专业合格证书》，这与我们通常所说的注册景观设计师是不相同的。

（2）工程勘察设计从业人员的执业管理

无论是注册工程师还是注册建筑师，取得执业资格只是其能够以勘察设计专业技术人员的身份进入这一行业的前提条件。而取得勘察设计资格证书的人员，应当受聘于一个具有建设工程勘察设计资质的单位，经注册后方可从事相应的执业活动，不得同时在两个或两个以上单位（包括工程勘察、设计、施工等单位）受聘或者执业。这是为了加强勘察设计从业人员管理、维护勘察设计市场秩序而做出的强制性规定。注册工程师、注册建筑师等从业人员享有在规定范围内从事执业活动，同时负有遵守法律、法规和有关管理规定等义务。一旦违反上述规定，将按情节轻重被处以警告、罚款、没收违法所得、暂缓注册及撤销注册等处罚，甚至被追究刑事责任。

国务院住房和城乡建设主管部门对全国注册工程师的注册、执业活动实施统一监督管理。国务院铁路、交通、水利等有关部门按职责分工，负责有关专业注册工程师执业活动的监督管理。同时，设立协调议事机构，即全国勘察设计注册工程师管理委员会，下设各专业委员会，在全国勘察设计注册工程师管理委员会统一指导下负责本专业考试大纲的制定、考试题库的建立和管理，负责组织阅卷评分；负责专业注册工程师的注册、继续教育、培训以及监督管理等工作；参与本专业的教育评估工作；颁发统一印制的注册证书；制作和管理执业印章等工作。各省、自治区、直辖市设立地方勘察设计注册工程师管理委员会，其职责是在全国勘察设计注册工程师管理委员会和专业管理委员会的指导下，组织实施考试、培训、注册、继续教育等具体工作。

6.3 建设工程勘察设计文件的编制、审批与修改

1. 建设工程勘察设计文件的编制

1）建设工程勘察设计文件编制的依据

根据《建设工程勘察设计管理条例》第二十五条的规定，编制建设工程勘察、设计文件，应当以下列规定为依据：

①项目批准文件。

②城市规划。

③工程建设强制性标准。

④国家规定的建设工程勘察、设计深度要求。

此外，对于铁路、交通、水利等专业建设工程，还应当以专业规划的要求为

依据。

2）建设工程勘察设计文件编制的基本要求

建设工程勘察设计文件编制的好坏直接决定着工程设计的质量和水平。其基本要求包括：

①贯彻经济、社会发展规划和产业政策、城乡规划的要求。

②综合利用各种自然资源、满足环境保护要求。

③采用新技术、新工艺、新材料、新设备。

④注意建设工程的美观性、实用性和协调性。

3）建设工程勘察设计文件编制的内容及深度

一般来说，建设工程勘察设计包括勘察文件编制、方案设计文件编制、初步设计文件编制以及施工图设计文件编制共四个阶段。对于各个阶段文件编制工作的内容和深度均有着不同的要求。

（1）勘察文件编制阶段

勘察文件主要指岩土工程勘察报告及相关的专题报告，与此同时勘察文件的编制应按不同勘察阶段的目的和要求进行。

勘察报告一般由文字部分和图表组成。岩土工程勘察报告文字部分应包括拟建工程概况、勘察目的、任务要求、依据的技术标准、场地地形、地貌、地质构造等21项内容。勘察报告应附建筑物和勘探点平面位置图、工程地质剖面图、原位测试成果图等图表。

（2）方案设计文件编制阶段

方案设计文件根据设计任务书进行编制，由设计说明书、设计图纸、投资估算、透视图共四部分组成。

编制方案设计文件时，在总平面、建筑、结构、给水排水、电气、弱电等方面都需要编制设计说明书，而不同的方面对设计深度的要求并不相同。如在总平面中，设计说明书应对总体方案构思意思做详尽的文字阐述，并应列出技术经济指标表，如总用地面积，总建筑面积，建筑占地面积，各主要建筑物的名称、层数、高度等。

设计图纸主要用于总平面和建筑方面。在总平面中，设计图纸的深度主要包括用地范围的区域位置、用地红线范围（各角点测量坐标值、场地现状标高、地形地貌及其他现状情况反映）等。在建筑方面，设计图纸应包括平面图、立面图、剖面图，其中各个面的深度要求也不相同，如在立面图中，根据立面造型特点，选绘有代表性的和主要的立面，并表明立面的方位、主要标高以及与之有直接关系的其他（原有）建筑和部分立面。

投资估算文件包括投资估算的编制说明及投资估算表。投资估算编制说明的内容应包括编制依据、包括和不包括的工程项目和费用以及其他必要说明的问题。投资估算表是由各单位工程为基本组成基数的投资估算（如土建、水卫、暖通、空调、电气等）综合成单项工程的投资估算和室外工程（如土方、道路、围墙大门、室外管线等）投资估算，并考虑预备费后，汇总成建设项目的总投资。

透视图或鸟瞰图视需要而定。设计方案一般应有一个外立面透视图或鸟瞰图。

（3）初步设计文件编制阶段

初步设计一般由文字说明和图纸两部分组成，其内容包括设计依据和指导思想、产品方案、各类资源的用量及来源、工艺流程、主要设备选型和配置、总图布置及运输方案、主要建筑物和构筑物、公用工程和辅助设施、新技术采用情况、主要材料用量、总概算等。其深度应满足设计方案的比较和确定、主要设备和材料的订货、土地的征用、基本建设投资控制、施工图设计、施工组织设计的编制、施工和生产的准备等。

（4）施工图设计文件编制阶段

施工图设计应根据经批准的初步设计文件进行编制。其深度应满足设备、材料的安排和非标准设备的制作、施工图预算的编制、施工要求等。

2. 建设工程勘察设计文件的审批

在我国，建设工程勘察设计文件的审批实行分级管理。分级审批的原则如下：

（1）大中型建设项目的初步设计和总概算按隶属关系，由国务院主管部门或省、自治区、直辖市组织审查，提出审查意见，报国家发展和改革委员会批准；特大、特殊项目，由国务院批准。

（2）中型建设项目的初步设计和总概算，在国务院主管部门备案，由省、自治区、直辖市审查批准。

（3）小型建设项目初步设计的审批权限，由主管部门或省、自治区、直辖市自行规定。

（4）总体规划设计（或总体设计）的审批权限与初步设计的审批权限相同。

（5）施工图设计要按有关规定进行审查。

3. 建设工程勘察设计文件的修改

设计文件是工程建设的主要依据，经批准后，就具有一定的严肃性，不得任意修改和变更，建设单位、施工单位、监理单位都不得修改建设工程勘察设计文件；确需修改的，应由原勘察设计单位修改。经原勘察设计单位书面同意，建设单位也可以委托其他具有相应资质的建设工程勘察设计单位修改。修改单位对修改的勘察设计文件承担相应责任。

施工单位、监理单位发现建设工程勘察设计文件不符合工程建设强制性标准、合同约定的质量要求的，应当报告建设单位。建设单位有权要求建设工程勘察设计单位对建设工程勘察设计文件进行补充、修改。

建设工程勘察设计文件内容需要做重大修改的，建设单位应当报经原审批机关批准后，方可修改。

建设工程勘察设计文件中规定采用的新技术、新材料，可能影响建设工程质量和安全，又没有国家技术标准的，应当由国家认可的检测机构进行试验、论证，出具检测报告，并经国务院有关部门或者省、自治区、直辖市人民政府有关部门组织的建设工程技术专家委员会审定后，方可使用。

6.4　建设工程勘察设计相关管理

1. 建设工程勘察设计质量管理

1）建设工程勘察的质量管理

（1）工程勘察单位的质量责任与义务

①工程勘察企业应当按照有关建设工程质量的法律、法规、工程建设强制性标准和勘察合同进行勘察工作，并对勘察质量负责。勘察文件应当符合国家规定的勘察深度要求，必须真实、准确。

②工程勘察企业必须依法取得工程勘察资质证书，并在资质等级许可的范围内承揽勘察业务。工程勘察企业不得超越其资质等级许可的业务范围或者以其他勘察企业的名义承揽勘察业务；不得允许其他企业或者个人以本企业的名义承揽勘察业务；不得转包或者违法分包所承揽的勘察业务。

③工程勘察企业应当健全勘察质量管理体系和质量责任制度。

④工程勘察企业应当拒绝用户提出的违反国家有关规定的不合理要求，有权提出保证工程勘察质量所必需的现场工作条件和合理工期。

⑤工程勘察企业应当参与施工验槽、及时解决工程设计和施工中与勘察工作有关的问题。工程勘察企业应当参与建设工程质量事故的分析，并对因勘察原因造成的质量事故，提出相应的技术处理方案。

⑥工程勘察项目负责人、审核人、审定人及有关技术人员应当具有相应的技术职称或者注册资格。项目负责人应当组织有关人员做好现场踏勘、调查，按照要求编写勘察纲要，并对勘察过程中各项作业资料验收和签字。工程勘察企业的法定代表人、项目负责人、审核人、审定人等相关人员，应当在勘察文件上签字或者盖章，并对勘察质量负责。工程勘察企业法定代表人对本企业勘察质量全面负责；项目负

责人对项目的勘察文件负主要质量责任；项目审核人、审定人对其审核、审定项目的勘察文件负审核、审定的质量责任。

⑦工程勘察工作的原始记录应当在勘察过程中及时整理、核对，确保取样、记录的真实和准确，严禁离开现场追记或者补记。

⑧工程勘察企业应当确保仪器、设备的完好。钻探、取样的机具设备，原位测试，室内试验及测量仪器等应当符合有关规范、规程的要求。

⑨工程勘察企业应当加强职工技术培训和职业道德教育，提高勘察人员的质量责任意识。观测员、试验员、记录员、机长等现场作业人员应当接受专业培训，方可上岗。

⑩工程勘察企业应当加强技术档案的管理工作。工程项目完成后，必须将全部资料分类编目，装订成册，归档保存。

（2）建设单位的质量责任与义务

①建设单位应当为勘察工作提供必要的现场工作条件，保证合理的勘察工期，提供真实、可靠的原始资料。

②建设单位应当严格执行国家收费标准，不得迫使工程勘察企业以低于成本的价格承揽任务。

2）建设工程设计的质量管理

（1）设计单位的质量责任和义务

①从事建设工程设计的单位应当依法取得相应等级的资质证书，并在其资质等级许可的范围内承揽工程。禁止工程设计单位超越其资质等级许可的范围或者以其他设计单位的名义承揽工程。禁止工程设计单位允许其他单位或者个人以本单位的名义承揽工程。工程设计单位不得转包或者违法分包所承揽的工程。

②设计单位必须按照工程建设强制性标准进行设计，并对其设计质量负责。注册建筑师、注册结构工程师等注册执业人员应当在设计文件上签字，对设计文件负责。

③设计单位应当根据勘察成果文件进行建设工程设计。设计文件应当符合国家规定的设计深度要求，注明工程合理使用年限。

④设计单位在设计文件中选用的建筑材料、建筑构配件和设备，应当注明规格、型号、性能等技术指标，其质量要求必须符合国家规定的标准。除有特殊要求的建筑材料、专用设备、工艺生产线等外，设计单位不得指定生产厂、供应商。

⑤设计单位应当就审查合格的施工图设计文件向施工单位做出详细说明。

⑥设计单位应当参与建设工程质量事故分析，并对因设计造成的质量事故，提出相应的技术处理方案。

（2）施工图设计文件审查制度

建设工程质量与社会公共利益和广大人民生命财产安全息息相关，因此，监管好工程质量是政府不可推卸的职责。而工程设计是整个工程建设的灵魂，对建设工程质量有着至关重要的作用。因此，世界上主要发达国家和地区都建立了工程设计施工图审查制度。《建设工程质量管理条例》和《建设工程勘察设计管理条例》对此做出了规定：建设单位应当将施工图设计文件报县级以上建设行政主管部门或者其他有关部门审查。县级以上人民政府建设行政主管部门或者交通、水利等有关部门应当对施工图设计文件中涉及公共利益、公众安全、工程建设强制性标准的内容进行审查。未经审查批准的施工图设计文件，不得使用。

①施工图设计文件审查，简称施工图审查，是指施工图审查机构按照有关法律、法规，对施工图涉及公共利益、公众安全和工程建设强制性标准的内容进行的审查。施工图审查应当坚持先勘察、后设计的原则。施工图未经审查合格的，不得使用。从事房屋建筑工程、市政基础设施工程施工、监理等活动，以及实施对房屋建筑和市政基础设施工程质量安全监督管理，应当以审查合格的施工图为依据。施工图审查是政府主管部门对建设工程勘察设计质量监督管理的重要环节，是基本建设必不可少的程序，工程建设各方必须认真贯彻执行。

②施工图审查机构是专门从事施工图审查业务，不以营利为目的的独立法人。省、自治区、直辖市人民政府住房和城乡建设主管部门应当根据规定的审查机构条件，结合本行政区域内的建设规模，确定相应数量的审查机构，将审查机构名录报国务院住房和城乡建设主管部门备案，并向社会公布。

审查机构按承接业务范围分两类，一类机构承接房屋建筑、市政基础设施工程施工图审查业务范围不受限制；二类机构可以承接中型及以下房屋建筑、市政基础设施工程的施工图审查。房屋建筑、市政基础设施工程的规模划分，按照国务院住房和城乡建设主管部门的有关规定执行。

（3）施工图审查的具体流程

①建设单位送审施工图

施工图完成后，建设单位应当将施工图送审查机构审查，但审查机构不得与所审查项目的建设单位、勘察设计企业有隶属关系或者其他利害关系。送审管理的具体办法由省、自治区、直辖市人民政府住房和城乡建设主管部门按照"公开、公平、公正"的原则规定。

建设单位不得明示或者暗示审查机构违反法律法规和工程建设强制性标准进行施工图审查，不得压缩合理审查周期、压低合理审查费用。

建设单位应当向审查机构提供下列资料并对所提供资料的真实性负责：（a）作

为勘察、设计依据的政府有关部门的批准文件及附件；(b) 全套施工图；(c) 其他应当提交的材料。

②施工图审查的内容

审查机构对施工图的下列内容进行审查：(a) 是否符合工程建设强制性标准；(b) 地基基础和主体结构的安全性；(c) 是否符合民用建筑节能强制性标准，对执行绿色建筑标准的项目，还应当审查是否符合绿色建筑标准；(d) 勘察设计企业和注册执业人员以及相关人员是否按规定在施工图上加盖相应的图章和签字；(e) 法律、法规、规章规定必须审查的其他内容。

③施工图审查的期限要求

施工图审查原则上不超过下列时限：(a) 大型房屋建筑工程、市政基础设施工程为 15 个工作日，中型及以下房屋建筑工程、市政基础设施工程为 10 个工作日；(b) 工程勘察文件，甲级项目为 7 个工作日，乙级及以下项目为 5 个工作日。以上时限不包括施工图修改时间和审查机构的复审时间。

④施工图审查后的处理

审查机构对施工图进行审查后，应当根据下列情况分别做出处理：

审查合格的，审查机构应当向建设单位出具审查合格书，并在全套施工图上加盖审查专用章。审查合格书应当由各专业的审查人员签字，经法定代表人签发，并加盖审查机构公章。审查机构应当在出具审查合格书后 5 个工作日内，将审查情况报工程所在地县级以上地方人民政府住房和城乡建设主管部门备案。

审查不合格的，审查机构应当将施工图退给建设单位并出具审查意见告知书，说明不合格原因。同时，应当将审查意见告知书及审查中发现的建设单位、勘察设计企业和注册执业人员违反法律、法规和工程建设强制性标准的问题，报工程所在地县级以上地方人民政府住房和城乡建设主管部门。

施工图退给建设单位后，建设单位应当要求原勘察设计企业进行修改，并将修改后的施工图送原审查机构复审。

⑤施工图审查合格后的修改

任何单位或者个人不得擅自修改审查合格的施工图；确需修改的，凡涉及规定的施工图审查内容，建设单位应当将修改后的施工图送原审查机构审查。

(4) 施工图审查中各方的责任

①设计单位的责任

勘察设计企业应当依法进行建设工程勘察、设计，严格执行工程建设强制性标准，并对建设工程勘察设计的质量负责。

勘察设计单位对自己勘察设计文件的质量负责，这是《建设工程质量管理条例》

和《建设工程勘察设计管理条例》等法规所明确规定的，也是国际上通行的规则。它并不因为通过了审查机构的审查就可免责。审查机构的审查只是一种监督行为，它只对工程设计质量承担间接的审查责任，其直接责任仍由完成设计的单位负责。如若出现质量问题，设计单位必须依据实际情况和相关法律的规定，承担相应的民事责任、行政责任和刑事责任。

②审查机构的责任

审查机构对施工图审查工作负责，承担审查责任。施工图经审查合格后，仍有违反法律、法规和工程建设强制性标准的问题，给建设单位造成损失的，审查机构依法承担相应的赔偿责任。

2. 建设工程勘察设计监督管理

1）建设工程勘察设计监督管理机构及监督管理内容

（1）监督管理机构

《建设工程勘察设计管理条例》规定，国务院建设行政主管部门对全国的建设工程勘察设计活动实施统一监督管理。国务院铁路、交通、水利等有关部门按照国务院规定的职责分工，负责全国的有关专业建设工程勘察设计活动的监督管理。也就是说，住房和城乡建设部是我国建设工程勘察设计活动的监管主管单位，其他行业的部委（如铁路局、交通运输部等）是建设工程相关专业的监管主管部门。

县级以上地方人民政府的建设行政主管部门对本行政区域内的建设工程勘察、设计活动实施监督管理，且交通、水利等有关部门在各自的职责范围内，负责本行政区域内有关专业建设工程勘察、设计活动的监督管理。

县级以上人民政府建设行政主管部门和其他有关部门应当加强对建设工程质量的监督管理，以及对其是否违反有关建设工程质量的法律、法规和强制性标准执行情况的监督检查。任何单位和个人对建设工程勘察、设计活动中的违法行为都有权检举、控告、投诉。

建设工程质量管理，可以由建设行政主管部门或其他有关部门委托的建设工程质量监督机构具体实施。从事建设工程质量监督的机构，必须按照国家有关规定经各对应级别的政府建设行政主管部门考核，考核通过后，方可实施质量监督的职能。

（2）监督管理内容

县级以上人民政府建设行政主管部门或交通、水利等有关部门应对施工图设计文件中涉及公共利益、公共安全、工程建设强制性标准的内容进行审查。未经审查批准的施工图设计文件不得使用。

建设工程勘察设计单位在其勘察设计资质证书规定的业务范围内跨部门、跨地区承揽勘察设计任务的，有关地方人民政府及其所属部门不得设置障碍，不得违反国家规定收取任何费用。

2) 违反建设工程勘察设计法规的违法责任

违反《建设工程质量管理条例》的行为，必须受到相应的处罚，造成重大安全事故的，还要追究刑事责任。

（1）建设单位的违法责任

发包方将建设工程勘察、设计业务发包给不具有相应资质等级的建设工程勘察设计单位的，责令改正，处以 50 万元以上 100 万元以下的罚款。

建设单位施工图设计文件未经审查或审查不合格，却擅自施工的，处以 20 万元以上 50 万元以下的罚款。

（2）勘察设计单位的违法责任

①非法承揽业务的责任

建设工程勘察设计单位未取得资质证书承揽工程的，予以取缔。以欺骗手段取得资质证书承揽工程的，吊销其资质证书。对于超越资质等级许可的范围，或以其他勘察设计单位的名义承揽勘察设计业务；或者允许其他单位或个人以本单位的名义承揽建设工程勘察设计业务的建设工程勘察设计单位，可责令其停业整顿，降低资质等级；情节严重的，吊销其资质证书。

对于有上述各种行为的勘察设计单位，还应处以合同约定的勘察费、设计费 1 倍以上 2 倍以下的罚款，并没收其违法所得。

②非法转包的责任

建设工程勘察设计单位将所承揽的工程进行转包的，责令改正，没收违法所得，处以合同约定的勘察费、设计费 25％以上 50％以下的罚款，还可责令其停业整顿，降低其资质等级；情节严重的，吊销其资质证书。

③不按规定进行设计的责任

对于不按工程建设强制性标准进行勘察设计的勘察设计单位，不按勘察成果文件进行设计，或指定建筑材料，建筑构配件生产厂、供应商的设计单位，责令其改正，并处 10 万元以上 30 万元以下的罚款。因上述行为造成工程事故的，责令其停业整顿，降低资质等级；情节严重的，吊销资质证书；造成损失的，依法承担赔偿责任。

（3）勘察设计执业人员的违法责任

个人未经注册，擅自以注册建造工程勘察设计人员的名义从事建设工程勘察设计活动的，责令其停止违法行为；已经注册的执业人员和其他专业技术人员，但未受聘于 1 个建设工程勘察设计单位或同时受聘于 2 个以上建设工程勘察设计单位从事有关业务活动的，可责令停止执行业务或吊销资格证书。对于上述人员，还要没收其违法所得，处违法所得 2 倍以上 5 倍以下的罚款；给他人造成损失的，依法承担赔偿责任。

（4）国家管理机关工作人员的违法责任

国家机关工作人员在建设工程勘察设计的监督管理工作中玩忽职守、滥用职权、徇私舞弊，构成犯罪的，依法追究刑事责任；尚不构成犯罪的，依法给予行政处分。

本章小结

本章主要介绍了四部分内容：建设工程勘察设计概述，建设工程勘察设计资质管理，建设工程勘察设计文件的编制、审批与修改和建设工程勘察设计相关管理。分别对建设工程勘察设计概念及原则、任务及工作原则、建设工程勘察设计法规概念及调整对象；建设工程勘察设计资质管理制度；建设工程勘察设计文件的编制、审批、修改；建设工程勘察设计质量管理、监督管理等内容进行了具体的阐述。

建设工程勘察是指为工程建设的规划、设计、施工、运营及综合治理等，对地形、地质及水文等要素进行测绘、勘探、测试与综合评定，并提供可行性评价与建设所需要的勘察成果资料，以及进行岩土工程勘察设计、处理、监测的活动。建设工程勘察设计法规是指调整建设工程勘察设计活动中所产生的各种社会关系的法律规范的总称。为了加强对建设工程勘察设计活动的监督管理，保证建设工程勘察设计质量，在中华人民共和国境内申请建设工程勘察、工程设计资质，实施对建设工程勘察设计资质的监督管理，适用建设工程勘察设计资质管理规定。

◆ 课后练习

一、选择题

1. 建设工程勘察单位在编制建设工程勘察文件时，不作为编制依据的是（　　）。

A. 项目批准文件　　　　　　　　　　B. 城市规划

C. 项目投资概算　　　　　　　　　　D. 国家规定的建设工程勘察深度要求

2. 建设工程勘察、设计单位（　　）承揽勘察、设计业务。

A. 不得跨部门、跨地区　　　　　　　B. 可跨部门但不得跨地区

C. 可跨地区但不得跨部门　　　　　　D. 可跨部门、跨地区

3. 关于建设工程勘察与设计任务的发包，下列说法错误的是（　　）。

A. 发包方可以将整个工程建设勘察设计发包给一个勘察设计单位

B. 发包方可以将工程建设的勘察设计分别发包给几个勘察设计单位

C. 工程建设勘察设计单位不得将所承揽的工程建设勘察设计进行转包

D. 经发包方同意，工程建设勘察设计单位可以将所承揽的工程建设勘察设计进行转包

4. 以下关于施工图设计文件审查，不正确的是（　　）。

A. 施工图审查的内容应包括设计文件是否符合工程建设强制性标准

B. 施工图审查合格的，应当有各专业审查人员签字，加盖审查机构公章

C. 施工图审查不合格的，审查机构应对设计文件进行修改，修改合格后，予以通过审查

D. 施工图审查不合格的，审查机构应当将施工图纸退建设单位并书面说明不合格原因

5. 下列不属于施工图设计的深度要求的是（　　）。

A. 能据以进行施工和安装

B. 能据以安排材料、设备订货和非标准设备的制作

C. 能满足设备制造的要求

D. 能据以进行工程验收

6. 涉及建筑主体和承重结构变动的装修工程，应当在施工前委托原设计单位或者（　　）提出设计方案。

A. 其他设计单位　　　　　　　　　　B. 监理单位

C. 具有相应资质等级的设计单位　　　D 装修施工企业

7. 关于设计单位的权利的说法，正确的是（　　）。

A. 为节约投资成本，设计单位可不依据勘察成果文件进行设计

B. 有特殊要求的专用设备，设计单位可以指定生产厂商或供应商

C. 设计单位有权将所承揽的工程交由资质等级更高的设计单位完成

D. 设计深度由设计单位酌定

8. 关于勘察设计单位的质量责任和义务的说法，正确的是（　　）。

A. 依法对设计文件进行技术交底

B. 依法保证使用的建筑材料等符合要求

C. 依法审查施工图纸设计文件

D. 依法办理工程质量监督手续

9. 勘察设计单位违反工程建设强制性标准进行勘察、设计的责令改正，并处以（　　）的罚款。

A. 10 万元以上 30 万元以下

B. 5 万元以上 10 万元以下

C. 15 万元以上 30 万元以下

D. 5 万元以上 15 万元以下

10. 下列行为违反《建设工程勘察设计管理条例》的是（　　）。

A. 将建筑艺术造型有特定要求的项目的勘察设计任务直接发包

B. 业主将一个工程建设项目的勘察设计分别发包给几个勘察设计单位

C. 勘察设计单位将所承揽的勘察设计任务进行转包

D. 经发包方同意，勘察设计单位将所承揽的勘察设计任务的非主体部分进行分包

二、简答题

1. 什么是建设工程勘察设计？建设工程勘察设计包括哪些内容？

2. 建设工程勘察设计资质的申请条件有哪些？

3. 我国是如何对建设工程勘察设计单位进行分类的？

4. 工程勘察设计规范的调整对象包括哪些？

5. 我国建设工程勘察设计从业人员如何进行执业？

6. 建设工程勘察设计文件的编制原则是什么？

7. 建设工程勘察设计文件的审批文件的原则是什么？

8. 简述勘察设计文件修改的具体规定。

9. 建设工程勘察设计监督管理机构及监督管理内容有哪些？

10. 简述违反勘察设计法律应承担的法律责任？

第7章

房地产开发与工程监理法律制度

● 学习目标 ●

知识目标

了解房地产、房地产开发的基本概念；熟悉房地产开发的基本程序；熟悉房地产交易转让、抵押的概念及条件；熟悉房地产权属登记管理的概念及意义。

了解建设工程监理的概念和性质，建设工程监理的内容、范围和依据；熟悉工程监理的法律责任；掌握建设工程监理资质的申请与审批。

能力目标

能运用所学的房地产管理法的知识解决实际中遇到的问题，能进行建设工程监理的实施。

7.1 房地产开发制度

1. 房地产管理法概述

1）房地产的概念及特征

（1）房地产的概念

房地产是房产与地产的合称。房产是指固定于土地上的具有独立使用功能并且有一定经济意义的房屋及其附属建筑物和构筑物。地产是指作为土地所有权或土地使用权的具有一定经济意义的土地。

（2）房地产的特征

房地产具有以下特征：

①固定性。房地产属不动产，占有固定空间而不能移动，故它作为商品进入市场流通时，移转的只是其使用价值而不是物质实体。

②稳定性。房地产作为一种有形财产，较其他财产具有更大的稳定性，这一方面表现在它有较长的使用寿命，另一方面表现在其产权和使用权的变动较其他财产发生得少。

③保值性。由于需求的不断扩大，土地和空间显得日益短缺，房地产不但不会像其他一些财产那样会随着时间的推移而逐渐贬值，相反却会不断增值。

④聚财性。房地产实物形态有用性和长期稳定性，使它成为社会财富庞大的蓄水池和聚宝盆，这是其他财产所无法比拟的。

房地产的上述特征是相互联系的，它们决定着房地产经济运行的规律及房地产的法律调整的特点。

2）房地产法的概念

房地产法是指确立和调整国家、集体、公民、法人及其他社会组织在城市规划区内进行房地产开发用地、房地产开发、房地产交易、房地产管理，以及房地产使用、修缮、服务等活动中的地位和相互权利义务关系的法律规范的总称。

房地产法有广义和狭义之分。广义的房地产法是指与房地产有关的一切法律、法规、条例、规定和办法等。

狭义的房地产法是指 1994 年 7 月 5 日第八届全国人民代表大会常务委员会第八次会议通过的《城市房地产管理法》，该法共 7 章 73 条，规定了总则、房地产开发用地、房地产开发、房地产交易、房地产权属登记管理、法律责任以及附则，并于1995 年 1 月 1 日开始实行，于 2007 年 8 月 30 日第一次修正，2009 年 8 月 27 日第二次修正。

3) 房地产管理法的基本原则

（1）节约用地、保护耕地的原则。

（2）国有土地有偿、有限期使用的原则。我国《宪法》和《土地管理法》规定了土地的社会主义公有制和土地有偿使用制度。《土地管理法》明确规定了住宅70年、商业40年、工业50年、综合50年的土地使用权年限。目前，可以理解为当土地使用权年限到期后，可以提前一年到土地管理部门办理土地使用权续期手续。

（3）国家扶持发展居民住宅建设，逐步改善居民居住条件的原则。

（4）保护房地产权利人合法权益和房地产权利人必须守法的原则。

（5）依法纳税的原则。房地产权利人应缴纳土地使用税、城市维护建设税、房产税、土地增值税、国有资产投资方向调节税、耕地占用税、营业税、企业所得税和契税等。

2. 房地产开发

1) 房地产开发的概念和基本原则

（1）房地产开发的概念

根据《城市房地产管理法》规定，房地产开发，是指在依据本法取得国有土地使用权的土地上进行基础设施、房屋建设的行为。具体来讲，房地产开发是指具有开发资质的房地产开发企业依据相关法律法规或政策，根据城市发展和建设的总体规划，充分考虑经济效益、社会发展的要求，对获取的土地进行投资、建设、管理的行为。

房地产开发是一种经济行为，需要借助土地、建筑材料、基础设施、专业人员、资金等资源的优化组合，形成建筑产品，再通过后续的销售活动，实现经济效益。同时，房地产开发涉及社会生产生活的方方面面，房地产开发的每一步骤甚至每一道工序都受到政府的高度重视，都要在《城市房地产管理法》《土地管理法》《城乡规划法》《建筑法》《中华人民共和国消防法》（以下简称《消防法》）等规定的框架内运作。

（2）房地产开发的基本原则

根据《城市房地产管理法》规定，房地产开发应当遵循以下原则：

①严格执行城市规划

城市规划是城市建设的纲领，也是房地产开发所必须遵循的依据。《城市房地产管理法》规定，房地产开发必须严格执行城市规划。强化房地产开发管理部门的规划意识，充分运用规划管理和法律手段，规范房地产开发行为，使之服从城市发展的整体利益。

②坚持经济、文化和环境效益相统一的原则

房地产开发的经济效益、社会效益和环境效益是一个辩证统一的整体，三者相互依存，相互促进，缺一不可。政府管理部门立足于社会整体利益和长远利益，加强对房地产开发的管理领导，特别是要通过一系列法规、政策去规范房地产开发行为。

③必须实行全面规划、合理布局、综合开发、配套建设

所谓"全面规划、合理布局"就是强调在房地产开发经营中应当先行规划。合理安排开发项目，使开发建设纳入规划管理，严格按照规划要求进行。所谓"综合开发、配套建设"就是在一定规模的建设区域内，按其使用性质对建筑物、构筑物和基础设施有计划地分期分批进行建设。建设中要将供水、排水、供气、供暖、道路交通、通信、商业网点和幼儿园、学校、消防等方面一并考虑安排。

2）房地产开发程序

（1）项目建议书和可行性研究

房地产综合开发项目建议书的编制应当由城市综合开发主管部门根据城市分区规划或控制性详细规划组织编制。

项目建议书应阐明项目的性质、规模、环境、资金来源、期限、进度、指标、拆迁、经营方式、经济效益等。属于直辖市或计划单列市的城市报市计委批准，大型项目还要报住房和城乡建设部初审后再报国家计委批准。非直辖市或非计划单列市的大型项目由城市综合开发主管部门批准后，报住房和城乡建设部初审，再报国家计委批准。

项目建议书被批准之后，可进入可行性研究阶段。可行性研究应包括项目背景及概况、建设体条件、进度、投资估算、财务权益分析等内容。

（2）建设用地规划许可证

《城乡规划法》规定，以出让方式取得国有土地使用权的建设项目，在签订国有土地使用权出让合同后，建设单位应当持建设项目的批准、核准、备案文件和国有土地使用权出让合同，向市、县人民政府城乡规划主管部门申请领取建设用地规划许可证。

市、县人民政府城乡规划主管部门不得在建设用地规划许可证中，擅自改变作为国有土地使用权出让合同组成部分的规划条件。

（3）土地使用权证书

《土地管理法》规定，中华人民共和国实行土地的社会主义公有制，即全民所有制和劳动群众集体所有制。

县级以上地方人民政府出让土地使用权用于房地产开发的，须根据省级以上人民政府下达的控制指标拟订年度出让土地使用权总面积方案，按照国务院规定，报

国务院或者省级人民政府批准。

商业、旅游、娱乐和豪华住宅用地，有条件的，必须采取拍卖、招标方式；没有条件，不能采取拍卖、招标方式的，可以采取双方协议的方式。

采取双方协议方式出让土地使用权的出让金不得低于按国家规定所确定的最低价。

城市规划区内的集体所有土地，经依法征用转为国有土地后，该国有土地的使用权方可有偿出让。

土地使用权出让合同约定的使用年限届满，土地使用者需要继续使用土地的，应当至迟于届满前一年申请续期，除根据社会公共利益需要收回该土地的，应当予以批准。经批准准予续期的，应当重新签订土地使用权出让合同，依照规定支付土地使用权出让金。

土地使用权出让合同约定的使用年限届满，土地使用者未申请续期或者虽申请续期但依照前款规定未获批准的，土地使用权由国家无偿收回。

以出让方式取得土地使用权进行房地产开发的，必须按照土地使用权出让合同约定的土地用途、动工开发期限开发土地。超过出让合同约定的动工开发日期满1年未动工开发的，可以征收相当于土地使用权出让金20％以下的土地闲置费；满2年的，可以无偿收回土地使用权。但是，因不可抗力或者政府、政府有关部门的行为或者动工开发必需的前期工作造成动工开发迟延的除外。

土地使用权出让是一种国家垄断行为。因为国家是国有土地的所有者，只有国家才能以土地所有者的身份出让土地。城市规划区集体所有土地，必须依法征用转为国有土地后，方可出让土地使用权。

拍卖，是指土地所有者的代表在指定的时间、地点组织符合条件的受让人到场，就所出让使用权的土地公开叫价竞投，按照"价高者得"的原则确定土地使用权受让人的一种出让方式。

招标，是指在指定的期限内，由符合条件的单位或个人，用书面投标的形式竞投土地使用出让权，由招标人择优确定土地使用者的方式。

招标方式的中标者不一定是标价中的最高者。因为在评标时，不仅要考虑到投标价，而且要对投标规划方案和投标者的资信情况进行综合评价。

协议出让，是指土地使用权的有意受让人直接向国有土地的代表提出有偿使用土地的愿望，由国有土地的代表与有意受让人进行一对一的谈判，协商有关事宜。《城市房地产管理法》规定，商业、旅游、娱乐和豪华住宅的用地，有条件的，必须采取拍卖、招标方式；没条件不能采取拍卖、招标方式的，可以采取双方协议的方式。

采取双方协议的出让土地使用权的出让金不得低于国家规定所确定的最低价。这种出让方式主要用于工业仓储、市政公益事业、非盈利项目以及政府为调节经济结构、实施产业政策而需给予优惠、扶持的建设项目等。

土地使用权期限，一般根据土地的使用性质来确定，不同用途的土地使用权出让的最高年限为：

居住用地：70 年。

工业用地：50 年。

教育、科技、文化、体育用地：50 年。

商业、旅游、娱乐用地：40 年。

综合或其他用地：50 年。

（4）拆迁安置

《城市房屋拆迁管理条例》中规定，任何单位或者个人需要拆迁房屋，必须持国家规定的批准文件、拆迁计划和拆迁方案，向县级以上人民政府房屋拆迁主管部门提出拆迁申请，经批准并发给房屋拆迁许可证后，方可拆迁。房屋拆迁需要变更土地使用权的，必须依法取得土地使用权。

（5）组织实施勘察设计工作，办理建设工程规划许可证

在取得建设工程规划许可证之后方可办理开工证的手续。

（6）土地开发

土地开发的主要内容是指房屋建设的前期准备：平整场地，实现水通、电通、路通"三通一平"，把自然状态的土地变成可供建设房屋和各类设施的建筑用地。

（7）施工招标、投标

（8）申领开工证，进入实施安装阶段

《建筑法》规定申领开工证应由业主向县以上政府部门办理。

境内从事各类房屋建筑及其附属设施的建造、装饰、装修和其配套的线路、管道、设备的安装以及城镇市政基础设施工程的施工，建设单位应向县级以上主管部门申领开工证（投资 30 万元以下或 300m^2 以下可不领）。

申领开工许可证的条件：

①已经办理工程用地批准手续。

②已经取得规划许可证。

③拆迁进度符合施工要求。

④已定好施工企业。

⑤有满足施工需要的施工图纸，施工图设计文件已按规定进行了审查。大型工程有保证施工 3 个月需要的施工图即可开工。

⑥有保证工程质量和安全的措施，按规定办理了质量监督手续。

⑦资金已落实。在开发项目的资金总额中自有资金总额不得低于年度投资工作量的30%。

⑧国家规定必须委托监理的项目已委托了监理。

⑨法规确定的其他条件；《建筑法》规定：开工证的有效期是3个月，过期作废，可以延期两次，每次3个月。

（9）办理商品房预售许可证

《城市商品房预售管理办法》规定，商品房预售应当符合下列条件：已交足土地使用出让金，取得土地使用证书，持有建设工程规划许可证，投入的资金应达工程总投资的25%以上，并已经确定施工进度交付日期。

一个正规的房地产开发商应当向顾客公开出示下列证件：①建设用地规划许可证；②国有土地使用证；③建设工程规划许可证；④建设工程开工证；⑤商品房销售许可证。

（10）竣工验收

竣工验收是全面考核开发成果、检验设计和工程质量的重要环节，是开发成果转入流通和使用阶段的标志。《城市房地产管理法》规定，房地产开发项目竣工，经验收合格后，方可使用。《城市住宅小区竣工综合验收管理办法》规定，除单体验收外还要进行小区综合验收，即验收规划是否落实、配套设施是否建完、拆迁是否落实、物业管理是否落实等项内容。

《房屋建筑工程和市政基础设施工程竣工验收备案管理暂行办法》规定，建设单位必须在竣工验收合格之日15天内，向工程所在地的县级以上政府主管部门备案。

（11）物业管理

物业管理是指业主通过选聘物业管理企业，由业主和物业管理企业按照物业服务合同约定，对房屋及配套的设施设备和相关场地进行维修、养护、管理，维护相关区域内的环境卫生和秩序的活动。国家提倡业主通过公开、公平、公正的市场竞争机制选择物业管理企业。国家提倡建设单位按照房地产开发与物业管理相分离的原则，通过招标投标的方式选聘具有相应资质的物业管理企业。在业主、业主大会选聘物业管理企业之前，建设单位选聘物业管理企业的，应当签订书面的前期物业服务合同。住宅物业的建设单位，应当通过招标投标的方式选聘具有相应资质的物业管理企业；投标人少于3个或者住宅规模较小的，经物业所在地的区、县人民政府房地产行政主管部门批准，可以采用协议方式选聘具有相应资质的物业管理企业。

3. 房地产交易

1）房地产交易概述

（1）房地产交易的概念及分类

房地产交易是指房地产交易主体之间以房地产这种特殊商品作为交易对象所从事的市场交易活动。

按交易形式的不同，房地产交易可分为：房地产转让、房地产抵押和房屋租赁。由于房地产本身是不可移动的特殊商品，房地产交易的内容、方式比较复杂，而且交易金额大，涉及面广，因此国家对房地产的交易条件、交易程序及相关手续进行了专门规范。

（2）房地产交易的原则

房地产交易是一种典型的民事法律行为，在由此所形成的法律关系中，当事人的权利、义务除了受有关房地产交易的专门法律调整以外，还受《民法典》一般规定的调整。由于参与交易客体（房地产）的特殊性，决定了房地产交易除应遵守平等、自愿、等价、有偿和诚实信用等基本原则外，还应遵循以下原则：

①权属不分离的原则

房地产转让、抵押时，房屋的所有权和该房屋占用范围内土地的使用权同时转让、抵押，即房地产交易中"房随地走"或"地随房走"的原则。实践中，房产交易以取得"两证"（房屋产权证和土地使用证）作为房地产交易结束的判断。"一房两证"是房地产交易权属不分离原则的体现。

②房地产价格评估的原则

国家实行房地产价格评估制度。评估是房地产转让、抵押、租赁等交易行为过程中的一项必不可少的基础性工作。在房地产价格评估过程中，应当按照国家规定的技术标准和评估程序，以基准地价、标定地价和各类房屋的重置价格为基础，参照当地的市场价格进行评估。基准地价、标定地价和各类房屋的重置价格由国务院规定确定办法，并由相关部门定期公布。

③房地产成交价格申报的原则

国家实行房地产成交价格申报制度。房地产权利人转让房地产，应当向县级以上地方人民政府规定的部门如实申报成交价，不得瞒报或者做不实的申报。房地产转让应当以申报的房地产成交价格作为缴纳税费的依据，成交价格明显低于正常市场价格的，以评估价格作为缴纳税费的依据。房地产转让当事人对评估价格有异议的，可以在接到评估价格通知后15日内向房地产管理部门申请复核；对复核结果仍有异议的，可以在接到复核结果15日内申请仲裁或向人民法院起诉。

④房地产交易行为要式性的原则

《城市房地产管理法》明确规定，房地产转让、抵押应当依法签订书面合同，并应向房地产所在地房产管理部门办理登记备案手续，否则其转让、抵押无效。

2）房地产转让

（1）房地产转让的概念

《房地产管理法》规定，房地产转让，是指房地产权利人通过买卖、赠与或者其他合法方式将其房地产转移给他人的行为。

（2）房地产转让的条件

房地产转让主体是房地产权利人，包括房产所有人和土地使用人。为了保证房地产转让行为的合法性和有效性，房地产转让必须具备以下条件：

①转让、受让双方必须具有合法资格。房地产转让属于民事法律行为，转让、受让双方必须具有相应的主体资格和行为能力，否则其转让房地产的行为不具有法律效力，不受法律保护。

②房地产转让的客体必须符合法定要求。国家对房地产的转让，尤其是土地使用权的转让，通常有较多的限制和特定的要求。根据《城市房地产管理法》的规定，以出让或者划拨方式取得的土地使用权，在转让房地产时，应符合法律规定的可以转让的条件。

③签订书面转让合同。房地产转让行为属于要式法律行为，转让、受让双方协商达成协议后，应形成书面合同，并在签约后的一定时间内，到房地产有关管理机关办理土地使用权及房屋所有权的变更登记手续，领取房地产权利证书。

（3）房地产转让中禁止转让的情形

《城市房地产管理法》第三十八条规定，下列房地产不得转让：

①以出让方式取得土地使用权的，不符合本法第三十九条（按照出让合同约定已经支付全部土地使用权出让金，并取得土地使用权证书；按照出让合同约定进行投资开发，属于房屋建设工程的，完成开发投资总额的25%以上，属于成片开发土地的，形成工业用地或者其他建设用地条件；转让房地产时房屋已经建成的，还应当持有房屋所有权证书）规定的条件的。

②司法机关和行政机关依法裁定、决定查封或者以其他形式限制房地产权利的。

③依法收回土地使用权的。

④共有房地产，未经其他共有人书面同意的。

⑤权属有争议的。

⑥未依法登记领取权属证书的。

⑦法律、行政法规规定禁止转让的其他情形。

（4）房地产转让的方式

目前，我国房地产转让的方式主要有三种：买卖、赠予、其他合法方式。除买卖、赠予这两种典型的房地产转让行为之外，房地产权利人还可以采取其他法律允许的方式转让其房地产。如以房地产作价入股与他人组成企业法人，以土地使用权与他人合资、合作开发经营房地产，以房地产抵债等均可能引起房地产权利的转移。

3）房地产抵押

（1）房地产抵押的概念

《城市房地产管理法》第四十七条规定，房地产抵押，是指抵押人以其合法的房地产以不转移占有的方式向抵押权人提供债务履行担保的行为。债务人不履行债务时，抵押权人有权依法以抵押的房地产拍卖所得的价款优先受偿。

（2）房地产抵押的条件

①根据抵押权理论，只有抵押人有处分权的可依法流通且具有独立交换价值的财产，才能成为抵押权的客体。根据《城市房地产管理法》的规定，以下两类房地产可以设定抵押权：依法取得的房屋所有权连同该房屋占用范围内的土地使用权，可以设定抵押权，也就是说依法取得的房屋所有权连同该房屋占用范围内的土地使用权同时设定抵押权；以出让方式取得的土地使用权，可以设定抵押权，也就是说以出让方式取得的土地使用权，在地面上尚未建成建筑物或其他地上附着物时，可以单独设定抵押权。

②根据《城市房地产抵押管理办法》的规定，下列房地产不得设定抵押：权属有争议的房地产，用于教育、医疗、市政等公共福利事业的房地产，列入文物保护的建筑物和有重要纪念意义的其他建筑物，已依法公告列入拆迁范围的房地产，被依法查封、扣押、监管或者以其他形式限制的房地产，依法不得抵押的其他房地产。

（3）办理房地产抵押的注意事项

①证件手续要齐全

办理房地产抵押的前提是"两证齐全"，即抵押人具有合法有效的《房屋所有权证》和《国有土地使用证》。需要注意以下特殊房地产抵押的特别规定：以集体所有企业的房地产抵押的，必须经集体所有制企业职工（代表）大会通过，并报其上级主管机关备案；以中外合资企业、合作经营和外商独资企业的房地产抵押的，必须经董事会通过，但企业章程另有规定的除外；以有限责任公司、股份有限公司的房地产抵押的，必须经董事会或股东大会通过，另有规定的除外；以预购商品房贷款抵押的，商品房开发项目必须符合房地产转让条件并取得商品房预售许可证；以共有房地产抵押的，抵押人应征得共有人的书面同意。

②出租的房屋可以抵押，抵押的房屋可以出租

抵押出租的房屋，抵押人应当告知抵押权人租赁情况。处分抵押房屋时，租赁合同对于房屋的受让人仍然有效。已抵押的房屋，经抵押权人同意，可以出租，但租赁关系自处分抵押房地产时解除。

③重复抵押

房屋及其土地使用权被抵押后，其价格大于所担保的债权的余额部分，可以再次抵押，但不得超出其余额部分。

④超值抵押

房屋及其土地使用权超值抵押的，超过该标的价值部分抵押无效。

（4）房地产抵押合同登记

《城市房地产抵押管理办法》规定，房地产抵押合同自签订之日起30日内，抵押当事人应当向房地产所在地的房地产管理部门办理抵押登记，房地产抵押合同自抵押登记之日起生效。办理房地产抵押合同时需要交验一定的文件。

个人办理房地产抵押合同时需要交验的文件：①《房屋所有权证》；②《国有土地使用证》；③主合同（借款合同等）；④抵押双方的资格、身份证明；⑤由资质评估机构出具的评估报告；⑥房屋所有人的身份证件；⑦居住用房抵押的，须提交第二住处证明。有权人已婚的，须提交夫妻双方同意抵押的文件；共有房屋设立抵押的，须提交共有人的同意书。

单位办理房地产抵押合同时需要交验的文件：①《房屋所有权证》；②《国有土地使用证》；③主合同（借款合同）；④抵押双方的资格、身份证明；⑤由资质评估机构出具的评估报告；⑥单位同意抵押的文件。集体企业须提交职工（代表）大会通过的同意抵押的文件；有限责任公司，须提交董事会通过的同意抵押的文件；股份有限公司，须提交股东大会通过的同意抵押的文件。

（5）抵押权的实现

房地产抵押后，如果债务人到期不履行债务或债务人在抵押期间解散、被宣布破产，抵押权人可以通过法律途径对抵押物进行拍卖、变卖，从所得价款中优先受偿。设定房地产抵押权的土地使用权是以划拨方式取得的，依法拍卖该房地产后，应当从拍卖所得价款中扣除相当于应缴纳土地使用权出让金的款额，抵押权人方可优先受偿。处分抵押房地产所得价款，按以下顺序分配：

①支付处分抵押房地产的费用。

②扣除抵押房地产应缴纳的税款。

③偿还抵押权人本息及支付违约金。

④赔偿因债务人违反合同而给抵押权人造成的损失。

⑤剩余价款交还抵押人。

处分抵押房地产所得价款金额不足以支付债务、违约金和赔偿损失时，抵押权人有权向债务人追索不足部分。

4. 房地产权属登记管理

1）房地产权属登记的概念与意义

（1）房地产权属登记的概念

《城市房地产管理法》第六十条规定，国家实行土地使用权和房屋所有权登记发证制度。

房地产权属登记，是指房地产行政主管部门代表政府对占有土地使用权和房屋所有权益，及由上述权利产生的抵押、设典、租赁以及房地产其他权利等产权状况进行登记，依法确认产权归属关系的行为。

（2）房地产权属登记的意义

登记作为不动产物权的公示方法，是房屋登记机构依法将房屋权利和其他应当记载的事项在房屋登记簿上予以记载的行为。由于不动产具有价值大、稀缺性高的特点，单凭占有不足以表明不动产上的权利归属关系，因而需要经过不动产登记，由专门的登记机关，依照法定的程序，对不动产上的权利及其变动进行登记，向社会公开以供查阅，以维护交易安全，保护权利人的合法权益。

2）房地产权属登记管理

（1）房产与地产分别登记

我国大部分地区，由两个政府职能部门分管房屋与土地，并分别向房地产权利人颁发两个权利证书。

①以出让或者划拨方式取得土地使用权，应当向县级以上地方人民政府土地管理部门申请登记，经县级以上地方人民政府土地管理部门核实，由同级人民政府颁发土地使用权证书。

②在依法取得的房地产开发用地上建成房屋的，应当凭土地使用权证书向县级以上地方人民政府房产管理部门申请登记，由县级以上地方人民政府房产管理部门核实并颁发房屋所有权证书。

房地产开发企业申请房屋所有权初始登记时，应当对建筑区划内依法属于全体业主共有的公共场所、公用设施和物业服务用房等房屋一并申请登记，由房屋登记机构在房屋登记簿上予以记载，不颁发房屋权属证书。

③房地产转让或者变更时，应当向县级以上地方人民政府房产管理部门申请房产变更登记，并凭变更后的房屋所有权证书向同级人民政府土地管理部门申请土地使用权变更登记，经同级人民政府土地管理部门核实，由同级人民政府更换或者更

改土地使用权证书。法律另有规定的，依照有关法律的规定办理。

④房地产抵押时，应当向县级以上地方人民政府规定的部门办理抵押登记。因处分抵押房地产而取得土地使用权和房屋所有权的，应当依法办理过户登记。

以在建工程设定抵押的，当事人应当申请在建工程抵押权设立登记。已经登记在建工程抵押权变更、转让或者消灭的，当事人应当申请变更登记、转移登记、注销登记。在建工程竣工并经房屋所有权初始登记后，当事人应当申请将在建工程抵押权登记转为房屋抵押权登记。

（2）房产与地产统一登记

在我国一些城市，由政府的某一职能部门对房屋与土地实施统一管理。因此，《城市房地产管理法》规定，经省、自治区、直辖市人民政府确定，县级以上地方人民政府由一个部门统一负责房产管理和土地管理工作的，可以制作、颁发统一的房地产权证书，依法将房屋的所有权和该房屋占用范围内的土地使用权的确认和变更，分别载入房地产权证书。

7.2 建设工程监理法律制度

1. 建设工程监理法律制度概述

我国《建筑法》规定，国家推行建筑工程监理制度。建筑工程监理应当依据法律、行政法规及有关的技术标准、设计文件和建筑工程合同，对承包单位在施工质量、建设工期和建设资金等方面，代表建设单位实施监督。

1）建设工程监理的概念

（1）建设工程监理的含义

建设工程监理是指监理单位受建设单位的委托和授权，根据国家批准的工程项目建设文件，有关工程建设的法律、法规和工程建设监理合同以及其他法规、规范，对建设工程全过程或项目实施阶段进行监督和管理的活动。

建设工程监理包括对投资结构和项目决策的监理、对建设市场的监理、对工程建设实施的监理。在我国，建设工程监理主要是指后两种，其对象包括新建、改建和扩建的各种工程项目。

（2）建设工程监理的性质

建设工程监理是一种特殊的与其他工程建设活动有着明显区别和差异的工程建设活动，在建设领域中具有以下特征：

①服务性。建设工程监理是监理人员利用自己的工程建设知识、技能和经验为建设单位提供管理服务并获得技术服务性报酬的活动。它既不同于承建商的直接生

产活动，也不同于建设单位的直接投资活动，不向建设单位承包工程造价，不参与承包单位的利益分成，其是一种高智能、有偿性的技术服务。其服务客体是建设单位的工程项目，服务对象是建设单位，服务依据是国家批准的工程项目建设文件，有关工程建设的法律、法规和工程建设监理合同以及其他法规、规范，受法律约束和保护。

②科学性。建设工程监理作为一种高智能的技术服务，其工作内涵、任务、使命及监理的社会化、专业化特点，都要求整个监理应当遵循科学性准则。监理的科学性主要表现在：工程监理企业应当由组织管理能力强、工程建设经验丰富的人员担任领导；应有足够数量有丰富管理经验和应变能力的监理工程师组成的骨干队伍；要有一套健全的管理制度；要有现代化的管理手段；要掌握先进的管理理论、方法和手段；要积累足够的技术、经济资料和数据；要有科学的工作态度和严谨的工作作风；要实事求是、创造性地开展工作。

③公正性。公正性是监理行业的必然要求，也体现了监理单位和监理工程师的职业道德。监理单位作为提供技术服务的第三方，在开展建设工程监理的过程中，应依据国家法律、法规、技术标准、规范、规程和合同文件，排除各种干扰，站在客观、公正的立场进行判断、证明和行使处理权，维护建设单位和不损害被监理单位双方的合法权益。

④独立性。监理单位是直接参与工程项目建设的"三方当事人"之一，它与项目建设单位、承建商之间是一种平等的主体关系。《建筑法》明确要求，工程监理单位应严格按照有关法律、法规、规章、工程建设文件、工程建设技术标准、建设工程委托监理合同、有关建设工程合同等相关规定实施监理；在委托监理的工程中，与承建单位不得有隶属关系和其他利益关系；在开展工程监理的过程中，必须建立自己的组织，按照自己的工作计划、程序、流程、方法、手段，根据自己的判断，独立地开展工作。

（3）建设工程监理的作用

①有利于提高建设工程投资决策科学化水平

在建设单位委托工程监理企业实施全方位全过程监理的条件下，在建设单位有了初步的项目投资意向之后，工程监理企业可协助建设单位选择适当的工程咨询机构，管理工程咨询合同的实施，并对咨询结果（如项目建议书、可行性研究报告）进行评估，提出有价值的修改意见和建议；或者直接从事工程咨询工作，为建设单位提供建设方案。

②有利于规范工程建设参与各方的建设行为

在建设工程实施过程中，工程监理企业可依据委托监理合同和有关的建设工程合同对承建单位的建设行为进行监督管理，可以有效地规范各承建单位的建设行为，最大限度地避免不当建设行为的发生。另外，工程监理单位可以向建设单位提出适当的建议，从而避免发生建设单位的不当建设行为，这对规范建设单位的建设行为也可起到一定的约束作用。

③有利于促使承建单位保证建设工程质量和使用安全

工程监理企业对承建单位建设行为的监督管理，实际上是从产品需求者的角度对建设工程生产过程的管理，这与产品生产者自身的管理有很大的不同。

④有利于实现建设工程投资效益最大化有以下三种不同表现：在满足建设工程预定功能和质量标准的前提下，建设投资额最小；在满足建设工程预定功能和质量标准的前提下，建设工程寿命周期费用（或全寿命费用）最少；建设工程本身的投资效益与环境、社会效益的综合效益最大化。

2）建设工程监理制度

（1）国家推行建筑工程监理制度

根据《建筑法》的规定，国务院可以规定实行强制性监理的建筑工程的范围。《建筑法》第三十条规定，国家执行建筑工程监理制度。建设单位与其委托的工程监理单位应当订立书面委托合同。工程监理单位应当根据建设单位的委托，客观、公正地执行监理业务。建设单位和工程监理单位之间是一种委托代理关系，适用《民法典》有关代理的法律规定。

实行建设工程监理制度，是我国工程建设领域管理体制改革的重大举措。我国自1988年开始推行建设工程监理制度。《建筑法》以法律形式正式确立了工程监理制度。国务院《建设工程质量管理条例》《建设工程安全生产管理条例》则进一步规定了工程监理单位的质量责任、安全责任。

《建筑法》第三十条规定，国务院可以规定实行强制监理的建筑工程的范围。国务院《建设工程质量管理条例》第十二条规定了必须实行监理的建设工程范围，《建设工程监理范围和规模标准规定》对必须实行监理的建设工程做出了更具体的规定。

（2）实行旁站监理的规定

旁站监理是指监理人员在工程施工阶段监理中，对关键部位、关键工序的施工质量全过程现场跟班的监督活动。旁站监理是控制工程施工质量的重要手段之一，也是确认工程质量的重要依据。

2. 建设工程监理资质与资格管理

工程监理工作直接关系到建设工程质量，同样是一项专业性很强的特殊工作，只有具备相应专业技术资格的单位和个人才能从事这项工作。根据《建筑法》的有关规定，我国对工程监理企业实行资质许可制度，同时对监理行业从业人员实施执业资格管理。

1）监理企业的资质管理

我国对监理企业的资质管理主要通过资质标准的确定、资质审批以及日常监管三个方面来进行。

（1）监理企业的资质标准

我国将工程监理企业的资质分为综合资质、专业资质和事务所三个序列。综合资质、事务所资质不分级别。专业资质按照工程性质和技术特点划分为若干工程类别。专业资质分为甲级、乙级；其中，房屋建筑、水利水电、公路和市政公用专业资质可设立丙级。

（2）监理企业的资质审批

综合资质、专业甲级资质的审批，由企业工商注册所在地的省、自治区、直辖市人民政府建设主管部门进行初审，初审完毕后由其报国务院建设行政主管部门进行审批。其中，涉及铁路、交通、水利、通信、民航等专业工程监理资质的，还须由国务院建设主管部门送国务院有关部门审核，然后再由国务院建设主管部门审批。

专业乙级、丙级资质和事务所资质由企业所在地省、自治区、直辖市人民政府建设主管部门审批，并将准予资质许可的决定报国务院建设主管部门备案。

工程监理企业资质证书的有效期为 5 年，但可在资质证书有效期届满 60 日前，向原资质许可机关申请办理延续手续。

（3）监理企业的日常监管

建设主管部门的日常监管主要包括：①要求被检查单位提供工程监理企业资质证书，注册监理工程师注册执业证书，有关工程监理业务的文档，有关质量管理、安全生产管理、档案管理等企业内部管理制度的文件；②进入被检查单位进行检查，查阅相关资料；③纠正违反有关法律、法规及有关规范和标准的行为。一旦出现违法行为，建设主管部门可以做出责令改正、罚款，直至撤销其资质等处罚。

2）注册监理工程师的资格管理

作为监理行业的专业技术人员，监理工程师的专业素质直接影响到工程质量、投资收益、工期进展等。为此，我国对监理工程师实行的是考试注册和执业管理制度。注册监理工程师，就是指经过全国统一考试合格，取得《监理工程师资格证书》，并经注册登记的工程建设监理人员。

（1）注册监理工程师的考试制度

监理工程师的考试工作由住房和城乡建设部、交通运输部、水利部、人力资源社会保障部共同负责。考试设 4 个科目，具体包括《建设工程监理基本理论与相关法规》《建设工程合同管理》《建设工程目标控制》《建设工程监理案例分析》。考试每年举行一次，一般安排在 5 月中旬，通常在省会城市设立考点。考试合格的人员，将由各省、自治区、直辖市人力资源社会保障行政主管部门颁发人力资源社会保障部统一印制的，住房和城乡建设部、交通运输部、水利部按专业类别分别与人力资源社会保障部用印的中华人民共和国《监理工程师执业资格证书》。该证书在全国范围内有效。

（2）注册监理工程师的注册管理

在我国，通过监理工程师考试是成为注册监理工程师的前提条件。注册监理工程师依据其所学专业、工作经历、工程业绩，按照《工程监理企业资质管理规定》划分的工程类别，按专业注册。每人最多可以申请 2 个专业注册。

注册监理工程师的注册审批按照其是否受聘于一个建设工程勘察、设计、施工、监理、招标代理、造价咨询等单位分两种情况进行：未受聘的，由取得资格证书的人员向省、自治区、直辖市人民政府建设主管部门初审，国务院建设主管部门审批；已受聘的，由聘用单位向单位工商注册所在地的省、自治区、直辖市人民政府建设主管部门提出注册申请，审批程序与前面相同。

初始注册者，可自资格证书签发之日起 3 年内提出申请，逾期须符合继续教育的要求后方可申请初始注册。注册证书和执业印章的有效期为 3 年，但可在届满前申请延续注册。

（3）注册监理工程师的执业管理

在我国，通过注册监理工程师资格考试的人员须受聘并注册于一个具有工程监理资质的单位才能从事工程监理执业活动。

注册监理工程师的执业范围主要包括工程监理、工程经济与技术咨询、工程招标与采购咨询、工程项目管理服务以及国务院有关部门规定的其他业务。

工程监理活动中形成的监理文件由注册监理工程师按照规定签字盖章后方可生效，该文件的修改需由该注册监理工程师进行，特殊情形也可由别的监理工程师进行修改，但后者需要签字盖章并对修改部分负责。

注册监理工程师从事执业活动，由所在单位接受委托并统一收费。如果给他人造成损失的，由聘用单位予以赔偿，但赔偿后可向注册监理工程师追偿。

（4）注册监理工程师的继续教育管理

注册监理工程师在每一注册有效期内应当达到国务院建设主管部门规定的继续教育要求。继续教育作为注册监理工程师逾期初始注册、延续注册和重新申请注册的条件之一。继续教育分为必修课和选修课，在每一注册有效期内各为 48 学时。

3. 建设工程监理的实施

1）建设工程监理的内容

建设工程监理的工作任务是"三控两管一协调"，即质量控制、投资控制、工期控制、合同管理、信息管理、组织协调；而"三控制"又是监理工作的中心任务，围绕这个任务，其监理的主要业务内容如下：

（1）立项阶段

协助业主准备项目报建手续；项目可行性研究的咨询和监理，技术经济论证，编制工程建设概算，组织设计任务书编制。

（2）设计阶段

结合工程项目的特点，收集设计所需要的技术经济资料，编写设计要求文件。组织工程项目设计方案竞赛或设计招标，协助业主选择勘察设计单位。拟订和商谈设计委托合同的内容。向设计单位提供设计所需的基础资料，配合设计单位开展技术经济分析，搞好设计方案的比选、优化设计。配合设计进度，协调设计部门与有关部门（如消防、环保、土地、人防、防汛、园林、供水、排水、供电、供气、供热、电信等）之间的工作；协调各设计单位之间的工作；参与主要设备、材料的选型；审核工程的估算和概算；审核主要设备、材料清单，审核工程项目的设计图纸；检查和控制设计进度；组织设计文件的报批。

（3）施工招标阶段

拟订工程项目施工招标的方案并征得业主同意；准备工程项目施工招标条件。办理施工招标申请；编写施工招标文件，编制标底，并经业主认可后，报送所在地住房和城乡建设主管部门审核；组织工程项目施工招标工作；组织现场踏勘与答疑会，回答投标人提出的问题；组织开标、评标及决标工作；协助业主与中标单位商签承包合同。

（4）材料物资采购供应

对于由业主负责采购供应的材料、设备等物资，监理工程师应负责进行制订计划、监督合同执行和供应工作。具体监理工作内容主要有：制订材料物资供应计划和相应的资金需求计划；通过质量、价格、供货期、售后服务等条件的分析和比选，确定材料、设备等物资的供应厂家；拟订并商签材料、设备的订货合同；监督合同的实施，确保材料设备的及时供应。

（5）施工阶段

目前，我国工程监理工作主要在施工阶段，其工作内容主要有：协助业主编写开工报告；确定承包商，选择分包单位；审批施工组织设计、施工技术方案和施工进度计划；审查承包商的材料、设备采购清单；检查工程中所使用的材料、构件和设备的规格与质量；检查施工技术措施和安全防护设施；检查工程进度和施工质量，验收分部分项工程，签署工程预付款、进度款；督促承包商严格履行工程承包合同，调解合同双方的争议，公正处理索赔事项；协商处理工程设计变更、并报业主决定；

督促整理合同文件和技术档案资料。我国《民法典》第七百九十六条规定，建设工程实行监理的，发包人应当与监理人采用书面形式订立委托监理合同。发包人与监理人的权利和义务以及法律责任，应当依照本编委托合同以及其他有关法律、行政法规的规定。

2）建设工程监理的范围

我国法律并没有要求所有工程都必须实行工程监理，而仅对于某些建设工程实行强制监理。根据《建设工程监理范围和规模标准规定》，需要强制监理的建设工程主要包括以下几类：

（1）国家重点建设工程

这是指依据《国家重点建设项目管理办法》所确定的对国民经济和社会发展有重大影响的骨干项目。

（2）大中型公用事业工程

这是指项目总投资额在 3000 万元以上的下列工程项目：供水、供电、供气、供热等市政项目；科技、教育、文化项目；体育、旅游、商业等项目；卫生、社会福利等项目；其他公用事业项目。

（3）成片开发建设的住宅小区工程

建筑面积在 $50000m^2$ 以上的住宅建设工程必须实行监理；$50000m^2$ 以下的住宅建设工程，可以实行监理，具体范围和规模标准，由省、自治区、直辖市人民政府建设行政主管部门规定；为了保证住宅质量，对高层住宅及地基、结构复杂的多层住宅应当实行监理。

（4）利用外国政府或者国际组织贷款、援助资金的工程

主要包括使用世界银行、亚洲开发银行等国际组织贷款资金的项目、使用国外政府及其机构贷款资金的项目、使用国际组织或者国外政府援助资金的项目。

（5）国家规定必须实行监理的其他工程

具体来说，这些其他工程主要包括：①学校、影剧院、体育场项目以及总投资额在 3000 万元以上关系社会公共利益、公众安全的下列基础设施项目：煤炭、石油、化工、天然气、电力、新能源等项目；②铁路、公路、管道、水运、民航以及其他交通运输业等项目；③邮政、电信枢纽、通信、信息网络等项目；④防洪、灌溉、排涝、发电、引（供）水、滩涂治理、水资源保护、水土保持等水利建设项目；⑤道路、桥梁、地铁和轻轨交通、污水排放及处理、垃圾处理、地下管道、公共停车场等城市基础设施项目；⑥生态环境保护项目；⑦其他基础设施项目。

3）建设工程监理的依据

根据《建筑法》《建设工程质量管理条例》《建设工程安全生产管理条例》的有

关规定，建设工程监理的依据如下：

（1）国家或部门制定颁布的法律、法规、规章

监理单位应当依据法律、法规的规定，对承包单位实施监理。工程监理在监理过程中首先就要监督检查施工单位是否存在违法行为，另外，对建设单位的违法违规要求，也应拒绝。只有这样，才能体现监理公正、独立、自主的工作原则。

总之，监理单位必须依法执业，既要维护建设单位的利益，也不能损害承包单位的合法利益。

（2）国家现行的技术规范、技术标准、规程

技术标准分为强制性标准和推荐性标准。强制性标准是各参建单位都必须执行的标准，而推荐性标准则是可以自主决定是否采用的标准。通常情况下，建设单位如要求采用推荐性标准，应当与设计单位或施工单位在合同中予以明确约定。经合同约定采用的推荐性标准，对合同当事人同样具有法律约束力，设计或施工未达到该标准，将构成违约行为。

（3）审查批准的设计文件、设计图纸

施工单位的任务是按图施工，也就是按照施工图设计文件进行施工。如施工单位没有按照图纸的要求去修建工程，则构成违约，如果擅自修改图纸，更构成了违法。因此，设计文件就是监理单位的依据之一。

（4）建设工程承包合同

建设单位和承包单位通过订立建设工程承包合同，明确双方的权利和义务。合同中约定的内容要远远大于设计文件的内容。例如，进度、工程款支付等都不在设计文件的描述范围内。而这些内容也是当事人必须履行的义务。工程监理单位有权利也有义务监督检查承包单位是否按照合同约定履行这些义务。因此，建设工程承包合同也是工程监理的一个依据。

4. 建设工程监理法律责任

1）工程监理企业的法律责任

根据《建筑法》规定，建设工程监理企业实施建设工程监理前，建设单位应当将委托的建设工程监理企业、监理的内容及监理权限，书面通知被监理的建筑施工企业。

建设工程监理企业应当在其资质等级许可的监理范围内，承担工程监理业务。建设工程监理企业应当根据建设单位的委托，客观、公正地执行监理任务。建设工程监理企业与被监理工程的承包单位以及建筑材料、建筑构配件和设备供应单位不得有隶属关系或者其他利害关系。建设工程监理企业不得转让工程监理业务。

建设工程监理企业不按照委托监理合同的约定履行监理义务，对应当监督检查的项目不检查或者不按规定检查，给建设单位造成损失的，应当承担相应的赔偿责

任。建设工程监理企业与承包单位串通，为承包单位谋取非法利益，给建设单位造成损失的，应当与承包单位承担连带赔偿责任。

2）工程监理人员的权利与义务

工程监理人员既受建设单位委托对建筑工程实施监督，同时又应依法履行职责，遵守一定的行为规范，因此，对工程监理人员的权利和义务做出明确规定是非常必要的。

（1）工程施工不符合工程设计要求、施工技术标准和合同约定的，有权要求建筑施工企业改正，这既是工程监理人员的权利，又是其应当履行的职责。实行工程监理就是通过制约和监督，使工程施工符合设计要求、施工技术标准和合同约定，达到控制质量、工期和投资的目的。在监督过程中，工程监理人员必须有要求改正的权利；同时，及时发现施工中的问题也是其必须履行的义务。应该发现问题而没有发现，应该提出改正而没有提出，工程监理人员就是失职，应承担相应的法律责任。

（2）工程设计不符合建筑工程质量标准或者合同约定的质量要求的，应当报告建设单位，要求设计单位改正，这既是工程监理人员的权利，也是其应履行的义务。上款规定的要求是由工程监理人员直接向建筑施工企业提出，而本款规定的要求则需经过建设单位向设计单位提出。

为了保证工程监理人员能行使其权利，履行其义务，建设单位应在委托的工程范围内，授予工程监理人员以下具体实施权：向承包单位提出施工组织设计和技术方案建议权；工程建设有关协作单位的组织协调的主持权；经建设单位同意，发布开工令、停工令、复工令权；工程上使用的材料和施工质量检验权；工程施工进度的检查、监督权；工程款支付的审核和签订权等。

本章小结

本章主要介绍了两部分内容：房地产开发制度和建设工程监理法律制度。房地产开发制度部分介绍了房地产管理法概述、房地产开发、房地产交易、房地产权属登记管理；建设工程监理法律制度部分对建设工程监理法律制度概述、建设工程监理资质和资格管理、建设工程监理的实施、建设工程监理的法律制度等内容进行了阐述。

为了加强对房地产开发经营活动的规范和监督管理，促进和保障房地产产业的健康发展，国家先后制定了一系列与房地产开发相关的法律、法规和规章。

我国《建筑法》规定，国家推行建筑工程监理制度。建筑工程监理应当依据法律、行政法规及有关的技术标准、设计文件和建筑工程合同，对承包单位在施工质量、建设工期和建设资金等方面，代表建设单位实施监督。

📖 课后练习

一、选择题

1. 目前房地产开发中，土地使用权出让不可以采用（　　）形式。

A. 挂牌　　　　　　B. 招标　　　　　　C. 公开拍卖　　　　D. 划拨

2. 房地产企业对外转让、销售和出租开发产品等取得的收入应计入（　　）科目。

A. 其他业务收入　　B. 销售利润　　　　C. 营业外收入　　　D. 经营收入

3. 房地产开发商和中介机构的欺诈风险主要表现为（　　）。

A. "假个贷"　　　　B. 担保风险　　　　C. 中介机构风险　　D. 市场风险

4. 监理工程师在建设工程监理中必须尊重科学、事实，组织各方协同配合，维护有关各方的合法权益。为此，必须坚持（　　）的原则。

A. 权责一致　　　　　　　　　　　　B. 总监理工程师负责制

C. 综合效益　　　　　　　　　　　　D. 公正，独立，自主

5. 依据《工程监理企业资质管理规定》，由（　　）负责全国工程监理企业资质的归口管理工作。

A. 县级以上地方人民政府的建设行政主管部门

B. 省（自治区、直辖市）建设行政主管部门

C. 国务院建设行政主管部门

D. 国务院

6. 监理单位应在建设工程施工完成以后参加业主组织的工程竣工验收，签署（　　）意见。

A. 业主　　　　　　B. 总监理工程师　　C. 承包单位　　　　D. 监理单位

7. 建设工程监理的实施需要建设单位的（　　）。

A. 委托和授权　　　B. 申请和审核　　　C. 赞助和帮助　　　D. 管理和控制

8. 项目总投资额在（　　）万元以上，关系社会公共利益、公众安全的基础设施项目为国家规定必须实行监理的工程。

A. 1500　　　　　　B. 2000　　　　　　C. 2500　　　　　　D. 3000

9. 监理人在责任期内，如果因过失而造成经济损失要负（　　）。

A. 连带责任　　　　　　　　　　　　B. 全部责任

C. 监理违约的责任　　　　　　　　　D. 监理失职的责任

10. 申请人隐瞒有关情况或者提供虚假材料申请工程监理企业资质的，资质许可机关不予受理或者不予行政许可，并给予警告，申请人在（　　）年内不得再次申请工程监理企业资质。

A. 1　　　　　　　　B. 2　　　　　　　　C. 3　　　　　　　　D. 4

二、简答题

1. 房地产的概念是什么？房地产管理法的基本原则是什么？

2. 简述房地产开发的基本程序。

3. 何谓房地产交易？房地产业交易的原则是什么？

4. 房地产转让的基本方式有哪些？

5. 简述房地产权登记的作用。

6. 什么是建设工程监理？

7. 在我国，哪些可以成为建设工程监理的依据？

8. 工程监理企业的资质等级分为哪几类？

9. 施工阶段监理工作的主要内容有哪些？

10. 工程监理企业的法律责任有哪些？

第 8 章

建设工程发承包与招标投标法律制度

● 学习目标 ●

知识目标

熟悉发包、承包和分包制度，以及招标程序；掌握强制性招标的工程范围，投标的相关要求，开标、评标与中标的规定；了解建筑市场信用管理的规定。

能力目标

能熟练掌握必须招标投标的工程范围和规模标准；能熟练掌握工程招标的程序；能熟练掌握开标、评标、定标的各项规定；能熟练掌握招标投标中的违法责任；能运用发承包和招标投标法律知识解决实际问题。

8.1 建设工程发承包制度

1. 建设工程发承包概述

1）建设工程发承包概念

所谓发包、承包，是指一方当事人为另一方当事人完成某项工作，另一方当事人接受工作成果并支付工作报酬的行为。其中，把某项工作交给他人完成并有义务接受工作成果，支付工作报酬，是发包；承揽他人交付的某项工作，并完成某项工作，是承包。发包与承包构成发承包经济活动中的不可分割的两个方面、两种行为。

建设工程发包是指建设单位或者受其委托的招标代理机构通过招标方式或直接发包方式将建设工程的全部或部分交由他人承包，并支付相应费用的行为。

建设工程承包是指通过招标方式或直接发包方式取得建设工程的全部或部分，取得相应费用并完成建设工程的全部或部分的行为。

建设工程发包、承包制度是建筑业适应市场经济的产物。建设工程勘察、设计、施工、安装单位要通过参加市场竞争来承揽建设工程项目。这样，可以激发企业活力，改变计划经济体制下建筑活动僵化的体制，有利于建筑业健康发展，有利于建筑市场的活跃和繁荣。

2）建设工程发承包原则

（1）建设工程发承包实行以招标发包为主、直接发包为辅的原则

工程发包可以分为招标发包与直接发包两种形式。招标发包是一种科学先进的发包方式，也是国际通用的形式。《建筑法》规定，建设工程依法实行招标发包，对不适于招标发包的可以直接发包。《招标投标法》规定，符合该法要求招标范围的建设工程，必须依照该法实行招标发包。招标投标活动应该遵循公开、公正、公平的原则，择优选择承包单位。

（2）禁止发承包双方采取不正当竞争手段的原则

发包单位及其工作人员在建设工程发包中不得收受贿赂、回扣或者索取其他好处。承包单位及其工作人员不得利用向发包单位及其他工作人员行贿、提供回扣或者给予其他好处等不正当手段承揽工程。

（3）建设工程确定合同价款的原则

建设工程合同价款应当按照国家有关规定，由发包单位与承包单位在合同中约定。全部或者部分使用国有资金投资或者国家融资的建设工程，应当按照国家发布的计价规则和标准编制招标文件，进行评标定标，确定工程承包合同价款。

2. 建设工程发包制度

1) 建设工程发包方式

建设工程的发包方式主要有两种：招标发包和直接发包。《建筑法》第十九条规定，建筑工程依法实行招标发包，对不适于招标发包的可以直接发包。

（1）招标发包

招标发包是指由建设单位设定标的并编制反映其建设内容与要求的合同文件，吸引承包人参与竞争，按照特定程序择优选择，达成合意并签订合同。招标发包是建筑工程发包的主要形式。招标发包主要适用《招标投标法》及其有关规定。《招标投标法》第三条规定了必须进行招标的工程建设项目范围。在该范围内并且达到国家规定的规模标准的工程建设项目的勘察、设计、施工、监理以及与工程建设有关的重要设备、材料等的采购都必须依法进行招标。

建筑工程的发包采用招标投标的方式，可以充分利用供求关系、价值规律和竞争机制。在正常情况下招标投标可以发挥两个积极作用：可以使建设单位避免或减轻发包工程的风险，有效地控制工程工期、质量与投资；可以促使承包人不断采用先进技术，提高经营管理水平，努力降低工程成本。

（2）直接发包

直接发包是指由发包人直接选定特定的承包人，与其进行直接协商谈判，对工程建设达成一致协议后，与其签订建筑工程承包合同的发包方式。对不适用于招标发包的工程可以直接发包，发包单位虽然可以不进行招标，但应当将建设工程发包给具有相应资质条件的承包单位。《建筑法》第二十二条规定，建筑工程实行直接发包的，发包单位应当将建筑工程发包给具有相应资质条件的承包单位。

直接发包的方式简便易行、节省发包费用，但缺乏竞争机制、易滋生腐败。我国只有少数不适用招标发包的特殊工程，才适用直接发包。这些特殊工程的特殊性体现在两个方面：

①工程项目本身的性质不适宜进行发包，如某些保密工程或有特殊专业要求的房屋建筑工程等。

②从建筑工程的投资主体来看，对私人投资建设的工程，采用何种方式发包，法律一般没有必要加以限制，投资人可以自行选择发包方式。但无论选择何种方式发包，发包人都应将建筑工程发包给具有相应资质条件的承包单位。

2) 禁止肢解工程发包和违法采购

（1）禁止肢解工程发包的规定

肢解工程发包，是指建设单位将应当由一个承包单位完成的建设工程分解成若干部分发包给不同的承包单位的行为。在实践中，由于一些发包单位肢解发包工程，使施工现场缺乏应有的组织协调，不仅承建单位之间容易出现推诿、扯皮与掣肘，还会造成施工现场秩序混乱，责任不清，工期拖延，成本增加，甚至发生严重的建设工程质量和安全问题。肢解发包还往往与发包单位有关人员徇私舞弊、收受贿赂、索拿回扣等违法行为有关。

为此，《招标投标法》第十九条规定，招标项目需要划分标段、确定工期的，招标人应当合理划分标段、确定工期，并在招标文件中载明。《建筑法》第二十四条规定，提倡对建筑工程实行总承包，禁止将建筑工程肢解发包。建筑工程的发包单位可以将建筑工程的勘察、设计、施工、设备采购一并发包给一个工程总承包单位，也可以将建筑工程勘察、设计、施工、设备采购的一项或者多项发包给一个工程总承包单位；但是，不得将应当由一个承包单位完成的建筑工程肢解成若干部分发包给几个承包单位。《民法典》第七百九十一条规定，发包人可以与总承包人订立建设工程合同，也可以分别与勘察人、设计人、施工人订立勘察、设计、施工承包合同。发包人不得将应当由一个承包人完成的建设工程肢解成若干部分发包给数个承包人。

（2）禁止违法采购的规定

《建筑法》第二十五条规定，按照合同约定，建筑材料、建筑构配件和设备由工程承包单位采购的，发包单位不得指定承包单位购入用于工程的建筑材料、建筑构配件和设备或者指定生产厂、供应商。

3. 建设工程承包制度

《建筑法》第二十六条规定，承包建筑工程的单位应当持有依法取得的资质证书，并在其资质等级许可的业务范围内承揽工程。禁止建筑施工企业超越本企业资质等级许可的业务范围或者以任何形式用其他建筑施工企业的名义承揽工程。禁止建筑施工企业以任何形式允许其他单位或者个人使用本企业的资质证书、营业执照，以本企业的名义承揽工程。

建设工程承包，包括总承包、共同承包、分包等。

1）总承包

（1）工程总承包的概念

建设工程总承包通常分为工程总承包和施工总承包两大类。

工程总承包是指从事工程总承包的企业受建设单位的委托，按照工程总承包合同的约定，对工程项目的勘察、设计、采购、施工、试运行（竣工验收）等实行全过程或若干阶段的承包。工程总承包是国际通行的工程建设项目组织实施方式。

施工总承包是指发包人将全部施工任务发包给具有施工总承包资质的建筑业企业，由施工总承包企业按照合同的约定对业主或业主委托的工程总承包负责，承包完成施工任务。

（2）工程总承包的方式

①设计采购施工（EPC）/交钥匙总承包

设计采购施工总承包是指工程总承包企业按照合同约定，承担工程项目的设计、采购、施工、试运行服务等工作，并对承包工程的质量、安全、工期、造价全面负责。

交钥匙总承包是设计采购施工总承包业务和责任的延伸，最终是向建设单位提交一个满足使用功能、具备使用条件的工程项目。

②设计-施工总承包（D-B）

设计-施工总承包是指工程总承包企业按照合同约定，承担工程项目设计和施工，并对承包工程的设计和施工的质量、安全、工期、造价负责。

③设计-采购总承包（E-P）

设计-采购总承包是指工程总承包企业按照合同约定，承担工程项目设计和采购工作，并对工程项目设计和采购的质量、进度等负责。

④采购-施工总承包（P-C）

采购-施工总承包是指工程总承包企业按照合同约定，承担工程项目的采购和施工，并对承包工程的采购和施工的质量、安全、工期、造价负责。

（3）工程总承包企业的资质管理

我国对工程总承包不设立专门的资质。凡具有工程勘察、设计或施工总承包资质的企业，可以依法从事资质许可范围内相应等级的建设工程总承包业务。但是，承接施工总承包业务的，必须是取得施工总承包资质的企业。

《建设工程勘察设计资质管理规定》规定，取得工程勘察、工程设计资质证书的企业，可以从事资质证书许可范围内相应的建设工程总承包业务。《建筑业企业资质管理规定》也规定，取得建筑业企业资质证书的企业，可以从事资质许可范围相应等级的建设工程总承包业务。我国建筑业企业资质分为施工总承包、专业承包和劳务分包三个序列。取得施工总承包资质的企业，可以承接施工总承包工程。施工总承包企业可以对所承接的施工总承包工程内的专业工程全部自行施工，也可以将专业工程或劳务作业依法分包给具有相应资质的专业承包企业或劳务分包企业。

（4）总承包单位的责任

《建筑法》规定，建筑工程总承包单位按照总承包合同的约定对建设单位负责；分包单位按照分包合同的约定对总承包单位负责。总承包单位和分包单位就分包工程对建设单位承担连带责任。

《建设工程质量管理条例》进一步规定，建设工程实行总承包的，总承包单位应当对全部建设工程质量负责；建设工程勘察、设计、施工、设备采购的一项或者多项实行总承包的，总承包单位应当对其承包的建设工程或者采购的设备的质量负责。总承包单位依法将建设工程分包给其他单位的，分包单位应当按照分包合同的约定对其分包工程的质量向总承包单位负责，总承包单位与分包单位对分包工程的质量承担连带责任。

据此，无论是工程总承包还是施工总承包，由于承包合同的签约主体都是建设单位和总承包单位，总承包单位均应按照承包合同约定的权利义务向建设单位负责。如果分包工程发生问题，总承包单位不得以分包工程已分包他人为由推卸自己的总承包责任，而应与分包单位就分包工程承担连带责任。

2）共同承包

（1）共同承包的概念

共同承包是指两个以上具备承包资格的单位共同组成非法人的联合体，以共同的名义对工程进行承包的行为。

在国际工程发承包活动中，由几个承包方组成联合体进行工程承包是一种通行的做法。采用这种方式进行承包，有如下优越性：

①利用各自优势进行联合投标可以减弱相互间的竞争，增加中标的机会。

②减少承包风险，争取更大的利润。

③有助于企业之间相互学习先进技术与管理经验，促进企业发展。

（2）共同承包的使用范围

《建筑法》规定，大型建筑工程或者结构复杂的建筑工程，可以由两个以上的承包单位联合共同承包。大型建筑工程或结构复杂的建筑工程，一般投资额大、技术要求复杂、建设周期长、潜在风险大，采用联合共同承包的方式，可以更好地发挥各承包单位在资金、技术、管理等方面的优势，增强抗风险能力，有利于保证工程质量和工期，提高投资效益。

（3）共同承包的资质要求

《建筑法》规定，两个以上不同资质等级的单位实行联合共同承包的，应当按照资质等级低的单位的业务许可范围承揽工程。

（4）共同承包的责任

《招标投标法》规定，联合体中标的，联合体各方应当共同与招标人签订合同，就中标项目向招标人承担连带责任。《建筑法》也规定，共同承包的各方对承包合同的履行承担连带责任。

3）分包

（1）工程分包的概念及分类

工程分包是指工程承包单位将所承包工程中的部分工程或劳务分包分给其他工程承包单位完成的活动。工程施工分包可以分为专业工程分包与劳务作业分包。

①专业工程分包是指施工总承包企业将其所承包工程中的专业工程发包给具有相应资质的其他建筑业企业完成的活动。

②劳务作业分包是指施工总承包企业或者专业承包企业将其承包工程中的劳务作业发包给劳务分包企业完成的活动。

（2）分包工程的范围

《建筑法》规定，建筑工程总承包单位可以将承包工程的部分工程发包给具有相应资质条件的分包单位。禁止承包单位将其承包的全部建筑工程转包给他人，禁止承包单位将其承包的全部建筑工程肢解以后以分包的名义转包给他人。施工总承包的，建筑工程主体结构的施工必须由总承包单位自行完成。

《招标投标法》规定，中标人按照合同约定或者经招标人同意，可以将中标项目的部分非主体、非关键性工作分包给他人完成。中标人不得向他人转让中标项目，也不得将中标项目肢解后分别向他人转让。

分包工程发包人可以就分包合同的履行，要求分包工程承包人提供分包工程履约担保；分包工程承包人在提供担保后，要求分包工程发包人同时提供分包工程付款担保的，分包工程发包人应当提供。

（3）分包的条件与认可

《建筑法》规定，建筑工程总承包单位可以将承包工程中的部分工程发包给具有相应资质条件的分包单位；但是，除总承包合同中约定的分包外，必须经建设单位认可。禁止总承包单位将工程分包给不具备相应资质条件的单位。《招标投标法》也规定，接受分包的人应当具备相应的资格条件。

承包工程的单位须持有依法取得的资质证书，并在资质等级许可的业务范围内承揽工程。这一规定同样适用于工程分包单位。不具备资质条件的单位不允许承包建设工程，也不得承接分包工程。《房屋建筑和市政基础设施工程施工分包管理办法》还规定，严禁个人承揽分包工程业务。

总承包单位如果要将所承包的工程再分包给他人，应当依法告知建设单位并取得认可。这种认可应当依法通过两种方式：①在总承包合同中规定分包的内容；②在总承包合同中没有规定分包内容的，应当事先征得建设单位的同意。需要说明的是，分包工程须经建设单位认可，并不等于建设单位可以直接指定分包人。《房屋建筑和市政基础设施工程施工分包管理办法》中明确规定，建设单位不得直接指定分包工程承包人。对于建设单位推荐的分包单位，总承包单位有权做出拒绝或者采用的选择。

（4）分包单位的责任

《建筑法》规定，建筑工程总承包单位按照总承包合同的约定对建设单位负责；分包单位按照分包合同的约定对总承包单位负责。总承包单位和分包单位就分包工程对建设单位承担连带责任。《招标投标法》也规定，中标人应当就分包项目向招标人负责，接受分包的人就分包项目承担连带责任。

总承包单位在分包工程时，应当同分包单位签订分包合同；分包单位要根据分包合同的约定，对总承包单位承担责任。同时，分包单位与总承包单位还要就分包工程承担连带责任。连带责任可分为法定连带责任和约定连带责任。约定连带责任是依照当事人之间事先的相互约定而产生的连带责任；法定连带责任则是根据法律规定而产生的连带责任。我国对工程总分包、联合承包的连带责任均属法定连带责任。

4. 违法行为应承担的法律责任

（1）发包单位违法行为应承担的法律责任

《建筑法》规定，发包单位将工程发包给不具有相应资质的承包单位，或者违反本法规定将建筑工程肢解发包，责令改正，处以罚款。《民法典》第八百零三条规定，发包人未按照约定的时间和要求提供原材料、设备、场地、资金、技术资料的，承包人可以顺延工程日期，并有权请求赔偿停工、窝工等损失。《民法典》第八百零四条规定，因发包人的原因致使工程中途停建、缓建的，发包人应当采取措施弥补或者减少损失，赔偿承包人因此造成的停工、窝工、倒运、机械设备调迁、材料和构件积压等损失和实际费用。《民法典》第八百零五条规定，因发包人变更计划，提供的资料不准确，或者未按照期限提供必需的勘察、设计工作条件而造成勘察、设计的返工、停工或者修改设计，发包人应当按照勘察人、设计人实际消耗的工作量增付费用。《民法典》第八百零七条规定，发包人未按照约定支付价款的，承包人可以催告发包人在合理期限内支付价款。发包人逾期不支付的，除根据建设工程的性质不宜折价、拍卖外，承包人可以与发包人协议将该工程折价，也可以请求人民法院将该工程依法拍卖。建设工程的价款就该工程折价或者拍卖的价款优先受偿。

（2）承包单位违法行为应承担的法律责任

《建筑法》规定，超过本单位资质等级承揽工程，责令停止违法行为，处以罚款，可以责令停止整顿，降低资质等级；情节严重，吊销资质证书；有违法所得的予以没收。未取得资质证书承揽工程，予以取缔，并处罚款；有违法所得，予以没收。《民法典》第八百零二条规定，因承包人的原因致使建设工程在合理使用期限内造成人身损害和财产损失的，承包人应当承担赔偿责任。

（3）其他相关法律责任

《建筑法》规定，在工程发包与承包中索贿、受贿、行贿，构成犯罪，依法追究刑事责任；不构成犯罪，分别处以罚款，没收贿赂的财物，对直接负责的主管人员和其他直接责任人员给予处罚。对在工程承包中行贿的承包单位，除依照以上规定处罚外，可以责令停业整顿，降低资质等级或者吊销资质证书。

8.2 建设工程招标投标制度

1. 建设工程招标投标制度概述

1) 建设工程招标投标概念

建设工程招标投标，是指建设单位对拟建的建设工程项目通过法定的程序和方式来吸引承包单位进行公平竞争，并从中选择条件优越者来完成建设工程任务的行为。这是市场经济条件下常用的一种建设工程项目交易方式。

其中，招标，是指招标人依照提出招标项目及其相应的要求和条件，通过发布招标公告或发送投标邀请书吸引潜在投标人参加投标，从中选择最符合自己条件的投标人订立合同的意思表示。其法律性质属于要约邀请。

投标，是指投标人响应招标文件的要求与条件，以招标文件为基础制作投标文件，并在规定的时间内送交招标人，做出以订立合同为目的的意思表示。其法律性质属于要约。

2) 建设工程招标投标活动的基本原则

《民法典》第七百九十条规定，建设工程的招标投标活动，应当依照有关法律的规定公开、公平、公正进行。

（1）公开原则

公开原则是指除依法应当保密的事项外，信息必须公开，以确保招标投标活动的透明度，即招标信息、招标程序、招标过程、评标标准、中标结果都应该公开。

（2）公平原则

公平原则是指招标人不得以任何方式限制或排斥本地区、本系统以外的法人或其他组织参加投标，保证所有投标人处于同一起跑线，进行平等竞争。

（3）公正原则

公正原则是指招标人或评标委员会在招标投标活动中，应当按照同一标准平等地对待每一位投标人，而且双方地位平等，任何一方不得向另一方提出不合理的要求，不得将自己的意志强加给对方。

（4）诚实守信原则

诚实守信，是民事活动中应当遵循的一项基本原则。该项原则是要求当事人在招标投标活动中都要诚实守信，不得有欺诈背信的行为。

3) 建设工程招标的范围和规模标准

（1）必须招标的建设过程项目范围

下列建设工程项目包括勘察、设计、施工、监理以及与建设工程有关的重要设备、材料等的采购，必须进行招标：

①大型基础设施、公用事业等关系社会公共利益、公众安全的项目。

②全部或者部分使用国有资金投资或者国家融资的项目。

③使用国际组织或者外国政府贷款、援助资金的项目。

经国务院批准，2018 年 3 月国家发展和改革委员会令第 16 号发布的《必须招标的工程项目规定》中规定，全部或者部分使用国有资金投资或者国家融资的项目包括：①使用预算资金 200 万元人民币以上，并且该资金占投资额 10％以上的项目；②使用国有企业事业单位资金，并且该资金占控股或者主导地位的项目。

（2）必须招标项目的规模标准

2018 年 3 月国家发展和改革委员会令第 16 号文发布的《必须招标的工程项目规定》中规定，建设工程项目的勘察、设计、施工、监理以及与工程建设有关的重要设备、材料等的采购达到下列标准之一的，必须招标：

①施工单项合同估算价在 400 万元人民币以上。

②重要设备、材料等货物的采购，单项合同估算价在 200 万元人民币以上。

③勘察、设计、监理等服务的采购，单项合同估算价在 100 万元人民币以上。

同一项目中可以合并进行的勘察、设计、施工、监理以及与工程建设有关的重要设备、材料等的采购，合同估算价合计达到上述规定标准的，必须招标。

（3）可以不进行招标的工程项目

《工程建设项目施工招标投标办法》第十二条规定，依法必须进行施工招标的工程建设项目有下列情形之一的，可以不进行施工招标：

①涉及国家安全、国家秘密或者属于利用扶贫资金实行以工代赈需要使用农民工等特殊情况，不适宜进行招标。

②施工主要技术采用不可替代的专利或者专有技术。

③已通过招标方式选定的特许经营项目投资人依法能够自行建设。

④采购人依法能够自行建设。

⑤在建工程追加的附属小型工程或者主体加层工程，原中标人仍具备承包能力，并且其他人承担将影响施工或者功能配套要求。

⑥国家规定的其他情形。

《中华人民共和国政府采购法》（以下简称《政府采购法》）第四条规定，政府采购工程进行招标投标的，适用招标投标法。《中华人民共和国政府采购法实施条例》进一步规定，政府采购工程依法不进行招标的，应当依照政府采购法和本条例规定的竞争性谈判或者单一来源采购方式采购。

《国务院办公厅关于促进建筑业持续健康发展的意见》中规定，在民间投资的房屋建筑工程中，探索由建设单位自主决定发包方式。对依法通过竞争性谈判或单一来源方式确定供应商的政府采购工程建设项目，符合相应条件的应当颁发施工许可证。

2. 建设工程招标制度

1) 建设工程招标的条件

建设工程的招标人必须符合一定的条件，并按照国家有关规定取得批准后方能进行。

(1) 建设工程勘察设计招标的条件

依法必须进行勘察设计招标的工程建设项目，在招标时应当具备下列条件：

①按照国家有关规定需要履行项目审批手续的，已履行审批手续，并取得批准。

②勘察设计所需资金已经落实。

③所必需的勘察设计基础资料已经收集完成。

④法律法规规定的其他条件。

(2) 建设工程施工招标的条件

依法必须招标的工程建设项目，应当具备下列条件才能进行施工招标：

①招标人已经依法成立。

②初步设计及概算应当履行审批手续的，已经批准。

③招标范围、招标方式和招标组织形式等应当履行核准手续的，已经核准。

④有相应资金或资金来源已经落实。

⑤有招标所需的设计图纸及技术资料。

(3) 建设单位提出招标申请的主要内容

建设单位在进行招标工作之前，需向招标投标管理机构提出招标申请，其主要内容有：招标工程具备的条件、建设单位具备的资质、拟采用的招标方式、对投标企业的资质要求或拟选择的投标企业、经招标投标办事机构审查批准后，进行招标登记，领取有关招标投标用表。

建设单位招标应当具备下列条件：

①是法人、依法成立的其他组织。

②有与招标工程相适应的经济、技术管理人员。

③有组织编制招标文件的能力。

④有审查投标单位资质的能力。

⑤有组织开标、评标、定标的能力。

不具备上述②～⑤项条件的，需委托具有相应资质的咨询、监理等单位代理招标。

2）建设工程招标的方式

（1）公开招标和邀请招标

《招标投标法》规定，招标分为公开招标和邀请招标。

公开招标，是指招标人以招标公告的方式邀请不特定的法人或者其他组织投标。依法必须进行招标的项目的招标公告，应当通过国家指定的报刊、信息网络或者其他媒介发布。《中华人民共和国招标投标法实施条例》（以下简称《招标投标法实施条例》）明确规定，国有资金占控股或者主导地位的依法必须进行招标的项目，应当公开招标。《政府采购法》第二十六条规定，公开招标应作为政府采购主要采购方式。

邀请招标，是指招标人以投标邀请书的方式邀请特定的法人或者其他组织投标。《招标投标法》规定，招标人采用邀请招标方式的，应当向三个以上具备承担招标项目的能力、资信良好的特定的法人或者其他组织发出投标邀请书。国务院发展计划部门确定的国家重点项目和省、自治区、直辖市人民政府确定的地方重点项目不适宜公开招标的，经国务院发展计划部门或者省、自治区、直辖市人民政府批准，可以进行邀请招标。

《招标投标法实施条例》进一步规定，国有资金占控股或者主导地位的依法必须进行招标的项目，应当公开招标；但有下列情形之一的，可以邀请招标：

①技术复杂、有特殊要求或者受自然环境限制，只有少量潜在投标人可供选择。

②采用公开招标方式的费用占项目合同金额的比例过大。

（2）总承包招标和两阶段招标

《招标投标法实施条例》规定，招标人可以依法对工程以及与工程建设有关的货物、服务全部或者部分实行总承包招标。以暂估价形式包括在总承包范围内的工程、货物、服务属于依法必须进行招标的项目范围且达到国家规定规模标准的，应当依法进行招标。以上所称暂估价，是指总承包招标时不能确定价格而由招标人在招标文件中暂时估定的工程、货物、服务的金额。

对技术复杂或者无法精确拟定技术规格的项目，招标人可以分两阶段进行招标：第一阶段，投标人按照招标公告或者投标邀请书的要求提交不带报价的技术建议，招标人根据投标人提交的技术建议确定技术标准和要求，编制招标文件；第二阶段，招标人向在第一阶段提交技术建议的投标人提供招标文件，投标人按照招标文件的要求提交包括最终技术方案和投标报价的投标文件。

3）建设工程招标的基本程序

《招标投标法》规定，招标投标活动应当遵循公开、公平、公正和诚实信用的原则。建设工程招标的基本程序主要包括：履行项目审批手续、委托招标代理机构、编制招标文件及标底、发布招标公告或投标邀请书、资格审查、发售招标文件、开标、评标、中标和签订合同，以及终止招标等。

（1）履行项目审批程序

《招标投标法》规定，招标项目按照国家有关规定需要履行项目审批手续的，应当先履行审批手续。招标人应当有进行招标项目的相应资金或者资金来源已经落实，并应当在招标文件中如实载明。

《招标投标法实施条例》进一步规定，按照国家有关规定需要履行项目审批、核准手续的依法必须进行招标的项目，其招标范围、招标方式、招标组织形式应当报项目审批、核准部门审批、核准。项目审批、核准部门应当及时审批、核准确定的招标范围、招标方式、招标组织形式通报有关行政监督部门。

（2）委托招标代理机构

建设工程招标，招标人可以自行办理招标事宜，亦可委托招标代理机构办理招标事宜。《招标投标法》第十二条规定，招标人有权自行选择招标代理机构，委托其办理招标事宜。任何单位和个人不得以任何方式为招标人指定招标代理机构。招标人具有编制招标文件和组织评标能力的，可以自行办理招标事宜。任何单位和个人不得强制其委托招标代理机构办理招标事宜。依法必须进行招标的项目，招标人自行办理招标事宜的，应当向有关行政监督部门备案。

《招标投标法实施条例》第十条进一步规定，招标人具有编制招标文件和组织评标能力，是指招标人具有与招标项目规模和复杂程度相适应的技术、经济等方面的专业人员。

招标代理机构是依法设立、从事招标代理业务并提供相关服务的社会中介组织。根据《招标投标法》第十三条的规定，招标代理机构应当具备下列条件：

①有从事招标代理业务的营业场所和相应资金。

②有能够编制招标文件和组织评标的相应专业力量。

《政府采购法》第三十四条规定，货物或者服务项目采取邀请招标方式采购的，采购人应当从符合相应资格条件的供应商中，通过随机方式选择三家以上的供应商，并向其发出投标邀请书。

（3）编制招标文件及标底

①编制招标文件

招标文件是招标投标活动当事人的行为准则和评标的重要依据，是投标人投标报价的基础。《招标投标法》规定，招标人应当根据招标项目的特点和需要编制招标文件。招标文件应当包括招标项目的技术要求、对投标人资格审查的标准、投标报价要求和评标标准等所有实质性要求和条件以及拟签订合同的主要条款。国家对招标项目的技术、标准有规定的，招标人应当按照其规定在招标文件中提出相应要求。

招标文件一般应至少包括下列内容：

（a）招标人须知。这是招标文件中反映招标人的招标意图，每个条款都是投标人应该知晓和遵守的规则的说明。

（b）招标项目的性质、数量。

（c）技术规格。招标项目的技术规格或技术要求是招标文件中最重要的内容之一，是指招标项目在技术、质量方面的标准，如一定的大小、轻重、体积、精密度、性能等。

（d）招标价格的要求及其计算方式。投标报价是招标人评标时衡量的重要因素。因此，招标人在招标文件中应事先提出报价的具体要求及计算方法。

（e）评标的标准和方法。评标时只能采用招标文件中已列明的标准和方法，不得另定。

（f）交货、竣工或提供服务的时间。

（g）投标人应当提供的有关资格和资信证明文件。

（h）投标保证金的数额或其他形式的担保。招标人可以在招标文件中要求投标保证金或其他形式的担保（如抵押、保证等），以防止投标人违约，并在投标人违约时没收保证金。投标保证金的金额一般不超过投标总价的 2%，以免影响投标人的积极性。中标人确定后，对落标的投标人应及时将其投标保证金退还给他们。

（i）投标文件的编制要求。

（j）提供投标文件的方式、地点和截止时间。

（k）开标、评标的日程安排。

（l）主要合同条款。合同条款应写明将要完成的工程范围、供货的范围、招标人与中标人各自的权利和义务。

②编制标底

标底是由招标单位或其委托的招标代理机构依据国家统一的工程量计算规则、预算定额和计价办法计算出来的工程造价，是招标人对该工程的预期价格。通俗地讲，是招标单位定的价格底线。

招标人可以自行决定是否编制标底。一个招标项目只能有一个标底，标底必须保密。接受委托编制标底的中介机构不得参加受托编制标底项目的投标，也不得为该项目的投标人编制投标文件或者提供咨询。招标人设有最高投标限价的，应当在招标文件中明确最高投标限价或者最高投标限价的计算方法。招标人不得规定最低投标限价。

国有资金投资的建筑工程招标的，应当设有最高投标限价；非国有资金投资的建筑工程招标的，可以设有最高投标限价或者招标标底。最高投标限价应当依据工程量清单、工程计价有关规定和市场价格信息等编制。招标人设有最高投标限价的，应当在招标时公布最高投标限价的总价，以及各单位工程的分部分项工程费、措施项目费、其他项目费、规费和税金。招标标底应当依据工程计价有关规定和市场价格信息等编制。

全国使用国有资金投资或者以国有资金投资为主的建筑工程，应当采用工程量清单计价；非国有资金投资的建筑工程，鼓励采用工程量清单计价。工程量清单应当依据国家制定的工程量清单计价规范、工程量计算规范等编制。工程量清单应当作为招标文件的组成部分。

（4）发布招标公告或投标邀请书

招标人采用公开招标方式的，应当发布招标公告。依法必须进行招标的项目的招标公告，应当通过国家指定的报刊、信息网络或者其他媒介发布。

招标人采用邀请招标方式的，应当向 3 个以上具备承担招标项目的能力、资信良好的、特定的法人或者其他组织发出投标邀请书。

招标公告或投标邀请书应当载明招标人的名称和地址，招标项目的性质、数量、实施地点和时间以及获取招标文件的办法等事项。《招标投标法实施条例》第十六条规定，招标人应当按照资格预审公告、招标公告或者投标邀请书规定的时间、地点发售资格预审文件或者招标文件。资格预审文件或者招标文件的发售期不得少于 5日。招标人发售资格预审文件、招标文件收取的费用应当限于补偿印刷、邮寄的成本支出，不得以营利为目的。

《招标投标法》第二十四条规定，招标人应当确定投标人编制投标文件所需要的合理时间；但是，依法必须进行招标的项目，自招标文件开始发出之日起至投标人提交投标文件截止之日止，最短不得少于 20 日。《政府采购法》第三十五条规定，货物和服务项目实行招标方式采购的，自招标文件开始发出之日起至投标人提交投标文件截止之日止，不得少于 20 日。

（5）资格审查

为了确保建设工程的质量以及避免招标工作上的财力和时间的浪费，法律允许招标人根据招标项目本身的特点和需要，要求潜在投标人或者投标人提供满足其资格要求的文件，对潜在投标人或者投标人进行资格审查。

资格审查分为资格预审和资格后审两种。

①资格预审

资格预审是指在投标前对潜在投标人进行的资格审查。采取资格预审的，招标人可以发布资格预审公告，并应在资格预审文件中载明资格预审的条件、标准和方法。

《招标投标法实施条例》对资格预审予以了规范。招标人应当按照资格预审公告规定的时间、地点发售资格预审文件。资格预审文件的发售期不得少于5日。招标人应当合理确定提交资格预审申请文件的时间。依法必须进行招标的项目提交资格预审申请文件的时间，自资格预审文件停止发售之日起不得少于5日。招标人可以对已发出的资格预审文件进行必要的澄清或者修改。澄清或者修改的内容可能影响资格预审申请文件编制的，招标人应当在提交资格预审申请文件截止时间至少3日前，以书面形式通知所有获取资格预审文件的潜在投标人；不足3日的，招标人应当顺延提交资格预审申请文件的截止时间。潜在投标人或者其他利害关系人对资格预审文件有异议的，应当在提交资格预审申请文件截止时间2日前提出。招标人应当自收到异议之日起3日内做出答复；做出答复前，应当暂停招标投标活动。招标人编制的资格预审文件的内容违反法律、行政法规的强制性规定，违反公开、公平、公正和诚实信用原则，影响资格预审结果的，依法必须进行招标的项目的招标人应当在修改资格预审文件后重新招标。

资格预审应当按照资格预审文件载明的标准和方法进行。国有资金占控股或者主导地位的依法必须进行招标的项目，招标人应当组建资格审查委员会审查资格预审申请文件。资格审查委员会及其成员应当遵守《招标投标法》和《招标投标法实施条例》有关评标委员会及其成员的规定。资格预审结束后，招标人应当及时向资格预审申请人发出资格预审结果通知书。未通过资格预审的申请人不具有投标资格。通过资格预审的申请人少于3个的，应当重新招标。

②资格后审

资格后审，是指在开标后对投标人进行的资格审查。进行资格预审的，一般不再进行资格后审，但招标文件另有规定的除外。招标人采用资格后审办法对投标人进行资格审查的，应当在开标后由评标委员会按照招标文件规定的标准和方法对投标人的资格进行审查。资格后审不合格的投标人的投标应予否决。

（6）发售招标文件

《招标投标法》规定，招标人应当根据招标项目的特点和需要编制招标文件。招标文件应当包括招标项目的技术要求、对投标人资格审查的标准、投标报价要求和评标标准等所有实质性要求和条件以及拟签订合同的主要条款。国家对招标项目的技术、标准有相关规定的，招标人应当按照其规定在招标文件中提出相应要求。自招标文件出售之日起至停止出售之日止，最短不得少于5日。招标人发售招标文件收取的费用应当限于补偿印刷、邮寄的成本支出，不得以营利为目的。

（7）开标

招标人在招标文件要求提交投标文件的截止时间前收到的所有投标文件，开标时都应当众予以拆封、宣读。开标过程应当记录，并存档备查。《招标投标法实施条例》规定，招标文件有下列情形之一的，招标文件不予受理：①逾期送达的或者未送达指定地点的；②未按照招标文件要求密封的。

（8）评标

其评标委员会由招标人的代表和有关技术、经济等方面的专家组成，成员人数为5人以上单数，其中技术、经济等方面的专家不得少于成员总数的2/3。

《招标投标法实施条例》规定，投标文件有下列情形之一的，由评标委员会初审后，按废标处理：①无单位盖章并无法定代表人或者法定代表人授权的代理人签字或盖章的；②未按照规定的格式填写，内容不全或关键字迹模糊、无法辨认的；③投标人递交两份或多份内容不同投标文件，或在一份投标文件中对同一招标项目报有两个或多个报价，且未声明哪一个有效，招标文件规定提交备选投标文件的除外；④投标人名称或组织结构与资格预审时不一致的；⑤未按招标文件要求提交投标保证金的；⑥联合体投标未附联合体各方共同投标协议的。

（9）中标

招标人根据评标委员会提出的书面评标报告和推荐的中标候选人确定中标人。招标人也可以授权评标委员会直接确定中标人。

（10）签订合同

招标人和中标人应当自中标通知书发出之日起30日内，按照招标文件和中标人的投标文件订立书面合同。招标人和中标人不得再订立背离合同实质性内容的其他协议。

3. 建设工程投标制度

投标又称报价，是指投标人根据招标人的招标条件，向招标人提交其依照招标文件要求编制的投标文件，即向招标人提出自己的报价，以期承包到该招标项目的行为。招标人以招标公告或投标邀请书发出投标邀请后，具备承担该招标项目能力的法人或其他组织即可在招标文件指定提交投标文件的截止时间之前，向招标人提交投标文件，参加投标竞争。

1）投标人与投标资格

（1）投标人的概念

投标人是响应招标、参加投标竞争的法人或者其他组织。对于自然人，法律做出不同于招标人的特殊规定，即依法招标的科研项目允许个人参加投标的，投标的个人适用有关投标人的规定。这是对科研项目投标的特殊规定。

所有对招标公告或投标邀请书感兴趣的并有可能参加投标的人，称为潜在投标人。所谓响应招标，是指潜在投标人获得了招标的信息或者投标邀请书以后购买招标文件，接受资格审查，并编制投标文件，按照招标人的要求参加投标。参加投标竞争是指按照招标文件的要求并在规定的时间内提交投标文件的活动。

（2）投标人的资格要求

为保证投标人成为中标人后能够顺利地履行合同，参加投标活动必须具备一定的条件，不是所有感兴趣的法人或经济组织都可以参加投标。《招标投标法》规定，投标人应当具备承担招标项目的能力；国家有关规定对投标人资格条件或者招标文件对投标人资格有规定的，投标人应当具备规定的资格条件。首先，投标人应当具备承担招标项目的能力，具体包括与招标文件要求相适应的人力、物力和财力；招标文件要求的资质证书和相应的工作经验与业绩证明；法律、法规规定的其他条件。其次，国家有关规定对投标人资格条件或招标文件对投标人资格有规定的，投标人应当具备规定的资格条件。《招标投标法实施条例》进一步规定，与招标人存在利害关系可能影响招标公正性的法人、其他组织或者个人，不得参加投标。单位负责人为同一人或者存在控股、管理关系的不同单位，不得参加同一标段投标或者未划分标段的同一招标项目投标。违反上述规定的，相关投标均无效。

对投标人的资格条件做出规定，对保证招标项目的质量，维护招标人的利益以及国家和社会公共利益，都是很有必要的。不具备相应的资格条件的承包商、供应商，不能参加有关的招标项目的投标。对投标人应具备的资格条件做出规定，也可以使潜在的投标人以此判断自己有无资格参加投标，以避免花费不必要的投标费用，这对潜在投标人也是有益的。

2）投标文件

（1）投标文件的编制

《招标投标法》规定，投标人应当按照招标文件的要求编制投标文件。投标文件应当对招标文件的实质性要求做出响应。招标项目属于建设施工的，投标文件的内容应当包括拟派出的项目负责人与主要技术人员的简历、业绩和拟用于完成招标项目的机械设备等。

投标人根据招标文件载明的项目实际情况，拟在中标后将中标项目的部分非主体、非关键性工作进行分包的，应当在投标文件中载明。

（2）投标保证金

①投标保证金概念

投标保证金是指投标人按照招标文件的要求向招标人出具的，以一定金额表示的投标责任担保。其实质是为了避免因投标人在投标有效期内随意撤回、撤销投标或者中标后不能提交履约保证金和签署合同等行为而给招标人造成损失。

②投标保证金的额度及有效期限

《招标投标法实施条例》规定，招标人在招标文件中要求投标人提交投标保证金的，投标保证金不得超过招标项目估算价的2%。投标保证金有效期应当与投标有效期一致。依法必须进行招标的项目的境内投标单位，以现金或者支票形式提交的投标保证金应当从其基本账户转出。招标人不得挪用投标保证金。

③没收保证金的情形

投标人在有效期内撤回其投标文件；中标后未能在规定期限内提交履约保证金或签署合同协议。

（3）投标文件的提交

投标人应当在招标文件要求提交投标文件的截止时间前，将投标文件送达投标地点。招标人收到投标文件后，应当签收保存，不得开启。

《招标投标法实施条例》第三十六条规定，未通过资格预审的申请人提交的投标文件，以及逾期送达或者不按照招标文件要求密封的投标文件，招标人应当拒收。招标人应当如实记载投标文件的送达时间和密封情况，并存档备查。

（4）投标文件的补充、修改、替代或撤回

投标人在招标文件要求投标文件的截止时间前，可以补充、修改或者撤回已提交的投标文件，并书面通知招标人。补充、修改的内容为投标文件的组成部分。

《招标投标法实施条例》第三十五条规定，投标人撤回已提交的投标文件，应当在投标截止时间前书面通知招标人。招标人已收取投标保证金的，应当自收到投标人书面撤回通知之日起5日内退还。投标截止后投标人撤回投标文件的，招标人可以不退还投标保证金。

3）联合体投标

（1）联合体投标的含义及特征

联合体投标是指两个以上法人或者其他组织，共同组成一个非法人的联合体，以该联合体的名义，作为一个投标人，参加投标竞争。

联合体投标具有以下特征：

①联合体的主体包括两个以上的法人或者其他组织。

②联合体是为了进行投标及中标后履行合同而组织起来的一个临时性的非法人组织。

③联合体以一个投标人的身份共同投标。就中标项目，联合体各方对招标人承担连带责任。

（2）联合体投标的资格条件

为了确保联合体投标的质量，防止利用联合体的方式规避法律，使不具备投标资格者投标甚至中标，《招标投标法》规定，联合体各方均应具备承担招标项目的相应能力；国家有关规定或者招标文件对投标人资格条件有规定的，联合体各方均应具备规定的相应资格条件。由同一专业的单位组成的联合体，按照资质等级较低的施工企业的业务范围承揽工程。这里承担招标项目的相应能力，是指完成招标项目所需要的技术、资金、设备、管理等方面的能力。

（3）联合体各方的责任义务

①履行共同投标协议中约定的义务。共同投标协议中约定了联合体各方应该承担的责任，各成员单位应当按照该协议的约定认真履行自己的义务，否则要对对方承担违约责任。同时，共同投标协议中约定的责任承担也是各成员单位最终的责任承担方式。

②不得重复投标。联合体各方在同一招标项目中以自己名义单独投标或者参加其他联合体投标的，相关投标均无效。

③不得随意改变联合体的组成。招标人应当在资格预审公告、招标公告或者投标邀请书中载明是否接受联合体投标。招标人接受联合体投标并进行资格预审的，联合体应当在提交资格预审申请文件前组成。资格预审后联合体增减、更换成员的，其投标无效。

4）禁止投标人实施不正当竞争行为的规定

（1）禁止投标人相互串通投标

《招标投标法》规定，投标人不得相互串通投标报价，不得排挤其他投标人的公平竞争，损害招标人或者其他投标人的合法权益。

投标人相互串通投标，可从主体行为意识和目的，及出现串通投标客观事实两个方面界定。

从主体行为意识和目的界定，《招标投标法实施条例》第三十九条规定，有下列情形之一的，属于投标人相互串通投标：

①投标人之间协商投标报价等投标文件的实质性内容。

②投标人之间约定中标人。

③投标人之间约定部分投标人放弃投标或者中标。

④属于同一集团、协会、商会等组织成员的投标人按照该组织要求协同投标。

⑤投标人之间为谋取中标或者排斥特定投标人而采取的其他联合行动。

（2）禁止招标人与投标人串通投标

《招标投标法》规定，投标人不得与招标人串通投标，损害国家利益、社会公共利益或者他人的合法权益。

《招标投标法实施条例》第四十一条规定，有下列情形之一的，属于招标人与投标人串通投标：

①招标人在开标前开启投标文件并将有关信息泄露给其他投标人。

②招标人直接或者间接向投标人泄露标底、评标委员会成员等信息。

③招标人明示或者暗示投标人压低或者抬高投标报价。

④招标人授意投标人撤换、修改投标文件。

⑤招标人明示或者暗示投标人为特定投标人中标提供方便。

⑥招标人与投标人为谋求特定投标人中标而采取的其他串通行为。

（3）禁止投标人以行贿的手段谋取中标

《招标投标法》规定，禁止投标人以向招标人或者评标委员会成员行贿的手段谋取中标。

投标人以行贿的手段谋取中标，是严重违背《招标投标法》中"公平、公正"原则的违法行为。投标人以行贿手段谋取中标的，中标无效；同时，有关责任人和单位应当承担相应的行政责任或刑事责任，给他人造成损失的，还应当承担民事赔偿责任。

（4）禁止投标人以低于成本的报价竞标

《招标投标法》规定，投标人不得以低于成本的报价竞标。

这里所谓的"成本"，应指投标人的个别成本，该成本是根据投标人的企业定额测定的成本。如果投标人低于成本的报价竞标，将很难保证建设工程的安全和质量。

《评标委员会和评标方法暂行规定》规定，在评标过程中，评标委员会发现投标人的报价明显低于其他投标报价或者在设有标底时明显低于标底，使得其投标报价可能低于其个别成本的，应当要求该投标人做出书面说明并提供相关证明材料。投标人不能合理说明或者不能提供相关证明材料的，由评标委员会认定该投标人以低于成本报价竞标，其投标应作废标处理。

（5）投标人以非法手段骗取中标

《招标投标法》规定，投标人不得以他人名义投标或者以其他方式弄虚作假，骗取中标。

根据《招标投标法实施条例》第四十二条的规定，使用通过受让或者租借等方式获取的资格、资质证书投标的，属于《招标投标法》第三十三条（投标人不得以低于成本的报价竞标，也不得以他人名义投标或者以其他方式弄虚作假，骗取中标）规定的以他人名义投标。投标人有下列情形之一的，属于《招标投标法》第三十三条规定的以其他方式弄虚作假的行为：

①使用伪造、变造的许可证件。

②提供虚假的财务状况或者业绩。

③提供虚假的项目负责人或者主要技术人员简历、劳动关系证明。

④提供虚假的信用状况。

⑤其他弄虚作假的行为。

4. 建设工程开标、评标与中标

开标、评标和中标，是招标投标过程中非常重要的环节，是决定中标人的关键阶段，也是公开、公平、公正原则的具体体现。

1）开标

（1）开标的概念

开标是指投标截止后，招标人按照招标文件所确定的时间和地点，开启投标人提交的投标文件，公开宣布投标人的名称、投标价格及投标文件中的其他主要内容的活动。

（2）开标的时间

开标应当在招标文件确定的提交投标文件截止时间的同一时间公开进行，这一时间应精确到"分"。

任何人都不得在提交投标文件截止的时间之前或之后开标。明确"投标截止时间就是开标时间"，是为了在投标截止与开标之间不留时间空隙，以避免因开标时间离投标截止时间过长而可能为发生泄密或涂改标书内容等作弊行为留下时间，防止招标活动出现不公平竞争，损害其他投标人的合法权益。

（3）开标主持人和开标参加人

开标主持人是招标人。当委托有招标代理机构时，主持人也可以是招标人委托的招标代理机构。

除邀请所有投标人参加外，还可邀请招标监督部门、监察部门的有关人员参加，也可委托公证部门参加。

（4）开标程序

《招标投标法》规定，开标时，由投标人或者其推选的代表检查投标文件的密封情况，也可以由招标人委托的公证机构检查并公证；经确认无误后，由工作人员当众拆封，宣读投标人名称、投标价格和投标文件的其他内容。招标人在招标文件要求提交投标文件的截止时间前收到的所有投标文件，开标时都应当众予以拆封、宣读。开标过程应当记录，并存档备查。

《招标投标法实施条例》进一步规定，招标人应当按照招标文件规定的时间、地点开标。投标人少于3个的，不得开标；招标人应当重新招标。投标人对开标有异议的，应当在开标现场提出，招标人应当当场做出答复，并制作记录。

2）评标

（1）评标的概念

评标是指对投标人提交的投标文件，按照规定的标准和方法进行审查及评议，从中选出最佳投标人的过程。评标是招标投标活动中最重要的环节，关系到整个招标过程是否体现了公平竞争的原则。

（2）评标委员会

①评标委员会的组建

依法必须进行招标的项目，其评标委员会由招标人的代表和有关技术、经济等方面的专家组成，成员人数为5人以上单数，其中技术、经济等方面的专家不得少于成员总数的2/3。与投标人有利害关系的人不得进入相关项目的评标委员会；已经进入的应当更换。评标委员会成员的名单在中标结果确定前应当保密。

②评标专家的条件

为规范评标活动，保证评标活动的公平、公正，提高评标质量，评标专家一般应具备以下条件：从事相关领域工作满8年并具有高级职称或者具有同等专业水平；熟悉有关招标投标的法律法规；能够认真、公正、诚实、廉洁地履行职责；身体健康，能够承担评标工作。

（3）评标方法

为保证招标投标活动符合公开、公平和公正的原则，评标委员会对投标文件进行评审、比较的唯一标准和评审方法，只能是在事先已提供给每一个投标人的招标文件中已载明的评标标准和方法，招标文件没有规定的评标标准和方法不得作为评标的依据。招标文件中规定的评标标准和评标方法应当合理，不得含有倾向或者排斥潜在投标人的内容，不得妨碍或者限制投标人之间的竞争。设有标底的，标底只能作为评标的参考，不得以投标报价是否接近标底作为中标条件，也不得以投标报价超过标底上下浮动范围作为否决投标的条件。

评标方法包括经评审的最低投标价法、综合评估法或者法律、行政法规允许的其他评标方法。

①经评审的最低投标价法一般适用于具有通用技术、性能标准或者招标人对其技术、性能没有特殊要求的招标项目。采用经评审的最低投标价法的，应当在投标文件能够满足招标文件实质性要求的投标人中，评审出投标价格最低的投标人，但投标价格低于其企业成本的除外。

②不宜采用经评审的最低投标价法的招标项目，一般应当采取综合评估法进行评审。采用综合评估法的，应当对投标文件提出的工程质量、施工工期、投标价格、

施工组织设计或者施工方案、投标人及项目经理业绩等，能否最大限度地满足招标文件中规定的各项要求和评价标准进行综合评审和比较。

（4）评标程序

①初步评审

评标委员会以招标文件为依据，审查各投标书是否响应了招标文件的实质性要求，来确定标书的有效性。初评的主要内容是：投标人的资格、投标保证有效性、报送资料的完整性、投标书与招标文件的要求有无实质性的背离、报价计算的正确性。

招标项目设有标底的，招标人应当在开标时公布。标底只能作为评标的参考，不得以投标报价是否接近标底作为中标条件，也不得以投标报价超过标底上下浮动范围作为否决投标的条件。有下列情形之一的，评标委员会应当否决其投标：投标文件未经投标单位盖章和单位负责人签字；投标联合体没有提交共同投标协议；投标人不符合国家或者招标文件规定的资格条件；同一投标人提交两个以上不同的投标文件或者投标报价，但招标文件要求提交备选投标的除外；投标报价低于成本或者高于招标文件设定的最高投标限价，在评标过程中，评标委员会发现投标人的报价明显低于其他投标标价或者在设有标底时明显低于标底，使得其投标报价可能低于其个别成本的，应当要求该投标人做出书面说明并提供相关证明材料，投标人不能合理说明或者提供相关证明材料的，由评标委员会认定该投标以低于成本报价竞标，其投标应作废标处理；投标文件没有对招标文件的实质性要求和条件做出响应，所谓实质上响应招标文件的要求，就是其投标文件应该与招标文件的所有条件和规定相符，无显著差异或保留，显著差异或保留是指对工程的发包范围、质量标准、工期、计价标准、合同条件及权利义务产生实质性的影响，如果投标文件实质上不响应招标文件的要求或不符合招标文件的要求，将被确认为无效标；投标人串通投标、弄虚作假、行贿等违法行为。

②详细评审

详细评审是指评标委员会根据招标文件确定的评标标准和方法，对经过初步评审合格的投标文件的技术部分、商务部分进一步地评审和比较，确定投标文件的竞争性。

详细评审通常分为两个部分：技术标评审和商务标评审。评标方法包括经评审的最低投标价法、综合评估法或者法律、行政法规规定的其他评价方法。其中，经评审的最低投标价法一般适用于具有通用技术、性能标准或者招标人对其技术、性能没有特殊要求的招标项目。不宜采用经评审的最低投标价法的招标项目，应当采用综合评估法。根据综合评估法，最大限度地满足招标文件中规定的各项评价标准，可以采取折算为货币的方法、打分的方法或者其他方法。需量化的因素以及权重应当在招标文件中明确规定。

3）中标

（1）确定中标人

根据《招标投标法》和《工程建设项目施工招标投标办法》的有关规定，确定中标人应当遵守如下程序：

①评标委员会提出书面评标报告后，招标人一般应当在 15 日内确定中标人，最迟应当在投标有效期结束日后 30 个工作日前确定。

②招标人应当接受评标委员会推荐的中标候选人，不得在评标委员会推荐的中标候选人之外确定中标人。

③依法必须招标的项目，招标人应当确定排名第一的中标候选人为中标人。排名第一的中标候选人放弃中标、因不可抗力提出不能履行合同、不按照招标文件的要求提交履约保证金，或者被查实存在影响中标结果的违法行为等情形，不符合中标条件的，招标人可以按照评标委员会提出的中标候选人名单排序依次确定其他中标候选人为中标人。依次确定其他中标候选人与招标人预期差距较大，或者对招标人明显不利的，招标人可以重新招标。

④招标人可以授权评标委员会直接确定中标人。

（2）中标通知书

中标人确定后，招标人应当向中标人发出中标通知书，并同时将中标结果通知所有未中标的投标人。中标通知书对招标人和投标人具有法律效力。中标通知书发出后，招标人改变中标结果的，或者中标人放弃中标项目的，应当依法承担法律责任。中标通知书实际上就是招标人对其选中的投标人的承诺，是招标人同意某投标人要约的意思表示。

（3）签订合同

中标通知书发出的另一个法律后果是招标人和中标人应当在法律规定的时间内订立书面合同。《招标投标法》规定，招标人和中标人应当自中标通知书发出之日起 30 日内，按照招标文件和中标人的投标文件订立书面合同。招标人与中标人不得再订立背离合同实质性内容的其他协议。

（4）提交履约保证金

招标文件要求中标人提交履约保证金或者其他履约担保的，中标人应当提交；拒绝提交的，视为放弃中标项目。招标人要求中标人提供履约保证金或其他形式履约担保的，招标人应当同时向中标人提供工程款支付担保。招标人不得擅自提高履约保证金。

（5）履行合同义务

中标人应当按照合同约定履行义务，完成中标项目。中标人不得向他人转让中标项目，也不得将中标项目肢解后分别向他人转让。中标人按照合同约定或者经招标人同意，可以将中标项目的部分非主体、非关键性工作分包给他人完成。接受分包的人应当具备相应的资格条件，并不得再次分包。中标人应当就分包项目向招标人负责，接受分包的人就分包项目承担连带责任。

5. 违法行为应承担的法律责任

1）招标人违法行为应承担的法律责任

《招标投标法》规定，必须进行招标的项目而不招标的，将必须进行招标的项目化整为零或者以其他任何方式规避招标的，责令限期改正，可以处项目合同金额5‰以上10‰以下的罚款；对全部或者部分使用国有资金的项目，可以暂停项目执行或者暂停资金拨付；对单位直接负责的主管人员和其他直接责任人员依法给予处分。

招标人以不合理的条件限制或者排斥潜在投标人的、对潜在投标人实行歧视待遇的、强制要求投标人组成联合体共同投标的，或者限制投标人之间竞争的，责令改正，可以处1万元以上5万元以下的罚款。

依法必须进行招标的项目的招标人向他人透露已获取招标文件的潜在投标人的名称、数量或者可能影响公平竞争的有关招标投标的其他情况的，或者泄露标底的，给予警告，可以并处1万元以上10万元以下的罚款；对单位直接负责的主管人员和其他直接责任人员依法给予处分；构成犯罪的，依法追究刑事责任。上述所列行为影响中标结果的，中标无效。

依法必须进行招标的项目，招标人违反规定，与投标人就投标价格、投标方案等实质性内容进行谈判的，给予警告，对单位直接负责的主管人员和其他直接责任人员依法给予处分。上述所列行为影响中标结果的，中标无效。

招标人在评标委员会依法推荐的中标候选人以外确定中标人的，依法必须进行招标的项目在所有投标被评标委员会否决后自行确定中标人的，中标无效，责令改正，可以处中标项目金额5‰以上10‰以下的罚款；对单位直接负责的主管人员和其他直接责任人员依法给予处分。

招标人与中标人不按照招标文件和中标人的投标文件订立合同的，或者招标人、中标人订立背离合同实质性内容的协议的，责令改正，可以处中标项目金额5‰以上10‰以下的罚款。

依法必须进行招标的项目的招标人不按照规定组建评标委员会，或者确定、更换评标委员会成员违反《招标投标法》和《招标投标法实施条例》的规定的，由有关行政监督部门责令改正，可以处10万元以下的罚款，对单位直接负责的主管人员和其他直接责任人员依法给予处分；违法确定或者更换的评标委员会成员做出的评审结论无效，依法重新进行评审。招标人超过《招标投标法实施条例》规定的比例收取投标保证金、履约保证金或者不按照规定退还投标保证金及银行同期存款利息的，由有关行政监督部门责令改正，可以处 5 万元以下的罚款；给他人造成损失的，依法承担赔偿责任。

招标人和中标人不按照招标文件和中标人的投标文件订立合同，合同的主要条款与招标文件、中标人的投标文件的内容不一致，或者招标人、中标人订立背离合同实质性内容的协议的，由有关行政监督部门责令改正，可以处中标项目金额 5‰ 以上 10‰ 以下的罚款。

2）招标代理机构违法行为应承担的法律责任

《招标投标法》规定，招标代理机构违反规定，泄露应当保密的与招标投标活动有关的情况和资料的，或者与招标人、投标人串通损害国家利益、社会公共利益或者他人合法权益的，处 5 万元以上 25 万元以下的罚款，对单位直接负责的主管人员和其他直接责任人员处单位罚款数额 5‰ 以上 10‰ 以下的罚款；有违法所得的，并处没收违法所得；情节严重的，暂停直至取消招标代理资格；构成犯罪的，依法追究其刑事责任。给他人造成损失的，依法承担赔偿责任。影响中标结果的，中标无效。

《招标投标法实施条例》规定，招标代理机构在所代理的招标项目中投标、代理投标或者向该项目投标人提供咨询的，接受委托编制标底的中介机构参加受托编制标底项目的投标或者为该项目的投标人编制投标文件、提供咨询的，依照《招标投标法》第五十条的规定追究法律责任，即处 5 万元以上 25 万元以下的罚款，对单位直接负责的主管人员和其他直接责任人员处单位罚款数额 5‰ 以上 10‰ 以下的罚款；有违法所得的，并处没收违法所得；情节严重的，暂停直至取消招标代理资格；构成犯罪的，依法追究其刑事责任。给他人造成损失的，依法承担赔偿责任。

3）评标委员会成员违法行为应承担的法律责任

《招标投标法》规定，评标委员会成员收受投标人的财物或者其他好处的，评标委员会成员或者参加评标的有关工作人员向他人透露对投标文件的评审和比较、中标候选人的推荐以及与评标有关的其他情况的，给予警告，没收收受的财物，可以并处 3000 元以上 5 万元以下的罚款，对有所列违法行为的评标委员会成员取消担任评标委员会成员的资格，不得再参加任何依法必须进行招标的项目的评标；构成犯罪的，依法追究刑事责任。

《招标投标法实施条例》规定，评标委员会成员有下列行为之一的，由有关行政监督部门责令改正；情节严重的，禁止其在一定期限内参加依法必须进行招标的项目的评标；情节特别严重的，取消其担任评标委员会成员的资格：

（1）应当回避而不回避。

（2）擅离职守。

（3）不按照招标文件规定的评标标准和方法评标。

（4）私下接触投标人。

（5）向招标人征询确定中标人的意向或者接受任何单位或者个人明示或者暗示提出的倾向或者排斥特定投标人的要求。

（6）对依法应当否决的投标不提出否决意见。

（7）暗示或者诱导投标人做出澄清、说明或者接受投标人主动提出的澄清、说明。

（8）其他不客观、不公正履行职务的行为。

评标委员会成员收受投标人的财物或者其他好处的，没收收受的财物，处3000元以上5万元以下的罚款，取消担任评标委员会成员的资格，不得再参加依法必须进行招标的项目的评标；构成犯罪的，依法追究刑事责任。

4）投标人违法行为应承担的法律责任

《招标投标法》第五十三条规定，投标人相互串通投标或者与招标人串通投标的，投标人以向招标人或者评标委员会成员行贿的手段谋取中标的，中标无效，处中标项目金额5‰以上10‰以下的罚款，对单位直接负责的主管人员和其他直接责任人员处单位罚款数额5%以上10%以下的罚款；有违法所得的，并处没收违法所得；情节严重的，取消其1～2年内参加依法必须进行招标的项目的投标资格并予以公告，直至由工商行政管理机关吊销营业执照；构成犯罪的，依法追究刑事责任。给他人造成损失的，依法承担赔偿责任。

《招标投标法》第五十四条规定，投标人以他人名义投标或者以其他方式弄虚作假，骗取中标的，中标无效，给招标人造成损失的，依法承担赔偿责任；构成犯罪的，依法追究刑事责任。依法必须进行招标的项目的投标人有前款所列行为尚未构成犯罪的，处中标项目金额5‰以上10‰以下的罚款，对单位直接负责的主管人员和其他直接责任人员处单位罚款数额5%以上10%以下的罚款；有违法所得的，并处没收违法所得；情节严重的，取消其1～3年内参加依法必须进行招标的项目的投标资格并予以公告，直至由工商行政管理机关吊销营业执照。

《招标投标法实施条例》第六十七条规定，投标人相互串通投标或者与招标人串通投标的，投标人向招标人或者评标委员会成员行贿谋取中标的，中标无效；构成犯罪的，依法追究刑事责任；尚不构成犯罪的，依照《招标投标法》第五十三条的规定处罚。投标人未中标的，对单位的罚款金额按照招标项目合同金额依照《招标投标法》规定的比例计算。投标人有下列行为之一的，属于《招标投标法》第五十三条规定的情节严重行为，由有关行政监督部门取消其1~2年内参加依法必须进行招标的项目的投标资格：

①以行贿谋取中标。

②3年内2次以上串通投标。

③串通投标行为损害招标人、其他投标人或者国家、集体、公民的合法利益，造成直接经济损失30万元以上。

④其他串通投标情节严重的行为。

投标人自以上规定的处罚执行期限届满之日起3年内又有该款所列违法行为之一的，或者串通投标、以行贿谋取中标情节特别严重的，由工商行政管理机关吊销营业执照。

《招标投标法实施条例》第六十八条规定，投标人以他人名义投标或者以其他方式弄虚作假骗取中标的，中标无效；构成犯罪的，依法追究刑事责任；尚不构成犯罪的，依照《招标投标法》第五十四条的规定处罚。依法必须进行招标的项目的投标人未中标的，对单位的罚款金额根据招标项目合同金额依照《招标投标法》规定的比例计算。投标人有下列行为之一的，属于《招标投标法》第五十四条规定的情节严重行为，由有关行政监督部门取消其1~3年内参加依法必须进行招标的项目的投标资格：

①伪造、变造资格、资质证书或者其他许可证件骗取中标。

②3年内2次以上使用他人名义投标。

③弄虚作假骗取中标给招标人造成直接经济损失30万元以上。

④其他弄虚作假骗取中标情节严重的行为。

投标人自以上规定的处罚执行期限届满之日起3年内又有该款所列违法行为之一的，或者弄虚作假骗取中标情节特别严重的，由工商行政管理机关吊销营业执照。

《招标投标法实施条例》第六十九条规定，出让或者出租资格、资质证书供他人投标的，依照法律、行政法规的规定给予行政处罚；构成犯罪的，依法追究刑事责任。

《招标投标法实施条例》第七十七条规定，投标人或者其他利害关系人捏造事实、伪造材料或者以非法手段取得证明材料进行投诉，给他人造成损失的，依法承担赔偿责任。

5）中标人违法行为应承担的法律责任

《招标投标法》规定，中标人将中标项目转让给他人的，将中标项目肢解后分别转让给他人的，违反本法规定将中标项目的部分主体、关键性工作分包给他人的，或者分包人再次分包的，转让、分包无效，处转让、分包项目金额5‰以上10‰以下的罚款；有违法所得的，并处没收违法所得；可以责令停业整顿；情节严重的，由工商行政管理机关吊销营业执照。

中标人不履行与招标人订立的合同的，履约保证金不予退还，给招标人造成的损失超过履约保证金数额的，还应当对超过部分予以赔偿；没有提交履约保证金的，应当对招标人的损失承担赔偿责任。

中标人不按照与招标人订立的合同履行义务，情节严重的，取消其 2～5 年内参加依法必须进行招标的项目的投标资格并予以公告，直至由工商行政管理机关吊销营业执照。

因不可抗力不能履行合同的，不适用以上规定。

《招标投标法实施条例》规定，中标人无正当理由不与招标人订立合同，在签订合同时向招标人提出附加条件，或者不按照招标文件要求提交履约保证金的，取消其中标资格，投标保证金不予退还。对依法必须进行招标的项目的中标人，由有关行政监督部门责令改正，可以处中标项目金额 10‰以下的罚款。

6）政府主管部门和国家工作人员违法行为应承担的法律责任

《招标投标法》第六十三条规定，对招标投标活动依法负有行政监督职责的国家机关工作人员徇私舞弊、滥用职权或者玩忽职守，构成犯罪的，依法追究刑事责任；不构成犯罪的，依法给予行政处分。

《招标投标法实施条例》第八十条规定，项目审批、核准部门不依法审批、核准项目招标范围、招标方式、招标组织形式的，对单位直接负责的主管人员和其他直接责任人员依法给予处分。有关行政监督部门不依法履行职责，对违反招标投标法和本条例规定的行为不依法查处，或者不按照规定处理投诉、不依法公告对招标投标当事人违法行为的行政处理决定的，对直接负责的主管人员和其他直接责任人员依法给予处分。项目审批、核准部门和有关行政监督部门的工作人员徇私舞弊、滥用职权、玩忽职守，构成犯罪的，依法追究刑事责任。

《招标投标法实施条例》第八十一条规定，国家工作人员利用职务便利，以直接或者间接、明示或者暗示等任何方式非法干涉招标投标活动，有下列情形之一的，依法给予记过或者记大过处分；情节严重的，依法给予降级或者撤职处分；情节特别严重的，依法给予开除处分；构成犯罪的，依法追究刑事责任：

①要求对依法必须进行招标的项目不招标，或者要求对依法应当公开招标的项目不公开招标。

②要求评标委员会成员或者招标人以其指定的投标人作为中标候选人或者中标人，或者以其他方式非法干涉评标活动，影响中标结果。

③以其他方式非法干涉招标投标活动。

7）其他法律责任

《招标投标法》规定，任何单位违反本法规定，限制或者排斥本地区、本系统以外的法人或者其他组织参加投标的，为招标人指定招标代理机构的，强制招标人委托招标代理机构办理招标事宜的，或者以其他方式干涉招标投标活动的，责令改正；对单位直接负责的主管人员和其他直接责任人员依法给予警告、记过、记大过的处分，情节较重的，依法给予降级、撤职、开除的处分。

个人利用职权进行以上违法行为的，依照以上规定追究责任。

依法必须进行招标的项目违反本法规定，中标无效的，应当依照本法规定的中标条件从其余投标人中重新确定中标人或者依照本法重新进行招标。

《招标投标法实施条例》规定，依法必须进行招标的项目的招标投标活动违反《招标投标法》和本条例的规定，对中标结果造成实质性影响，且不能采取补救措施予以纠正的，招标、投标、中标无效，应当依法重新招标或者评标。

《刑法》第二百二十六条规定，以暴力、威胁手段，实施下列行为之一，情节严重的，处 3 年以下有期徒刑或者拘役，并处或者单处罚金；情节特别严重的，处 3 年以上 7 年以下有期徒刑，并处罚金：①强买强卖商品的；②强迫他人提供或者接受服务的；③强迫他人参与或者退出投标、拍卖的；④强迫他人转让或者收购公司、企业的股份、债券或者其他资产的；⑤强迫他人参与或者退出特定的经营活动的。

8.3 建筑市场信用体系建设

市场经济是信用经济。社会信用体系是市场经济体制中的重要制度安排。建设社会信用体系，是完善我国社会主义市场经济体制的客观需要，是整顿和规范市场经济秩序的治本之策。国务院有关部门要根据职责分工和实际工作需要，抓紧研究建立市场主体信用记录，实行内部信用分类管理，健全负面信息披露制度和守信激励制度，提高公共服务和市场监管水平。

《招标投标法实施条例》规定，国家建立招标投标信用制度。有关行政监督部门应当依法公告对招标人、招标代理机构、投标人、评标委员会成员等当事人违法行为的行政处理决定。

《建筑业企业资质管理规定》中规定，企业应当按照有关规定，向资质许可机关提供真实、准确、完整的企业信用档案信息。企业的信用档案应当包括企业基本情况、业绩、工程质量和安全、合同履约等情况。被投诉举报和处理、行政处罚等情况应当作为不良行为记入其信用档案。企业的信用档案信息按照有关规定向社会公示。

《注册建造师管理规定》也规定，注册建造师及其聘用单位应当按照要求，向注册机关提供真实、准确、完整的注册建造师信用档案信息。注册建造师信用档案应当包括注册建造师的基本情况、业绩、良好行为、不良行为等内容。违法违规行为、被投诉举报处理、行政处罚等情况应当作为注册建造师的不良行为记入其信用档案。注册建造师信用档案信息按照有关规定向社会公示。

1. 建筑市场诚信行为信息的分类

《建筑市场诚信行为信息管理办法》中规定，建筑市场诚信行为信息分为良好行为记录和不良行为记录两大类。

1）良好行为记录

良好行为记录是指建筑市场主体在工程建设过程中严格遵守有关工程建设的法律、法规、规章或强制性标准、行为规范，诚信经营，自觉维护建筑市场秩序，受到各级建设行政主管部门和相关专业部门的奖励和表彰所形成的良好行为记录。

2）不良行为记录

不良行为记录是指建筑市场主体在工程建设过程中违反有关工程建设的法律、法规、规章或强制性标准和执业行为规范，经县级以上建设行政主管部门或者委托的执法监督机构查实和行政处罚所形成的不良行为记录。

《招标投标违法行为记录公告暂行办法》中规定，招标投标违法行为记录，是指有关行政主管部门在依法履行职责过程中，对招标投标当事人违法行为所做行政处理决定的记录。

2. 建筑市场的施工单位不良行为记录认定标准

1）施工单位不良行为记录的认定标准

施工单位的不良行为记录认定标准分为如下五大类。

（1）资质不良行为认定标准

①未取得资质证书承揽工程的，或超越本单位资质等级承揽工程的。

②以欺骗手段取得资质证书承揽工程的。

③允许其他单位或个人以本单位名义承揽工程的。

④未在规定期限内办理资质变更手续的。

⑤涂改、伪造、出借、转让建筑业企业资质证书的。

⑥按照国家规定需要持证上岗的技术工种的作业人员未经培训、考核，未取得证书上岗，情节严重的。

（2）承揽业务不良行为认定标准

①利用向发包单位及其工作人员行贿、提供回扣或者给予其他好处等不正当手段承揽业务的。

②相互串通投标或与招标人串通投标的，以向招标人或评标委员会成员行贿的手段谋取中标的。

③以他人名义投标或以其他方式弄虚作假，骗取中标的。

④不按照与招标人订立的合同履行义务，情节严重的。

⑤将承包的工程转包或违法分包的。

（3）工程质量不良行为认定标准

①在施工中偷工减料的，使用不合格建筑材料、建筑构配件和设备的，或者有不按照工程设计图纸或施工技术标准施工的其他行为的。

②未按照节能设计进行施工的。

③未对建筑材料、建筑构配件、设备和商品混凝土进行检测，或未对涉及结构安全的试块、试件以及有关材料取样检测的。

④工程竣工验收后，不向建设单位出具质量保修书的，或质量保修书的内容、期限违反规定的。

⑤不履行保修义务或者拖延履行保修义务的。

（4）工程安全不良行为认定标准

① 在本单位发生重大生产安全事故时，主要负责人不立即组织抢救或在事故调查处理期间擅离职守或逃匿的，主要负责人对生产安全事故隐瞒不报、谎报或拖延不报的。

② 对建筑安全事故隐患不采取措施予以消除的。

③ 不设立安全生产管理机构、配备专职安全生产管理人员或分部分项工程施工时无专职安全生产管理人员现场监督的。

④ 主要负责人、项目负责人、专职安全生产管理人员、作业人员或特种作业人员，未经安全教育培训或经考核不合格即从事相关工作的。

⑤ 未在施工现场的危险部位设置明显的安全警示标志，或未按照国家有关规定在施工现场设置消防通道、消防水源、配备消防设施和灭火器材的。

⑥ 未向作业人员提供安全防护用具和安全防护服装的。

⑦ 未按照规定在施工起重机械和整体提升脚手架、模板等自升式架设设施验收合格后登记的。

⑧ 使用国家明令淘汰、禁止使用的危及施工安全的工艺、设备、材料的。

⑨ 违法挪用列入建设工程概算的安全生产作业环境及安全施工措施所需费用的。

⑩ 施工前未对有关安全施工的技术要求做出详细说明的。

⑪ 未根据不同施工阶段和周围环境及季节、气候的变化，在施工现场采取相应的安全施工措施，或在城市市区内的建设工程的施工现场未实行封闭围挡的。

⑫ 在尚未竣工的建筑物内设置员工集体宿舍的。

⑬ 施工现场临时搭建的建筑物不符合安全使用要求的。

⑭ 未对因建设工程施工可能造成损害的毗邻建筑物、构筑物和地下管线等采取专项防护措施的。

⑮ 安全防护用具、机械设备、施工机具及配件在进入施工现场前未经查验或查验不合格即投入使用的。

⑯ 使用未经验收或验收不合格的施工起重机械和整体提升脚手架、模板等自升式架设设施的。

⑰ 委托不具有相应资质的单位承担施工现场安装、拆卸施工起重机械和整体提升脚手架、模板等自升式架设设施的。

⑱ 在施工组织设计中未编制安全技术措施、施工现场临时用电方案或专项施工方案的。

⑲ 主要负责人、项目负责人未履行安全生产管理职责的，或不服管理、违反规章制度和操作规程冒险作业的。

⑳ 施工单位取得资质证书后，降低安全生产条件的，或经整改仍未达到与其资质等级相适应的安全生产条件的。

㉑ 取得安全生产许可证发生重大安全事故的。

㉒ 未取得安全生产许可证擅自进行生产的。

㉓ 安全生产许可证有效期满未办理延期手续，继续进行生产的，或逾期不办理延期手续，继续进行生产的。

㉔ 转让安全生产许可证的，接受转让的、冒用或使用伪造的安全生产许可证的。

（5）拖欠工程施工或工人工资不良行为认定标准

恶意拖欠或克扣劳动者工资的。

2）注册建造师不良行为记录的认定标准

注册建造师有下列行为之一，经有关监督部门确认后由工程所在地建设主管部门或有关部门记入注册建造师执业信用档案：

（1）未履行注册建造师职责造成质量、安全、环境事故的。

（2）泄露商业秘密的。

（3）无正当理由拒绝或未及时签字盖章的。

（4）未按要求提供注册建造师信用档案信息的。

（5）未履行注册建造师职责造成不良社会影响的。

（6）未履行注册建造师职责导致项目未能及时交付使用的。

（7）不配合办理交接手续的。

（8）不积极配合有关部门监督检查的。

注册建造师不得有下列行为：

（1）不按设计图纸施工。

（2）使用不合格建筑材料。

（3）使用不合格设备、建筑构配件。

（4）违反工程质量、安全、环保和用工方面的规定。

（5）在执业过程中，索贿、行贿、受贿或者谋取合同约定费用外的其他不法利益。

（6）签署弄虚作假或在不合格文件上签章的。

（7）以他人名义或允许他人以自己的名义从事执业活动。

（8）同时在两个或者两个以上企业受聘并执业。

（9）超出执业范围和聘用企业业务范围从事执业活动。

（10）未变更注册单位，而在另一家企业从事执业活动。

（11）所负责工程未办理竣工验收或移交手续前，变更注册到另一企业。

（12）伪造、涂改、倒卖、出租、出借或以其他形式非法转让资格证书、注册证书和执业印章。

（13）不履行注册建造师义务和法律、法规、规章禁止的其他行为。

3. 建筑市场诚信行为的公布和奖惩机制

1）建筑市场诚信行为的公布

（1）公布的时限

《建筑市场诚信行为信息管理办法》规定，建筑市场诚信行为记录信息的公布时间为行政处罚决定做出后 7 日内，公布期限一般为 6 个月至 3 年；良好行为记录信息公布期限一般为 3 年。公布内容应与建筑市场监管信息系统中的企业、人员和项目管理数据库相结合，形成信用档案，内部长期保留。

省、自治区和直辖市建设行政主管部门负责审查整改结果，对整改确有实效的，由企业提出申请，经批准，可缩短其不良行为记录信息公布期限，但公布期限最短不得少于 3 个月，同时将整改结果列入相应不良行为记录后，供有关部门和社会公众查询；对于拒不整改或整改不力的单位，信息发布部门可延长其不良行为记录信息公布期限。

《招标投标违法行为记录公告暂行办法》规定，国务院有关行政主管部门和省级人民政府有关行政主管部门应自招标投标违法行为行政处理决定做出之日起 20 个工作日内对外进行记录公告。违法行为记录公告期限为 6 个月。依法限制招标投标当事人资质（资格）等方面的行政处理决定，所认定的限制期限长于 6 个月的，公告期限从其决定。

（2）公布的内容和范围

《建筑市场诚信行为信息管理办法》规定，属于《全国建筑市场各方主体不良行为记录认定标准》范围的不良行为记录除在当地发布外，还将由住房和城乡建设部统一在全国公布，公布期限与地方确定的公布期限相同。通过与工商、税务、纪检、监察、司法、银行等部门建立的信息共享机制，获取的有关建筑市场各方主体不良行为记录的信息，省、自治区、直辖市建设行政主管部门也应在本地区统一公布。各地建筑市场综合监管信息系统，要逐步与全国建筑市场诚信信息平台实现网络互联、信息共享和实时发布。

《招标投标违法行为记录公告暂行办法》规定，对招标投标违法行为所做出的以下行政处理决定应给予公告：①警告；②罚款；③没收违法所得；④暂停或者取消招标代理资格；⑤取消在一定时期内参加依法必须进行招标的项目的投标资格；⑥取消担任评标委员会成员的资格；⑦暂停项目执行或追回已拨付资金；⑧暂停安排国家建设资金；⑨暂停建设项目的审查批准；⑩行政主管部门依法做出的其他行政处理决定。公告部门可将招标投标违法行为行政处理决定书直接进行公告。

招标投标违法行为记录公告不得公开涉及国家秘密、商业秘密、个人隐私的记录。但是，经权利人同意公开或者行政机关认为不公开可能对公共利益造成重大影响的涉及商业秘密、个人隐私的违法行为记录，可以公开。

（3）公告的变更

《建筑市场诚信行为信息管理办法》规定，对发布有误的信息，由发布该信息的省、自治区和直辖市建设行政主管部门进行修正，根据被曝光单位对不良行为的整改情况，调整其信息公布期限，保证信息的准确和有效。

行政处罚决定经行政复议、行政诉讼以及行政执法监督被变更或被撤销，应及时变更或删除该不良记录，并在相应诚信信息平台上予以公布，同时应依法妥善处理相关事宜。

《招标投标违法行为记录公告暂行办法》规定，被公告的招标投标当事人认为公告记录与行政处理决定的相关内容不符的，可向公告部门提出书面更正申请，并提供相关证据。公告部门接到书面申请后，应在 5 个工作日内进行核对。公告的记录与行政处理决定的相关内容不一致的，应当给予更正并告知申请人；公告的记录与行政处理决定的相关内容一致的，应当告知申请人。公告部门在做出答复前不停止对违法行为记录的公告。

行政处理决定在被行政复议或行政诉讼期间，公告部门依法不停止对违法行为记录的公告，但行政处理决定被依法停止执行的除外。原行政处理决定被依法变更或撤销的，公告部门应当及时对公告记录予以变更或撤销，并在公告平台上予以声明。

2）建筑市场诚信行为的奖惩机制

《建筑市场诚信行为信息管理办法》中规定，应当依据国家有关法律、法规和规章，按照诚信和失信惩戒的原则，逐步建立诚信奖惩机制，在行政许可、市场准入、招标投标、资质管理、工程担保和保险、表彰评优等工作中，充分利用已公布的建筑市场各方主体的诚信行为信息，依法对守信行为给予激励，对失信行为进行惩处。

对于一般失信行为，要对相关单位和人员进行诚信法治教育，促使其知法、懂法、守法；对有严重失信行为的企业和人员，要会同有关部门，采取行政、经济、法律和社会舆论等综合惩治措施，对其依法公布、曝光或予以行政处罚、经济制裁；行为特别恶劣的，要坚决追究失信者的法律责任，提高失信成本，使失信者得不偿失。

《招标投标违法行为记录公告暂行办法》中规定，公告的招标投标违法行为记录应当作为招标代理机构资格认定、依法必须招标项目资质审查、招标代理机构选择、中标人推荐和确定、评标委员会成员确定和评标专家考核等活动的重要参考。

《建筑业企业资质管理规定》中规定，建筑业企业未按照本规定要求提供建筑业企业信用档案信息的，由县级以上地方人民政府建设主管部门或者其他有关部门给予警告，责令限期改正；逾期未改正的，可处以1000元以上1万元以下的罚款。

《注册建造师管理规定》中规定，注册建造师或者其聘用单位未按照要求提供注册建造师信用档案信息的，由县级以上地方人民政府建设主管部门或者其他有关部门责令限期改正；逾期未改正的，可处以1000元以上1万元以下的罚款。

4. 建筑市场主体诚信评价的基本规定

《关于加快推进建筑市场信用体系建设工作的意见》中提出，同步推进政府对市场主体的守法诚信评价和社会中介信用机构的综合信用评价。

1）政府对市场主体的守法诚信评价

政府对市场主体的守法诚信评价是政府主导，以守法为基础，根据违法违规行为的行政处罚记录，对市场主体进行诚信评价。评价内容包括对市场主体违反各类行政法律规定强制义务的行政处罚记录以及其他不良失信行为记录。评价标准内容以建筑市场有关的法律责任为主要依据，对社会关注的焦点、热点问题可有所侧重，如拖欠工程款和农民工工资、转包、违法分包、挂靠、招标投标弄虚作假、质量安全问题、违反法定基本建设程序等。

2）社会中介信用机构的综合信用评价

社会中介信用机构的综合信用评价是市场主导，以守法、守信（主要指经济信用，包括市场交易信用和合同履行信用）、守德（主要指道德、伦理信用）、综合实力（主要包括经营、资本、管理、技术等）为基础进行综合评价。综合评价中有关建筑市场各方责任主体的优良和不良行为记录等信息要以建筑市场信用信息平台的记录为基础。

行业协会要协助政府部门做好诚信行为记录、信息发布和信用评价等工作，推进建筑市场动态监管；要完善行业内部监督和协调机制，建立以会员单位为基础的自律维权信息平台，加强行业自律，提高企业及其从业人员的诚信意识。

本章小结

本章共介绍了三部分内容：建设工程发承包制度、建设工程招标投标制度和建筑市场信用体系建设。分别对建设工程发承包的概念及原则、建设工程发包方式、禁止肢解工程发包和违法采购、建设工程承包的三种形式、违法行为应承担的法律责任；建设工程招标投标的概念及基本原则，建设工程招标的条件及方式、基本程序、投标人、投标资格、投标文件，建设工程开标、评标与中标；建筑市场诚信行为信息分类、建筑市场的施工单位不良行为记录认定标准、建筑市场诚信行为的公布和奖惩机制、建筑市场主体诚信评价的基本规定等内容进行了具体阐述。

发包、承包是一种经营方式，是指交易的一方负责为交易的另一方完成某项工作或供应一批货物，并按一定的价格取得相应报酬的一种交易行为。建筑工程发包方式包括直接发包、招标发包。建筑工程承包方式是建筑工程承发包双方之间经济关系形式。我国《建筑法》规定，建筑工程的发包单位与承包单位应当依法订立书面合同，明确双方的权利和义务。《建筑法》提倡对建筑工程实行总承包。

招标、投标是市场经济条件下进行大宗货物的买卖、项目的采购与提供，所采用的一种交易方式。招标和投标活动是当事人在法律规定范围内自主进行的市场行为，但必须接受政府行政主管部门的监督。招标、投标、开标、评标、中标应当遵循法律规定的程序和行为规范。建设工程招标的评标、定标工作由评标委员会完成。中标人确定后，招标人应当向中标人发出中标通知书，并依法按照招标文件和中标人的投标文件签订书面合同。

课后练习

一、选择题

1. 工程总承包企业按照合同约定，承担工程项目的设计、采购、施工、试运行服务等工作，并对承包工程的质量、安全、工期、造价全面负责的承包模式是（　　）。

　A. EPC　　　　　　　B. D-B　　　　　　　C. E-P　　　　　　　D. P-C

2. 在建设单位的下列行为中，违反法律规定的是（　　）。

　A. 将建筑工程肢解后发包给几个承包商

　B. 自行采购工程所需的建筑材料及设备

　C. 要求承包商负责工程所需建筑材料的采购任务

　D. 将工程的设计和施工任务发包给一个工程总承包单位

3. 同一专业的两个以上不同资质等级的单位实行联合承包的，应当按照（　　）单位的业务许可范围承揽工程。

　A. 资质等级较高的　　　　　　　　B. 承担主要任务的

　C. 资质等级较低的　　　　　　　　D. 联合体牵头

4. 下列承包商的行为中，属于转包行为的是（　　）。

　A. 承包商将其承包的部分工程分包给某公司

　B. 承包商不具备相应资质条件而以他人名义承接工程

　C. 承包商将建设工程主体结构中的施工任务分包给某公司

　D. 承包商将其承包的工程肢解以后以分包的名义分别转给其他单位承包

5. 下列关于工程承包活动相关连带责任的表述中，正确的是（　　）。

　A. 联合体承包工程其成员之间的连带责任属约定连带责任

　B. 如果分包单位是经业主认可的，总包单位对其过失不负连带责任

　C. 工程总分包单位之间的连带责任是法定连带责任

　D. 负有连带责任的每个债务人，都负有清偿部分债务的义务

6. 某工程建设项目招标人在招标文件中规定了只有获得过本省工程质量奖项的潜在投标人才有资格参加该项目的投标。根据《招标投标法》的规定违反了（　　）原则。

　A. 公开　　　　　　B. 公平　　　　　　C. 公正　　　　　　D. 诚实信用

7. 根据《招标投标法》的规定，下列施工项目不属于必须招标范围的是（　　）。

　A. 企业投标的体育场

B. 企业投资廉租住房

C. 企业投资的商品住房

D. 在资质等级许可范围内施工企业建设的自用办公楼

8. 在评标委员会组建过程中，下列做法符合规定的是（　　）。

A. 评标委员会成员的名单在评标结算前保密

B. 评标委员会 7 个成员中，招标人的代表有 3 名

C. 项目评标专家从招标代理机构的专家库内的相关专家名单中随机抽取

D. 评标委员会成员由 6 人组成

9. 同一专业的单位组成联合体投标，按照（　　）单位确定资质等级。

A. 资质等级较高的　　　　　　　B. 资质等级较低的

C. 联合体主办者的　　　　　　　D. 承担主要任务的

10. 开标地点应当为（　　）。

A. 招标投标双方确定的地点

B. 住房城乡建设主管部门制定的场所

C. 招标文件中预先确定的地点

D. 投标人共同认可的地点

二、简答题

1. 简述建设工程发包与承包原则。

2. 建设工程常见的承包方式有哪几种？

3. 什么是共同承包？共同承包的适用范围有哪些？

4. 简述转包和分包的区别。

5. 建设工程投标应当遵循什么原则？

6. 简述招标文件、投标文件的主要内容。

7. 简述建设工程招标投标的法定程序。

8. 简述联合体投标的概念、联合体投标的条件、联合体各方的关系。

9. 建设工程招标方式有哪些？

10. 简述违反建设工程招标投标法律法规的法律责任。

第**9**章

建设工程安全生产法律制度

● 学习目标 ●

知识目标

了解建设工程安全生产管理的概念、方针和原则；掌握安全生产许可证的取得条件；掌握施工安全责任和安全生产教育培训制度；掌握施工现场安全防护制度；熟悉安全生产事故的应急救援和调查处理；熟悉建设单位和相关单位的建设工程安全责任制度。

能力目标

能运用所学的基本知识正确处理建设工程安全生产当事人之间的关系；能运用建设工程安全生产相关知识处理实际工作中遇到的问题和纠纷。

9.1 建设工程安全生产管理概述

1. 建设工程安全生产及安全生产管理的概念

建设工程安全生产是指生产过程中要避免人身伤亡、财产损失和对周围环境的破坏。它包括生产过程中的施工现场人员人身安全和财产设备安全，施工现场及附近的道路、管线和房屋的安全，施工现场和周围的环境保护及工程建成后的使用安全等方面的内容。

建设工程安全生产管理，是指建设行政主管部门、建筑安全监督管理机构、建筑施工企业及有关单位对建筑生产过程中的安全工作，进行计划、组织、指挥、控制、监督等一系列的管理活动。

工程建设活动多为露天作业、高空作业，施工条件差，不安全因素与事故隐患多，导致建筑业成为安全事故多发行业之一。因此，建立完善的安全生产制度，加强对建筑生产活动的监督管理，是避免安全事故，保护人民群众生命和财产安全的基本保证。

2. 建设工程安全生产管理的方针

《建筑法》第三十六条、《中华人民共和国安全生产法》（以下简称《安全生产法》）第三条和《建设工程安全生产管理条例》第三条规定，建筑安全生产管理的方针为"安全第一、预防为主"，这是我国多年来安全生产工作经验的总结。安全生产关系到人民群众生命和财产安全，关系到社会稳定和经济健康发展，建设工程安全生产管理必须坚持"安全第一、预防为主"的方针。

安全第一，是从保护和发展生产力的角度，表明在生产范围内安全与生产的关系，肯定安全在建筑生产活动中的首要位置和重要性。

预防为主，是指在建设工程生产活动中，针对建设工程生产的特点，对生产要素采取管理措施，有效地控制不安全因素的发展与扩大，把可能发生的事故消灭在萌芽状态，以保证生产活动中人的安全与健康。

安全第一，还反映了当安全与生产发生矛盾的时候，应该服从安全，消灭隐患，保证建设工程在安全的条件下生产。预防为主则体现在事先策划、事中控制、事后总结。通过信息收集，归类分析，制定预案，控制防范。"安全第一、预防为主"的方针，体现了国家在建设工程安全生产过程中"以人为本"的思想，也体现了国家对保护劳动者权利、保护社会生产力的高度重视。

要做好安全生产工作必须做到：坚持"安全第一、预防为主"方针，树立以人为本的思想，不断提高安全生产素质；加强安全生产法治建设，有法可依，有法必依，执法必严，违法必究，严格落实安全生产责任制；加大安全生产投入，依靠科技进步，标本兼治，全面改善安全生产基础设施和提高管理水平，提高本质安全度；建立完善的安全生产管理体制，强化执法监察力度；突出重点，专项整治，遏制重特大事故。

3. 建设工程安全生产管理的原则

建设工程安全生产管理的原则主要是管生产必须管安全和谁主管谁负责。

1）管生产必须管安全，是指安全寓于生产之中，把安全和生产统一起来。一旦生产中人、物、环境都处于危险状态，则生产无法进行；有了安全保障生产才能持续、稳定地发展。安全管理是生产管理的重要组成部分，安全与生产在实施过程中，两者存在密切的联系，有着共同进行管理的基础。

2）谁主管谁负责，是指主管建筑生产的单位和人员应对建筑生产的安全负责。安全生产第一责任人制度正是这一原则的体现。各级建设行政主管部门的行政一把手是本地区的第一责任人，对所辖区域建设安全生产负全面的责任；项目经理是本项目的安全生产第一责任人，对项目施工中贯彻落实安全生产的法规、标准负全面责任。

9.2　施工安全生产许可制度

1. 安全生产许可制度的概念

《中华人民共和国行政许可法》规定，直接涉及国家安全、公共安全、经济宏观调控、生态环境保护以及直接关系人身健康、生命财产安全等的特定活动，需要按照法定条件予以批准的事项，可以设定行政许可。

《安全生产许可证条例》规定，国家对矿山企业、建筑施工企业和危险化学品、烟花爆竹、民用爆炸物品生产企业（以下统称"企业"）实行安全生产许可制度。企业未取得安全生产许可证的，不得从事生产活动。

《建筑施工企业安全生产许可证管理规定》规定，国家对建筑施工企业实行安全生产许可制度。建筑施工企业未取得安全生产许可证的，不得从事建筑施工活动。国务院建设主管部门负责中央管理的建筑施工企业安全生产许可证的颁发和管理。省、自治区、直辖市人民政府建设主管部门负责本行政区域内上述规定以外的建筑施工企业安全生产许可证的颁发和管理，并接受国务院建设主管部门的指导和监督。

2. 安全生产许可证领取条件

建筑施工企业取得安全生产许可证，应当具备下列安全生产条件：

1）建立、健全安全生产责任制，制定完备的安全生产规章制度和操作规程。

2）保证本单位安全生产条件所需资金的投入。

3）设置安全生产管理机构，按照国家有关规定配备专职安全生产管理人员。

4）主要负责人、项目负责人、专职安全生产管理人员经建设主管部门或者其他有关部门考核合格。

5）特种作业人员经有关业务主管部门考核合格，取得特种作业操作资格证书。

6）管理人员和作业人员每年至少进行一次安全生产教育培训并考核合格。

7）依法参加工伤保险，依法为施工现场从事危险作业的人员办理意外伤害保险，为从业人员交纳保险费。

8）施工现场的办公、生活区及作业场所和安全防护用具、机械设备、施工机具及配件符合有关安全生产法律、法规、标准和规程的要求。

9）有职业危害防治措施，并为作业人员配备符合国家标准或者行业标准的安全防护用具和安全防护服装。

10）有对危险性较大的分部分项工程及施工现场易发生重大事故的部位、环节的预防、监控措施和应急预案。

11）有生产安全事故应急救援预案、应急救援组织或者应急救援人员，配备必要的应急救援器材、设备。

12）法律、法规规定的其他条件。

3. 安全生产许可的管理规定

1）安全生产许可证的申请

建筑施工企业从事建筑施工活动前，应当依照《建筑施工企业安全生产许可证管理规定》向省级以上建设主管部门申请领取安全生产许可证。《安全生产许可证条例》第四条规定，省、自治区、直辖市人民政府建设主管部门负责建筑施工企业安全生产许可证的颁发和管理，并接受国务院建设主管部门的指导和监督。

建筑施工企业申请安全生产许可证时，应当向建设主管部门提供下列材料：

①建筑施工企业安全生产许可证申请表。

②企业法人营业执照。

③申请安全生产许可证应当具备的安全生产条件相关的文件、材料。

建筑施工企业申请安全生产许可证，应当对申请材料实质内容的真实性负责，不得隐瞒有关情况或者提供虚假材料。

2）安全生产许可证的有效期

对于安全生产许可证的有效期，《建筑施工企业安全生产许可证管理规定》第八条规定，安全生产许可证的有效期为 3 年。安全生产许可证有效期满需要延期的，企业应当于期满前 3 个月向原安全生产许可证颁发管理机关申请办理延期手续。企业在安全生产许可证有效期内，严格遵守有关安全生产的法律法规，未发生死亡事故的，安全生产许可证有效期届满时，经原安全生产许可证颁发管理机关同意，不再审查，安全生产许可证有效期延期 3 年。

3）安全生产许可证的变更、注销和遗失处理

建筑施工企业变更名称、地址、法定代表人等，应当在变更后 10 日内，到原安全生产许可证颁发管理机关办理安全生产许可证变更手续。

建筑施工企业破产、倒闭、撤销的，应当将安全生产许可证交回原安全生产许可证颁发管理机关予以注销。

建筑施工企业遗失安全生产许可证，应当立即向原安全生产许可证颁发管理机关报告，并在公众媒体上声明作废后，方可申请补办。

4）安全生产许可证的监督管理

建设主管部门在审核发放施工许可证时，应当对已经确定的建筑施工企业是否有安全生产许可证进行审查，对没有取得安全生产许可证的，不得颁发施工许可证。安全生产许可证颁发管理机关应当建立、健全安全生产许可证档案管理制度，定期向社会公布企业取得安全生产许可证的情况，每年向同级安全生产监督管理部门通报建筑施工企业安全生产许可证颁发和管理情况。

建筑施工企业取得安全生产许可证后，不得降低安全生产条件，并应当加强日常安全生产管理，接受建设主管部门的监督检查。建筑施工企业不得转让、冒用安全生产许可证或者使用伪造的安全生产许可证。安全生产许可证颁发管理机关发现企业不再具备安全生产条件的，应当暂扣或者吊销安全生产许可证。

安全生产许可证颁发管理机关或者其上级行政机关发现有下列情形之一的，可以撤销已经颁发的安全生产许可证：

①安全生产许可证颁发管理机关工作人员滥用职权、玩忽职守颁发安全生产许可证的。

②超越法定职权颁发安全生产许可证的。

③违反法定程序颁发安全生产许可证的。

④对不具备安全生产条件的建筑施工企业颁发安全生产许可证的。

⑤依法可以撤销已经颁发的安全生产许可证的其他情形。

需要注意的是，上述情形下安全生产许可证被撤销并非由于施工企业的过错，因此，建筑施工企业的合法权益受到损害的，建设主管部门应当依法给予赔偿。

4. 违法行为应承担的法律责任

安全生产许可证违法行为应承担的主要法律责任如下：

1）未取得安全生产许可证擅自从事施工活动应承担的法律责任

《安全生产许可证条例》第十九条规定，违反本条例规定，未取得安全生产许可证擅自进行生产的，责令停止生产，没收违法所得，并处 10 万元以上 50 万元以下的罚款；造成重大事故或者其他严重后果，构成犯罪的，依法追究刑事责任。

《建筑施工企业安全生产许可证管理规定》第二十四条进一步规定，违反本规定，建筑施工企业未取得安全生产许可证擅自从事建筑施工活动的，责令其在建项目停止施工，没收违法所得，并处 10 万元以上 50 万元以下的罚款；造成重大安全事故或者其他严重后果，构成犯罪的，依法追究刑事责任。

2）安全生产许可证有效期满未办理延期手续继续从事施工活动应承担的法律责任

《安全生产许可证条例》第二十条规定，违反本条例规定，安全生产许可证有效期满未办理延期手续，继续进行生产的，责令停止生产，限期补办延期手续，没收违法所得，并处 5 万元以上 10 万元以下的罚款；逾期仍不办理延期手续，继续进行生产的，依照本条例第十九条的规定处罚。

《建筑施工企业安全生产许可证管理规定》第二十五条规定，违反本规定，安全生产许可证有效期满未办理延期手续，继续从事建筑施工活动的，责令其在建项目停止施工，限期补办延期手续，没收违法所得，并处 5 万元以上 10 万元以下的罚款；逾期仍不办理延期手续，继续从事建筑施工活动的，依照本规定第二十四条的规定处罚。

3）转让安全生产许可证应承担的法律责任

《安全生产许可证条例》第二十一条规定，违反本条例规定，转让安全生产许可证的，没收违法所得，处 10 万元以上 50 万元以下的罚款，并吊销其安全生产许可证；构成犯罪的，依法追究刑事责任；接受转让的，依照本条例第十九条（违反本条例规定，未取得安全生产许可证擅自进行生产的，责令停止生产，没收违法所得，并处 10 万元以上 50 万元以下的罚款；造成重大事故或者其他严重后果，构成犯罪的，依法追究刑事责任）的规定处罚。冒用安全生产许可证或者使用伪造的安全生产许可证的，依照本条例第十九条的规定处罚。

4）以不正当手段取得安全生产许可证应承担的法律责任

《建筑施工企业安全生产许可证管理规定》第二十七条规定，违反本规定，建筑施工企业隐瞒有关情况或者提供虚假材料申请安全生产许可证的，不予受理或者不予颁发安全生产许可证，并给予警告，1 年内不得申请安全生产许可证。建筑施工企业以欺骗、贿赂等不正当手段取得安全生产许可证的，撤销安全生产许可证，3 年内不得再次申请安全生产许可证；构成犯罪的，依法追究刑事责任。

5）发生重大安全事故应承担的法律责任

《建筑施工企业安全生产许可证管理规定》第二十二条规定，取得安全生产许可证的建筑施工企业，发生重大安全事故的，暂扣安全生产许可证并限期整改。

《建筑施工企业安全生产许可证管理规定》第二十三条规定，建筑施工企业不再具备安全生产条件的，暂扣安全生产许可证并限期整改；情节严重的，吊销安全生产许可证。

6）颁证机关工作人员违法行为应承担的法律责任

《安全生产许可证条例》第十八条规定，安全生产许可证颁发管理机关工作人员有下列行为之一的，给予降级或者撤职的行政处分；构成犯罪的，依法追究刑事责任：

①向不符合本条例规定的安全生产条件的企业颁发安全生产许可证的。

②发现企业未依法取得安全生产许可证擅自从事生产活动，不依法处理的。

③发现取得安全生产许可证的企业不再具备本条例规定的安全生产条件，不依法处理的。

④接到对违反本条例规定行为的举报后，不及时处理的。

⑤在安全生产许可证颁发、管理和监督检查工作中，索取或者接受企业的财物，或者谋取其他利益的。

9.3　施工安全责任和安全生产教育培训制度

《建筑法》规定，建筑工程安全生产管理必须坚持"安全第一、预防为主、综合治理"的方针，建立健全安全生产的责任制度和群防群治制度。建筑施工企业应当建立健全劳动安全生产教育培训制度，加强对职工安全生产的教育培训；未经安全生产教育培训的人员，不得上岗作业。

《建设工程安全生产管理条例》进一步规定，施工单位应当建立健全安全生产责任制度和安全生产教育培训制度，制定安全生产规章制度和操作规程，保证本单位安全生产条件所需资金的投入，对所承担的建设工程进行定期和专项安全检查，并做好安全检查记录。

施工安全生产责任制和安全生产教育培训制度，是建设工程施工活动应贯彻始终的法定基本制度。

1. 施工单位的安全生产责任

1）施工安全生产管理的方针

《建筑法》《安全生产法》《建设工程安全生产管理条例》中都规定了建设工程安

全生产管理的方针，《国务院关于坚持科学发展安全发展促进安全生产形势持续稳定好转的意见》（国发〔2011〕40号）则进一步明确，自觉坚持"安全第一、预防为主、综合治理"方针。

安全第一，是要在建设工程施工过程中把安全放在第一重要的位置，贯彻以人为本的科学发展观，切实保护劳动者的生命安全和身体健康。

预防为主，是要把建设工程施工安全生产工作的关口前移，建立预教、预警、预防的施工事故隐患预防体系，改善施工安全生产状况，预防施工安全事故。

综合治理，则是要自觉遵循施工安全生产规律，把握施工安全生产工作中的主要矛盾和关键环节，综合运用经济、法律、行政等手段，人管、法治、技防多管齐下，并充分发挥社会、职工、舆论的监督作用，有效解决建设工程施工安全生产的问题。

"安全第一、预防为主、综合治理"方针是一个有机整体。如果没有安全第一的指导思想，预防为主就失去了思想支撑，综合治理将失去整治依据；预防为主是实现安全第一的根本途径，只有把施工安全生产的重点放在建立和落实事故隐患预防体系上，才能有效减少施工伤亡事故的发生；综合治理则是落实安全第一、预防为主的手段和方法。

2）施工单位的安全生产责任制度

施工单位是建设工程施工活动的主体，必须加强对施工安全生产的管理，落实施工安全生产的主体责任。

《建筑法》第四十四条规定，建筑施工企业必须依法加强对建筑安全生产的管理，执行安全生产责任制度，采取有效措施，防止伤亡和其他安全生产事故的发生。

《国务院关于坚持科学发展安全发展促进安全生产形势持续稳定好转的意见》第九条指出，认真落实企业安全生产主体责任。企业必须严格遵守和执行安全生产法律法规、规章制度与技术标准，依法依规加强安全生产，加大安全投入，健全安全管理机构，加强班组安全建设，保持安全设备设施完好有效。

（1）施工单位主要负责人对安全生产工作全面负责

施工单位主要负责人和项目负责人的安全素质直接关系到施工安全，必须将其应负的施工安全责任法律化。《建设工程安全生产管理条例》第二十一条规定：

①施工单位主要负责人依法对本单位的安全生产工作全面负责。施工单位应当建立健全安全生产责任制度和安全教育培训制度，制定安全生产规章制度和操作规程，保证本单位安全生产条件所需资金的投入，对所承担的建设工程进行定期和专项安全检查，并做好安全检查记录。

②施工单位的项目负责人应当由取得相应执业资格的人员担任，对建设工程项目的安全施工负责，落实安全生产责任制、安全生产规章制度和操作规程，确保安全生产费用的有效使用，并根据工程的特点组织制定安全施工措施，消除安全事故隐患，及时、如实报告生产安全事故。

施工单位的项目负责人在施工活动中占有非常重要的地位，代表施工企业法人对项目组织实施中劳动力的调配、资金的使用、建筑材料的购进等行使决策权。因此，项目负责人是本项目安全生产的第一责任人。

（2）施工单位安全生产管理机构和专职安全生产管理人员的职责

《建设工程安全生产管理条例》规定，施工单位应当设立安全生产管理机构，配备专职安全生产管理人员。专职安全生产管理人员负责对安全生产进行现场监督检查。发现安全事故，应当及时向项目负责人和安全生产管理机构报告；对违章指挥、违章操作的，应当立即制止。

《建筑施工企业安全生产管理机构设置及专职安全生产管理人员配备办法》规定，建筑施工企业应当依法设置安全生产管理机构，在企业主要负责人的领导下开展本企业的安全生产管理工作。

①建筑施工企业安全生产管理机构具有以下的职责：宣传和贯彻国家有关安全生产法律法规和标准；编制并适时更新安全生产管理制度并监督实施；组织或参与企业生产安全事故应急救援预案的编制及演练；组织开展安全教育培训与交流；协调配备项目专职安全生产管理人员；参加生产安全事故的调查和处理工作；参与危险性较大工程的安全专项施工方案专家论证会；通报在建项目违规违章查处情况；建立企业在建项目安全生产管理档案；企业明确的其他安全生产管理职责。

②建筑施工企业安全生产管理机构专职安全生产管理人员在施工现场检查的过程中具有以下职责：查阅在建项目安全生产的有关资料，核实有关情况；检查危险性较大工程的安全专项施工方案的落实情况；监督项目专职安全生产管理人员履责情况；监督作业人员安全防护用品的配备及使用情况；对发现的安全生产违章违规行为或安全隐患，有权当场予以纠正或做出处理决定；对不符合安全生产条件的设施、设备、器材，有权当场做出查封的处理决定；对施工现场存在的重大安全隐患有权越级报告或直接向建设主管部门报告；企业明确的其他安全生产管理职责。

③项目专职安全生产管理人员具有以下主要职责：负责施工现场安全生产日常检查并做好检查记录；现场监督危险性较大工程的安全专项施工方案的实施情况；对作业人员违规违章行为有权予以纠正或查处；对施工现场存在的安全隐患有权责令立即整改；对于发现的重大安全隐患，有权向企业安全生产管理机构报告；依法报告生产安全事故情况。

（3）建设工程项目安全生产领导小组的职责

建筑施工企业应当在建设工程项目组建安全生产领导小组。建设工程实行施工总承包的，安全生产领导小组由总承包企业、专业承包企业和劳务分包企业项目经理、技术负责人和专职安全生产管理人员组成。

安全生产领导小组的主要职责：

①贯彻落实国家有关安全生产法律法规和标准。

②组织制定项目安全生产管理制度并监督实施。

③编制项目安全生产事故应急救援预案并组织演练。

④保证项目安全生产费用的有效使用。

⑤组织编制危险性较大工程安全专项施工方案。

⑥开展项目安全教育培训。

⑦组织实施项目安全检查和隐患排查。

⑧建立项目安全生产管理档案。

⑨及时、如实报告安全生产事故。

（4）专职安全生产管理人员的配备要求

建筑施工企业安全生产管理机构专职安全生产管理人员的配备应满足下列要求，并应根据企业经营规模、设备管理和生产需要予以增加：

①建筑施工总承包资质序列企业：特级资质不少于 6 人；一级资质不少于 4 人；二级和二级以下资质企业不少于 3 人。

②建筑施工专业承包资质序列企业：一级资质不少于 3 人；二级及以下资质企业不少于 2 人。

③建筑施工劳务分包资质序列企业：不少于 2 人。

④建筑施工企业的分公司、区域公司等较大的分支机构应依据实际生产情况配备不少于 2 人的专职安全生产管理人员。

总承包单位配备项目专职安全生产管理人员应当满足下列要求：

①建筑工程、装修工程按照建筑面积配备：1 万 m^2 以下的工程不少于 1 人；②1 万～5 万 m^2 的工程不少于 2 人；③5 万 m^2 及以上的工程不少于 3 人，且按专业配备专职安全生产管理人员。

②土木工程、线路管道、设备安装工程按照工程合同价配备：5000 万元以下的工程不少于 1 人；5000 万～1 亿元的工程不少于 2 人；1 亿元及以上的工程不少于 3 人，且按专业配备专职安全生产管理人员。

分包单位配备项目专职安全生产管理人员应当满足下列要求：

①专业承包单位应当配置至少 1 人，并根据所承担的分部分项工程的工程量和

施工危险程度增加。

②劳务分包单位施工人员在 50 人以下的，应当配备 1 名专职安全生产管理人员；50～200 人的，应当配备 2 名专职安全生产管理人员；200 人及以上的，应当配备 3 名及以上专职安全生产管理人员，并根据所承担的分部分项工程施工危险实际情况增加，不得少于工程施工人员总人数的 5%。

采用新技术、新工艺、新材料或致害因素多、施工作业难度大的工程项目，项目专职安全生产管理人员的数量应当根据施工实际情况，在以上规定的配备标准上增加。

施工作业班组可以设置兼职安全巡查员，对本班组的作业场所进行安全监督检查。建筑施工企业应当定期对兼职安全巡查员进行安全教育培训。

3）施工单位负责人施工现场带班制度

《国务院关于进一步加强企业安全生产工作的通知》中规定，强化生产过程管理的领导责任。企业主要负责人和领导班子成员要轮流现场带班。

《建筑施工企业负责人及项目负责人施工现场带班暂行办法》进一步规定，企业负责人带班检查是指由建筑施工企业负责人带队实施对工程项目质量安全生产状况及项目负责人带班生产情况的检查。建筑施工企业负责人是指企业的法定代表人、总经理、主管质量安全和生产工作的副总经理、总工程师和副总工程师。

建筑施工企业负责人要定期带班检查，每月检查时间不少于其工作日的 25%。建筑施工企业负责人带班检查时，应认真做好检查记录，并分别在企业和工程项目存档备查。工程项目进行超过一定规模的危险性较大的分部分项工程施工时，建筑施工企业负责人应到施工现场进行带班检查。工程项目出现险情或发现重大隐患时，建筑施工企业负责人应到施工现场带班检查，督促工程项目进行整改，及时消除险情和隐患。

对于有分公司（非独立法人）的企业集团，集团负责人因故不能到现场的，可书面委托工程所在地的分公司负责人对施工现场进行带班检查。

2. 施工项目负责人的安全生产责任

施工项目负责人是指建设工程项目的项目经理。施工单位不同于一般的生产经营单位，通常会同时承建若干建设工程项目，且异地承建施工的现象很普遍。为了加强对施工现场的管理，施工单位要对每个建设工程项目委派一名项目负责人即项目经理，由其对该项目的施工管理全面负责。

《建设工程安全生产管理条例》规定，施工单位的项目负责人应当由取得相应执业资格的人员担任，对建设工程项目的安全施工负责，落实安全生产责任制度、安全生产规章制度和操作规程，确保安全生产费用的有效使用，并根据工程的特点组织制定安全施工措施，消除安全事故隐患，及时、如实报告生产安全事故。

1）施工项目负责人的执业资格和安全生产责任

施工项目负责人经施工单位法定代表人的授权，要选配技术、生产、材料、成本等管理人员组成项目管理班子，代表施工单位在本建设工程项目上履行管理职责。由于施工项目负责人对该项目的施工组织管理起关键作用，《建造师执业资格制度暂行规定》中规定，建造师经注册后，有权以建造师的名义担任建设工程项目施工的项目经理及从事其他施工活动的管理。

施工项目负责人的安全生产责任主要如下：

①对建设工程项目的安全施工负责。

②落实安全生产责任制度、安全生产规章制度和操作规程。

③确保安全生产费用的有效使用。

④根据工程的特点组织制定安全施工措施，消除安全事故隐患。

⑤及时、如实报告生产安全事故情况。

2）施工单位项目负责人施工现场带班

《建筑施工企业负责人及项目负责人施工现场带班暂行办法》规定，项目负责人是工程项目质量安全管理的第一责任人，应对工程项目落实带班制度负责。项目负责人带班生产是指项目负责人在施工现场组织协调工程项目的质量安全生产活动。

项目负责人在同一时期只能承担一个工程项目的管理工作。项目负责人带班生产时，要全面掌握工程项目质量安全生产状况，加强对重点部位、关键环节的控制，及时消除隐患。要认真做好带班生产记录并签字存档备查。项目负责人每月带班生产时间不得少于本月施工时间的80%。因其他事务，需离开施工现场时，应向工程项目的建设单位请假，经批准后方可离开。离开期间应委托项目相关负责人负责其外出时的日常工作。

3. 施工总承包单位和分包单位的安全责任

《建筑法》规定，施工现场安全由建筑施工企业负责。实行施工总承包的，由总承包单位负责。分包单位向总承包单位负责，服从总承包单位对施工现场的安全生产管理。

1）总承包单位应当承担的法定安全生产责任

建设工程实行施工总承包的，由总承包单位对施工现场的安全生产负总责。由于施工总承包是由一个施工单位对建设工程的施工全面负责，因此总承包单位不仅要负责建设工程质量、建设工期、造价控制，还要对施工现场的施工组织和安全生产进行统一管理和全面负责。

（1）分包合同应当明确总分包双方的安全生产责任。《建设工程安全生产管理条例》规定，总承包单位依法将建设工程分包给其他单位的，分包合同中应当明确各自的安全生产方面的权利、义务。施工总承包单位与分包单位的安全生产责任，可以分为法定责任和约定责任两种表现形式。所谓法定的安全生产责任，即法律、法规中明确规定的总承包单位、分包单位各自的安全生产责任。所谓约定的安全生产责任，即总承包单位与分包单位在分包合同中通过协商，约定各自应当承担的安全生产责任。但是，这种约定不能违反法律、法规的强制性规定。

（2）统一组织编制建设工程生产安全应急救援预案。《建设工程安全生产管理条例》规定，施工单位应当根据建设工程施工的特点、范围，对施工现场易发生重大事故的部位、环节进行监控，制定施工现场生产安全事故应急救援预案。实行施工总承包的，由总承包单位统一组织编制建设工程生产安全事故应急救援预案，工程总承包单位和分包单位按照应急救援预案，各自建立应急救援组织或者配备应急救援人员，配备救援器材、设备，并定期组织演练。

（3）负责向有关部门上报生产安全事故。《建设工程安全生产管理条例》规定，实行施工总承包的建设工程，由总承包单位负责上报事故。

（4）自行完成建设工程主体结构的施工。《建设工程安全生产管理条例》在"施工单位的安全责任"中特别规定，总承包单位应当自行完成建设工程主体结构的施工。

（5）承担连带责任。《建设工程安全生产管理条例》规定，总承包单位和分包单位对分包工程的安全生产承担连带责任。

2）分包单位应当承担的法定安全生产责任

《建筑法》规定，分包单位向总承包单位负责，服从总承包单位对施工现场的安全生产管理，分包单位不服从管理导致生产安全事故的，由分包单位承担主要责任。

4. 施工作业人员安全生产的权利和义务

《建筑法》规定，建筑施工企业和作业人员在施工过程中，应当遵守有关安全生产的法律、法规和建筑行业安全规章、规程，不得违背指挥或者违章作业。作业人员有权对影响人身健康的作业程序和作业条件提出改进意见，有权获得安全生产所需的防护用品。作业人员对危及生命安全和人身健康的行为有权提出批评、检举和控告。

施工作业人员应当依法享受其安全生产的权利，也应依法履行安全生产的义务。

1）施工作业人员应当享有的安全生产权利

（1）施工安全生产的知情权和建议权。《安全生产法》规定，生产经营单位的从业人员有权了解其作业场所和工作岗位存在的危险因素、防范措施及事故应急措施，有权对本单位的安全生产工作提出建议。

（2）防护用品的获得权。施工作业人员有权按规定获得安全生产所需的防护用品，施工单位必须按规定发放。施工安全防护用品，一般包括安全帽、安全带、安全网、安全绳及其他个人防护用品（如防护鞋、防护服装、防尘口罩）等。

（3）批评、检举、控告权及拒绝违章指挥权和拒绝强令冒险权。作业人员有权对危及生命安全和人身健康的行为提出批评、检举和控告。有权拒绝违章指挥和强令冒险作业。

（4）紧急避险权。《安全生产法》规定，从业人员发现直接危及人身安全的紧急情况时，有权停止作业或者在采取可能的应急措施后撤离作业场所。生产经营单位不得因从业人员在上述紧急情况下停止作业或者采取紧急撤离措施而降低其工资、福利等待遇或者解除与其订立的劳动合同。

注意：①作业人员人身安全的紧急情况必须有确实可靠的直接根据，仅凭个人猜测或者误判而实际并不属于危及人身安全的紧急情况除外；②紧急情况必须直接危及人身安全，间接或者可能危及人身安全的情况不应撤离，而应采取有效处理措施；③出现危及人身安全的紧急情况时，首先是停止作业，然后要采取可能的应急措施，在采取应急措施无效时再撤离作业场所。

（5）获得意外伤害保险赔偿的权利。《建设工程安全生产管理条例》规定，施工单位应当为施工现场从事危险作业的人员办理意外伤害保险。意外伤害保险费由施工单位支付。实行施工总承包的，由总承包单位支付意外伤害保险费。意外伤害保险期限自建设工程开工之日起至竣工验收合格止。

施工现场从事危险作业的人员是指：施工现场从事如高处作业、深基坑作业、爆破作业等危险性较大的岗位的作业人员。

（6）请求民事赔偿权。《安全生产法》规定，因生产安全事故受到损害的从业人员，除依法享有工伤社会保险外，依照有关民事法律尚有获得赔偿的权利的，有权向本单位提出赔偿要求。

2）施工作业人员应当履行的安全生产义务

（1）守法遵章和正确使用安全防护用具等的义务。

（2）接受安全生产教育培训的义务。

（3）安全事故隐患报告的义务。

5. 施工单位安全生产教育培训

针对一些施工单位安全生产教育培训投入不足，许多新入场农民工未经培训即上岗作业，造成一线作业人员安全意识和操作技能普遍不足，往往存在违章作业、冒险蛮干的问题，《建筑法》明确规定，建筑施工企业应当建立健全劳动安全生产教育培训制度，加强对职工安全生产的教育培训；未经安全生产教育培训的人员，不得上岗作业。

《国务院安委会关于进一步加强安全培训工作的决定》指出，建立以企业投入为主，社会资金积极资助的安全培训投入机制。企业要在职工培训经费和安全费用中足额列支安全培训经费，实施技术改造和项目引进时要专门安排安全培训资金。

1）施工单位三类管理人员与"三项岗位"人员的培训考核

（1）三类管理人员的培训考核

《建设工程安全生产管理条例》规定，施工单位的主要负责人、项目负责人、专职安全生产管理人员应当经建设行政主管部门或者其他部门考核合格后方可任职。

施工单位的主要负责人要对本单位的安全生产工作全面负责，项目负责人对所负责的建设工程项目的安全生产工作全面负责，专职安全生产管理人员更是要具体承担本单位日常的安全生产管理工作。这三类人员的施工安全知识水平和管理能力直接关系到本单位、本项目的安全生产管理水平。如果这三类人员缺乏基本的施工安全生产知识，施工安全生产管理和组织能力不强，甚至违章指挥，将很可能会导致施工生产安全事故的发生。因此，他们必须经安全生产知识和管理能力考核合格后方可任职。

（2）"三项岗位"人员的培训考核

《国务院关于坚持科学发展安全发展促进安全生产形势持续稳定好转的意见》规定，企业主要负责人、安全管理人员、特种作业人员一律经严格考核、持证上岗。《国务院安委会关于进一步加强安全培训工作的决定》进一步指出，严格落实"三项岗位"人员持证上岗制度。企业新任用或者招录"三项岗位"人员，要组织其参加安全培训，经考试合格持证后上岗。对发生人员死亡事故负有责任的企业主要负责人、实际控制人和安全管理人员，要重新参加安全培训考试。

"三项岗位"人员中的企业主要负责人、安全管理人员已涵盖在三类管理人员之中。对于特种作业人员，因其从事直接对本人或他人及其周围设施安全有着重大危害因素的作业，必须经专门的安全作业培训，并取得特种作业操作资格证书后，方可上岗作业。

按照《建设工程安全生产管理条例》的规定，垂直运输机械作业人员、安装拆卸工、爆破作业人员、起重信号工、登高架设作业人员等特种作业人员，必须按照国家有关规定经过专门的安全作业培训，并取得特种作业操作资格证书后，方可上岗作业。住房和城乡建设部发布的《建筑施工特种作业人员管理规定》进一步规定，建筑施工特种作业包括：①建筑电工。②建筑架子工。③建筑起重信号司索工。④建筑起重机械司机。⑤建筑起重机械安装拆卸工。⑥高处作业吊篮安装拆卸工。⑦经省级以上人民政府建设主管部门认定的其他特种作业。

2）施工单位全员的安全生产教育培训

《建设工程安全生产管理条例》规定，施工单位应当对管理人员和作业人员每年至少进行一次安全生产教育培训，其教育培训情况记入个人工作档案。安全生产教育培训考核不合格的人员，不得上岗。《国务院关于坚持科学发展安全发展促进安全生产形势持续稳定好转的意见》规定，企业用工要严格依照劳动合同法与职工签订劳动合同，职工必须全部经培训合格后上岗。

施工单位应当根据实际需要，对不同岗位、不同工种的人员进行"因人施教"。安全教育培训可采取多种形式，包括安全形势报告会、事故案例分析会、安全法治教育、安全技术交流、安全竞赛、师傅带徒弟等。

3）进入新岗位或者新施工现场前的安全生产教育培训

由于新岗位、新工地往往各有特殊性，施工单位须对新录用或转场的职工进行安全教育培训，包括施工安全生产法律法规、施工工地危险源识别、安全技术操作规程、机械设备电气及高处作业安全知识、防火防毒防尘防爆知识、紧急情况安全处置与安全疏散知识、安全防护用品使用知识以及发生事故时自救排险、抢救伤员、保护现场和及时报告等。

《建设工程安全生产管理条例》规定，作业人员进入新的岗位或者新的施工现场前，应当接受安全生产教育培训。未经教育培训或者教育培训考核不合格的人员，不得上岗作业。《国务院安委会关于进一步加强安全培训工作的决定》中指出，严格落实企业职工先培训后上岗制度。建筑企业要对新职工进行至少 32 学时的安全培训，每年进行至少 20 学时的再培训。

强化现场安全培训。高危企业要严格班前安全培训制度，有针对性地讲述岗位安全生产与应急救援知识、安全隐患和注意事项等，使班前安全培训成为安全生产第一道防线。要大力推广"手指口述"等安全确认法，帮助员工通过心想、眼看、手指、口述，确保按规程作业。要加强班组长培训，提高班组长现场安全管理水平和现场安全风险管控能力。

4）采用新技术、新工艺、新设备、新材料前的安全生产教育培训

《建设工程安全生产管理条例》规定，施工单位在采用新技术、新工艺、新设备、新材料时，应当对作业人员进行相应的安全生产教育培训。《国务院安委会关于进一步加强安全培训工作的决定》指出，企业调整职工岗位或者采用新工艺、新技术、新设备、新材料的，要进行专门的安全培训。

随着我国工程建设和科学技术的迅速发展，越来越多的新技术、新工艺、新设备、新材料被广泛应用于施工生产活动中，大大促进了施工生产效率和工程质量的提高，同时也对施工作业人员的素质提出了更高要求。如果施工单位对所采用的新

技术、新工艺、新设备、新材料的了解与认识不足，对其安全技术性能掌握不充分，或是没有采取有效的安全防护措施，没有对施工作业人员进行专门的安全生产教育培训，就很可能会导致事故的发生。因此，施工单位在采用新技术、新工艺、新设备、新材料时，必须对施工作业人员进行专门的安全生产教育培训，并采取保证安全的防护措施，防止发生事故。

5）安全教育培训方式

《国务院安委会关于进一步加强安全培训工作的决定》指出，要完善和落实师傅带徒弟制度。高危企业新职工安全培训合格后，要在经验丰富的工人师傅带领下，实习至少2个月后方可独立上岗。工人师傅一般应当具备中级工以上技能等级，3年以上相应工作经历，成绩突出，善于"传、帮、带"，没有发生过"三违"行为等条件。要组织签订师徒协议，建立师傅带徒弟激励约束机制。

支持大中型企业和欠发达地区建立安全培训机构，重点建设一批具有仿真、体感、实操特色的示范培训机构；加强远程安全培训；开发国家安全培训网和有关行业网络学习平台，实现优质资源共享；实行网络培训学时学分制，将学时和学分结果与继续教育、再培训挂钩；利用视频、电视、手机等拓展远程培训形式。

6. 违法行为应承担的法律责任

1）施工单位违法行为应承担的法律责任

《建筑法》规定，建筑施工企业违反本法规定，对建筑安全事故隐患不采取措施予以消除的，责令改正，可以处以罚款；情节严重的，责令停业整顿，降低资质等级或者吊销资质证书；构成犯罪的，依法追究刑事责任。

《建设工程安全生产管理条例》规定，违反本条例的规定，施工单位有下列行为之一的，责令限期改正；逾期未改正的，责令停业整顿，依照《安全生产法》的有关规定处以罚款；造成重大安全事故，构成犯罪的，对直接责任人员，依照刑法有关规定追究刑事责任：

（1）未设立安全生产管理机构、配备专职安全生产管理人员或者分部分项工程施工时无专职安全生产管理人员现场监督的。

（2）施工单位的主要负责人、项目负责人、专职安全生产管理人员、作业人员或者特种作业人员，未经安全教育培训或者经考核不合格即从事相关工作的。

（3）未在施工现场的危险部位设置明显的安全警示标志，或者未按照国家有关规定在施工现场设置消防通道、消防水源、配备消防设施和灭火器材的。

（4）未向作业人员提供安全防护用具和安全防护服装的。

（5）未按照规定在施工起重机械和整体提升脚手架、模板等自升式架设设施验收合格后登记的。

（6）使用国家明令淘汰、禁止使用的危及施工安全的工艺、设备、材料的。

施工单位取得资质证书后，降低安全生产条件的，责令限期改正；经整改仍未达到与其资质等级相适应的安全生产条件的，责令停业整顿，降低其资质等级直至吊销资质证书。

施工单位挪用列入建设工程概算的安全生产作业环境及安全施工措施所需费用的，责令限期改正，处挪用费用20%以上50%以下的罚款；造成损失的，依法承担赔偿责任。

《刑法》第一百三十七条规定，建设单位、设计单位、施工单位、工程监理单位违反国家规定，降低工程质量标准，造成重大安全事故的，对直接责任人员，处5年以下有期徒刑或者拘役，并处罚金；后果特别严重的，处5年以上10年以下有期徒刑，并处罚金。

2）施工管理人员违法行为应承担的法律责任

《建筑法》规定，建筑施工企业的管理人员违章指挥、强令职工冒险作业，因而发生重大伤亡事故或者造成其他严重后果的，依法追究刑事责任。

《建设工程安全生产管理条例》规定，施工单位的主要负责人、项目负责人未履行安全生产管理职责的，责令限期改正；逾期未改正的，责令施工单位停业整顿；造成重大安全事故、重大伤亡事故或者其他严重后果，构成犯罪的，依照刑法有关规定追究刑事责任。

施工单位的主要负责人、项目负责人有以上违法行为，尚不构成刑事处罚的，处2万元以上20万元以下的罚款或者按照管理权限给予撤职处分；自刑罚执行完毕或者受处分之日起，5年内不得担任任何施工单位的主要负责人、项目负责人。

注册执业人员未执行法律、法规和工程建设强制性标准的，责令停止执业3个月以上1年以下；情节严重的，吊销执业资格证书，5年内不予注册；造成重大安全事故的，终身不予注册；构成犯罪的，依照刑法有关规定追究刑事责任。

《刑法》第一百三十四条规定，强令他人违章冒险作业，或者明知存在重大事故隐患而不排除，仍冒险组织作业，因而发生重大伤亡事故或者造成其他严重后果的，处5年以下有期徒刑或者拘役；情节特别恶劣的，处5年以上有期徒刑。

《刑法》第一百三十五条规定，安全生产设施或者安全生产条件不符合国家规定，因而发生重大伤亡事故或者造成其他严重后果的，对直接负责的主管人员和其他直接责任人员，处3年以下有期徒刑或者拘役；情节特别恶劣的，处3年以上7年以下有期徒刑。

3）施工作业人员违法行为应承担的法律责任

《建设工程安全生产管理条例》规定，作业人员不服管理、违反规章制度和操作规程冒险作业造成重大伤亡事故或者其他严重后果，构成犯罪的，依照刑法有关规定追究刑事责任。

《刑法》第一百三十四条规定，在生产、作业中违反有关安全管理的规定，因而发生重大伤亡事故或者造成其他严重后果的，处 3 年以下有期徒刑或者拘役；情节特别恶劣的，处 3 年以上 7 年以下有期徒刑。

4）建筑施工特种作业人员违法行为应承担的法律责任

《建筑施工特种作业人员管理规定》中规定，有下列情形之一的，考核发证机关应当撤销资格证书：（1）持证人弄虚作假骗取资格证书或者办理延期复核手续的；（2）考核发证机关工作人员违法核发资格证书的；（3）考核发证机关规定应当撤销资格证书的其他情形。

有下列情形之一的，考核发证机关应当注销资格证书：（1）依法不予延期的；（2）持证人逾期未申请办理延期复核手续的；（3）持证人死亡或者不具有完全民事行为能力的；（4）考核发证机关规定应当注销的其他情形。

5）安全生产教育培训违法行为应承担的法律责任

《国务院安委会关于进一步加强安全培训工作的决定》规定，严肃追究安全培训责任。对应持证未持证或者未经培训就上岗的人员，一律先离岗、培训持证后再上岗，并依法对企业按规定上限处罚，直至停产整顿和关闭。

对存在不按大纲教学、不按题库考试、教考不分、乱办班等行为的安全培训和考试机构，一律依法严肃处罚。对各类生产安全责任事故，一律倒查培训、考试、发证不到位的责任。对因未培训、假培训或者未持证上岗人员的直接责任引发重特大事故的，所在企业主要负责人依法终身不得担任本行业企业矿长（厂长、经理），实际控制人依法承担相应责任。

9.4 施工现场安全防护制度

1. 编制安全技术措施、安全专项施工方案和安全施工技术交底的规定

《建筑法》规定，施工企业在编制施工组织设计时，应当根据建筑工程的特点制定相应的安全技术措施；对专业性较强的工程项目，应当编制专项安全施工组织设计，并采取安全技术措施。

1）编制安全技术措施和施工现场临时用电方案

根据《建筑法》和《建设工程安全生产管理条例》的规定，施工单位在施工组织设计中，应当编制安全技术措施和施工现场临时用电方案以及专项施工方案。

施工组织设计是规划和指导施工全过程的综合性技术经济文件，是施工准备工作的重要组成部分。它要保证施工准备阶段各项工作的顺利进行，各分包单位、各工种的有序衔接，以及各类材料、构件、机具等的供应时间和顺序，并对一些关键部位和需要控制的部位提出相应的安全技术措施。

临时用电方案不仅直接关系到用电人员的安全，也关系到施工进度和工程质量。《施工现场临时用电安全技术规范》规定，施工现场临时用电设备在 5 台及以上或设备总容量在 50kW 及以上者，应编制用电组织设计；施工现场临时用电设备在 5 台以下或设备总容量在 50kW 以下者，应制定安全用电和电气防火措施。

2）编制安全专项施工方案

《建设工程安全生产管理条例》第二十六条还规定，对下列达到一定规模的危险性较大的分部分项工程编制专项施工方案，并附具安全验算结果，经施工单位技术负责人、总监理工程师签字后实施，由专职安全生产管理人员进行现场监督：①基坑支护与降水工程，②土方开挖工程，③模板工程，④起重吊装工程，⑤脚手架工程，⑥拆除、爆破工程，⑦国务院建设行政主管部门或者其他有关部门规定的其他危险性较大的工程。对以上所列工程中涉及深基坑、地下暗挖工程、高大模板工程的专项施工方案，施工单位还应当组织专家进行论证、审查。本条第一款规定的达到一定规模的危险性较大工程的标准，由国务院建设行政主管部门会同国务院其他有关部门制定。

（1）安全专项施工方案的编制

施工单位应当在危险性较大的分部分项工程施工前编制专项方案；对于超过一定规模的危险性较大的分部分项工程，施工单位应当组织专家对专项方案进行论证。

建筑工程实行施工总承包的，专项方案应当由施工总承包单位组织编制。其中，起重机械安装拆卸工程、深基坑工程、附着式升降脚手架等专业工程实行分包的，其专项方案可由专业承包单位组织编制。

专项方案编制应当包括以下内容：

①工程概况：危险性较大的分部分项工程概况、施工平面布置、施工要求和技术保证条件。

②编制依据：相关法律、法规、规范性文件，标准，规范及图纸（国标图集）、施工组织设计等。

③施工计划：包括施工进度计划、材料与设备计划。

④施工工艺技术：技术参数、工艺流程、施工方法、检查验收等。

⑤施工安全保证措施：组织保障、技术措施、应急预案、监测监控等。

⑥劳动力计划：专职安全生产管理人员、特种作业人员等。

⑦计算书及相关图纸。

（2）安全专项施工方案的审核

专项方案应当由施工单位技术部门组织本单位施工技术、安全、质量等部门的专业技术人员进行审核。经审核合格的，由施工单位技术负责人签字。实行施工总承包的，专项方案应当由总承包单位技术负责人及相关专业承包单位技术负责人签字。不需专家论证的专项方案，经施工单位审核合格后报监理单位，由项目总监理工程师审核签字。

超过一定规模的危险性较大的分部分项工程专项方案应当由施工单位组织召开专家论证会。实行施工总承包的，由施工总承包单位组织召开专家论证会。

施工单位应当根据论证报告修改完善专项方案，并经施工单位技术负责人、项目总监理工程师、建设单位项目负责人签字后，方可组织实施。实行施工总承包的，应当由施工总承包单位、相关专业承包单位技术负责人签字。

专项方案经论证后需做重大修改的，施工单位应当按照论证报告修改，并重新组织专家进行论证。

（3）安全专项施工方案的实施

施工单位应当严格按照专项方案组织施工，不得擅自修改、调整专项方案。如因设计、结构、外部环境等因素发生变化确需修改的，修改后的专项方案应当重新审核。对于超过一定规模的危险性较大工程的专项方案，施工单位应当重新组织专家进行论证。专项方案实施前，编制人员或项目技术负责人应当向现场管理人员和作业人员进行安全技术交底。

施工单位应当指定专人对专项方案实施情况进行现场监督和按规定进行监测。发现不按照专项方案施工的，应当要求其立即整改；发现有危及人身安全紧急情况的，应当立即组织作业人员撤离危险区域。施工单位技术负责人应当定期巡查专项方案实施情况。

对于按规定需要验收的危险性较大的分部分项工程，施工单位、监理单位应当组织有关人员进行验收。验收合格的，经施工单位项目技术负责人及项目总监理工程师签字后，方可进入下一道工序。

3）安全施工技术交底

《建设工程安全生产管理条例》第二十七条规定，建设工程施工前，施工单位负责项目管理的技术人员应当对有关安全施工的技术要求向施工作业班组、作业人员做出详细说明，并由双方签字确认。

施工前的详细说明制度，就是我们通常说的交底制度，是指在施工前，施工单位的技术负责人将工程概况、施工方法、安全技术措施等情况向作业班组、作业人员进行详细的讲解和说明。这项制度非常有助于作业班组和作业人员尽快了解需要进行施工的具体情况，掌握操作方法和注意事项，保护作业人员的人身安全，减少因安全事故导致的经济损失。实践证明，安全技术措施的交底制度是安全施工的重要保障，对减少生产安全事故起着重要的作用。

安全技术措施的交底，包括施工工种安全技术交底，分部分项工程施工的安全技术交底（如房屋工程包括地基与地基工程，主体结构工程，屋面防水工程，楼地面、装饰及门窗、水、暖、电气安装工程等），大型特殊工程单项安全技术交底，设备安装工程技术交底，使用新工艺、新技术、新材料施工的安全技术交底。对于安全技术交底，应当做到：

①项目经理部必须实行逐级安全技术交底制度，纵向延伸到班组全体作业人员。

②技术交底必须具体、明确、针对性强。

③技术交底的内容应针对分部分项工程施工中给作业人员带来的潜在隐含危险因素和存在的问题。

④应优先采用新的安全技术措施。

⑤应将工程概况、施工方法、施工程序、安全技术措施等向工长、班组长进行详细交底。

⑥保持书面安全技术交底签字记录。

具体内容包括准备施工项目的作业特点和危险点、针对危险点的具体预防措施、应注意的安全事项、相应的安全操作规程和标准、发生事故后应及时采取的避难和急救措施等。

2. 施工现场安全防护、安全生产费用管理和特种设备安全管理的规定

1）施工现场安全防护

《建筑法》规定，建筑施工企业应当在施工现场采取维护安全、防范危险、预防火灾等措施；有条件的，应当对施工现场实行封闭管理。施工现场对毗邻的建筑物、构筑物和特殊作业环境可能造成损害的，建筑施工企业应当采取安全防护措施。

（1）危险部位设置安全警示标志

《建设工程安全生产管理条例》规定，施工单位应当在施工现场入口处、施工起重机械、临时用电设施、脚手架、出入通道口、楼梯口、电梯井口、孔洞口、桥梁口、隧道口、基坑边沿、爆破物及有害危险气体和液体存放处等危险部位，设置明显的安全警示标志。安全警示标志必须符合国家标准。

所谓危险部位，是指存在着危险因素，容易造成施工作业人员或者其他人员伤亡的地点。尽管工地现场的情况千差万别，不同施工现场的危险源不尽相同，但施工现场入口处、施工起重机械、临时用电设施、脚手架、出入通道口、楼梯口、电梯井口、孔洞口、桥梁口、隧道口、基坑边沿、爆破物及有害危险气体和液体存放处等，通常都是容易出现生产安全事故的危险部位。

安全警示标志，则是指提醒人们注意的各种标牌、文字、符号以及灯光等，一般由安全色、几何图形和图形符号构成。安全警示标志须符合国家标准《安全标志及其使用导则》GB 2894—2008 的有关规定。

（2）不同施工阶段和暂停施工应采取的安全施工措施

《建设工程安全生产管理条例》规定，施工单位应当根据不同施工阶段和周围环境及季节、气候的变化，在施工现场采取相应的安全施工措施。施工现场暂时停止施工的，施工单位应当做好现场防护，所需费用由责任方承担，或者按照合同约定执行。

由于施工作业的风险性较大，在地下施工、高处施工等不同的施工阶段要采取相应安全措施，并应根据周围环境和季节、气候变化，加强季节性安全防护措施。例如，夏季要防暑降温，在特别高温的天气下要调整施工时间、改变施工方式等；冬季要防寒防冻，防止煤气中毒，还应专门制定保证施工安全的安全技术措施；夜间施工应有足够的照明，在深坑、陡坡等危险地段应增设红灯标志；雨季和冬期施工时，应对道路采取防滑措施；傍山沿河地区应制定防滑坡、防泥石流、防汛措施；大风、大雨期间应暂停施工等。《建筑业安全卫生公约》中要求，应在每一建筑工地或者其附近地方，按照工人人数和工期长短提供和维护供工人在恶劣气候条件下暂停工作时躲避用的地方。

在实践中，造成暂时停止施工的原因很多，可能是因为施工单位，也可能是建设单位、设计单位或监理单位的问题，还有不可抗力或违法行为被责令停止施工等。一般来说，除不可抗力要按合同约定执行外，其他则要分清责任，谁的责任就由谁承担费用。但不论费用由谁承担，施工单位都必须做好现场防护，以防止在暂停施工期间出现施工现场的作业人员或者其他人员的安全事故，并为今后继续施工创造良好的作业环境。

（3）施工现场临时设施的安全卫生要求

《建筑工程安全生产管理条例》第二十九条规定，施工单位应当将施工现场的办公、生活区与作业区分开设置，并保持安全距离；办公、生活区的选址应当符合安全性要求。职工的膳食、饮水、休息场所等应当符合卫生标准。施工单位不得在尚未竣工的建筑物内设置员工宿舍。施工现场临时搭建的建筑物应当符合安全使用要求。

①《建筑施工安全检查标准》JGJ 59—2011 中对施工现场的临时设施和员工的生活条件，均制定了相关的强制性条款，并从建设工程安全管理的角度，为了确保员工的生命安全与身体健康，制定了相应的规定：

（a）施工作业区与办公区和生活区应有明显的划分隔离，并设有防护措施，保持一定的安全距离。

所谓安全距离，是指即使发生事故，也不致损害员工的人身安全的最小距离。办公区和生活区应当处于在建建筑物的坠落半径之外。建筑物高度 2~5m，坠落半径 2m；高度 30m，坠落半径 5m（因条件限制，办公区和生活区设置在坠落半径区域内的，必须有防护措施）。

（b）办公区和生活区的选址应当符合安全性要求。

办公区和生活区首先应考虑与作业区相隔离，保持安全距离，其所处位置的周边环境，必须具有安全性。例如，办公区和生活区不得设置在高压线下，也不得设置在沟边、崖边、河流边、高墙下等，以保证办公区和生活区的安全可靠。

（c）职工的膳食、饮水、休息场所应符合卫生标准。

职工的膳食、饮水、休息场所的卫生条件，直接影响职工的身心健康，因而必须符合国家规定的卫生标准。学校、托幼机构、养老机构、建筑工地等集中用餐单位的食堂应当严格遵守法律、法规和食品安全标准；从供餐单位订餐的，应当从取得食品生产经营许可的企业订购，并按照要求对订购的食品进行查验。此外，施工单位提供的饮水也必须达到国家规定的标准。

施工单位应尽可能地给员工创造一个良好的生活环境，这对保证安全生产也是十分重要的。基本要求：一是食堂应远离厕所、垃圾站、有毒有害场所，必须取得卫生许可证，炊事人员必须有身体健康证，卫生条件必须符合国家卫生防疫部门规定的标准等；二是员工的饮水应当设置符合卫生标准的饮水器，饮水器具应定期消毒，并有专人负责；三是员工宿舍内不得睡通铺、地铺，每个人的居住面积不得小于 $2m^2$，室内应当限定人数，应设置外开门。寒冷季节应当有保暖和防煤气中毒措施，炎热季节应当有消暑和防蚊虫叮咬措施等。

（d）施工单位不得在尚未竣工的建筑物内设置员工集体宿舍。

尚未竣工的建筑物内设置员工宿舍会带来各种危险，如建筑物本身在没有验收合格前，很难确定其是否存在质量和结构安全问题，而防护不到位容易发生坠物伤人、触电、高处坠落等事故。

②施工现场临时搭设的办公室、员工宿舍、厕所、娱乐室等临时设施，必须符合国家标准，并符合消防、卫生要求。施工现场使用的装配式活动房屋，生产厂家应按照国家规定的相关标准进行生产，房屋的结构、消防、环保、卫生、材料的选用等方面必须符合国家规定的设计规范标准，出厂时应附有产品合格证等相关资料。

（4）施工现场周边的安全防护措施

《建设工程安全生产管理条例》第三十条规定，施工单位对因建设工程施工可能造成损害的毗邻建筑物、构筑物和地下管线等，应当采取专项防护措施。在城市市区内的建设工程，施工单位应当对施工现场实行封闭围挡。

建设工程施工多为露天、高处作业，对周围环境特别是毗邻的建筑物、构筑物和地下管线等可能会造成损害。因此，施工单位有责任、有义务采取相应的安全防护措施，确保毗邻的建筑物、构筑物和地下管线等不受损坏。

施工现场实行封闭管理，主要是解决"扰民"和"民扰"问题。施工现场采用密目式安全网、围墙、围栏等封闭起来，既可以防止施工中的不安全因素扩散到场外，也可以起到保护环境、美化市容、文明施工的作用，还可以防盗、防砸打损害物品等。

城市市区比较繁华，人流、车流密集，在这样的区域里进行施工，不仅会对周围的环境产生影响，也给居民的出行和生活造成不便；同时，施工作业人员以外的人进入施工现场，存在极大的不安全因素，既容易伤害到作业人员，也容易伤害到施工现场以外的其他人员。因此，为了解决"扰民"和"民扰"的问题，施工单位对于在城市市区的施工现场，必须采取封闭围挡，将施工工地与周围环境相隔离。

施工现场应实行封闭管理，并应采用硬质围挡。市区主要路段的施工现场围挡高度不应低于 2.5m，一般路段围挡高度不应低于 1.8m，围挡应牢固、稳定、整洁。距离交通路口 20m 范围内占据道路施工设置的围挡，其 0.8m 以上部分应采用通透性围挡，并应采取交通疏导和警示措施。

（5）危险作业的施工现场安全管理

《安全生产法》第四十三条规定，生产经营单位进行爆破、吊装、动火、临时用电以及国务院应急管理部门会同国务院有关部门规定的其他危险作业，应当安排专门人员进行现场安全管理，确保操作规程的遵守和安全措施的落实。

生产、储存危险化学品的单位，应当对其铺设的危险化学品管道设置明显标志，并对危险化学品管道定期检查、检测。进行可能危及危险化学品管道安全的施工作业，施工单位应当在开工的 7 日前书面通知管道所属单位，并与管道所属单位共同制订应急预案，采取相应的安全防护措施。管道所属单位应当指派专门人员到现场进行管道安全保护指导。

爆破、吊装作业具有较大的危险性，容易发生事故，而且一旦发生事故，将会对作业人员和有关人员造成较大的伤害。危险化学品，是指具有毒害、腐蚀、爆炸、燃烧、助燃等性质，对人体、设施、环境具有危害的剧毒化品和其他化品。因此，施工作业人员必须严格按照操作规程进行操作，施工单位也应当会同有关单位采取必要的防范措施，安排专门人员进行作业现场的安全管理。

（6）安全防护设备、机械设备等的安全管理

《建设工程安全生产管理条例》第三十四条规定，施工单位采购、租赁的安全防护用具、机械设备、施工机具及配件，应当具有生产（制造）许可证、产品合格证，并在进入施工现场前进行查验。施工现场的安全防护用具、机械设备、施工机具及配件必须由专人管理，定期进行检查、维修和保养，建立相应的资料档案，并按照国家有关规定及时报废。

安全防护用具、机械设备、施工机具及配件质量的好坏，直接关系到施工作业人员的人身安全。因此，决不能让不合格的产品流入施工现场，并要加强日常的检查、维修和保养，保障这些设备和产品的正常使用和运转。

（7）施工起重机械设备等的安全使用管理

《建设工程安全生产管理条例》规定，施工单位在使用施工起重机械和整体提升脚手架、模板等自升式架设设施前，应当组织有关单位进行验收，也可以委托具有相应资质的检验检测机构进行验收；使用承租的机械设备和施工机具及配件的，由施工总承包单位、分包单位、出租单位和安装单位共同进行验收。验收合格的方可使用。

近些年来，由于对施工现场使用的起重机械、整体提升脚手架、模板（主要指提升或滑升模板）等自升式架设设施管理不善或使用不当等，所造成的重大伤亡事故时有发生。因此，必须依法对其加强使用管理。特别是起重机械，使用单位应当按照安全技术规范的要求，在检验合格有效期届满前 1 个月向特种设备检验机构提出定期检验要求。未经定期检验或者检验不合格的特种设备，不得继续使用。

2）安全生产费用的管理

施工单位安全生产费用（以下简称安全费用），是指施工单位按照规定标准提取在成本中列支，专门用于完善和改进企业或者施工项目安全生产条件的资金。安全费用按照"企业提取、政府监管、确保需要、规范使用"的原则进行管理。

《建设工程安全生产管理条例》规定，施工单位列入建设工程概算的安全作业环境及安全施工措施所需费用，应当用于施工安全防护用具及设施的采购和更新、安全施工措施的落实、安全生产条件的改善，不得挪作他用。《国务院关于坚持科学发展安全发展促进安全生产形势持续稳定好转的意见》中指出，企业在年度财务预算中必须确定必要的安全投入，提足用好安全生产费用。

（1）施工单位安全费用的提取管理

《企业安全生产费用提取和使用管理办法》中规定，建设工程施工企业以建筑安装工程造价为计提依据。各建设工程类别安全费用提取标准如下：①矿山工程为2.5%；②房屋建筑工程、水利水电工程、电力工程、铁路工程、城市轨道交通工程

为 2.0%；③市政公用工程、冶炼工程、机电安装工程、化工石油工程、港口与航道工程、公路工程、通信工程为 1.5%。建设工程施工企业提取的安全费用列入工程造价，在竞标时，不得删减，列入标外管理。国家对基本建设投资概算另有规定的，从其规定。总包单位应当将安全费用按比例直接支付分包单位并监督使用，分包单位不再重复提取。

企业在上述标准的基础上，根据安全生产实际需要，可适当提高安全费用提取标准。在《企业安全生产费用提取和使用管理办法》公布前，各省级政府已制定下发企业安全费用提取使用办法的，其提取标准如果低于该办法规定的标准，应当按照该办法进行调整；如果高于该办法规定的标准，按照原标准执行。

建设单位、设计单位在编制工程概（预）算时，应当依据工程所在地工程造价管理机构测定的相应费率，合理确定工程安全防护、文明施工措施费。依法进行工程招标投标的项目，招标方或具有资质的中介机构编制招标文件时，应当按照有关规定并结合工程实际单独列出安全防护、文明施工措施项目清单。投标方应当根据现行标准规范，结合工程特点、工期进度和作业环境要求，在施工组织设计文件中制定相应的安全防护、文明施工措施，并按照招标文件要求结合自身的施工技术水平、管理水平对工程安全防护、文明施工措施项目单独报价。投标方安全防护、文明施工措施的报价，不得低于依据工程所在地工程造价管理机构测定费率计算所需费用总额的 90%。

建设单位与施工单位应当在施工合同中明确安全防护、文明施工措施项目总费用，以及费用预付、支付计划，使用要求、调整方式等条款。建设单位与施工单位在施工合同中对安全防护、文明施工措施费用预付、支付计划未做约定或约定不明的，合同工期在 1 年以内的，建设单位预付安全防护、文明施工措施项目费用不得低于该费用总额的 50%；合同工期在 1 年以上的（含 1 年），预付安全防护、文明施工措施费用不得低于该费用总额的 30%，其余费用应当按照施工进度支付。

《建筑安装工程费用项目组成》中规定，安全文明施工费包括：①环境保护费，指施工现场为达到环保部门要求所需要的各项费用；②文明施工费，指施工现场文明施工所需要的各项费用；③安全施工费，指施工现场安全施工所需要的各项费用；④临时设施费，指施工企业为进行建设工程施工所必须搭设的生活和生产用的临时建筑物、构筑物和其他临时设施费用，包括临时设施的搭设、维修、拆除、清理费或摊销费等。

（2）施工单位安全费用的使用管理

《企业安全生产费用提取和使用管理办法》中规定，建设工程施工企业安全费用应当按照以下范围使用：①完善、改造和维护安全防护设施设备支出（不含"三同时"要求初期投入的安全设施），包括施工现场临时用电系统、洞口、临边、机械设备、高处作业防护、交叉作业防护、防火、防爆、防尘、防毒、防雷、防台风、防地质灾害、地下工程有害气体监测、通风、临时安全防护等设施设备支出；②配备、维护、保养应急救援器材、设备支出和应急演练支出；③开展重大危险源和事故隐患评估、监控和整改支出；④安全生产检查、评价（不包括新建、改建、扩建项目安全评价）、咨询和标准化建设支出；⑤配备和更新现场作业人员安全防护用品支出；⑥安全生产宣传、教育、培训支出；⑦安全生产适用的新技术、新标准、新工艺、新装备的推广应用支出；⑧安全设施及特种设备检测检验支出；⑨其他与安全生产直接相关的支出。

在规定的使用范围内，企业应当将安全费用优先用于满足安全生产监督管理部门、煤矿安全监察机构以及行业主管部门对企业安全生产提出的整改措施或者达到安全生产标准所需的支出。企业提取的安全费用应当专户核算，按规定范围安排使用，不得挤占、挪用。年度结余资金结转下年度使用，当年计提安全费用不足的，超出部分按正常成本费用渠道列支。主要承担安全管理责任的集团公司经过履行内部决策程序，可以对所属企业提取的安全费用按照一定比例集中管理，统筹使用。

企业应当建立健全内部安全费用管理制度，明确安全费用提取和使用的程序、职责及权限，按规定提取和使用安全费用。企业应当加强安全费用管理，编制年度安全费用提取和使用计划，纳入企业财务预算。企业年度安全费用使用计划和上一年安全费用的提取、使用情况按照管理权限报同级财政部门、安全生产监督管理部门、煤矿安全监察机构和行业主管部门备案。企业安全费用的会计处理，应当符合国家统一的会计制度的规定。企业提取的安全费用属于企业自提自用资金，其他单位和部门不得采取收取、代管等形式对其进行集中管理和使用，国家法律、法规另有规定的除外。

实行工程总承包的，总承包单位依法将建筑工程分包给其他单位的，总承包单位与分包单位应当在分包合同中明确安全防护、文明施工措施费用由总承包单位统一管理。安全防护、文明施工措施由分包单位实施的，由分包单位提出专项安全防护措施及施工方案，经总承包单位批准后及时支付所需费用。

工程监理单位应当对施工单位落实安全防护、文明施工措施情况进行现场监理。对施工单位已经落实的安全防护、文明施工措施，总监理工程师或者造价工程师应当及时审查并签认。监理单位发现施工单位未落实施工组织设计及专项施工方案中安全防护和文明施工措施的，有权责令其立即整改；对施工单位拒不整改或未按期限要求完成整改的，工程监理单位应当及时向建设单位和建设行政主管部门报告，必要时责令其暂停施工。

施工单位应当确保安全防护、文明施工措施费专款专用，在财务管理中单独列出安全防护、文明施工措施项目费用清单备查。施工单位安全生产管理机构和专职安全生产管理人员负责对建筑工程安全防护、文明施工措施的组织实施进行现场监督检查，并有权向建设主管部门反映情况。

工程总承包单位对建筑工程安全防护、文明施工措施费用的使用负总责。总承包单位应当按照本规定及合同约定及时向分包单位支付安全防护、文明施工措施费用。总承包单位不按本规定和合同约定支付费用，造成分包单位不能及时落实安全防护措施导致发生事故的，由总承包单位负主要责任。

3）特种设备安全管理

《中华人民共和国特种设备安全法》（以下简称《特种设备安全法》）规定，本法所称特种设备，是指对人身和财产安全有较大危险性的锅炉、压力容器（含气瓶）、压力管道、电梯、起重机械、客运索道、大型游乐设施、场（厂）内专用机动车辆，以及法律、行政法规规定适用本法的其他特种设备。

特种设备安全工作应当坚持"安全第一、预防为主、节能环保、综合治理"的原则。特种设备生产、经营、使用单位及其主要负责人对其生产、经营、使用的特种设备安全负责。特种设备生产、经营、使用单位应当按照国家有关规定配备特种设备安全管理人员、检测人员和作业人员，并对其进行必要的安全教育和技能培训。

（1）特种设备的安装、改造和修理

特种设备安装、改造、修理的施工单位应当在施工前将拟进行的特种设备安装、改造、修理情况书面告知直辖市或者设区的市级人民政府负责特种设备安全监督管理的部门。

特种设备安装、改造、修理竣工后，安装、改造、修理的施工单位应当在验收后 30 日内将相关技术资料和文件移交特种设备使用单位。特种设备使用单位应当将其存入该特种设备的安全技术档案。

锅炉、压力容器、压力管道元件等特种设备的制造过程和锅炉、压力容器、压力管道、电梯、起重机械、客运索道、大型游乐设施的安装、改造、重大修理过程，应当经特种设备检验机构按照安全技术规范的要求进行监督检验；未经监督检验或者监督检验不合格的，不得出厂或者交付使用。

（2）特种设备的使用

特种设备使用单位应当使用许可生产并经检验合格的特种设备。禁止使用国家明令淘汰和已经报废的特种设备。

特种设备使用单位应当在特种设备投入使用前或者投入使用后 30 日内，向负责特种设备安全监督管理的部门办理使用登记，取得使用登记证书。登记标志应当置于该特种设备的显著位置。特种设备使用单位应当建立岗位责任、隐患治理、应急救援等安全管理制度，制定操作规程，保证特种设备安全运行。

特种设备使用单位应当建立特种设备安全技术档案。安全技术档案应当包括以下内容：①特种设备的设计文件、产品质量合格证明、安装及使用维护保养说明、监督检验证明等相关技术资料和文件；②特种设备的定期检验和定期自行检查记录；③特种设备的日常使用状况记录；④特种设备及其附属仪器、仪表的维护保养记录；⑤特种设备的运行故障和事故记录。

特种设备的使用应当具有规定的安全距离、安全防护措施。与特种设备安全相关的建筑物、附属设施，应当符合有关法律、行政法规的规定。特种设备使用单位应当对其使用的特种设备进行经常性维护保养和定期自行检查，并做出记录。特种设备使用单位应当对其使用的特种设备的安全附件、安全保护装置进行定期校验、检修，并做出记录。

特种设备使用单位应当按照安全技术规范的要求，在检验合格有效期届满前1个月向特种设备检验机构提出定期检验要求。特种设备检验机构接到定期检验要求后，应当按照安全技术规范的要求及时进行安全性能检验。特种设备使用单位应当将定期检验标志置于该特种设备的显著位置。未经定期检验或者检验不合格的特种设备，不得继续使用。

特种设备安全管理人员应当对特种设备使用状况进行经常性检查，发现问题应当立即处理；情况紧急时，可以决定停止使用特种设备并及时报告本单位有关负责人。特种设备作业人员在作业过程中发现事故隐患或者其他不安全因素，应当立即向特种设备安全管理人员和单位有关负责人报告；特种设备运行不正常时，特种设备作业人员应当按照操作规程采取有效措施保证安全。特种设备出现故障或者发生异常情况，特种设备使用单位应当对其进行全面检查，消除事故隐患，方可继续使用。

特种设备进行改造、修理，按照规定需要变更使用登记的，应当办理变更登记，方可继续使用。特种设备存在严重事故隐患，无改造、修理价值，或者达到安全技术规范规定的其他报废条件的，特种设备使用单位应当依法履行报废义务，采取必要措施消除该特种设备的使用功能，并向原登记的负责特种设备安全监督管理的部门办理使用登记证书注销手续。以上规定报废条件以外的特种设备，达到设计使用年限可以继续使用的，应当按照安全技术规范的要求通过检验或者安全评估，并办理使用登记证书变更，方可继续使用。允许继续使用的，应当采取加强检验、检测和维护保养等措施，确保使用安全。

4）施工现场消防安全职责和应采取的消防安全措施

（1）施工单位消防安全责任人和消防安全职责

机关、团体、企业事业单位法定代表人是本单位消防安全第一责任人。

《消防法》规定，机关、团体、企业、事业等单位应当履行下列消防安全职责：

①落实消防安全责任制，制定本单位的消防安全制度、消防安全操作规程，制定灭火和应急疏散预案。

②按照国家标准、行业标准配置消防设施、器材，设置消防安全标志，并定期组织检验、维修，确保完好有效。

③对建筑消防设施每年至少进行一次全面检测。

④保障疏散通道、安全出口、消防车通道畅通。

⑤组织防火检查，及时消除火灾隐患。

⑥组织进行有针对性的消防演练。

⑦法律、法规规定的其他消防安全职责。

（2）施工现场的消防安全要求

严格分离用火用焊作业与保温施工作业，严禁在施工建筑内安排人员住宿。新建、改建、扩建工程的外保温材料一律不得使用易燃材料，严格限制使用可燃材料。

施工现场要设置消防通道并确保畅通。施工现场要按有关规定设置消防水源。动用明火必须实行严格的消防安全管理。施工现场的办公、生活区与作业区应当分开设置，并保持安全距离；施工单位不得在尚未竣工的建筑物内设置员工集体宿舍。

（3）施工单位消防安全自我评估和防火检查

要建立消防安全自我评估机制，消防安全重点单位每季度、其他单位每半年自行或委托有资质的机构对本单位进行一次消防安全检查评估，做到安全自查、隐患自除、责任自负。国家、省级等重点工程的施工现场应当进行每日防火巡查，其他施工现场也应根据需要组织防火巡查。

（4）建设工程消防施工的质量和安全责任

施工单位应当承担下列消防施工的质量和安全责任：

①按照国家工程建设消防技术标准和经消防设计审核合格或者备案的消防设计文件组织施工，不得擅自改变消防设计进行施工，降低消防施工质量。

②查验消防产品和具有防火性能要求的建筑构件、建筑材料及装修材料的质量，使用合格产品，保证消防施工质量。

③建立施工现场消防安全责任制度，确定消防安全负责人。

（5）施工单位的消防安全教育培训和消防演练

在建工程的施工单位应当开展下列消防安全教育工作：

①建设工程施工前应当对施工人员进行消防安全教育。

②在建设工地醒目位置、施工人员集中住宿场所设置消防安全宣传栏，悬挂消防安全挂图和消防安全警示标识。

③对明火作业人员进行经常性的消防安全教育。

④组织灭火和应急疏散演练。

施工单位应当建立施工现场消防组织，制定灭火和应急疏散预案，并至少每半年组织一次演练。

3. 工伤保险和意外伤害保险的规定

《建筑法》规定，建筑施工企业应当依法为职工参加工伤保险缴纳工伤保险费。鼓励企业为从事危险作业的职工办理意外伤害保险，支付保险费。

据此，工伤保险是强制性保险。意外保险则属于法定的鼓励性保险，其适用范围是施工现场从事危险作业的特殊职工群体，即在施工现场从事高处作业、深基坑作业、爆破作业等危险性较大的施工人员，尽管这部分人员可能已参加了工伤保险，但法律鼓励建筑施工企业再为其办理意外伤害保险，使他们能够比其他职工依法获得更多的权益保障。

1）工伤保险的规定

《工伤保险条例》规定，中华人民共和国境内的企业、事务所、会计师事务所等组织的职工和个体工商户的雇工，均有依照本条例的规定享受工伤保险待遇的权利。

（1）工伤保险基金

工伤保险基金由用人单位缴纳的工伤保险费、工伤保险基金的利息和依法纳入工伤保险基金的其他资金构成。工伤保险费根据"以支定收、收支平衡"的原则，确定费率。国家根据不同行业的工伤风险确定行业的差别费率，并根据工伤保险费使用、工伤发生率等情况在每个行业内确定若干费率档次。

用人单位应当按时缴纳工伤保险费。职工个人不缴纳工伤保险费。用人单位缴纳工伤保险费的数额为本单位职工工资总额与单位缴费费率的乘积。跨地区、生产流动性较大的行业，可以采取相对集中的方式异地参加统筹地区的工伤保险。

（2）工伤认定

职工有下列情形之一的，应当认定为工伤：

①在工作时间和工作场所内，因工伤原因受到事故伤害的。

②工作时间前后在工作场所内，从事与工作有关的预备性或者收尾性工作受到事故伤害的。

③在工作时间和工作场所内，因履行工作职责受到暴力等意外伤害的。

④患职业病的。

⑤因工外出期间，由于工作原因受到伤害或者发生事故下落不明的。

⑥在上下班途中，受到非本人主要责任的交通事故或者城市轨道交通、客运轮渡、火车事故伤害的。

⑦法律、行政法规规定应当认定为工伤的其他情形。

职工有下列情形之一的，视同工伤：

①在工作时间和工作岗位，突发疾病死亡或者在48小时之内抢救无效死亡的。

②在抢险救灾等维护国家利益、公共利益活动中受到伤害的。

③职工原在军队服役，因战、因公负伤致残，已取得革命伤残军人证，到用人单位后旧伤复发的。

职工符合以上的规定，但是有下列情形之一的，不得认定为工伤或者视同工伤：①故意犯罪的、②醉酒或者吸毒的、③自残或者自杀的。

（3）工伤保险待遇

职工因工作遭受事故伤害或者患职业病进行治疗，享受工伤医疗待遇。

职工治疗应当在签订服务协议的医疗机构就医，情况紧急时可以先到就近的医疗机构急救。治疗工伤所需要费用符合工伤保险治疗项目目录、工伤保险药品目录、工伤保险住院服务标准的，从工伤保险基金支付。职工住院治疗工伤的伙食补助费，以及经医疗机构出具证明，报经办机构同意，工伤职工到统筹地区以外就医所需的交通、食宿费用从工伤保险基金支付，基金支付的具体标准由统筹地区人民政府规定。工伤职工到签订服务协议的医疗机构进行工伤康复的费用，符合规定的，从工伤保险基金支付。

工伤职工因日常生活或者就业需要，经劳动能力鉴定委员会确认，可以安装假肢、矫形器、假眼、假牙和配置轮椅等辅助器具，所需费用按照国家规定的标准从工伤保险基金支付。

职工因工作遭受事故伤害或者患职业病需要暂停工作接受工伤医疗的，在停工留薪期内，原工资福利待遇不变，由所在单位按月支付。停工留薪一般不超过12个月。伤情严重或者情况特殊，经设区的市级劳动能力鉴定委员会确认，可以适当延长，但延长不得超过12个月。

工伤职工评定伤残等级后，停发原待遇，按照有关规定享受伤残待遇。工伤职工在停工留薪期满后仍需治疗的，继续享受工伤医疗待遇。

2）意外伤害保险的规定

《建筑法》规定，建筑施工企业必须为从事危险作业的职工办理意外伤害保险，支付保险费。

《建设工程安全生产管理条例》进一步规定，施工单位应当为施工现场从事危险作业的人员办理意外伤害保险。意外伤害保险费由施工单位支付。实行施工总承包的，由总承包单位支付意外伤害保险费。意外伤害保险期限自建设工程开工之日起至竣工验收合格止。

9.5 施工现场安全事故的应急救援与调查处理

1. 生产安全事故的等级划分标准

1）生产安全事故的等级划分

《生产安全事故报告和调查处理条例》规定，生产安全事故（以下简称事故）依据造成的人员伤亡或者直接经济损失划分为以下 4 个等级。

（1）特别重大事故，是指造成 30 人以上死亡，或者 100 人以上重伤（包括急性工业中毒，下同），或者 1 亿元以上直接经济损失的事故。

（2）重大事故，是指造成 10 人以上 30 人以下死亡，或者 50 人以上 100 人以下重伤，或者 5000 万元以上 1 亿元以下直接经济损失的事故。

（3）较大事故，是指造成 3 人以上 10 人以下死亡，或者 10 人以上 50 人以下重伤，或者 1000 万元以上 5000 万元以下直接经济损失的事故。

（4）一般事故，是指造成 3 人以下死亡，或者 10 人以下重伤，或者 1000 万元以下直接经济损失的事故。

所称的"以上"包括本数，所称的"以下"不包括本数。

《生产安全事故报告和调查处理条例》还规定，没有造成人员伤亡，但是社会影响恶劣的事故，国务院或者有关地方人民政府认为需要调查处理的，依照本条例的有关规定执行。

据此，生产安全事故等级的划分包括了人身、经济和社会三个因素：人身要素就是人员伤亡的数量；经济要素就是直接经济损失的数额；社会要素则是社会影响。这三个要素依法可以单独适用。

2）生产安全事故等级划分的补充性规定

《生产安全事故报告和调查处理条例》规定，国务院安全生产监督管理部门可以同国务院有关部门制定事故等级划分的补充性规定。

由于不同行业和领域的生产安全事故各有特点，发生事故的原因和损失情况差异较大，在实践中是很难用统一标准来划分不同行业或领域生产安全事故等级的。因此，授权国务院安全生产监督管理部门可以会同国务院有关部门，针对某些特殊行业或者领域的实际情况来制定事故等级划分的补充性规定，是十分必要的。

2. 施工生产安全事故应急救援预案的规定

施工单位应当根据建设工程施工的特点、范围，对施工现场易发生重大事故的部位、环节进行监控，制定施工现场生产安全事故应急救援预案。实行施工总承包的，由总承包单位统一组织编制建设工程生产安全事故应急救援预案，工程总承包单位和分包单位按照应急救援预案，各自建立应急救援组织或者配备应急救援人员，配备救援器材、设备，并定期组织演练。

1）施工生产安全事故应急救援预案的主要作用

施工生产安全事故应急救援预案主要有以下作用：

（1）事故预防。通过危险辨识、事故后果分析，采用技术和管理手段降低事故发生的可能性，使可能发生的事故控制在局部，防止事故蔓延。

（2）应急处理。一旦发生事故，有应急处理程序和方法，能快速反应处理故障或将事故消除在萌芽状态。

（3）抢险救援。采用预定现场抢险和抢救的方式，控制或减少事故造成的损失。

2）施工生产安全事故应急救援预案的编制、评审

《中华人民共和国突发事件应对法》规定，应急预案应当根据本法和其他有关法律、法规的规定，针对突发事件的性质、特点和可能造成的社会危害，具体规定突发事件应急管理工作的组织指挥体系与职责和突发事件的预防与预警机制、处置程序、应急保障措施以及事后恢复与重建措施等内容。

生产经营单位的应急预案按照针对情况的不同，分为综合应急预案、专项应急预案和现场处置方案。生产经营单位编制的综合应急预案、专项应急预案和现场处置方案之间应当相互衔接，并与所涉及的其他单位的应急预案相互衔接。

综合应急预案，应当包括本单位的应急组织机构及其职责、预案体系及响应程序、事故预防及应急保障、应急培训及预案演练等主要内容；专项应急预案，应当包括危险性分析、可能发生的事故特征、应急组织机构与职责、预防措施、应急处置程序和应急保障等内容；现场处置方案，应当包括危险性分析、可能发生的事故特征、应急处置程序、应急处置要点和注意事项等内容。

应急预案的编制应当符合下列基本要求：

（1）符合有关法律、法规、规章和标准的规定。

（2）结合本地区、本部门、本单位的安全生产实际情况。

（3）结合本地区、本部门、本单位的危险性分析情况。

（4）应急组织和人员的职责分工明确，并有具体的落实措施。

（5）有明确、具体的事故预防措施和应急程序，并与其应急能力相适应。

（6）有明确的应急保障措施，并能满足本地区、本部门、本单位的应急工作要求。

（7）预案基本要素齐全、完整，预案附件提供的信息准确。

（8）预案内容与相关应急预案相互衔接。应急预案应当包括应急组织机构和人员的联系方式、应急物资储备清单等附件信息。

此外，《消防法》《中华人民共和国职业病防治法》《特种设备安全监察条例》《使用有毒物品作业场所劳动保护条例》等法规都规定了应当制定应急救援预案，并能根据实际情况变化对应急救援预案适时进行修订，定期组织演练。

《生产安全事故应急预案管理办法》规定，建筑施工单位应当组织专家对本单位编制的应急预案进行评审。评审应当形成书面纪要并附有专家名单。应急预案的评审应当注重应急预案的实用性、基本要素的完整性、预防措施的针对性、组织体系的科学性、响应程序的操作性、应急保障措施的可行性、应急预案的衔接性等内容。施工单位的应急预案经评审后，由施工单位主要负责人签署公布。

3. 施工生产安全事故报告及采取相应措施的规定

《建筑法》规定，施工中发生事故时，建筑施工企业应当采取紧急措施减少人员伤亡和事故损失，并按照国家有关规定及时向有关部门报告。

《建设工程安全生产管理条例》进一步规定，施工单位发生生产安全事故，应当按照国家有关伤亡事故报告和调查处理的规定，及时、如实地向负责安全生产监督管理的部门、建设行政主管部门或者其他有关部门报告；特种设备发生事故的，还应当同时向特种设备安全监督管理部门报告。实行施工总承包的建设工程，由总承包单位负责上报事故。

1）事故报告的基本要求

《安全生产法》规定，生产经营单位发生生产安全事故后，事故现场有关人员应当立即报告本单位负责人。单位负责人接到事故报告后，应当迅速采取有效措施，组织抢救，防止事故扩大，减少人员伤亡和财产损失，并按照国家有关规定立即如实报告当地负有安全生产监督管理职责的部门，不得隐瞒不报、谎报或者拖延不报，不得故意破坏事故现场、毁灭有关证据。

《特种设备安全法》进一步规定，特种设备发生事故后，事故发生单位应当按照应急预案采取措施，组织抢救，防止事故扩大，减少人员伤亡和财产损失，保护事故现场和有关证据，并及时向事故发生地县级以上人民政府负责特种设备安全监督管理的部门和有关部门报告。与事故相关的单位和人员不得迟报、谎报或者瞒报事故情况，不得隐匿、毁灭有关证据或者故意破坏事故现场。

（1）事故报告的时间要求

《生产安全事故报告和调查处理条例》规定，事故发生后，事故现场有关人员应当立即向本单位负责人报告；单位负责人接到报告后，应当于1小时内向事故发生地县级以上人民政府安全生产监督管理部门和负有安全生产监督管理职责的有关部门报告。情况紧急时，事故现场有关人员可以直接向事故发生地县级以上人民政府安全生产监督管理部门和负有安全生产监督管理职责的有关部门报告。

所谓事故现场，是指事故具体发生地点及事故能够影响和波及的区域，以及该区域内的物品、痕迹等所处的状态。所谓有关人员，主要是指事故发生单位在事故现场的有关工作人员，可以是事故的负伤者，或者是在事故现场的其他工作人员。所谓立即报告，是指在事故发生后的第一时间用最快捷的报告方式进行报告。所谓单位负责人，可以是事故发生单位的主要负责人，也可以是事故发生单位主要负责人以外的其他分管安全生产工作的副职领导或其他负责人。

（2）事故报告的内容要求

《生产安全事故报告和调查处理条例》规定，报告事故应当包括下列内容：

①事故发生单位概况。

②事故发生的时间、地点以及事故现场情况。

③事故的简要经过。

④事故已经造成或者可能造成的伤亡人数（包括下落不明的人数）和初步估计的直接经济损失。

⑤已经采取的措施。

⑥其他应当报告的情况。

2）发生事故后应采取的相应措施

《建设工程安全生产管理条例》规定，发生生产安全事故后，施工单位应当采取措施防止事故扩大，保护事故现场。需要移动现场物品时，应当做出标记和书面记录，妥善保管有关证物。

（1）组织应急抢救工作

《生产安全事故报告和调查处理条例》规定，事故发生单位负责人接到事故报告后，应当立即启动事故相应应急预案，或者采取有效措施，组织抢救，防止事故扩大，减少人员伤亡和财产损失。

（2）妥善保护事故现场

《生产安全事故报告和调查处理条例》规定，事故发生后，有关单位和人员应当妥善保护事故现场以及相关证据，任何单位和个人不得破坏事故现场，毁灭相关证据。因抢救人员、防止事故扩大以及疏通交通等原因，需要移动事故现场物件的，应当做出标志，绘制现场简图并做出书面记录，妥善保存现场重要痕迹、物证。

确因特殊情况需要移动事故现场物件的，需同时满足以下条件：①抢救人员，防止事故扩大以及疏通交通的需要；②经事故单位负责人或者组织事故调查的安全生产监督管理部门和负有安全生产监督管理职责的有关部门同意；③做出标志，绘制现场简图拍摄现场照片，对被移动物件贴上标签，并做出书面记录；④尽量使现场少受破坏。

3）事故的调查

《安全生产法》规定，事故调查处理应当按照实事求是、尊重科学的原则，及时、准确地查清事故原因，查明事故性质和责任，总结事故教训，提出整改措施，并对事故责任者提出处理意见。

（1）事故调查的管辖

《生产安全事故报告和调查处理条例》规定，特别重大事故由国务院或者国务院授权有关部门组织事故调查组进行调查。

重大事故、较大事故、一般事故分别由事故发生地省级人民政府、设区的市级人民政府、县级人民政府负责调查。省级人民政府、设区的市级人民政府、县级人民政府可以直接组织事故调查组进行调查，也可以授权或者委托有关部门组织事故调查组进行调查。未造成人员伤亡的一般事故，县级人民政府也可以委托事故发生单位组织事故调查组进行调查。上级人民政府认为必要时，可以调查由下级人民政府负责调查的事故。

特别重大事故以下等级事故，事故发生地与事故发生单位不在同一个县级以上行政区域的，由事故发生地人民政府负责调查，事故发生单位所在地人民政府应当派人参加。

（2）事故调查组的组成与职责

事故调查组的组成应当遵循精简、高效的原则。根据事故的具体情况，事故调查组由有关人民政府、安全生产监督管理部门，负有安全生产监督管理职责的有关部门、监察机关、公安机关以及工会派人组成，并应当邀请人民检察院派人参加。事故调查组可以聘请有关专家参与调查。

事故调查组成员应当具有事故调查所需要的知识和专长，并与所调查的事故没有直接利害关系。事故调查组组长由负责事故调查的人民政府指定。事故调查组组长主持事故调查组的工作。

事故调查组履行下列职责：①查明事故发生的经过、原因、人员伤亡情况及直接经济损失；②认定事故的性质和事故责任；③提出对事故责任者的处理建议；④总结事故教训，提出防范和整改措施；⑤提交事故调查报告。

（3）事故调查报告的期限与内容

事故调查组应当自事故发生之日起60日内提交事故调查报告；特殊情况下，经负责事故调查的人民政府批准，提交事故调查报告的期限可以适当延长，但延长的期限最长不超过60日。

事故调查报告应当包括下列内容：①事故发生单位概况；②事故发生经过和事故救援情况；③事故造成的人员伤亡和直接经济损失；④事故发生的原因和事故性质；⑤事故责任的认定以及对事故责任者的处理建议；⑥事故防范和整改措施。事故调查报告应当附具有关证据材料。事故调查组成员应当在事故调查报告上签名。

（4）事故的处理

《生产安全事故报告和调查处理条例》规定，重大事故、较大事故、一般事故，负责事故调查的人民政府应当自收到事故调查报告之日起15日内做出批复；特别重大事故，30日内做出批复，特殊情况下，批复时间可以适当延长，但延长的时间最长不超过30日。

有关机关应当按照人民政府的批复，依照法律、行政法规规定的权限和程序，对事故发生单位和有关人员进行行政处罚，对负有事故责任的国家工作人员进行处分。事故发生单位应当按照负责事故调查的人民政府的批复，对本单位负有事故责任的人员进行处理。

负有事故责任的人员涉嫌犯罪的，依法追究刑事责任。

事故处理的情况由负责事故调查的人民政府或者其授权的有关部门、机构向社会公布，依法应当保密的除外。

4. 违法行为应承担的法律责任

施工安全事故应急救援与调查处理违法行为应承担的主要法律责任如下：

1）制定事故应急救援预案违法行为应承担的法律责任

《特种设备安全法》规定，特种设备使用单位有下列行为之一的，责令限期改正；逾期未改正的，责令停止使用有关特种设备，处1万元以上10万元以下罚款：（1）使用特种设备未按照规定办理使用登记的；（2）未建立特种设备安全技术档案或者安全技术档案不符合规定要求，或者未依法设置使用登记标志、定期检验标志的；（3）未对其使用的特种设备进行经常性维护保养和定期自行检查，或者未对其使用的特种设备的安全附件、安全保护装置进行定期校验、检修，并做出记录的；（4）未按照安全技术规范的要求及时申报并接受检验的；（5）未按照安全技术规范的要求进行锅炉水（介）质处理的；（6）未制定特种设备事故应急专项预案的。

《生产安全事故应急预案管理办法》规定，生产经营单位应急预案未按照本办法规定备案的，由县级以上安全生产监督管理部门给予警告，并处3万元以下罚款。

2）事故报告及采取相应措施违法行为应承担的法律责任

《安全生产法》规定，生产经营单位主要负责人在本单位发生重大生产安全事故时，不立即组织抢救或者在事故调查处理期间擅离职守或者逃匿的，给予降职、撤职的处分，对逃匿的处 15 日以下拘留；构成犯罪的，依照刑法有关规定追究刑事责任。生产经营单位主要负责人对生产安全事故隐瞒不报、谎报或者拖延不报的，依照以上规定处罚。

《特种设备安全法》规定，发生特种设备事故，有下列情形之一的，对单位处 5 万元以上 20 万元以下罚款；对主要负责人处 1 万元以上 5 万元以下罚款；主要负责人属于国家工作人员的，并依法给予处分：（1）发生特种设备事故时，不立即组织抢救或者在事故调查处理期间擅离职守或者逃匿的；（2）对特种设备事故迟报、谎报或者瞒报的。

《生产安全事故报告和调查处理条例》规定，事故发生单位主要负责人有下列行为之一的，处上一年年收入 40%～80% 的罚款；属于国家工作人员的，并依法给予处分；构成犯罪的，依法追究刑事责任：（1）不立即组织事故抢救的；（2）迟报或者漏报事故的；（3）在事故调查处理期间擅离职守的。

事故发生单位及其有关人员有下列行为之一的，对事故发生单位处 100 万元以上 500 万元以下的罚款；对主要负责人、直接负责的主管人员和其他直接责任人员处上一年年收入 60%～100% 的罚款；属于国家工作人员的，并依法给予处分；构成违反治安管理行为的，由公安机关依法给予治安管理处罚；构成犯罪的，依法追究刑事责任：（1）谎报或者瞒报事故的；（2）伪造或者故意破坏事故现场的；（3）转移、隐匿资金、财产，或者销毁有关证据、资料的；（4）拒绝接受调查或者拒绝提供有关情况和资料的；（5）在事故调查中做伪证或者指使他人做伪证的；（6）事故发生后逃匿的。

《中华人民共和国职业病防治法》（以下简称《职业病防治法》）规定，用人单位违反本法规定，有下列行为之一的，由卫生行政部门给予警告，责令限期改正，逾期不改正的，处 5 万元以上 20 万元以下的罚款；情节严重的，责令停止产生职业病危害的作业，或者提请有关人民政府按照国务院规定的权限责令关闭：（1）工作场所职业病危害因素的强度或者浓度超过国家职业卫生标准的；（2）未提供职业病防护设施和个人使用的职业病防护用品，或者提供的职业病防护设施和个人使用的职业病防护用品不符合国家职业卫生标准和卫生要求的；（3）对职业病防护设备、应急救援设施和个人使用的职业病防护用品未按照规定进行维护、检修、检测，或者不能保持正常运行、使用状态的；（4）未按照规定对工作场所职业病危害因素进行检测、评价的；（5）工作场所职业病危害因素经治理仍然达不到国家职业卫生标准和卫生要求时，未停止存在职业病危害因素的作业的；（6）未按照规定安排职业病病人、疑似职业病病人进行诊治的；（7）发生或者可能发生急性职业病危害事故时，未立即采取应急救援和控制措施或者未按照规定及时报告的；（8）未按照规定在产生严重职业病危害的作业岗位醒目位置设置警示标识和中文警示说明的；（9）拒绝职业卫生监督管理部门监督检查的；（10）隐瞒、伪造、篡改、毁损职业健康监护档案、工作场所职业病危害因素检测评价结果等相关资料，或者拒不提供职业病诊断、鉴定所需资料的；（11）未按照规定承担职业病诊断、鉴定费用和职业病病人的医疗、生活保障费用的。

《刑法》第一百三十九条规定，在安全事故发生后，负有报告职责的人员不报或者谎报事故情况，贻误事故抢救，情节严重的，处3年以下有期徒刑或者拘役；情节特别严重的，处3年以上7年以下有期徒刑。

3）事故调查违法行为应承担的法律责任

《生产安全事故报告和调查处理条例》规定，参与事故调查的人员在事故调查中有下列行为之一的，依法给予处分；构成犯罪的，依法追究刑事责任：（1）对事故调查工作不负责任，致使事故调查工作有重大疏漏的；（2）包庇、袒护负有事故责任的人员或者借机打击报复的。

4）事故责任单位及主要负责人应承担的法律责任

《安全生产法》规定，生产经营单位发生生产安全事故造成人员伤亡、他人财产损失的，应当依法承担赔偿责任；拒不承担或者其负责人逃匿的，由人民法院依法强制执行。生产安全事故的责任人未依法承担赔偿责任，经人民法院依法采取执行措施后，仍不能对受害人给予足额赔偿的，应当继续履行赔偿义务；受害人发现责任人有其他财产的，可以随时请求人民法院执行。

《特种设备安全法》规定，造成人身、财产损害的，依法承担民事责任。应当承担民事赔偿责任和缴纳罚款、罚金，其财产不足以同时支付时，先承担民事赔偿责任。构成违反治安管理行为的，依法给予治安管理处罚；构成犯罪的，依法追究刑事责任。

特种设备安全管理人员、检测人员和作业人员不履行岗位职责，违反操作规程和有关安全规章制度，造成事故的，吊销相关人员的资格。

《生产安全事故报告和调查处理条例》规定，事故发生单位对事故发生负有责任的，依照下列规定处以罚款：（1）发生一般事故的，处10万元以上20万元以下的罚款；（2）发生较大事故的，处20万元以上50万元以下的罚款；（3）发生重大事故的，处50万元以上200万元以下的罚款；（4）发生特别重大事故的，处200万元以上500万元以下的罚款。

事故发生单位主要负责人未依法履行安全生产管理职责，导致事故发生的，依照下列规定处以罚款；属于国家工作人员的，并依法给予处分；构成犯罪的，依法追究刑事责任：（1）发生一般事故的，处上一年年收入30%的罚款；（2）发生较大事故的，处上一年年收入 40％的罚款；（3）发生重大事故的，处上一年年收入 60％的罚款；（4）发生特别重大事故的，处上一年年收入 80％的罚款。

事故发生单位对事故发生负有责任的，由有关部门依法暂扣或者吊销其有关证照；对事故发生单位负有事故责任的有关人员，依法暂停或者撤销其与安全生产有关的执业资格、岗位证书；事故发生单位主要负责人受到刑事处罚或者撤职处分的，自刑罚执行完毕或者受处分之日起，5 年内不得担任任何生产经营单位的主要负责人。

9.6　建设单位和相关单位的建设工程安全责任制度

建筑工程施工项目在建设中参建的单位主要有建设单位、勘察单位、设计单位、施工单位、工程监理单位及其他有关的单位，《建设工程安全生产管理条例》规定，参建单位必须遵守安全生产法律、法规的规定，保证建设工程安全生产，依法承担建设工程安全生产责任。

1. 建设单位的安全责任

建设单位是建设工程项目的投资方或建设方，在整个工程建设中居于主导地位。但长期以来，由于对建设单位的监督管理不够重视，对其安全责任也没有明确规定，建设单位的行为不规范直接或者间接导致安全事故的发生是有着不少惨痛教训的。因此，《建设工程安全生产管理条例》中明确规定，建设单位必须遵守安全生产法律、法规的规定，保证建设工程安全生产，依法承担建设工程安全生产责任。

1）依法办理有关批准手续

《建筑法》规定，有下列情形之一的，建设单位应当按照国家有关规定办理申请批准手续：

①需要临时占用规划批准范围以外场地的。

②可能损坏道路、管线、电力、邮电、通信等公共设施的。

③需要临时停水、停电、中断道路交通的。

④需要进行爆破作业的。

⑤法律、法规规定需要办理报批手续的其他情形。

需要注意：建设工程施工前，弄清施工现场及毗邻区域内地下管线的详细情况、本地区气象和场地的水文观测资料等，是保证施工项目正常、安全施工的必要条件。

2）向施工单位提供真实、准确和完整的有关资料

《建筑法》规定，建设单位应当向建筑施工企业提供与施工现场相关的地下管线资料，建筑施工企业应当采取措施加以保护。

《建设工程安全生产管理条例》进一步规定，建设单位应当向施工单位提供施工现场及毗邻区域内供水、排水、供电，供气、供热、通信、广播电视等地下管线资料，气象和水文观测资料，相邻建筑物和构筑物、地下工程的有关资料，并保证资料的真实、准确、完整。

3）不得提出违法要求和随意压缩合同工期

《建设工程安全生产管理条例》规定，建设单位不得对勘察、设计、施工、工程监理等单位提出不符合建设工程安全生产法律、法规和强制性标准规定的要求，不得压缩合同约定的工期。

合理工期，是指在正常建设条件下，采取科学合理的施工工艺和管理方法，以现行国家颁布的工期定额为基础，结合项目建设的具体情况而确定的使投资方与各参建单位均能获得满意的经济效益的工期。

4）编制工程概算时应当确定建设工程安全费用

建设单位在编制工程概算时，应当确定建设工程安全作业环境及安全施工措施所需费用。

工程概算，是指在初步设计阶段，根据初步设计的图纸、概算定额或概算指标、费用定额及其他有关文件，概略计算的拟建工程费用。建设单位在编制工程概算时，应当确定建设工程安全作业环境及安全施工措施所需费用，并向施工单位提供相应的费用。

5）不得要求购买、租赁和使用不符合安全施工要求的用具设备等

建设单位不得明示或者暗示施工单位购买、租赁、使用不符合安全施工要求的安全防护用具、机械设备、施工机具及配件、消防设施和器材。

6）申领施工许可证时应当提供有关安全施工措施的资料

按照《建筑法》的规定，申请领取施工许可证应当具备的条件之一，就是"有保证工程质量和安全的具体措施"。

《建设工程安全生产管理条例》进一步规定，建设单位在领取施工许可证时，应当提供建设工程有关安全施工措施的资料。依法批准开工报告的建设工程，建设单位应当自开工报告批准之日起15日内，将保证安全施工的措施报送建设工程所在地的县级以上地方人民政府建设行政主管部门或者其他有关部门备案。

7）依法实施装修工程和拆除工程

《建筑法》规定，涉及建筑主体和承重结构变动的装修工程，建设单位应当在施工前委托原设计单位或者具有相应资质条件的设计单位提出设计方案；没有设计方案的，不得施工。《建筑法》还规定，房屋拆除应当由具备保证安全条件的建筑施工单位承担。

《建设工程安全生产管理条例》进一步规定，建设单位应当将拆除工程发包给具有相应资质等级的施工单位。建设单位应当在拆除工程施工 15 日前，将下列资料报送建设工程所在地的县级以上地方人民政府建设行政主管部门或者其他有关部门备案：

①施工单位资质等级证明。

②拟拆除建筑物、构筑物及可能危及毗邻建筑的说明。

③拆除施工组织方案。

④堆放、清除废弃物的措施。

8）建设单位违法行为应承担的法律责任

《建设工程安全生产管理条例》规定，建设单位未提供建设工程安全生产作业环境及安全施工措施所需费用的，责令限期改正；逾期未改正的，责令该建设工程停止施工。建设单位未将保证安全施工的措施或者拆除工程的有关资料报送有关部门备案的，责令限期改正，给予警告。

建设单位有下列行为之一的，责令限期改正，处 20 万元以上 50 万元以下的罚款；造成重大安全事故，构成犯罪的，对直接责任人员，依照刑法有关规定追究刑事责任；造成损失的，依法承担赔偿责任：

①对勘察、设计、施工、工程监理等单位提出不符合安全生产法律、法规和强制性标准规定的要求的。

②要求施工单位压缩合同约定的工期的。

③将拆除工程发包给不具有相应资质等级的施工单位的。

2. 勘察、设计单位相关的安全责任

1）勘察单位的安全责任

《建设工程安全生产管理条例》规定，勘察单位应当按照法律、法规和工程建设强制性标准进行勘察，提供的勘察文件应当真实、准确，满足建设工程安全生产的需要。勘察单位在勘察作业时，应当严格执行操作规程，采取措施保证各类管线、设施和周边建筑物、构筑物的安全。

2）设计单位的安全责任

工程设计是工程建设的灵魂。在建设工程项目确定后，工程设计便成为工程建设中最重要、最关键的环节，对安全施工有着重要影响。

（1）按照法律、法规和工程建设强制性标准进行设计

《建设工程安全生产管理条例》规定，设计单位应当按照法律、法规和工程建设强制性标准进行设计，防止因设计不合理导致生产安全事故的发生。

（2）提出防范生产安全事故的指导意见和措施建议

《建设工程安全生产管理条例》规定，设计单位应当考虑施工安全操作和防护的

需要，对涉及施工安全的重点部位和环节在设计文件中注明，并对防范生产安全事故提出指导意见。采用新结构、新材料、新工艺的建设工程和特殊结构的建设工程、设计单位应当在设计中提出保障施工作业人员安全和预防生产安全事故的措施建议。

（3）对设计成果承担责任

《建设工程安全生产管理条例》规定，设计单位和注册建筑师等注册执业人员应当对其设计负责。

"谁设计，谁负责"，这是国际通行做法。如果由于设计责任造成事故，设计单位就要承担法律责任，还应当对造成的损失进行赔偿。建筑师、结构工程师等注册执业人员应当在设计文件上签字盖章，对设计文件负责，并承担相应的法律责任。

3）勘察、设计单位应承担的法律责任

《建设工程安全生产管理条例》规定，勘察单位、设计单位有下列行为之一的，责令限期改正，处10万元以上30万元以下的罚款；情节严重的，责令停业整顿，降低资质等级，直至吊销资质证书；造成重大安全事故，构成犯罪的，对直接责任人员，依照刑法有关规定追究刑事责任；造成损失的，依法承担赔偿责任：（1）未按照法律、法规和工程建设强制性标准进行勘察、设计的；（2）采用新结构、新材料、新工艺的建设工程和特殊结构的建设工程，设计单位未在设计中提出保障施工作业人员安全和预防生产安全事故的措施建议的。

注册执业人员未执行法律、法规和工程建设强制性标准的，责令停止执业3个月以上1年以下；情节严重的，吊销执业资格证书，5年内不予注册；造成重大安全事故的，终身不予注册；构成犯罪的，依照刑法有关规定追究刑事责任。

3. 工程监理、设备检验检测单位相关的安全责任

1）工程监理单位的安全责任

工程监理是监理单位受建设单位的委托，依照法律、法规和建设工程监理规范的规定，对工程建设实施的监督管理。但在实践中，一些监理单位只注重对施工质量、进度和投资的监控，不重视对施工安全的监督管理，这就使得施工现场因违章指挥、违章作业而发生的伤亡事故局面未能得到有效控制。因此，需依法加强施工安全监理工作，进一步提高建设工程监理水平。

（1）对安全技术措施或专项施工方案进行审查

《建设工程安全生产管理条例》规定，工程监理单位应当审查施工组织设计中的安全技术措施或者专项施工方案是否符合工程建设强制性标准。

施工组织设计中应当包括安全技术措施和施工现场临时用电方案，对基坑支护与降水工程、土方开挖工程、模板工程、起重吊装工程、脚手架工程、拆除、爆破工程等达到一定规模的危险性较大的分部分项工程，还应当编制专项施工方案。工程监理单位要对这些安全技术措施和专项施工方案进行审查，重点审查是否符合工程建设强制性标准；对于达不到强制性标准的，应当要求施工单位进行补充和完善。

（2）依法对施工安全事故隐患进行处理

《建设工程安全生产管理条例》规定，工程监理单位在实施监理过程中，发现存在安全事故隐患的，应当要求施工单位整改；情况严重的，应当要求施工单位暂时停止施工，并及时报告建设单位。施工单位拒不整改或者不停止施工的，工程监理单位应当及时向有关主管部门报告。

工程监理单位受建设单位的委托，有权要求施工单位对存在的安全事故隐患进行整改，有权要求施工单位暂时停止施工，并依法向建设单位和有关主管部门报告。

（3）承担建设工程安全生产的监理责任

《建设工程安全生产管理条例》规定，工程监理单位和监理工程师应当按照法律、法规和工程建设强制性标准实施监理，并对建设工程安全生产承担监理责任。

工程监理单位有下列行为之一的，责令限期改正；逾期未改正的，责令停业整顿，并处 10 万元以上 30 万元以下的罚款；情节严重的，降低资质等级，直至吊销资质证书；造成重大安全事故，构成犯罪的，对直接责任人员，依照《刑法》有关规定追究刑事责任；造成损失的，依法承担赔偿责任：①未对施工组织设计中的安全技术措施或者专项施工方案进行审查的；②发现安全事故隐患未及时要求施工单位整改或者暂时停止施工的；③施工单位拒不整改或者不停止施工，未及时向有关主管部门报告的；④未依照法律、法规和工程建设强制性标准实施监理的。

2）设备检验检测单位的安全责任

《建设工程安全生产管理条例》规定，检验检测机构对检测合格的施工起重机械和整体提升脚手架、模板等自升式架设设施，应当出具安全合格证明文件，并对检测结果负责。

（1）特种设备检验检测单位的职责

《特种设备安全法》规定，特种设备产品、部件或者试制的特种设备新产品、新部件以及特种设备采用的新材料，按照安全技术规范的要求需要通过型式试验进行安全性验证的，应当经负责特种设备安全监督管理的部门核准的检验机构进行型式试验。

特种设备检验检测机构及其检验检测人员应当客观、公正、及时地出具检验检测报告，并对检验检测结果和鉴定结论负责。特种设备检验检测机构及其检验检测人员在检验检测中发现特种设备存在严重事故隐患时，应当及时告知相关单位，并立即向负责特种设备安全监督管理的部门报告。

特种设备生产、经营、使用单位应当按照安全技术规范的要求向特种设备检验检测机构及其检验检测人员提供特种设备相关资料和必要的检验检测条件，并对资料的真实性负责。特种设备检验检测机构及其检验检测人员对检验检测过程中知悉的商业秘密，负有保密义务。

特种设备检验检测机构及其检验检测人员不得从事有关特种设备的生产、经营活动，不得推荐或者监制、监销特种设备。特种设备检验机构及其检验人员利用检验工作故意刁难特种设备生产、经营、使用单位的，特种设备生产、经营、使用单位有权向负责特种设备安全监督管理的部门投诉，接到投诉的部门应当及时进行调查处理。

（2）特种设备检验检测单位违法行为应承担的法律责任

特种设备检验检测机构及其检验检测人员有下列行为之一的，责令改正，对机构处5万元以上20万元以下罚款，对直接负责的主管人员和其他直接责任人员处5000元以上5万元以下罚款；情节严重的，吊销机构资质和有关人员的资格：①未经核准或者超出核准范围、使用未取得相应资格的人员从事检验检测的；②未按照安全技术规范的要求进行检验检测的；③出具虚假的检验检测结果和鉴定结论或者检验检测结果和鉴定结论严重失实的；④发现特种设备存在严重事故隐患，未及时告知相关单位，并立即向负责特种设备安全监督管理的部门报告的；⑤泄露检验检测过程中知悉的商业秘密的；⑥从事有关特种设备的生产、经营活动的；⑦推荐或者监制、监销特种设备的；⑧利用检验工作故意刁难相关单位的。

特种设备检验检测机构拒不接受负责特种设备安全监督管理的部门依法实施的监督检查的，责令限期改正；逾期未改正的，责令停产停业整顿，处2万元以上20万元以下罚款。

4. 机械设备单位相关安全责任

1）提供机械设备和配件单位的安全责任

《建设工程安全生产管理条例》规定，为建设工程提供机械设备和配件的单位，应当按照安全施工的要求配备齐全有效的保险、限位等安全设施和装置。

2）出租机械设备和施工机具及配件单位的安全责任

出租的机械设备和施工机具及配件，应当具有生产（制造）许可证、产品合格证。出租单位应当对出租的机械设备和施工机具及配件的安全性能进行检测，在签订租赁协议时，应当出具检测合格证明。禁止出租检测不合格的机械设备和施工机具及配件。

3）施工起重机械和自升式架设设施安装、拆卸单位的安全责任

施工起重机械，是指施工中用于垂直升降或者垂直升降并水平移动重物的机械设备，如塔式起重机、施工外用电梯、物料提升机等。自升式架设设施，是指通过自有装置可将自身升高的架设设施，如整体提升脚手架、模板等。

（1）安装、拆卸施工、起重机械和自升式架设设施必须具备相应的资质

《建设工程安全生产管理条例》规定，在施工现场安装、拆卸施工起重机械和整体提升脚手架、模板等自升式架设设施，必须由具有相应资质的单位承担。

（2）编制拆装方案、制定安全措施和现场监督

《建设工程安全生产管理条例》规定，安装、拆卸施工起重机械和整体提升脚手架、模板等自升式架设设施，应当编制拆装方案、制定安全施工措施，并由专业技术人员现场监督。起重机械和自升式架设设施施工方案，应当在安装拆卸前向全体作业人员按照施工方案要求进行安全技术交底。安装、拆卸单位专业技术人员应按照自己的职责，在作业现场实行全过程监控。

（3）出具自检合格证明、进行安全使用说明、办理验收手续的责任

施工起重机械和整体提升脚手架、模板等自升式架设设施安装完毕后，安装单位应自检，出具自检合格证明，并向施工单位进行安全使用说明，办理验收手续并签字。

（4）依法对施工起重机械和自升式架设设施进行检测

施工起重机械和整体提升脚手架、模板等自升式架设设施的使用达到国家规定的检验检测期限的，必须经具有专业资质的检验检测机构检测，经检测不合格的，不得继续使用。

（5）机械设备等单位违法行为应承担的法律责任

《建设工程安全生产管理条例》规定，为建设工程提供机械设备和配件的单位，未按照安全施工的要求配备齐全有效的保险、限位等安全设施和装置的，责令限期改正，处合同价款 1 倍以上 3 倍以下的罚款；造成损失的，依法承担赔偿责任。

出租单位出租未经安全性能检测或者经检测不合格的机械设备和施工机具及配件的，责令停业整顿，并处 5 万元以上 10 万元以下的罚款；造成损失的，依法承担赔偿责任。

施工起重机械和整体提升脚手架、模板等自升式架设设施安装、拆卸单位有下列行为之一的，责令限期改正，处 5 万元以上 10 万元以下的罚款；情节严重的，责令停业整顿，降低资质等级，直至吊销资质证书；造成损失的，依法承担赔偿责任：

①未编制拆装方案、制定安全施工措施的。

②未由专业技术人员现场监督的。

③未出具自检合格证明或者出具虚假证明的。

④未向施工单位进行安全使用说明，办理移交手续的。

5. 政府主管部门安全监督管理的相关规定

1）建设工程安全生产的监督管理体制

《建设工程安全生产管理条例》规定，国务院负责安全生产监督管理的部门依照

《安全生产法》的规定，对全国安全生产工作实施综合监督管理。县级以上地方各级人民政府负责安全生产监督管理的部门，依照《安全生产法》的规定，对本行政区域内安全生产工作实施综合监督管理。

国务院建设行政主管部门对全国的建设工程安全生产实施监督管理。国务院铁路、交通、水利等有关部门按照国务院规定的职责分工，负责有关专业建设工程安全生产的监督管理。

县级以上地方人民政府建设行政主管部门对本行政区域内的建设工程安全生产实施监督管理。县级以上地方人民政府交通、水利等有关部门在各自的职责范围内，负责本行政区域内的专业建设工程安全生产的监督管理。

建设行政主管部门或者其他有关部门可以将施工现场的监督检查委托给建设工程安全监督机构具体实施。

2）政府主管部门对安全施工措施的审查

建设行政主管部门在审核发放施工许可证时，应当对建设工程是否有安全施工措施进行审查，对没有安全施工措施的，不得颁发施工许可证。

建设行政主管部门或者其他有关部门对建设工程是否有安全施工措施进行审查时，不得收取费用。

3）政府主管部门履行职责时有权采取的措施

县级以上人民政府负有建设工程安全生产监督管理职责的部门在各自的职责范围内履行安全监督检查职责时，有权采取下列措施：①要求被检查单位提供有关建设工程安全生产的文件和资料；②进入被检查单位施工现场进行检查；③纠正施工中违反安全生产要求的行为；④对检查中发现的安全事故隐患，责令立即排除，重大安全事故隐患排除前或者排除过程中无法保证安全的，责令从危险区域内撤出作业人员或者暂时停止施工。

《特种设备安全法》还规定，负责特种设备安全监督管理的部门在依法履行监督检查职责时，可以行使下列职权：①进入现场进行检查，向特种设备生产、经营、使用单位和检验检测机构的主要负责人和其他有关人员调查、了解有关情况；②根据举报或者取得的涉嫌违法证据，查阅、复制特种设备生产、经营、使用单位和检验检测机构的有关合同、发票、账簿以及其他有关资料；③对有证据表明不符合安全技术规范要求或者存在严重事故隐患的特种设备实施查封、扣押；④对流入市场的达到报废条件或者已经报废的特种设备实施查封、扣押；⑤对违反本法规定的行为做出行政处罚决定。

4）组织制定特大事故应急救援预案和重大生产安全事故抢救

《安全生产法》规定，县级以上地方各级人民政府应当组织有关部门制定本行政区域内特大生产安全事故应急救援预案，建立应急救援体系。

有关地方人民政府和负有安全生产监督管理职责的部门负责人接到重大生产安全事故报告后，应当立即赶到事故现场，组织事故抢救。

5）淘汰严重危及施工安全的工艺设备材料及受理检举、控告和投诉

《建设工程安全生产管理条例》规定，国家对严重危及施工安全的工艺、设备、材料实行淘汰制度。具体目录由国务院建设行政主管部门会同国务院其他有关部门制定并公布。

县级以上人民政府建设行政主管部门和其他有关部门应当及时受理对建设工程生产安全事故及安全事故隐患的检举、控告和投诉。

本章小结

本章主要介绍了六部分的内容：建设工程安全生产管理概述、施工安全生产许可制度、施工安全责任和安全生产教育培训制度、施工现场安全防护制度、施工现场安全事故的应急救援与调查处理、建设单位和相关单位的建设工程安全责任制度。分别对建设工程安全生产管理的概念、方针、基本原则；安全生产许可制度的概念、安全生产许可证取得条件、安全生产许可的管理规定；施工单位的安全生产责任、施工项目负责人的安全生产责任、总承包单位和分包单位的安全生产责任、施工作业人员的权利和义务、施工单位安全生产教育培训；编制安全技术措施、专项施工方案和安全技术交底的规定、施工现场安全防护、安全费用和特种设备安全管理的规定、工伤保险和意外伤害保险的规定；生产安全事故的等级划分标准、施工生产安全事故应急救援预案的规定、施工生产安全事故报告及采取相应措施的规定、违法行为应承担的法律责任；建设单位、勘察、设计单位、工程监理、检验检测单位、机械设备单位的相关安全责任等内容进行了详细的阐述。

📚 课后练习

一、选择题

1. "坚持安全第一、预防为主、综合治理"是我国（　　）的方针。

A. 劳动保护　　　B. 安全监督　　　C. 安全生产工作　　D. 职业安全教育

2. 根据《安全生产管理条例》，建筑施工单位未取得安全生产许可证的，不得（　　）。

A. 项目开工

B. 从事建筑施工活动

C. 参加项目投标

D. 办理工程承竣工手续

3. 《安全生产管理条例》规定，安全生产许可证的有效期为（　　）。

A. 2 年

B. 3 年

C. 5 年

D. 因企业类型不同而不同

4. 下列安全生产职责中，不属于建筑施工企业安全生产管理机构职责的是（　　）。

A. 编制并适时更新安全生产管理制度并监督实施

B. 编制项目生产安全事故应急救援预案并组织演练

C. 参加生产安全事故的调查和处理工作

D. 协调配备项目专职安全生产管理人员

5. 《建筑法》规定，施工现场安全由（　　）负责。

A. 建筑施工企业

B. 总承包单位

C. 分包单位

D. 工程监理单位

6. 依据《建设工程安全生产管理条例》，（　　）对全国建设工程安全生产工作实施综合监督管理。

A. 国务院安全生产委员会

B. 国务院负责安全生产监督管理的部门

C. 国务院建设行政主管部门

D. 住房和城乡建设部负责安全生产监督管理的部门

7. 《建设工程安全生产管理条例》规定，施工单位应当向作业人员提供（　　），并书面告知危险岗位的操作规程和违章操作的危害。

A. 劳动防护用品

B. 安全防护用具和安全防护服装

C. 安全防护用品

D. 个人防护用品

8. 《建设工程安全生产管理条例》规定，在施工中发生危及人身安全的紧急情况时，作业人员有权（　　）作业或者在采取必要的应急措施后撤离危险区域。

A. 立即停止

B. 暂缓执行

C. 检举

D. 警告

9. 某大型工程施工前，施工单位拟安排安全施工技术交底工作。根据《建设工程安全生产管理条例》规定，下列说法正确的是（　　）。

A. 施工单位负责项目管理的技术人员向施工作业人员交底

B. 专职安全生产管理人员向施工作业人员交底

C. 施工单位负责项目管理的技术人员向资料员交底

D. 施工作业人员向施工单位负责人交底

10. 违反《建设工程安全生产管理条例》规定，施工单位在施工组织设计中未编制安全技术措施，施工现场临时用电方案或者专项施工方案的，责令限期改正；逾期未改正，情节严重，造成重大安全事故，构成犯罪的，对直接责任人员，依照刑法有关规定追究刑事责任；造成损失的，依法承担（　　　）。

A. 行政责任　　　　B. 民事责任　　　　C. 经济责任　　　　D. 赔偿责任

二、简答题

1. 简述建筑安全生产管理的方针和原则。

2. 颁发安全生产许可证书的条件是什么？

3. 安全生产许可证的违法行为主要有哪些？

4. 安全生产教育和培训的内容有哪些？

5. 总承包单位与分包单位之间的安全责任是如何分担的？

6. 施工现场安全防护都有哪些内容？

7. 施工现场的防火管理包括哪些内容？

8. 简述安全生产事故的等级划分标准。

9. 简述施工生产安全事故应急救援预案的主要作用和施工报告的主要内容。

10. 工程监理单位的安全责任有哪些？

第 **10** 章

建设工程质量法律制度

● 学习目标 ●

知识目标

了解建设工程质量的概念；熟悉建设工程质量管理相关的制度；了解工程质量标准的分类；了解工程建设标准强制性条文的实施；掌握施工单位的质量责任和义务；掌握建设单位、勘察设计单位、工程监理单位的质量责任和义务；掌握建设工程竣工验收制度；了解建设工程质量保修制度。

能力目标

能运用所学的建设工程质量管理法规来指导实际工作；能明确建设各方的质量责任和义务。

10.1 建设工程质量管理概述

1. 建设工程质量的概念

建设工程质量有广义和狭义之分。从狭义上说，建设工程质量仅指工程实体质量，即在国家现行的有关法律、法规、技术标准、设计文件和合同中，对工程的安全、适用、经济、美观等特性的综合要求。广义上的建设工程质量还包括工程建设参与者的服务质量和工作质量。它反映在其服务是否及时、主动，态度是否诚恳、守信，管理水平是否先进，工作效率是否高效等方面。工程实体质量的好坏是决策、计划、勘察、设计、施工等单位各方面、各环节工作质量的综合反映。本书中的建设工程质量主要是指工程本身的质量，即狭义上的建设工程质量。

影响建设工程质量的因素很多，其不仅受项目决策、勘察设计、施工工艺、操作方法、技术措施的影响，还要受材料、机械、设备的影响，工程所在地的政治、经济、社会环境以及地形、地质、水文、气象也不能忽视。总体说来，可分为五大方面，即通常所说的人、机械、材料、方法和环境。在工程建设过程中严格控制好这五大因素，是保证建设工程质量的关键。

2. 建设工程质量管理的基本法律制度

1）工程建设标准化管理制度

工程建设标准是为了在工程建设领域获得最佳秩序，对建设活动或其结果规定共同的、重复使用的规则、导则或者特性的文件。

2）质量体系认证制度

质量体系认证制度分为企业质量体系认证制度和产品质量认证制度。

国家参照国际先进的产品标准和技术要求，推行产品质量认证制度。《中华人民共和国产品质量法》（以下简称《产品质量法》）规定了产品质量认证制度，建设工程虽然不适用《产品质量法》的规定，但是建设工程使用的建筑材料、建筑构配件和设备，属于其规定的产品范围的，则应适用其规定。因此，对重要的建筑材料和设备，推行产品质量认证制度。经认证合格的，由认证机构颁发产品质量认证证书，准许企业在产品或者其包装上使用产品质量认证标志。

我国对从事建筑活动的单位推行企业质量体系认证制度。《建筑法》第五十三条规定，国家对从事建筑活动的单位推行质量体系认证制度。从事建筑活动的单位根据自愿原则可以向国务院产品质量监督管理部门或者国务院产品质量监督管理部门授权的部门认可的认证机构申请企业质量体系认证。经认证合格的，由认证机构颁发质量体系认证证书。

3）工程质量监督制度——政府的质量监督管理体制

建设工程质量监督工作的主管部门，在中央为中华人民共和国住房和城乡建设部，在地方为各级人民政府的建设主管部门，其目的是确保建筑工程使用安全和环境质量；依据有法律、法规和强制性技术标准；方式由政府认可的第三方强制监督；内容包括地基基础、主体结构、环境质量和与此相关的工程建设各主体的质量；手段有施工许可制度和竣工验收制度。

市、县工程质量监督站是建设工程质量监督的实施机构，是经省级以上建设行政主管部门或有关专业部门考核认定的独立法人，它接受主管部门的委托，受理建设工程项目质量监督。

质量监督机构在监督工作中发现违反质量管理规定的行为和工程质量问题时，有权采取责令改正、局部暂停施工等强制性措施，直至问题得到改正。需要给予行政处罚的，报告委托部门批准后实施。

4）工程质量责任制度

《建筑法》与《建设工程质量管理条例》均明确规定了工程质量责任制度。

5）工程竣工验收备案

建设单位应当自建设工程竣工、验收合格之日起 15 日内，将建设工程竣工验收报告和规划、公安消防、环保等部门出具的认可文件或者准许使用文件报建设行政主管部门或其他有关部门备案。

建设行政主管部门或者其他有关部门发现建设单位在竣工验收过程中有违反国家有关建设工程质量管理规定行为的，责令停止使用，重新组织竣工验收。

6）工程质量保修制度

建设工程质量保修制度，是指建设工程竣工验收后，在规定的保修期内，因勘察、设计、施工、材料等原因造成的质量缺陷，应当由施工承包单位负责维修、返工或者更换，由责任单位负责赔偿损失的法律制度。

10.2 工程建设标准

1. 工程建设标准的概念

工程建设标准是指为在工程建设领域内获得最佳秩序，对建设工程的勘察、设计、施工、安装、验收、运营维护及管理等活动和结果需要协调统一的事项所制定的共同的、重复使用的技术依据和准则。

工程建设标准通过行之有效的标准规范，特别是工程建设强制性标准，为建设工程实施安全防范措施、消除安全隐患提供统一的技术要求，以确保在现有的技术、管理条件下尽可能地保障建设工程质量安全，从而最大限度地保障建设工程的建造者、使用者和所有者的生命财产安全以及人身健康安全。

工程建设标准是从事各类工程建设活动的技术要求和准则，是政府运用技术手段规范建筑市场，确保工程质量，保护生态环境，维护人民生命财产安全和人身健康权益，推动科技进步和提高建设水平的重要措施。

2. 工程建设标准的分类

《中华人民共和国标准化法》（以下简称《标准化法》）规定，我国的标准分为国家标准、行业标准、地方标准和企业标准。国家标准、行业标准分为强制性标准和推荐性标准。

保障人体健康，人身、财产安全的标准和法律、行政法规规定强制执行的标准是强制性标准，其他标准是推荐性标准。强制性标准一经颁布，必须贯彻执行，否则造成恶劣后果和重大损失的单位和个人，要受到经济制裁或承担法律责任。

1）工程建设国家标准

《标准化法》规定，对需要在全国范围内统一的技术要求，应当制定国家标准。

（1）工程建设国家标准的范围和类型

《工程建设国家标准管理办法》规定，对需要在全国范围内统一的下列技术要求，应当制定国家标准：

①工程建设勘察、规划、设计、施工（包括安装）及验收等通用的质量要求。

②工程建设通用的有关安全、卫生和环境保护的技术要求。

③工程建设通用的术语、符号、代号、量与单位、建筑模数和制图方法。

④工程建设通用的试验、检验和评定等方法。

⑤工程建设通用的信息技术要求。

⑥国家需要控制的其他工程建设通用的技术要求。

（2）工程建设国家标准的制订原则和程序

①制订国家标准应当遵循下列原则：必须贯彻执行国家的有关法律、法规和方针、政策，密切结合自然条件，合理利用资源，充分考虑使用和维修的要求，做到安全适用、技术先进、经济合理；对需要进行科学试验或测试验证的项目，应当纳入各级主管部门的科研计划，认真组织实施，写出成果报告；纳入国家标准的新技术、新工艺、新设备、新材料，应当经有关主管部门或受委托单位鉴定，且经实践检验行之有效；积极采用国际标准和国外先进标准，并经认真分析论证或测试验证，符合我国国情；国家标准条文规定应当严谨明确，文句简练，不得模棱两可，其内容深度、术语、符号、计量单位等应当前后一致；必须做好与现行相关标准之间的协调工作。

②工程建设国家标准的制订程序分为准备、征求意见、送审和报批四个阶段。

（3）工程建设国家标准的审批、发布和编号

工程建设国家标准由国务院工程建设行政主管部门审查批准，由国务院标准化行政主管部门统一编号，由国务院标准化行政主管部门和国务院工程建设行政主管部门联合发布。

工程建设国家标准的编号由国家标准代号、发布标准的顺序号和发布标准的年号组成。强制性国家标准的代号为"GB"，推荐性国家标准的代号为"GB/T"。例如：《建筑工程施工质量验收统一标准》GB 50300—2013，其中 GB 表示强制性国家标准，50300 表示标准发布顺序号，2013 表示是 2013 年批准发布；《工程建设施工企业质量管理规范》GB/T 50430—2017，其中 GB/T 表示为推荐性国家标准，50430 表示标准发布顺序号，2017 表示是 2017 年批准发布。

（4）国家标准的复审与修订

国家标准实施后，应当根据科学技术的发展和工程建设的需要，由该国家标准的管理部门适时组织有关单位进行复审。复审一般在国家标准实施后 5 年进行 1 次。复审可以采取函审或会议审查，一般由参加过该标准编制或审查的单位或个人参加。

国家标准复审后，标准管理单位应当提出其继续有效或者予以修订、废止的意见，经该国家标准的主管部门确认后报国务院工程建设行政主管部门批准。凡属下列情况之一的国家标准，应当进行局部修订：①国家标准的部分规定已制约了科学技术新成果的推广应用；②国家标准的部分规定经修订后可取得明显的经济效益、社会效益、环境效益；③国家标准的部分规定有明显缺陷或与相关的国家标准相抵触；④需要对现行的国家标准做局部补充规定。

2）工程建设行业标准

《标准化法》规定，对没有国家标准而又需要在全国某个行业范围内统一的技术要求，可以制定行业标准。在公布国家标准之后，该项行业标准即行废止。

（1）工程建设行业标准的范围和类型

《工程建设行业标准管理办法》规定，对没有国家标准而需要在全国某个行业范围内统一的下列技术要求，可以制定行业标准：①工程建设勘察、规划、设计、施工（包括安装）及验收等行业专用的质量要求；②工程建设行业专用的有关安全、卫生和环境保护的技术要求；③工程建设行业专用的术语、符号、代号、量与单位和制图方法；④工程建设行业专用的试验、检验和评定等方法；⑤工程建设行业专用的信息技术要求；⑥其他工程建设行业专用的技术要求。

工程建设行业标准也分为强制性标准和推荐性标准。下列标准属于强制性标准：

①工程建设勘察、规划、设计、施工（包括安装）及验收等行业专用的综合性标准和重要的行业专用的质量标准。

②工程建设行业专用的有关安全、卫生和环境保护的标准。

③工程建设重要的行业专用的术语、符号、代号、量与单位和制图方法标准。

④工程建设重要的行业专用的试验、检验和评定方法等标准。

⑤工程建设重要的行业专用的信息技术标准。

⑥行业需要控制的其他工程建设标准。

强制性标准以外的标准是推荐性标准。

（2）工程建设行业标准的制定、修订程序与复审

工程建设行业标准的制定、修订程序，也可以按准备、征求意见、送审和报批四个阶段进行。

工程建设行业标准实施后，根据科学技术的发展和工程建设的实际需要，该标准的批准部门应当适时进行复审，确认其继续有效或予以修订、废止，一般也是5年复审1次。

3）工程建设地方标准

《标准化法》规定，对没有国家标准和行业标准而又需要在省、自治区、直辖市范围内统一的工业产品的安全、卫生要求，可以制定地方标准。在公布国家标准或者行业标准之后，该项地方标准即行废止。

（1）工程建设地方标准制定的范围和权限

《工程建设地方标准化工作管理规定》中规定，工程建设地方标准项目的确定，应当从本行政区域工程建设的需要出发，并应体现本行政区域的气候、地理、技术等特点。对没有国家标准、行业标准或国家标准、行业标准规定不具体，且需要在本行政区域内做出统一规定的工程建设技术要求，可制定相应的工程建设地方标准。

工程建设地方标准在省、自治区、直辖市范围内由省、自治区、直辖市建设行政主管部门统一计划、统一审批、统一发布、统一管理。

（2）工程建设地方标准的实施和复审

工程建设地方标准不得与国家标准和行业标准相抵触。对与国家标准或行业标准相抵触的工程建设地方标准的规定，应当自行废止。工程建设地方标准应报国务院建设行政主管部门备案，未经备案的工程建设地方标准，不得在建设活动中使用。

工程建设地方标准中，对直接涉及人民生命财产安全、人体健康、环境保护和公共利益的条文，经国务院建设行政主管部门确定后，可作为强制性条文。在不违反国家标准和行业标准的前提下，工程建设地方标准可以独立实施。

工程建设地方标准实施后，应根据科学技术的发展、本行政区域工程建设的需

要以及工程建设国家标准，行业标准的制定、修订情况，适时进行复审，复审周期一般不超过5年。对复审后需要修订或局部修订的工程建设地方标准，应当及时进行修订或局部修订。

4）工程建设企业标准

《标准化法》规定，企业生产的产品没有国家标准和行业标准的，应当制定企业标准，作为组织生产的依据。已有国家标准或者行业标准的，国家鼓励企业制定严于国家标准或者行业标准的企业标准，在企业内部适用。

工程建设企业标准一般包括企业的技术标准、管理标准和工作标准。

企业技术标准，是指对本企业范围内需要协调和统一的技术要求所制定的标准，如施工过程中的质量、方法或工艺的要求、安全、卫生和环境保护的技术要求以及试验、检验和评定方法等做出规定。对已有国家标准、行业标准或地方标准的，企业可以按照国家标准、行业标准或地方标准的规定执行，也可以根据本企业的技术特点和实际需要制定优于国家标准、行业标准或地方标准的企业标准；对没有国家标准、行业标准或地方标准的，企业应当制定企业标准。国家鼓励企业积极采用国际标准或国外先进标准。

企业管理标准，是指对本企业范围内需要协调和统一的管理要求所制定的标准，如企业的组织管理、计划管理、技术管理、质量管理和财务管理等。

企业工作标准，是指对本企业范围内需要协调和统一的工作事项要求所制定的标准。重点应围绕工作岗位的要求，对企业各个工作岗位的任务、职责、权限、技能、方法、程序、评定等做出规定，如施工企业的泥工工作标准、木工翻样工工作标准、钢筋翻样工工作标准、钢筋工工作标准、混凝土工工作标准、架子工工作标准、防水工工作标准、油漆玻璃工工作标准、中心试验室试验工工作标准、安装电工工作标准、吊装起重工工作标准等。

需要说明的是，标准、规范、规程都是标准的表现方式，习惯上统称为标准。此外，在实践中还有推荐性的工程建设协会标准。

3. 工程建设强制性标准实施的规定

工程建设标准制定的目的在于实施，否则，再好的标准也是一纸空文。我国工程建设领域所出现的各类工程质量事故，大都是没有贯彻或没有严格贯彻强制性标准的结果。因此，《标准化法》规定，强制性标准，必须执行。《建筑法》规定，建筑活动应当确保建筑工程质量和安全，符合国家的建设工程安全标准。

1）工程建设各方主体实施强制性标准的法律规定

《建筑法》和《建设工程质量管理条例》规定，建设单位不得以任何理由，要求建筑设计单位或者建筑施工企业在工程设计或者施工作业中，违反法律、行政法规和建筑工程质量、安全标准，降低工程质量。建设单位不得明示或者暗示设计单位或者施工单位违反工程建设强制性标准，降低建设工程质量。建筑设计单位和建筑施工企业对建设单位违反规定提出的降低工程质量的要求，应当予以拒绝。

勘察、设计单位必须按照工程建设强制性标准进行勘察、设计，并对其勘察、设计的质量负责。建筑工程设计应当符合按照国家规定制定的建筑安全规程和技术规范，保证工程的安全性能。勘察、设计文件应当符合有关法律、行政法规的规定和建筑工程质量、安全标准、建筑工程勘察、设计技术规范以及合同的约定。设计文件选用的建筑材料、建筑构配件和设备，应当注明其规格、型号、性能等技术指标，其质量要求必须符合国家规定的标准。

施工单位必须按照工程设计图纸和施工技术标准施工，不得擅自修改工程设计，不得偷工减料。施工单位必须按照工程设计要求、施工技术标准和合同约定，对建筑材料、建筑构配件、设备和商品混凝土进行检验，检验应当有书面记录和专人签字；未经检验或者检验不合格的，不得使用。

建筑工程监理应当依照法律、行政法规及有关的技术标准、设计文件和建筑工程承包合同，对承包单位在施工质量、建设工期和建设资金使用等方面，代表建设单位实施监督。工程监理人员认为工程施工不符合工程设计要求、施工技术标准和合同约定的，有权要求建筑施工企业改正。工程监理人员发现工程设计不符合建筑工程质量标准或者合同约定的质量要求的，应当报告建设单位要求设计单位改正。

2）工程建设标准强制性条文的实施

在工程建设标准的条文中，使用"必须""严禁""应""不应""不得"等属于强制性标准的用词，而使用"宜""不宜""可"等一般不是强制性标准的规定。但在工作实践中，强制性标准与推荐性标准的划分仍然存在一些困难。

自 2000 年起，国务院建设行政主管部门对工程建设强制性标准进行了改革，严格按照《标准化法》的规定，把现行工程建设强制性国家标准、行业标准中必须严格执行的直接涉及工程安全、人身健康、环境保护和公众利益的技术规定摘编出来，以工程项目类别为对象，编制完成了《工程建设标准强制性条文》，包括城乡规划、城市建设、房屋建筑、工业建筑、水利工程、电力工程、信息工程、水运工程、公路工程、铁道工程、石油和化工技术工程、矿业工程、人防工程、广播电影电视工程和民航机场工程共 15 个部分。

《实施工程建设强制性标准监督规定》中规定，在中华人民共和国境内从事新建、扩建、改建等工程建设活动，必须执行工程建设强制性标准。工程建设强制性标准是指直接涉及工程质量、安全、卫生及环境保护等方面的工程建设标准强制性条文。国家工程建设标准强制性条文由国务院建设行政主管部门会同国务院有关行政主管部门确定。

在工程建设中，如果拟采用的新技术、新工艺、新材料不符合现行强制性标准规定的，应当由拟采用单位提请建设单位组织专题技术论证，报批准标准的建设行政主管部门或者国务院有关主管部门审定。工程建设中采用国际标准或者国外标准，而我国现行强制性标准未做规定的，建设单位应当向国务院建设行政主管部门或者国务院有关行政主管部门备案。

在对工程建设强制性标准实施改革后，我国目前实行的强制性标准包含三部分：（1）批准发布时已明确为强制性标准的；（2）批准发布时虽未明确为强制性标准，但其编号中不带"/T"的，仍为强制性标准；（3）自2000年后批准发布的标准，批准时虽未明确为强制性标准，但其中有必须严格执行的强制性条文（黑体字），编号也不带"/T"的，也应视为强制性标准。

3）对工程建设强制性标准的监督检查

（1）监督管理机构

《实施工程建设强制性标准监督规定》规定，国务院建设行政主管部门负责全国实施工程建设强制性标准的监督管理工作。国务院有关行政主管部门按照国务院的职能分工负责实施工程建设强制性标准的监督管理工作。县级以上地方人民政府建设行政主管部门负责本行政区域内实施工程建设强制性标准的监督管理工作。

建设项目规划审查机关应当对工程建设规划阶段执行强制性标准的情况实施监督；施工图设计文件审查单位应当对工程建设勘察、设计阶段执行强制性标准的情况实施监督；建筑安全监督管理机构应当对工程建设施工阶段执行施工安全强制性标准的情况实施监督；工程质量监督机构应当对工程建设施工、监理、验收等阶段执行强制性标准的情况实施监督。

建设项目规划审查机关、施工图设计文件审查单位、建筑安全监督管理机构、工程质量监督机构的技术人员必须熟悉、掌握工程建设强制性标准。

（2）监督检查的方式和内容

工程建设标准批准部门应当定期对建设项目规划审查机关、施工图设计文件审查单位、建筑安全监督管理机构、工程质量监督机构实施强制性标准的监督进行检查，对监督不力的单位和个人，给予通报批评，建议有关部门处理。

工程建设标准批准部门应当对工程项目执行强制性标准情况进行监督检查。监督检查可以采取重点检查、抽查和专项检查的方式。

强制性标准监督检查的内容包括：

①工程技术人员是否熟悉、掌握强制性标准。

②工程项目的规划、勘察、设计、施工、验收等是否符合强制性标准的规定。

③工程项目采用的材料、设备是否符合强制性标准的规定。

④工程项目的安全、质量是否符合强制性标准的规定。

⑤工程项目采用的导则、指南、手册、计算机软件的内容是否符合强制性标准的规定。

建设行政主管部门或者有关行政主管部门在处理重大事故时，应当有工程建设标准方面的专家参加；工程事故报告应当包含是否符合工程建设强制性标准的意见。

10.3　施工单位的质量责任与义务

施工单位必须在其资质等级许可的范围内承揽工程施工任务，不得超越本单位资质等级许可的业务范围或以其他施工单位的名义承揽工程。禁止施工单位允许其他单位或个人以本单位的名义承揽工程。施工单位也不得将自己承包的工程再进行转包或非法分包。

1. 对施工质量负责和总分包单位的质量责任

1）施工单位对施工质量负责

《建筑法》规定，建筑施工企业对工程的施工质量负责。《建设工程质量管理条例》进一步规定，施工单位对建设工程的施工质量负责。施工单位应当建立质量责任制，确定工程项目的项目经理、技术负责人和施工管理负责人。

施工单位的质量责任制，是其质量保证体系的一个重要组成部分，也是施工质量目标得以实现的重要保证。建立质量责任制，主要包括制定质量目标计划，建立考核标准，并层层分解落实到具体的责任单位和责任人，特别是工程项目的项目经理、技术负责人和施工管理负责人。落实质量责任制，不仅是为了在出现质量问题时可以追究责任，更重要的是通过层层落实质量责任制，做到事事有人管、人人有职责，加强对施工过程的全面质量控制，保证建设工程的施工质量。

2）总分包单位的质量责任

《建筑法》规定，建筑工程实行总承包的，工程质量由工程总承包单位负责，总承包单位将建筑工程分包给其他单位的，应当对分包工程的质量与分包单位承担连带责任。分包单位应当接受总承包单位的质量管理。

《建设工程质量管理条例》进一步规定，建设工程实行总承包的，总承包单位应当对全部建设工程质量负责；建设工程勘察、设计、施工、设备采购的一项或者多项实行总承包的，总承包单位应当对其承包的建设工程或者采购的设备的质量负责。总承包单位依法将建设工程分包给其他单位的，分包单位应当按照分包合同的约定对其分包工程的质量向总承包单位负责，总承包单位与分包单位对分包工程的质量承担连带责任。

2. 按照工程设计图纸和施工技术标准施工的规定

《建筑法》规定，建筑施工企业必须按照工程设计图纸和施工技术标准施工，不得偷工减料。工程设计的修改由原设计单位负责，建筑施工企业不得擅自修改工程设计。

《建设工程质量管理条例》进一步规定，施工单位必须按照工程设计图纸和施工技术标准施工，不得擅自修改工程设计，不得偷工减料。施工单位在施工过程中发现设计文件和图纸有差错的，应当及时提出意见和建议。

《民法典》第七百九十九条规定，建设工程竣工后，发包人应当根据施工图纸及说明书、国家颁发的施工验收规范和质量检验标准及时进行验收。验收合格的，发包人应当按照约定支付价款，并接收该建设工程。

这是对施工单位的施工依据以及有义务对设计文件和图纸及时提出意见和建议的规定。

1）按图施工，遵守标准

按图施工、不擅自修改设计，是施工单位保证工程质量的最基本要求。

施工技术标准是工程建设过程中规范施工行为的技术依据。如前所述，工程建设国家标准、行业标准均分为强制性标准和推荐性标准。施工单位只有按照施工技术标准，特别是强制性标准的要求施工，才能保证工程的施工质量。偷工减料属于一种非法牟利的行为。如果在工程的一般部位，施工工序不严格按照标准要求，减少工料投入，简化操作程序，将会产生一般性的质量通病，影响工程外观质量或一般使用功能；但在关键部位，如结构中使用劣质钢筋、水泥等，将给工程留下严重的结构隐患。

从法律的角度来看，工程设计图纸和施工技术标准都属于合同文件的组成部分，如果施工单位不按照工程设计图纸和施工技术标准施工，则属于违约行为，应该承担违约责任。

2）防止设计文件和图纸出现差错

工程项目的设计涉及多个专业，设计文件和图纸也有可能会出现差错。这些差错通常会在图纸会审或施工过程中被逐渐发现。施工人员特别是施工管理负责人、技术负责人以及项目经理等，均为有丰富实践经验的专业人员，对设计文件和图纸中存在的差错是有能力发现的。如果施工单位在施工过程中发现设计文件和图纸中确实存在差错，是有义务及时向设计单位提出的，以免造成不必要的损失和质量问题。这是施工单位具备的职业道德，也是履行合同应尽的基本义务。

3. 对建筑材料、设备等进行检验、检测的规定

《建筑法》规定，建筑施工企业必须按照工程设计要求、施工技术标准和合同的约定，对建筑材料、建筑构配件和设备进行检验，不合格的不得使用。

《建设工程质量管理条例》进一步规定，施工单位必须按照工程设计要求、施工技术标准和合同约定，对建筑材料、建筑构配件、设备和商品混凝土进行检验，检验应当有书面记录和专人签字；未经检验或者检验不合格的，不得使用。

1）建筑材料、建筑构配件、设备和商品混凝土的检验制度

施工单位对进入施工现场的建筑材料、建筑构配件、设备和商品混凝土实行检验制度，是施工单位质量保证体系的重要组成部分，也是保证施工质量的重要前提。施工单位应当严把两道关：一是谨慎选择生产供应厂商；二是实行进场二次检验。

对于未经检验或检验不合格的，不得在施工中用于工程上。否则，将是一种违法行为，要追究擅自使用或批准使用人的责任。

2）施工检测的见证取样和送检制度

《建设工程质量管理条例》规定，施工人员对涉及结构安全的试块、试件以及有关材料，应当在建设单位或者工程监理单位监督下现场取样，并送具有相应资质等级的质量检测单位进行检测。

（1）见证取样和送检

所谓见证取样和送检，是指在建设单位或工程监理单位人员的见证下，由施工单位的现场试验人员对工程中涉及结构安全的试块、试件和材料在现场取样，并送至具有法定资格的质量检测单位进行检测的活动。

《房屋建筑工程和市政基础设施工程实行见证取样和送检的规定》中规定，涉及结构安全的试块、试件和材料见证取样和送检的比例不得低于有关技术标准中规定应取样数量的30％。下列试块、试件和材料必须实施见证取样和送检：

①用于承重结构的混凝土试块；②用于承重墙体的砌筑砂浆试块；③用于承重结构的钢筋及连接接头试件；④用于承重墙的砖和混凝土小型砌块；⑤用于拌制混凝土和砌筑砂浆的水泥；⑥用于承重结构的混凝土中使用的掺加剂；⑦地下、屋面、厕浴间使用的防水材料；⑧国家规定必须实行见证取样和送检的其他试块、试件和材料。

见证人员应由建设单位或该工程的监理单位中具备施工试验知识的专业技术人员担任，并由建设单位或该工程的监理单位书面通知施工单位、检测单位和负责该项工程的质量监督机构。

在施工过程中，见证人员应按照见证取样和送检计划，对施工现场的取样和送检进行见证。取样人员应在试样或其包装上做出标识、封志。标识和封志应标明工程名称、取样部位、取样日期、样品名称和样品数量，并由见证人员和取样人员签字。见证人员和取样人员应对试样的代表性和真实性负责。

（2）工程质量检测单位的资质和检测规定

工程质量检测机构是具有独立法人资格的中介机构。按照其承担的检测业务内容分为专项检测机构资质和见证取样检测机构资质。检测机构未取得相应的资质证书，不得承担质量检测业务。

质量检测业务由工程项目建设单位委托具有相应资质的检测机构进行检测。委托方与被委托方应当签订书面合同。

检测机构完成检测业务后，应当及时出具检测报告。检测报告经检测人员签字，检测机构法定代表人或者其授权的签字人签署，并加盖检测机构公章或者检测专用章后方可生效。检测报告经建设单位或者工程监理单位确认后，由施工单位归档。任何单位和个人不得明示或者暗示检测机构出具虚假检测报告，不得篡改或者伪造检测报告。如果检测结果利害关系人对检测结果发生争议的，由双方共同认可的检测机构复检，复检结果由提出复检方报当地建设主管部门备案。

检测机构应当将检测过程中发现的建设单位、监理单位、施工单位违反有关法律、法规和工程建设强制性标准的情况，以及涉及结构安全检测结果的不合格情况，及时报告工程所在地建设主管部门。检测机构应当建立档案管理制度，并应当单独建立检测结果不合格项目台账。

检测人员不得同时受聘于两个或者两个以上的检测机构。检测机构和检测人员不得推荐或者监制建筑材料、建筑构配件和设备。检测机构不得与行政机关，法律、法规授权的具有管理公共事务职能的组织以及所检测工程项目相关的设计单位、施工单位、监理单位有隶属关系或者其他利害关系。

检测机构不得转包检测业务。检测机构应当对其检测数据和检测报告的真实性和准确性负责。检测机构违反法律、法规和工程建设强制性标准，给他人造成损失的，应当依法承担相应的赔偿责任。

4. 施工质量验收和返修的规定

1）施工质量检验制度

《建设工程质量管理条例》规定，施工单位必须建立、健全施工质量的检验制度，严格工序管理，做好隐蔽工程的质量检查和记录。隐蔽工程在隐蔽前，单位应当通知建设单位和建设工程质量监督机构。另外，《民法典》第七百九十八条规定，隐蔽工程在隐蔽以前，承包人应当通知发包人检查。发包人没有及时检查的，承包人可以顺延工程日期，并有权请求赔偿停工、窝工等损失。

施工质量检验，通常是指工程施工过程中工序质量检验（或称为过程检验），包括预检、自检、交接检、专职检、分部工程中间检验以及隐蔽工程检验等。

（1）严格工序质量检验和管理

施工工序也可以称为过程。各个工序或过程之间横向和纵向的联系形成了工序网络或过程网络。任何一项工程的施工，都是通过一个由许多工序或过程组成的工序（或过程）网络来实现的。网络上的关键工序或过程都有可能对工程最终的施工质量产生决定性的影响。如焊接节点的破坏，就可能引起桁架破坏，从而导致屋面坍塌。所以，施工单位要加强对施工工序或过程的质量控制，特别是要加强影响结构安全的地基和结构等关键施工过程的质量控制。

完善的检验制度和严格的工序管理是保证工序或过程质量的前提。只有工序或过程网络上的所有工序或过程的质量都受到严格控制，整个工程的质量才能得到保证。

（2）强化隐蔽工程质量检查

隐蔽工程，是指在施工过程中某一道工序所完成的工程实物，被后续工序形成的工程实物所隐蔽，而且不可以逆向作业的那部分工程。例如，钢筋混凝土工程施工中，钢筋为混凝土所覆盖，前者即为隐蔽工程。

由于隐蔽工程被后续工序隐蔽后，其施工质量就很难检验及认定。如果不去认真做好隐蔽工程的质量检查工作，便容易给工程留下隐患。所以，隐蔽工程在隐蔽前，施工单位除了要做好检查、检验并做好记录外，还应当及时通知建设单位（实施监理的工程为监理单位）和建设工程质量监督机构，以接受政府监督和向建设单位提供质量保证。

《建设工程施工合同（示范文本）》要求，承包人应当对工程隐蔽部位进行自检，并经自检确认是否具备覆盖条件。除专用合同条款另有约定外，工程隐蔽部位经承包人自检确认具备覆盖条件的，承包人应在共同检查前 48 小时书面通知监理人检查，通知中应载明隐蔽检查的内容、时间和地点，并应附有自检记录和必要的检查资料。监理人应按时到场并对隐蔽工程及其施工工艺、材料和工程设备进行检查。经监理人检查确认质量符合隐蔽要求，并在验收记录上签字后，承包人才能进行覆盖。经监理人检查质量不合格的，承包人应在监理人指示的时间内完成修复，并由监理人重新检查，由此增加的费用和延误的工期由承包人承担。

除专用合同条款另有约定外，监理人不能按时进行检查的，应在检查前 24 小时向承包人提交书面延期要求，但延期不能超过 48 小时，由此导致工期延误的，工期应予以顺延。监理人未按时进行检查，也未提出延期要求的，视为隐蔽工程检查合格，承包人可自行完成覆盖工作，并做相应记录报送监理人，监理人应签字确认。监理人事后对检查记录有疑问的，可按约定重新检查。

2）建设工程的返修

《建筑法》规定，对已发现的质量缺陷，建筑施工企业应当修复。《建设工程质量管理条例》进一步规定，施工单位对施工中出现质量问题的建设工程或者竣工验收不合格的建设工程，应当负责返修。

《民法典》第八百零一条规定，因施工人的原因致使建设工程质量不符合约定的，发包人有权请求施工人在合理期限内无偿修理或者返工、改建。经过修理或者返工、改建后，造成逾期交付的，施工人应当承担违约责任。

返修作为施工单位的法定义务，应当包括施工过程中出现质量问题的建设工程和竣工验收不合格的建设工程两种情形。

所谓返工，是指工程质量不符合规定的质量标准，而又无法修理的情况下重新进行施工；修理则是指工程质量不符合标准，而又有可能修复的情况下，对工程进行修补，使其达到质量标准的要求。不论是施工过程中出现质量问题的建设工程，还是竣工验收时发现质量问题的工程，施工单位都要负责返修。

对于非施工单位原因造成的质量问题，施工单位也应当负责返修，但是因此而造成的损失及返修费用由责任方负责。

5. 建立健全职工教育培训制度的规定

《建设工程质量管理条例》规定，施工单位应当建立健全教育培训制度，加强对职工的教育培训；未经教育培训或者考核不合格的人员，不得上岗作业。

施工单位建立健全教育培训制度，加强对职工的教育培训，是企业重要的基础工作之一。由于施工单位从事一线施工活动的人员大多来自农村，教育培训的任务十分艰巨。施工单位的教育培训通常包括各类质量教育和岗位技能培训等。

先培训，后上岗，特别是与质量工作有关的人员，如总工程师、项目经理、质量体系内审员、质量检查员、施工人员、材料试验及检测人员、关键技术工种（如焊工、钢筋工、混凝土工）等，未经培训或者培训考核不合格的人员，不得上岗工作或作业。

6. 违法行为应承担的法律责任

1）违反资质管理规定和转包、违法分包造成质量问题应承担的法律责任

《建筑法》规定，建筑施工企业转让、出借资质证书或者以其他方式允许他人以本企业的名义承揽工程的，责令改正，没收违法所得，并处罚款，可以责令停业整顿，降低资质等级；情节严重的，吊销资质证书。对因该项承揽工程不符合规定的质量标准造成的损失，建筑施工企业与使用本企业名义的单位或者个人承担连带赔偿责任。

承包单位将承包的工程转包的，或者违反《建筑法》规定进行分包的，责令改正，没收违法所得，并处罚款，可以责令停业整顿，降低资质等级；情节严重的，吊销资质证书。

2）偷工减料等违法行为应承担的法律责任

《建筑法》规定，建筑施工企业在施工中偷工减料的，使用不合格的建筑材料、建筑构配件和设备的，或者有其他不按照工程设计图纸或者施工技术标准施工的行为的，责令改正，处以罚款；情节严重的，责令停业整顿，降低资质等级或者吊销资质证书；造成建筑工程质量不符合规定的质量标准的，负责返工、修理，并赔偿因此造成的损失；构成犯罪的，依法追究刑事责任。

《建设工程质量管理条例》规定，施工单位在施工中偷工减料的，使用不合格的建筑材料、建筑构配件和设备的，或者有不按照工程设计图纸或者施工技术标准施工的其他行为的，责令改正，处工程合同价款 2%以上 4%以下的罚款；造成建设工程质量不符合规定的质量标准的，负责返工、修理，并赔偿因此造成的损失；情节严重的，责令停业整顿，降低资质等级或者吊销资质证书。

3）检验、检测违法行为应承担的法律责任

《建设工程质量管理条例》规定，施工单位未对建筑材料、建筑构配件、设备和商品混凝土进行检验，或者未对涉及结构安全的试块、试件以及有关材料取样检测的，责令改正，处 10 万元以上 20 万元以下的罚款；情节严重的，责令停业整顿，降低资质等级或者吊销资质证书；造成损失的，依法承担赔偿责任。

4）构成犯罪的追究刑事责任

《建设工程质量管理条例》规定，建设单位、设计单位、施工单位、工程监理单位违反国家规定，降低工程质量标准，造成重大安全事故，构成犯罪的，对直接责任人员依法追究刑事责任。

建设、勘察、设计、施工、工程监理单位的工作人员因调动工作、退休等原因离开该单位后，被发现在该单位工作期间违反国家有关建设工程质量管理规定，造成重大工程质量事故的，仍应当依法追究法律责任。

《刑法》第一百三十七条规定，建设单位、设计单位、施工单位、工程监理单位违反国家规定，降低工程质量标准，造成重大安全事故的，对直接责任人员，处 5 年以下有期徒刑或者拘役，并处罚金；后果特别严重的，处 5 年以上 10 年以下有期徒刑，并处罚金。

10.4　建设单位及相关单位的质量责任和义务

建设工程质量责任制涵盖了多方主体的质量责任制，除施工单位外，还有建设单位、勘察、设计单位、工程监理单位的质量责任制。

1. 建设单位相关的质量责任和义务

建设单位作为建设工程的投资人，是建设工程的重要责任主体。建设单位有权选择承包单位，有权对建设过程进行检查、控制、验收，并要按时支付工程款和费用等，在整个建设活动中居于主导地位。因此，要确保建设工程的质量，首先就要对建设单位的行为进行规范，对其质量责任予以明确。

1）依法发包工程

《建设工程质量管理条例》规定，建设单位应当将工程发包给具有相应资质等级的单位。建设单位不得将建设工程肢解发包。建设单位应当依法对工程建设项目的勘察、设计、施工、监理以及与工程建设有关的重要设备、材料等的采购进行招标。

工程建设活动不同于一般的经济活动，从业单位的素质高低直接影响着建设工程质量。企业资质等级反映了企业从事某项工程建设活动的资格和能力，是国家对建设市场准入管理的重要手段。将工程发包给具有相应资质等级的单位来承担，是保证建设工程质量的基本前提。因此，从事工程建设活动必须符合严格的资质条件。《建设工程勘察设计资质管理规定》《建筑业企业资质管理规定》《工程监理企业资质管理规定》等，对工程勘察单位、工程设计单位、施工企业和工程监理单位的资质等级、资质标准、业务范围等做出了明确规定。如果建设单位将工程发包给没有资质等级或资质等级不符合条件的单位，不仅扰乱了建设市场秩序，更重要的是将会因为承包单位不具备完成建设工程的技术能力、专业人员和资金，造成工程质量低劣，甚至使工程项目半途而废。

建设单位发包工程时，应该根据工程特点，以有利于工程的质量、进度、成本控制为原则，合理划分标段，但不得肢解发包工程。如果将应当由一个承包单位完成的工程肢解成若干部分，分别发包给不同的承包单位，将使整个工程建设在管理和技术上缺乏应有的统筹协调，从而造成施工现场秩序的混乱，责任不清，严重影响建设工程质量，一旦出现问题也很难找到责任方。

建设单位还要依照《招标投标法》等有关规定，对必须实行招标的工程项目进行招标，择优选定工程勘察、设计、施工、监理单位以及采购重要设备、材料等。

2）依法向有关单位提供原始资料

《建设工程质量管理条例》规定，建设单位必须向有关的勘察、设计、施工、监理等单位提供与建设工程有关的原始资料。原始资料必须真实、准确、齐全。

原始资料是工程勘察、设计、施工、监理等单位用以进行相关工程建设的基础性材料。建设单位作为建设活动的总负责方，向有关单位提供原始资料，并保证这些资料的真实、准确、齐全，是其基本的责任和义务。

在工程实践中，建设单位根据委托任务必须向勘察单位提供如勘察任务书、项目规划总平面图、地下管线、地形地貌等在内的基础资料；向设计单位提供政府有关部门批准的项目建议书、可行性研究报告等立项文件，设计任务书，有关城市规划、专业规划设计条件，勘察成果及其他基础资料；向施工单位提供概算批准文件，建设项目正式列入国家、部门或地方的年度固定资产投资计划，建设用地的征用资料，施工图纸及技术资料，建设资金和主要建筑材料、设备的来源落实资料，建设项目所在地规划部门批准文件，施工现场完成"三通一平"的平面图等资料；向工程监理单位提供的原始资料，除包括给施工单位的资料外，还要有建设单位与施工单位签订的承包合同文本。

3）限制不合理的干预行为

《建筑法》规定，建设单位不得以任何理由要求建筑设计单位或者建筑施工企业在工程设计或者施工作业中，违反法律、行政法规和建筑工程质量、安全标准，降低工程质量。

《建设工程质量管理条例》进一步规定，建设工程发包单位，不得迫使承包方以低于成本的价格竞标，不得任意压缩合理工期。建设单位不得明示或者暗示设计单位或者施工单位违反工程建设强制性标准，降低建设工程质量。

成本是构成价格的主要部分，是承包方估算投标价格的依据和最低的经济底线。如果建设单位一味强调降低成本，迫使承包方互相压价，以低于成本的价格中标，势必会导致中标单位在承包工程后，为了减少开支、降低成本而采取偷工减料、以次充好、粗制滥造等手段，最终导致建设工程出现质量问题，影响投资效益的发挥。

建设单位也不得任意压缩合理工期。因为合理工期是指在正常建设条件下，采取科学合理的施工工艺和管理方法，以现行的工期定额为基础，结合工程项目建设的实际，经合理测算和平等协商而确定的使参与各方均获满意的经济效益的工期。如果盲目要求赶工期，势必会简化工序，不按规程操作，从而导致建设工程出现质量等诸多问题。

建设单位更不得以任何理由，诸如建设资金不足、工期紧等，违反强制性标准的规定，要求设计单位降低设计标准，或者要求施工单位采用建设单位采购的不合格材料、设备等，这种行为是法律决不允许的。因为强制性标准是保证建设工程结构安全可靠的基础性要求，违反了这类标准，必然会给建设工程带来重大的质量隐患。

4）依法报审施工图设计文件

《建设工程质量管理条例》规定，建设单位应当将施工图设计文件报县级以上人民政府建设行政主管部门或者其他有关部门审查。施工图设计文件未经审查批准的，不得使用。

施工图设计文件是设计文件的重要内容，是编制施工图预算，安排材料、设备订货和非标准设备制作，进行施工、安装和工程验收等工作的依据。施工图设计文件一经完成，建设工程最终所要达到的质量，尤其是地基基础和结构的安全性就有了约束。因此，施工图设计文件的质量直接影响建设工程的质量。

建立和实施施工图设计文件审查制度，是许多发达国家确保建设工程质量的成功做法。我国于1998年开始进行建筑工程项目施工图设计文件审查试点工作，在节约投资、发现设计质量隐患和避免违法违规行为等方面都有明显的成效。通过开展对施工图设计文件的审查，既可以对设计单位的成果进行质量控制，也能纠正参与建设活动各方特别是建设单位的不规范行为。

5）依法实行工程监理

《建设工程质量管理条例》规定，实行监理的建设工程、建设单位应当委托具有相应资质等级的工程监理单位进行监理，也可以委托具有工程监理相应资质等级并与被监理工程的施工承包单位没有隶属关系或者其他利害关系的该工程的设计单位进行监理。

监理工作要求监理人员具有较高的技术水平和较丰富的工程经验，因此国家对开展工程监理工作的单位实行资质许可。工程监理单位的资质反映了该单位从事某项监理工作的资格和能力。为了保证监理工作的质量，建设单位必须将需要监理的工程委托给具有相应资质等级的工程监理单位进行监理。

目前，我国的工程监理主要是对工程的施工过程进行监督，而该工程的设计人员对设计意图比较了解，对设计中各专业如结构、设备等在施工中可能发生的问题也比较清楚，因此由具有监理资质的设计单位对自己设计的工程进行监理，对保证工程质量是十分有利的。但是，设计单位与承包该工程的施工单位不得有行政隶属关系，也不得存在可能直接影响设计单位实施监理公正性的非常明显的经济或其他利益关系。

《建设工程质量管理条例》还规定，下列建设工程必须实行监理：①国家重点建设工程；②大中型公用事业工程；③成片开发建设的住宅小区工程；④利用外国政府或者国际组织贷款、援助资金的工程；⑤国家规定必须实行监理的其他工程。

6）依法办理工程质量监督手续

《建设工程质量管理条例》规定，建设单位在领取施工许可证或者开工报告前，应当按照国家有关规定办理工程质量监督手续。

办理工程质量监督手续是法定程序，不办理质量监督手续的，不发施工许可证，工程不得开工。因此，建设单位在领取施工许可证或者开工报告之前，应当依法到建设行政主管部门或铁路、交通、水利等有关管理部门，或其委托的工程质量监督机构办理工程质量监督手续，接受政府主管部门的工程质量监督。

建设单位办理工程质量监督手续，应提供以下文件和资料：①工程规划许可证；②设计单位资质等级证书；③监理单位资质等级证书、监理合同及工程项目监理登记表；④施工单位资质等级证书及营业执照副本；⑤工程勘察设计文件；⑥中标通知书及施工承包合同等。

7）依法保证建筑材料等符合要求

《建设工程质量管理条例》规定，按照合同约定，由建设单位采购建筑材料、建筑构配件和设备的，建设单位应当保证建筑材料、建筑构配件和设备符合设计文件和合同要求。建设单位不得明示或者暗示施工单位使用不合格的建筑材料、建筑构配件和设备。

在工程实践中，根据工程项目设计文件和合同要求的质量标准，哪些材料和设备由建设单位采购，哪些材料和设备由施工单位采购，应该在合同中明确约定，并且约定是谁采购、谁负责。所以，由建设单位采购建筑材料、建筑构配件和设备的，建设单位必须保证建筑材料、建筑构配件和设备符合设计文件和合同要求。对于建设单位负责供应的材料设备，在使用前施工单位应当按照规定对其进行检验和试验，如果不合格，不得在工程上使用，并应通知建设单位予以退换。

有些建设单位为了赶进度或降低采购成本，常常以各种明示或暗示的方式，要求施工单位降低标准而在工程上使用不合格的建筑材料、建筑构配件和设备。此类行为不仅严重违法，而且危害极大。

8）依法进行装修工程

随意拆改建筑主体结构和承重结构等，会危及建设工程安全和人民生命财产安全。因此，《建设工程质量管理条例》规定，涉及建筑主体和承重结构变动的装修工程，建设单位应当在施工前委托原设计单位或者具有相应资质等级的设计单位提出设计方案，没有设计方案的，不得施工。房屋建筑使用者在装修过程中，不得擅自变动房屋建筑主体和承重结构。

建筑设计方案是根据建筑物的功能要求，具体确定建筑标准、结构形式、建筑物的空间和平面布置以及建筑群体的安排。对于涉及建筑主体和承重结构变动的维修工程，设计单位会根据结构形式和特点，对结构受力进行分析，对构件的尺寸、位置、配筋等重新进行计算和设计。因此，建设单位应当委托该建筑工程的原设计单位或者具有相应资质条件的设计单位提出装修工程的设计方案。如果没有设计方案就擅自施工，则将留下质量隐患甚至造成质量事故，后果严重。

房屋使用者在装修过程中，也不得擅自变动房屋建筑主体和承重结构，如拆除隔墙、窗洞改门洞等，都是不允许的。

9）建设单位质量违法行为应承担的法律责任

《建筑法》规定，建设单位违反本法规定，要求建筑设计单位或者建筑施工企业违反建筑工程质量、安全标准，降低工程质量的，责令其改正，可以处以罚款；构成犯罪的，依法追究其刑事责任。

《建设工程质量管理条例》规定，建设单位有下列行为之一的，责令其改正，处20万元以上50万元以下的罚款：①迫使承包方以低于成本的价格竞标的；②任意压缩合理工期的；③明示或者暗示设计单位或者施工单位违反工程建设强制性标准，降低工程质量的；④施工图设计文件未经审查或者审查不合格，擅自施工的；⑤建设项目必须实行工程监理而未实行工程监理的；⑥未按照国家规定办理工程质量监督手续的；⑦明示或者暗示施工单位使用不合格的建筑材料、建筑构配件和设备的；⑧未按照国家规定将竣工验收报告、有关认可文件或者准许使用文件报送备案的。

2. 勘察、设计单位相关的质量责任和义务

《民法典》第八百条规定，勘察、设计的质量不符合要求或者未按照期限提交勘察、设计文件拖延工期，造成发包人损失的，勘察人、设计人应当继续完善勘察、设计，减收或者免收勘察、设计费并赔偿损失。

《建筑法》第五十六条规定，建筑工程的勘察、设计单位必须对其勘察、设计的质量负责。勘察、设计文件应当符合有关法律、行政法规的规定和建筑工程质量、安全标准、建筑工程勘察、设计技术规范以及合同的约定。

《建设工程质量管理条例》第十九条进一步规定，勘察、设计单位必须按照工程建设强制性标准进行勘察、设计，并对其勘察、设计的质量负责。注册建筑师、注册结构工程师等注册执业人员应当在设计文件上签字，对设计文件负责。

谁勘察设计谁负责，谁施工谁负责，这是国际上通行的做法。勘察、设计单位和执业注册人员是勘察设计质量的责任主体，也是整个工程质量的责任主体之一。勘察、设计质量实行单位与执业注册人员双重责任，即勘察、设计单位对其勘察、设计的质量负责，注册建筑师、注册结构工程师等专业人士对其签字的设计文件负责。

1）依法承揽工程的勘察、设计业务

《建设工程质量管理条例》第十八条规定，从事建设工程勘察、设计的单位应当依法取得相应等级的资质证书，并在其资质等级许可的范围内承揽工程。禁止勘察、设计单位超越其资质等级许可的范围或者以其他勘察、设计单位的名义承揽工程。禁止勘察、设计单位允许其他单位或者个人以本单位的名义承揽工程。勘察、设计单位不得转包或者违法分包所承揽的工程。这是关于勘察、设计单位的市场准入条件和市场行为的规定。

勘察、设计单位必须依法取得勘察、设计资质等级证书，《建筑法》第十三条对此有专门规定，从事建筑活动的建筑施工企业、勘察单位、设计单位和工程监理单位，按照其拥有的注册资本、专业技术人员、技术装备和已完成的建筑工程业绩等资质条件，划分为不同的资质等级，经资质审查合格，取得相应等级的资质证书后，方可在其资质等级许可的范围内从事建筑活动。

勘察、设计单位的市场行为规范与否，会对勘察设计的质量产生重要的影响。勘察设计行业作为一个特殊的行业，有严格的市场准入条件。勘察、设计单位只有具备了相应的资质条件，才有能力保证勘察设计的质量；超越资质等级许可的范围承揽工程，也就超越了其勘察设计的能力，因而无法保证其勘察设计的质量。由于超越资质等级许可的范围承接工程的行为大多是通过借用、有偿使用其他有相应资质单位的资质证书、图签来完成的，因此被借用者、出卖者也负有不可推卸的责任。

此外，与施工一样，勘察、设计也不允许转包和违法分包。

2）勘察、设计必须执行强制性标准

《建设工程质量管理条例》第十九条规定，勘察、设计单位必须按照工程建设强制性标准进行勘察、设计，并对其勘察、设计的质量负责。

工程建设强制性标准是工程建设技术和经验的积累，是勘察、设计工作的技术依据，只有满足工程建设强制性标准才能保证质量，才能满足工程对安全、卫生、环保等多方面的质量要求，因此勘察、设计单位必须严格执行。

3）勘察单位提供的勘察成果必须真实、准确

《建设工程质量管理条例》第二十条规定，勘察单位提供的地质、测量、水文等勘察成果必须真实、准确。

工程勘察工作是建设工程的基础，工程勘察成果文件是设计和施工的基础资料和重要依据，真实准确的勘察成果对设计和施工的安全性和是否保守浪费有直接的影响，因此，工程勘察成果必须真实准确、安全可靠、经济合理。

4）设计依据和设计深度

《建设工程质量管理条例》第二十一条规定，设计单位应当根据勘察成果文件进行建设工程设计。设计文件应当符合国家规定的设计深度要求，注明工程合理使用年限。

勘察成果文件是设计的基础资料，是设计的依据，比如在不知道地基承载力的情况下无法进行地基基础设计，而一旦地基承载力情况发生变化，随之而来基础的尺寸、配筋等都要修改，甚至基础选型也要改变，这将给设计工作增添很多工作量，造成工作的反复，继而影响设计的质量。因此，先勘察后设计一直是工程建设的基本做法，也是基本建设程序的要求。

工程合理使用年限是指从工程竣工验收合格之日起，工程的地基基础、主体结构能保证在正常情况下安全使用的年限。建设工程的承包人应当在该建设工程合理使用年限内对工程的质量承担责任，工程勘察、设计单位要在此期间对因工程勘察、设计的原因而造成的质量问题负相应的责任，因此可以说工程合理使用年限也就是勘察、设计单位的责任年限。《建筑法》第六十二条关于建筑工程实行质量保修期制度时有"建筑物合理寿命年限"的提法。

5）依法规范设计对建筑材料等的选用

《建筑法》第五十六条规定，设计文件选用的建筑材料、建筑构配件和设备，应当注明其规格、型号、性能等技术指标，其质量要求必须符合国家规定的标准。

《建设工程质量管理条例》第二十二条也规定，设计单位在设计文件中选用的建筑材料、建筑构配件和设备，应当注明其规格、型号、性能等技术指标，其质量要求必须符合国家规定的标准。除有特殊要求的建筑材料、专用设备、工艺生产线等外，设计单位不得指定生产厂、供应商。

为施工组织和采购的需要，为使工程的建设准确满足设计意图，设计文件中必须注明所选用的建筑材料、建筑构配件和设备的规格、型号、性能等技术指标。这一方面为施工单位施工能够充分满足设计文件的要求提供了前提条件，同时也防止了施工单位在实际施工中因滥用及错误使用建筑材料、建筑构配件和设备所造成的质量问题。

"特殊要求"通常是指根据设计要求所选产品的性能、规格只有某个厂家能够生产或加工，必须在设计文件中注明方可进行下一步的设计工作或采购，在通用产品能保证工程质量的前提下，设计单位不可故意选用特殊要求的产品，也不得滥用权力限制建设单位或施工单位在材料采购上的自主权。

6）依法对设计文件进行技术交底

《建设工程质量管理条例》第二十三条规定，设计单位应当就审查合格的施工图设计文件向施工单位做出详细说明。

施工图完成并经审查合格后，设计文件的编制工作已经完成，但并不是设计工作的完成，设计单位仍应就设计文件向施工单位做详细的说明，也就是通常所说的设计交底，这对施工正确贯彻设计意图，加深对设计文件难点、疑点的理解，确保工程质量有重要的意义，这是工程建设中的惯例。

设计交底通常的做法是设计文件完成后，设计单位将设计图纸交建设单位，再由建设单位发施工单位后，由设计单位将设计的意图、特殊的工艺要求，以及建筑、结构、设备等各专业在施工中的难点、疑点和容易发生的问题等向施工单位做出说明，并负责解释施工单位对设计图纸的疑问。

7）依法参与建设工程质量事故分析

《建设工程质量管理条例》第二十四条规定，设计单位应当参与建设工程质量事故分析，并对因设计造成的质量事故，提出相应的技术处理方案。

因为建设工程的功能、所要求达到的质量在设计阶段就已确定，也就是说，工程质量的好坏在一定程度上就是工程建设是否准确表达了设计的意图。所以在工程出现事故时，该工程的设计单位对事故的分析具有权威性，该工程的设计单位最有可能在短时间内发现存在的问题，这对及时地进行事故处理是有利的。当工程质量事故涉及工程勘察内容时，同样适用于勘察单位。

在正常的施工阶段，《建筑法》第五十八条规定，工程设计的修改由原设计单位负责，建筑施工企业不得擅自修改工程设计。事故发生后，对因设计造成的质量事故，原设计单位必须提出相应的技术处理方案，这是设计单位的义务，因为考虑设计单位对自己设计的工程在事故分析时的权威性，其技术处理方案对日后的加固、修复有重要的意义。但是对于非设计原因造成的质量事故，建设单位应付给提供技术处理方案的原设计单位相应的报酬。

可以认为已建成工程发生事故后的修复为一项新的建设工程，因此，是否采用原设计单位提供的处理方案属于新的委托设计工作。但是在通常情况下，考虑设计工作的特殊性以及设计单位在工程合理使用年限内所承担的责任，在设计单位具备提出合理技术处理方案的能力时，建设单位原则上应优先委托原设计单位进行加固、修复的设计工作。

8）勘察、设计单位质量违法行为应承担的法律责任

《建筑法》第七十三条规定，建筑设计单位不按照建筑工程质量、安全标准进行设计的，责令改正，处以罚款；造成工程质量事故的，责令停业整顿，降低资质等级或者吊销资质证书，没收违法所得，并处罚款；造成损失的，承担赔偿责任；构成犯罪的，依法追究刑事责任。

《建设工程质量管理条例》第六十三条规定，违反本条例规定，有下列行为之一的，责令改正，处 10 万元以上 30 万元以下的罚款：

①勘察单位未按照工程建设强制性标准进行勘察的。

②设计单位未根据勘察成果文件进行工程设计的。

③设计单位指定建筑材料、建筑构配件的生产厂、供应商的。

④设计单位未按照工程建设强制性标准进行设计的。

有前款所列行为，造成工程质量事故的，责令停业整顿，降低资质等级；情节严重的，吊销资质证书；造成损失的，依法承担赔偿责任。

3. 工程监理单位相关的质量责任和义务

工程监理单位接受建设单位的委托，代表建设单位对建设工程进行管理。因此，

工程监理单位也是建设工程质量的责任主体之一。

1）依法承担工程监理业务

《建筑法》规定，工程监理单位应当在其资质等级许可的监理范围内，承担工程监理业务。工程监理单位不得转让工程监理业务。

《建设工程质量管理条例》进一步规定，工程监理单位应当依法取得相应等级的资质证书，并在其资质等级许可的范围内承担工程监理业务。禁止工程监理单位超越本单位资质等级许可的范围或者以其他工程监理单位的名义承担工程监理业务。禁止工程监理单位允许其他单位或者个人以本单位的名义承担工程监理业务。工程监理单位不得转让工程监理业务。

监理单位按照资质等级承担工程监理业务，是保证监理工作质量的前提。越级监理、允许其他单位或者个人以本单位的名义承担监理业务等，将使工程监理变得有名无实，最终会对工程质量造成危害。监理单位转让工程监理业务，与施工单位转包工程有着同样的危害性。

2）对有隶属关系或其他利害关系的回避

《建筑法》《建设工程质量管理条例》都规定，工程监理单位与被监理工程的施工承包单位以及建筑材料、建筑构配件和设备供应单位有隶属关系或者其他利害关系的，不得承担该项建设工程的监理业务。

由于工程监理单位与被监理工程的承包单位以及建筑材料、建筑构配件和设备供应单位之间，是一种监督与被监督的关系，为了保证客观、公正地执行监理任务，工程监理单位与上述单位不能有隶属关系或者其他利害关系。如果有这种关系，工程监理单位在接受监理委托前，应当自行回避；对于没有回避而被发现的，建设单位可以依法解除委托关系。

3）监理工作的依据和监理责任

《建设工程质量管理条例》规定，工程监理单位应当依照法律、法规以及有关技术标准、设计文件和建设工程承包合同，代表建设单位对施工质量实施监理，并对施工质量承担监理责任。

工程监理的依据是：①有关法律法规，如《建筑法》《建设工程质量管理条例》等；②有关技术标准，如建设工程承包合同中确认采用的推荐性标准等；③设计文件，施工图设计等设计文件既是施工的依据，也是监理单位对施工活动进行监督管理的依据；④建设工程承包合同，监理单位据此监督施工单位是否全面履行合同约定的义务。

监理单位对施工质量承担监理责任，包括违约责任和违法责任两个方面：①违约责任，如果监理单位不按照监理合同约定履行监理义务，给建设单位或其他单位造成损失的，应当承担相应的赔偿责任；②违法责任，如果监理单位违法监理，或者降低工程质量标准，造成质量事故的，要承担相应的法律责任。

4）工程监理的职责和权限

《建设工程质量管理条例》规定，工程监理单位应当选派具备相应资格的总监理工程师和监理工程师进驻施工现场。未经监理工程师签字，建筑材料、建筑构配件和设备不得在工程上使用或者安装，施工单位不得进行下一道工序的施工。未经总监理工程师签字，建设单位不拨付工程款，不进行竣工验收。

监理单位应根据所承担的监理任务，组建驻工地监理机构。监理机构一般由总监理工程师、监理工程师和其他监理人员组成。监理工程师拥有对建筑材料、建筑构配件和设备以及每道施工工序的检查权，对检查不合格的，有权决定是否允许在工程上使用或进行下一道工序的施工。工程监理实行总监理工程师负责制。总监理工程师依法在其授权范围内可以发布有关指令，全面负责受委托的监理工程。

5）工程监理的形式

《建设工程质量管理条例》规定，监理工程师应当按照工程监理规范的要求，采取旁站、巡视和平行检验等形式，对建设工程实施监理。

所谓旁站，是指对工程中有关地基和结构安全的关键工序和关键施工过程，进行连续不断的监督检查或检验的监理活动，有时甚至要连续跟班监理。所谓巡视，主要是强调除了关键点的质量控制外，监理工程师还应对施工现场进行面上的巡查监理。所谓平行检验，主要是强调监理单位对施工单位已经检验的工程应及时进行检验。对于关键性、较大体量的工程实物，采取分段后平行检验的方式，有利于及时发现质量问题，及时采取措施予以纠正。

6）工程监理单位质量违法行为应承担的法律责任

《建筑法》规定，工程监理单位与建设单位或者建筑施工企业串通，弄虚作假、降低工程质量的，责令其改正，处以罚款，降低资质等级或者吊销资质证书；有违法所得的，予以没收；造成损失的，承担连带赔偿责任；构成犯罪的，依法追究其刑事责任。

《建设工程质量管理条例》规定，工程监理单位有下列行为之一的，责令其改正，处50万元以上100万元以下的罚款，降低资质等级或者吊销资质证书；有违法所得的，予以没收；造成损失的，承担连带赔偿责任：①与建设单位或者施工单位串通，弄虚作假、降低工程质量的；②将不合格的建设工程、建筑材料、建筑构配件和设备按照合格签字的。

4. 政府主管部门工程质量监督管理的相关规定

为了确保建设工程质量，保障公共安全和人民生命财产安全，政府必须加强对建设工程质量的监督管理。因此，《建设工程质量管理条例》规定，国家实行建设工程质量监督管理制度。

1) 我国的建设工程质量监督管理体制

《建设工程质量管理条例》规定，国务院建设行政主管部门对全国的建设工程质量实施统一监督管理。国务院铁路、交通、水利等有关部门按照国务院规定的职责分工，负责对全国的有关专业建设工程质量的监督管理。

国务院发展计划部门按照国务院规定的职责，组织稽查特派员，对国家出资的重大建设项目实施监督检查。国务院经济贸易主管部门按照国务院规定的职责，对国家重大技术改造项目实施监督检查。

县级以上地方人民政府建设行政主管部门对本行政区域内的建设工程质量实施监督管理。县级以上地方人民政府交通、水利等有关部门在各自的职责范围内，负责对本行政区域内的专业建设工程质量的监督管理。

建设工程质量监督管理，可以由建设行政主管部门或者其他有关部门委托的建设工程质量监督机构具体实施。从事房屋建筑工程和市政基础设施工程质量监督的机构，必须按照国家有关规定经国务院建设行政主管部门或者省、自治区、直辖市人民政府建设行政主管部门考核；从事专业建设工程质量监督的机构，必须按照国家有关规定经国务院有关部门或者省、自治区、直辖市人民政府有关部门考核。经考核合格后，方可实施质量监督。

在政府加强监督的同时，还要发挥社会监督的巨大作用，即任何单位和个人对建设工程的质量事故、质量缺陷都有权检举、控告、投诉。

2) 政府监督检查的内容和有权采取的措施

《建设工程质量管理条例》规定，国务院建设行政主管部门和国务院铁路、交通、水利等有关部门以及县级以上地方人民政府建设行政主管部门和其他有关部门，应当加强对有关建设工程质量的法律、法规和强制性标准执行情况的监督检查。

县级以上人民政府建设行政主管部门和其他有关部门履行监督检查职责时，有权采取下列措施：①要求被检查的单位提供有关工程质量的文件和资料；②进入被检查单位的施工现场进行检查；③发现有影响工程质量的问题时，责令改正。

有关单位和个人对县级以上人民政府建设行政主管部门和其他有关部门进行的监督检查应当支持与配合，不得拒绝或者阻碍建设工程质量监督检查人员依法执行职务。

3) 禁止滥用权力的行为

《建设工程质量管理条例》规定，供水、供电、供气、公安消防等部门或者单位不得明示或者暗示建设单位、施工单位购买其指定的生产供应单位的建筑材料、建筑构配件和设备。

目前，有关部门或单位利用其管理职能或垄断地位指定生产厂家或产品的现象较多，如果建设单位或施工单位不采用，就在竣工验收时故意刁难或不予验收，不准投入使用。政府有关部门这种滥用职权的行为，是法律所不允许的。

4）建设工程质量事故报告制度

《建设工程质量管理条例》规定，建设工程发生质量事故，有关单位应当在24小时内向当地建设行政主管部门和其他有关部门报告。对重大质量事故，事故发生地的建设行政主管部门和其他有关部门应当按照事故类别和等级向当地人民政府和上级建设行政主管部门和其他有关部门报告。特别重大质量事故的调查程序按照国务院有关规定办理。

《生产安全事故报告和调查处理条例》规定，特别重大事故，是指造成30人以上死亡，或者100人以上重伤，或者1亿元以上直接经济损失的事故。特别重大事故、重大事故逐级上报至国务院安全生产监督管理部门和负有安全生产监督管理职责的有关部门。每级上报的时间不得超过2小时。必要时，安全生产监督管理部门和负有安全生产监督管理职责的有关部门可以越级上报事故情况。

5）有关质量违法行为应承担的法律责任

《建设工程质量管理条例》规定，发生重大工程质量事故隐瞒不报、谎报或者拖延报告期限的，对直接负责的主管人员和其他责任人员依法给予行政处分。

供水、供电、供气、公安消防等部门或者单位明示或者暗示建设单位或者施工单位购买其指定的生产供应单位的建筑材料、建筑构配件和设备的，责令改正。

国家机关工作人员在建设工程质量监督管理工作中玩忽职守、滥用职权、徇私舞弊，构成犯罪的，依法追究刑事责任；尚不构成犯罪的，依法给予行政处分。

10.5 建设工程竣工验收制度

1. 竣工验收的主体和法定条件

1）建设工程竣工验收的主体

《建设工程质量管理条例》规定，建设单位收到建设工程竣工报告后，应当组织设计、施工、工程监理等有关单位进行竣工验收。《民法典》第七百九十九条规定，建设工程竣工后，发包人应当根据施工图纸及说明书、国家颁发的施工验收规范和质量检验标准及时进行验收。验收合格的，发包人应当按照约定支付价款，并接收该建设工程。建设工程竣工经验收合格后，方可交付使用；未经验收或者验收不合格的，不得交付使用。

对工程进行竣工检查和验收是建设单位法定的权利和义务。在建设工程完工后，承包单位应当向建设单位提供完整的竣工资料和竣工验收报告，提请建设单位组织竣工验收。建设单位收到竣工验收报告后，应及时组织有设计、施工、工程监理等有关单位参加的竣工验收，检查整个工程项目是否已按照设计要求和合同约定全部建设完成，一并符合竣工验收条件。

2）竣工验收应当具备的法定条件

《建筑法》规定，交付竣工验收的建筑工程，必须符合规定的建筑工程质量标准，有完整的工程技术经济资料和经签署的工程保修书，并具备国家规定的其他竣工条件。建筑工程竣工经验收合格后，方可交付使用；未经验收或者验收不合格的，不得交付使用。

《建设工程质量管理条例》进一步规定，建设工程竣工验收应当具备下列条件：

（1）完成建设工程设计和合同约定的各项内容。

（2）有完整的技术档案和施工管理资料。

工程技术档案和施工管理资料是工程竣工验收和质量保证的重要依据之一，主要包括以下档案和资料：①工程项目竣工验收报告；②分项、分部工程和单位工程技术人员名单；③图纸会审和技术交底记录；④设计变更通知单、技术变更核实单；⑤工程质量事故发生后调查和处理资料；⑥隐蔽工程验收记录及施工日志；⑦竣工图；⑧质量检验评定资料等；⑨合同约定的其他资料。

（3）有工程使用的主要建筑材料、建筑构配件和设备的进场试验报告。

（4）有勘察、设计、施工、工程监理等单位分别签署的质量合格文件。

（5）有施工单位签署的工程保修书。

建设工程经验收合格的，方可交付使用。凡是没有经过竣工验收或者经过竣工验收确定为不合格的建设工程，不得交付使用。如果建设单位为提前获得投资效益，在工程未经验收就提前投产或使用，由此而发生的质量等问题，建设单位要承担责任。

2. 施工单位应提交的档案资料

《建设工程质量管理条例》规定，建设单位应当严格按照国家有关档案管理的规定，及时收集、整理建设项目各环节的文件资料，建立、健全建设项目档案，并在建设工程竣工验收后，及时向建设行政主管部门或者其他有关部门移交建设项目档案。

建设工程是百年大计。一般的建筑物设计年限都在 50～70 年，重要的建筑物达百年以上。在建设工程投入使用之后，还要进行检查、维修、管理，还可能会遇到改建、扩建或拆除活动，以及在其周围进行建设活动，这些都需要参考原始的勘察、设计、施工等资料。建设单位是建设活动的总负责方，应当在合同中明确要求勘察、设计、施工、监理等单位分别提供工程建设各环节的文件资料，及时收集整理、建立健全建设项目档案。

《城市建设档案管理规定》中规定，建设单位应当在工程竣工验收后 3 个月内，向城建档案馆报送一套符合规定的建设工程档案。凡建设工程档案不齐全的，应当限期补充。对改建、扩建和重要部位维修的工程，建设单位应当组织设计、施工单位据实修改、补充和完善原建设工程档案。

施工单位应当按照归档要求制定统一目录，有专业分包工程的，分包单位要按照总承包单位的总体安排做好各项资料整理工作，最后再由总承包单位进行审核、汇总。施工单位一般应当提交的档案资料是：①工程技术档案资料；②工程质量保证资料；③工程检验评定资料；④竣工图等。

3. 规划、消防、环保、节能等验收的规定

《建设工程质量管理条例》规定，建设单位应当自建设工程竣工验收合格之日起 15 日内，将建设工程竣工验收报告和规划、公安消防、环保等部门出具的认可文件或者准许使用文件报建设行政主管部门或者其他有关部门备案。

1）建设工程竣工规划验收

《城乡规划法》规定，县级以上地方人民政府城乡规划主管部门按照国务院规定对建设工程是否符合规划条件予以核实。未经核实或者经核实不符合规划条件的，建设单位不得组织竣工验收。建设单位应当在竣工验收后 6 个月内向城乡规划主管部门报送有关竣工验收资料。

建设工程竣工后，建设单位应当依法向城乡规划行政主管部门提出竣工规划验收申请，由城乡规划行政主管部门按照选址意见书、建设用地规划许可证、建设工程规划许可证、乡村建设规划许可证及其有关规划的要求，对建设工程进行规划验收，包括对建设用地范围内的各项工程建设情况、建筑物的使用性质、位置、间距、层数、标高、平面、立面、外墙装饰材料和色彩、各类配套服务设施、临时施工用房、施工场地等进行全面核查，并做出验收记录。对于验收合格的，由城乡规划行政主管部门出具规划认可文件或核发建设工程竣工规划验收合格证。

《城乡规划法》还规定，建设单位未在建设工程竣工验收后 6 个月内向城乡规划主管部门报送有关竣工验收资料的，由所在地城市、县人民政府城乡规划主管部门责令限期补报；逾期不补报的，处 1 万元以上 5 万元以下的罚款。

2）建设工程竣工消防验收

《消防法》规定，按照国家工程建设消防技术标准需要进行消防设计的建设工程竣工，依照下列规定进行消防验收、备案：国务院公安部门规定的大型的人员密集场所和其他特殊建设工程，建设单位应当向公安机关消防机构申请消防验收；其他建设工程，建设单位在验收后应当报公安机关消防机构备案，公安机关消防机构应当进行抽查。依法应当进行消防验收的建设工程，未经消防验收或者消防验收不合格的，禁止投入使用；其他建设工程经依法抽查不合格的，应当停止使用。

《建设工程消防监督管理规定》进一步规定，建设单位申请消防验收应当提供下列 8 个方面的材料：①建设工程消防验收申报表；②工程竣工验收报告和有关消防设施的工程竣工图纸；③消防产品质量合格证明文件；④具有防火性能要求的建筑构件、建筑材料、装修材料符合国家标准或者行业标准的证明文件、出厂合格证；⑤消防设施检测合格证明文件；⑥施工、工程监理、检测单位的合法身份证明和资质等级证明文件；⑦建设单位的工商营业执照等合法身份证明文件；⑧法律、行政法规规定的其他材料。

公安机关消防机构应当自受理消防验收申请之日起 20 日内组织消防验收，并出具消防验收意见。公安机关消防机构对申报消防验收的建设工程，应当依照建设工程消防验收评定标准对已经经过消防设计审核合格的内容组织消防验收。对综合评定结论为合格的建设工程，公安机关消防机构应当出具消防验收合格意见；对综合评定结论为不合格的，应当出具消防验收不合格意见，并说明理由。

对于依法应当进行消防验收的建设工程，未经消防验收或者消防验收不合格，擅自投入使用的，《消防法》规定，由公安机关消防机构责令停止施工、停止使用或者停产停业，并处 3 万元以上 30 万元以下罚款。

3）建设工程竣工环保验收

《建设项目环境保护管理条例》规定，建设项目竣工后，建设单位应当向审批该建设项目环境影响报告书、环境影响报告表或者环境影响登记表的环境保护行政主管部门，申请该建设项目需要配套建设的环境保护设施竣工验收。

环境保护设施竣工验收，应当与主体工程竣工验收同时进行。需要进行试生产的建设项目，建设单位应当自建设项目投入试生产之日起 3 个月内，向审批该建设项目环境影响报告书、环境影响报告表或者环境影响登记表的环境保护行政主管部门，申请该建设项目需要配套建设的环境保护设施竣工验收。分期建设、分期投入生产或者使用的建设项目，其相应的环境保护设施应当分期验收。

环境保护行政主管部门应当自收到环境保护设施竣工验收申请之日起 30 日内完成验收。建设项目需要配套建设的环境保护设施经验收合格，该建设项目方可正式投入生产或者使用。

《建设项目环境保护管理条例》还规定，建设项目投入试生产超过 3 个月，建设单位未申请环境保护设施竣工验收的，由审批该建设项目环境影响报告书、环境影响报告表或者环境影响登记表的环境保护行政主管部门责令限期办理环境保护设施竣工验收手续；逾期未办理的，责令停止试生产，可以处 5 万元以下的罚款。

建设项目需要配套建设的环境保护设施未建成、未经验收或者经验收不合格，主体工程正式投入生产或者使用的，由审批该建设项目环境影响报告书、环境影响报告表或者环境影响登记表的环境保护行政主管部门责令停止生产或者使用，可以处 10 万元以下的罚款。

4）建筑工程节能验收

《中华人民共和国节约能源法》（以下简称《节约能源法》）规定，不符合建筑节能标准的建筑工程，建设主管部门不得批准开工建设；已经开工建设的，应当责令停止施工、限期改正；已经建成的，不得销售或者使用。

《民用建筑节能条例》进一步规定，建设单位组织竣工验收，应当对民用建筑是否符合民用建筑节能强制性标准进行查验；对不符合民用建筑节能强制性标准的，不得出具竣工验收合格报告。

建筑节能工程施工质量的验收，主要应按照国家标准《建筑节能工程施工质量验收标准》GB 50411—2019、《建筑工程施工质量验收统一标准》GB 50300—2013，以及各专业工程施工质量验收规范等执行。单位工程竣工验收应在建筑节能分部工程验收合格后进行。

建筑节能工程为单位建筑工程的一个分部工程，并按规定划分为分项工程和检验批。建筑节能工程应按照分项工程进行验收，如墙体节能工程、幕墙节能工程、门窗节能工程、屋面节能工程、地面节能工程、供暖节能工程、通风与空气调节节能工程、配电与照明节能工程等。当建筑节能分项工程的工程量较大时，可以将分项工程划分为若干个检验批进行验收。当建筑节能工程验收无法按照要求划分分项工程或检验批时，可由建设、施工、监理等各方协商进行划分，但验收项目、验收内容、验收标准和验收记录均应遵守规范的规定。

建筑节能分部工程的质量验收，应在检验批、分项工程全部合格的基础上，进行建筑围护结构的外墙节能构造实体检验，严寒、寒冷和夏热冬冷地区的外窗气密性现场检测，以及系统节能性能检测和系统联合试运转与调试，确认建筑节能工程质量达到验收的条件后方可进行。

4. 竣工结算、质量争议的规定

竣工验收是工程建设活动的最后阶段。在此阶段，建设单位与施工单位容易就合同价款结算、质量缺陷等引起纠纷，导致建设工程不能及时办理竣工验收或完成竣工验收。

1）工程竣工结算

《民法典》第七百九十九条规定，建设工程竣工后，发包人应当根据施工图纸及说明书、国家颁发的施工验收规范和质量检验标准及时进行验收。验收合格的，发包人应当按照约定支付价款，并接收该建设工程。《建筑法》第十八条也规定，发包单位应当按照合同的约定，及时拨付工程款项。

（1）工程竣工结算方式与编审

《建设工程价款结算暂行办法》第十四条规定，工程完工后，双方应按照约定的合同价款及合同价款调整内容以及索赔事项，进行工程竣工结算。工程竣工结算分为单位工程竣工结算、单项工程竣工结算和建设项目竣工总结算。

单位工程竣工结算由承包人编制，发包人审查；实行总承包的工程，由具体承包人编制，在总承包人审查的基础上，发包人审查。

单项工程竣工结算或建设项目竣工总结算由总承包人编制，发包人可直接进行审查，也可以委托具有相应资质的工程造价咨询机构进行审查。政府投资项目，由同级财政部门审查。单项工程竣工结算或建设项目竣工总结算经发、承包人签字盖章后有效。

承包人应在合同约定期限内完成项目竣工结算编制工作，未在规定期限内完成的并且提不出正当理由延期的，责任自负。

（2）工程竣工结算审查期限

《建设工程价款结算暂行办法》第十四条还规定，单项工程竣工后，承包人应在提交竣工验收报告的同时，向发包人递交竣工结算报告及完整的结算资料，发包人应按以下规定时限进行核对（审查）并提出审查意见：

①500万元以下，从接到竣工结算报告和完整的竣工结算资料之日起20天。

②500万～2000万元，从接到竣工结算报告和完整的竣工结算资料之日起30天。

③2000万～5000万元，从接到竣工结算报告和完整的竣工结算资料之日起45天。

④5000万元以上，从接到竣工结算报告和完整的竣工结算资料之日起60天。

建设项目竣工总结算在最后一个单项工程竣工结算审查确认后15天内汇总，送发包人后30天内审查完成。

（3）工程竣工价款结算

《建设工程价款结算暂行办法》第十四条继续规定，发包人收到承包人递交的竣工结算报告及完整的结算资料后，应按本办法规定的期限（合同约定有期限的，从其约定）进行核实，给予确认或者提出修改意见。发包人根据确认的竣工结算报告向承包人支付工程竣工结算价款，保留5%左右的质量保证（保修）金，待工程交付使用一年质保期到期后清算（合同另有约定的，从其约定），质保期内如有返修，发生费用应在质量保证（保修）金内扣除。

《建设工程价款结算暂行办法》第十七条规定，工程竣工结算以合同工期为准，实际施工工期比合同工期提前或延后，发、承包双方应按合同约定的奖惩办法执行。

（4）索赔及合同以外零星项目工程价款结算

《建设工程价款结算暂行办法》第十四条继续规定，发、承包人未能按合同约定履行自己的各项义务或发生错误，给另一方造成经济损失的，由受损方按合同约定提出索赔，索赔金额按合同约定支付。

发包人要求承包人完成合同以外零星项目，承包人应在接受发包人要求的7天内就用工数量和单价、机械台班数量和单价、使用材料和金额等向发包人提出施工签证，发包人签证后施工，如发包人未签证，承包人施工后发生争议的，责任由承包人自负。

《建设工程价款结算暂行办法》第十五条规定，发包人和承包人要加强施工现场的造价控制，及时对工程合同外的事项如实纪录并履行书面手续。凡由发、承包双方授权的现场代表签字的现场签证以及发、承包双方协商确定的索赔等费用，应在工程竣工结算中如实办理，不得因发、承包双方现场代表的中途变更改变其有效性。

（5）未按规定时限办理事项的处理

《建设工程价款结算暂行办法》第十六条规定，发包人收到竣工结算报告及完整的结算资料后，在本办法规定或合同约定期限内，对结算报告及资料没有提出意见，则视同认可。

承包人如未在规定时间内提供完整的工程竣工结算资料，经发包人催促后14天内仍未提供或没有明确答复，发包人有权根据已有资料进行审查，责任由承包人自负。

根据确认的竣工结算报告，承包人向发包人申请支付工程竣工结算款。发包人应在收到申请后15天内支付结算款，到期没有支付的应承担违约责任。承包人可以催告发包人支付结算价款，如达成延期支付协议，承包人应按同期银行贷款利率支付拖欠工程价款的利息。如未达成延期支付协议，承包人可以与发包人协商将该工程折价，或申请人民法院将该工程依法拍卖，承包人就该工程折价或者拍卖的价款优先受偿。

（6）工程价款结算争议处理

《建设工程价款结算暂行办法》第十八条规定，工程造价咨询机构接受发包人或承包人委托，编审工程竣工结算，应按合同约定和实际履约事项认真办理，出具的竣工结算报告经发、承包双方签字后生效。当事人一方对报告有异议的，可对工程结算中有异议部分，向有关部门申请咨询后协商处理，若不能达成一致的，双方可按合同约定的争议或纠纷解决程序办理。

《建设工程价款结算暂行办法》第十九条规定，发包人对工程质量有异议，已竣工验收或已竣工未验收但实际投入使用的工程，其质量争议按该工程保修合同执行；已竣工未验收且未实际投入使用的工程以及停工、停建工程的质量争议，应当就有争议部分的竣工结算暂缓办理，双方可就有争议的工程委托有资质的检测鉴定机构进行检测，根据检测结果确定解决方案，或按工程质量监督机构的处理决定执行，其余部分的竣工结算依照约定办理。

《建设工程价款结算暂行办法》第二十条规定，当事人对工程造价发生合同纠纷时，可通过下列办法解决：

①双方协商确定。

②按合同条款约定的办法提请调解。

③向有关仲裁机构申请仲裁或向人民法院起诉。

《最高人民法院关于审理建设工程施工合同纠纷案件适用法律问题的解释》第十六条规定，当事人对建设工程的计价标准或者计价方法有约定的，按照约定结算工程价款。因设计变更导致建设工程的工程量或质量标准发生变化，当事人对该部分工程价款不能协商一致的，可以参照签订建设工程施工合同时当地建设行政主管部门发布的计价方法或者计价标准结算工程价款。

（7）工程价款结算管理

《建设工程价款结算暂行办法》第二十一条规定，工程竣工后，发、承包双方应及时办清工程竣工结算。否则，工程不得交付使用，有关部门不予办理权属登记。

2）竣工工程质量争议的处理

《建筑法》第六十条规定，建筑工程竣工时，屋顶、墙面不得留有渗漏、开裂等质量缺陷；对已经发现的质量缺陷，建筑施工企业应当修复。《建设工程质量管理条例》第三十二条也规定，施工单位对施工中出现质量问题的建设工程或者竣工验收不合格的建设工程，应当负责返修。

据此，建设工程竣工时发现的质量问题或者质量缺陷，无论是建设单位的责任还是施工单位的责任，施工单位都有义务进行修复或返修。但是，对于非施工单位原因出现的质量问题或质量缺陷，其返修的费用和造成的损失是应由责任方承担的。

（1）承包方责任的处理

《民法典》第八百零一条规定，因施工人的原因致使建设工程质量不符合约定的，发包人有权请求施工人在合理期限内无偿修理或者返工、改建。经过修理或者返工、改建后，造成逾期交付的，施工人应当承担违约责任。如果承包人拒绝修理、返工或改建的，《最高人民法院关于审理建设工程施工合同纠纷案件适用法律问题的解释》第十一条规定，因承包人的过错造成建设工程质量不符合约定，承包人拒绝修理、返工或者改建，发包人请求减少支付工程价款的，应予支持。

（2）发包方责任的处理

《建筑法》第五十四条规定，建设单位不得以任何理由，要求建筑设计单位或者建筑施工企业在工程设计或者施工作业中，违反法律、行政法规和建筑质量、安全标准，降低工程质量。

《最高人民法院关于审理建设工程施工合同纠纷案件适用法律问题的解释》第十二条规定，发包人具有下列情形之一，造成建设工程质量缺陷，应当承担过错责任：①提供的设计有缺陷；②提供或者指定购买的建筑材料、建筑构配件、设备不符合强制性标准；③直接指定分包人分包专业工程。

（3）未经竣工验收擅自使用的处理

《建筑法》第六十一条、《民法典》第七百九十九条、《建设工程质量管理条例》第十六条均规定，建设工程竣工经验收合格后，方可交付使用；未经验收或验收不合格的，不得交付使用。

在实践中，一些建设单位出于各种原因，往往未经验收就擅自提前占有使用建设工程。为此，《最高人民法院关于审理建设工程施工合同纠纷案件适用法律问题的解释》第十三条规定，建设工程未经竣工验收，发包人擅自使用后，又以使用部分质量不符合约定为由主张权利的，不予支持；但是承包人应当在建设工程的合理使用寿命内对地基基础工程和主体结构质量承担民事责任。

5. 竣工验收报告备案的规定

《建设工程质量管理条例》规定，建设单位应当自建设工程竣工验收合格之日起15日内，将建设工程竣工验收报告和规划、公安消防、环保等部门出具的认可文件或者准许使用文件报建设行政主管部门或者其他有关部门备案。建设行政主管部门或者其他有关部门发现建设单位在竣工验收过程中有违反国家有关建设工程质量管理规定行为的，责令停止使用，重新组织竣工验收。

1）竣工验收备案的时间及需提交的文件

《房屋建筑和市政基础设施工程竣工验收备案管理办法》规定，建设单位应当自工程竣工验收合格之日起15日内，依照本办法规定，向工程所在地的县级以上地方人民政府建设主管部门（以下简称备案机关）备案。

建设单位办理工程竣工验收备案应当提交下列文件：

（1）工程竣工验收备案表。

（2）工程竣工验收报告。竣工验收报告应当包括工程报建日期，施工许可证号，施工图设计文件审查意见，勘察、设计、施工、工程监理等单位分别签署的质量合格文件及验收人员签署的竣工验收原始文件，市政基础设施的有关质量检测和功能性试验资料以及备案机关认为需要提供的有关资料。

（3）法律、行政法规规定应当由规划、环保等部门出具的认可文件或者准许使用文件。

（4）法律规定应当由公安消防部门出具的对大型的人员密集场所和其他特殊建设工程验收合格的证明文件。

（5）施工单位签署的工程质量保修书。

（6）法规、规章规定必须提供的其他文件。住宅工程还应当提交住宅质量保证书和住宅使用说明书。

《城市地下管线工程档案管理办法》还规定，建设单位在地下管线工程竣工验收备案前，应当向城建档案管理机构移交下列档案资料：

（1）地下管线工程项目准备阶段文件、监理文件、施工文件、竣工验收文件和竣工图。

（2）地下管线竣工测量成果。

（3）其他应当归档的文件资料（电子文件、工程照片、录像等）。

建设单位向城建档案管理机构移交的档案资料应当符合《建设工程文件归档规范》GB/T 50328—2014（2019 年版）的要求。

2）竣工验收备案文件的签收和处理

《房屋建筑和市政基础设施工程竣工验收备案管理办法》规定，备案机关收到建设单位报送的竣工验收备案文件，验证文件齐全后，应当在工程竣工验收备案表上签署文件收讫。工程竣工验收备案表一式两份，一份由建设单位保存，一份留备案机关存档。

工程质量监督机构应当在工程竣工验收之日起 5 日内，向备案机关提交工程质量监督报告。

备案机关发现建设单位在竣工验收过程中有违反国家有关建设工程质量管理规定行为的，应当在收讫竣工验收备案文件 15 日内，责令停止使用，重新组织竣工验收。

3）竣工验收备案违法行为应承担的法律责任

《房屋建筑和市政基础设施工程竣工验收备案管理办法》规定，建设单位在工程竣工验收合格之日起 15 日内未办理工程竣工验收备案的，备案机关责令限期改正，处 20 万元以上 50 万元以下罚款。

备案机关决定重新组织竣工验收的工程，在重新组织竣工验收前，建设单位擅自使用的，备案机关责令停止使用，处工程合同价款 2% 以上 4% 以下罚款。

建设单位采用虚假证明文件办理工程竣工验收备案的，工程竣工验收无效，备案机关责令停止使用，重新组织竣工验收，处 20 万元以上 50 万元以下罚款；构成犯罪的，依法追究刑事责任。

备案机关决定重新组织竣工验收并责令停止使用的工程，建设单位在备案之前已投入使用或者建设单位擅自继续使用造成使用人损失的，由建设单位依法承担赔偿责任。

《城市地下管线工程档案管理办法》规定，因建设单位未移交地下管线工程档案，造成施工单位在施工中损坏地下管线的，建设单位依法承担相应的责任。

10.6　建设工程质量保修制度

建设工程质量保修制度是指建设工程在办理竣工验收手续后，在规定的保修期限内，因勘察、设计、施工、材料等原因造成的质量缺陷，应当由施工承包单位负责维修、返工或更换，由责任负责单位赔偿损失。建设工程实行质量保修制度是落实建设工程质量责任的重要措施。

1. 工程质量保修书、保修范围和保修责任

1）工程质量保修书

《建设工程质量管理条例》规定，建设工程承包单位在向建设单位提交工程竣工验收报告时，应当向建设单位出具质量保修书。质量保修书中应当明确建设工程的保修范围、保修期限和保修责任等。

2）工程质量保修范围和期限

（1）保修范围

《建筑法》规定，建筑工程的保修范围应当包括地基基础工程、主体结构工程、屋面防水工程和其他土建工程，以及电气管线、上下水管线的安装工程，供热、供冷系统工程等项目。当然，不同类型的建设工程，其保修范围是有所不同的。

（2）保修期限

《建筑法》规定，保修的期限应当按照保证建筑物合理寿命年限内正常使用，维护使用者合法权益的原则确定。《建设工程质量管理条例》规定，在正常使用条件下，建设工程的最低保修期限为：

①基础设施工程、房屋建筑的地基基础工程和主体结构工程，为设计文件规定的该工程的合理使用年限。

②屋面防水工程，有防水要求的卫生间、房间和外墙面的防渗漏，为5年。

③供热与供冷系统，为2个供暖期、供冷期。

④电气管线、给水排水管道、设备安装和装修工程，为2年。

其他项目的保修期限由发包方与承包方约定。建设工程的保修期，自竣工验收合格之日起计算。因使用不当或者第三方造成的质量缺陷，以及不可抗力造成的质量缺陷，不属于法律规定的保修范围。

3）保修责任

施工单位在质量保修书中，应当向建设单位承诺保修范围、保修期限和有关具体实施保修的措施，如保修的方法、人员及联络办法、保修答复和处理时限，不履行保修责任的处罚办法。

2. 保修义务责任落实与损失赔偿责任承担

《建设工程质量管理条例》规定，建设工程在保修范围和保修期限内发生质量问题的，施工单位应当履行保修义务，并对造成的损失承担赔偿责任。

1）保修义务的责任落实与损失赔偿责任的承担

《最高人民法院关于审理建设工程施工合同纠纷案件适用法律问题的解释》规定，因保修人未及时履行保修义务，导致建筑物损毁或者造成人身、财产损害的，保修人应当承担赔偿责任。保修人与建筑物所有人或者发包人对建筑物毁损均有过错的，各自承担相应的责任。

建设工程保修的质量问题是指在保修范围和保修期限内的质量问题。对于保修义务的承担和维修的经济责任承担应当按下述原则处理：

（1）施工单位未按照国家有关标准规范和设计要求施工所造成的质量缺陷，由施工单位负责返修并承担经济责任。

（2）由于设计问题造成的质量缺陷，先由施工单位负责维修，其经济责任按有关规定通过建设单位向设计单位索赔。

（3）因建筑材料、建筑构配件和设备质量不合格引起的质量缺陷，先由施工单位负责维修，其经济责任属于施工单位采购的或经其验收同意的，由施工单位承担经济责任；属于建设单位采购的，由建设单位承担经济责任。

（4）因建设单位（含监理单位）错误管理而造成的质量缺陷，先由施工单位负责维修，其经济责任由建设单位承担；如属监理单位责任，则由建设单位向监理单位索赔。

（5）因使用单位使用不当造成的损坏问题，先由施工单位负责维修，其经济责任由使用单位自行负责。

（6）因地震、台风、洪水等自然灾害或其他不可抗拒原因造成的损坏问题，先由施工单位负责维修，建设参与各方再根据国家具体政策分担经济责任。

2）建设工程质量保证金

《建设工程质量保证金管理暂行办法》规定，建设工程质量保证金（以下简称保证金）是指发包人与承包人在建设工程承包合同中约定，从应付的工程款中预留，用以保证承包人在缺陷责任期内对建设工程出现的缺陷进行维修的资金。

（1）缺陷责任期的确定

所谓缺陷，是指建设工程质量不符合工程建设强制性标准、设计文件，以及承包合同的约定。缺陷责任期一般为 6 个月、12 个月或 24 个月，具体可由发、承包双方在合同中约定。

缺陷责任期从工程通过竣工验收之日起计。由于承包人原因导致工程无法按规定期限进行竣工验收的，缺陷责任期从实际通过竣工验收之日起计。由于发包人原因导致工程无法按规定期限进行竣工验收的，在承包人提交竣工验收报告 90 天后，工程自动进入缺陷责任期。

（2）预留保证金的比例

全部或者部分使用政府投资的建设项目，按工程价款结算总额 5% 左右的比例预留保证金。社会投资项目采用预留保证金方式的，预留保证金的比例可参照执行。

缺陷责任期内，由承包人原因造成的缺陷，承包人应负责维修，并承担鉴定及维修费用。如承包人不维修也不承担费用，发包人可按合同约定扣除保证金，并由承包人承担违约责任。承包人维修并承担相应费用后，不免除对工程的一般损失赔偿责任。由他人原因造成的缺陷，发包人负责组织维修，承包人不承担费用，且发包人不得从保证金中扣除费用。

（3）质量保证金的返还

缺陷责任期内，承包人认真履行合同约定的责任，到期后，承包人向发包人申请返还保证金。

发包人在接到承包人返还保证金申请后，应于 14 日内会同承包人按照合同约定的内容进行核实。如无异议，发包人应当在核实后 14 日内将保证金返还给承包人，逾期支付的，从逾期之日起，按照同期银行贷款利率计付利息，并承担违约责任。发包人在接到承包人返还保证金申请后 14 日内不予答复，经催告后 14 日内仍不予答复，视同认可承包人的返还保证金申请。

发包人和承包人对保证金预留、返还以及工程维修质量、费用有争议，按承包合同约定的争议和纠纷解决程序处理。

3. 违法行为应承担的法律责任

建设工程质量保修违法行为应承担的主要法律责任如下：

《民法典》第一千二百五十二条规定，建筑物、构筑物或者其他设施倒塌、塌陷造成他人损害的，由建设单位与施工单位承担连带责任，但是建设单位与施工单位能够证明不存在质量缺陷的除外。建设单位、施工单位赔偿后，有其他负责人的，有权向其他负责人追偿。

《建筑法》第七十五条规定，建筑施工企业违反本法规定，不履行保修义务或者拖延履行保修义务的，责令改正，可以处以罚款，并对在保修期内因屋顶、墙面渗漏、开裂等质量缺陷造成的损失，承担赔偿责任。

《建设工程质量管理条例》第六十六条规定，违反本条例规定，施工单位不履行保修义务或者拖延履行保修义务的，责令改正，处10万元以上20万元以下的罚款，并对在保修期内因质量缺陷造成的损失承担赔偿责任。

《建设工程质量保证金管理办法》第九条规定，缺陷责任期内，由承包人原因造成的缺陷，承包人应负责维修，并承担鉴定及维修费用。如承包人不维修也不承担费用，发包人可按合同约定从保证金或银行保函中扣除，费用超出保证金额的，发包人可按合同约定向承包人进行索赔。承包人维修并承担相应费用后，不免除对工程的损失赔偿责任。

《建筑业企业资质管理规定》规定，取得建筑业企业资质的企业，申请资质升级、资质增项，在申请之日起前1年至资质许可决定做出前，未依法履行工程质量保修义务或拖延履行保修义务，造成严重后果的，资质许可机关不予批准企业的资质升级申请和增项申请。

本章小结

本章主要介绍了六部分内容：建设工程质量管理概述、工程建设标准、施工单位的质量责任与义务、建设单位及相关单位的质量责任和义务、建设工程竣工验收制度、建设工程质量保修制度。分别对建设工程质量的概念，建设工程质量管理的基本法律制度；工程质量标准的概念、工程建设强制性标准实施的规定、违法行为应承担的法律责任；施工单位、建设单位及相关单位的质量责任和义务，竣工验收的主体和法定条件，施工单位应提交的档案资料，规划、消防、节能、环保等验收的规定，竣工结算、质量争议的规定，竣工验收报告备案的规定；质量保修书和最低保修期限的规定、质量责任的损失赔偿、违法行为应承担的法律责任等内容进行了具体的阐述。

一、选择题

1.《建设工程质量管理条例》规定，设计单位在设计文件中选用的建筑材料、构配件当注明规格、型号等技术指标，其质量要求必须符合（　　）标准。

　　A. 行业　　　　　　　　　　　　B. 国家规定的

　　C. 国家推荐的　　　　　　　　　D. 生产厂商的企业

2. 根据《建设工程质量管理条例》，建设工程质量监督管理的具体工作，可以由县级以上建设行政主管部门或者其他有关部门委托所属的（　　）实施。

　　A. 建设项目规划审查部门　　　　B. 建筑安全监督管理机构

　　C. 工程质量监督机构　　　　　　D. 工程建设标准批准部门

3. 工程建设领域制定的行业标准，在相关技术要求公布了国家标准后，该行业标准（　　）。

　　A. 即行废止　　　　　　　　　　B. 行业标准优先适用

　　C. 国家标准优先适用　　　　　　D. 两个同时适用

4. 建设单位办理工程质量监督手续，无需提供的文件和资料是（　　）。

　　A. 工程规划许可证　　　　　　　B. 设计单位资质等级证书

　　C. 工程勘察设计文件　　　　　　D. 施工单位营业执照

5. 根据《建设工程质量管理条例》，关于施工单位质量责任和义务的说法，错误的是（　　）。

　　A. 施工单位不得转包工程

　　B. 施工单位不得分包工程

　　C. 施工单位不得肢解工程

　　D. 施工单位不得指定检测单位

6. 依据《建设工程质量管理条例》，工程承包单位在（　　）时，应当向建设单位出具质量保修书。

　　A. 工程价款结算完毕　　　　　　B. 施工完毕

　　C. 提交工程竣工验收报告　　　　D. 竣工验收合格

7. 根据《建设工程质量管理条例》，关于勘察、设计单位质量责任和义务的说法，正确的是（　　）。

A. 勘察、设计单位应当在其资质等级许可的范围内承揽工程

B. 勘察文件应注明工程使用年限

C. 勘察、设计单位必须按照工程建设强制性标准进行勘察、设计

D. 注册建筑师、注册结构工程师等注册执业人员应当在设计文件上签字并对设计文件负责

8. 根据《建设工程质量管理条例》，建设工程竣工验收应当具备的条件不包括（　　）。

A. 完成建设工程设计和合同约定的各项内容

B. 有完整的技术档案和施工管理资料

C. 建设单位和施工企业已签署工程结算文件

D. 勘察、设计、施工、工程监理等单位已分别签署质量合格文件

9. 施工单位承担保修责任的前提条件之一是（　　）。

A. 非施工单位原因产生的质量问题

B. 工程未按期交工

C. 属于保修书中约定的保修范围

D. 工程价款结算完毕

10. 对涉及结构安全的试块、试件及有关材料，应当在监理人员监督下现场取样并送（　　）的检测单位检测。

A. 具有相应资质等级　　　　　　　B. 建设单位许可

C. 建设行业协会认可　　　　　　　D. 监理协会认可

二、简答题

1. 什么是企业质量体系认证？建设工程施工企业质量体系认证的依据与标准是什么？

2. 建设工程质量监督管理机构的职责有哪些？

3. 简述工程建设国家标准的范围和类型。

4. 简述工程建设强制性标准实施的规定。

5. 简述建设工程中施工单位的质量责任和义务。

6. 在保修期限发现质量问题，应由哪个单位负责返修？相应的费用由谁承担？

7. 《建设工程质量管理办法》对保修期内的返修是如何规定的？

8. 简述建设工程中监理单位的质量责任和义务。

9. 简述勘察设计单位的质量管理责任。

10. 施工验收的基本程序及内容有哪些？

第11章

建设工程相关法律制度

● 学习目标 ●

知识目标

了解施工现场环境保护制度、建筑节能与施工节能制度、施工文物保护制度。

能力目标

能运用所学的建设过程施工环境保护、节约能源、文物保护制度的知识来指导实际工作，并遵守这些规定。

11.1 施工现场环境保护制度

1. 施工现场噪声污染防治的规定

本节所称噪声，是指在工业生产、建筑施工、交通运输和社会生活中产生的干扰周围生活环境的声音。本节所称噪声污染，是指超过噪声排放标准或者未依法采取防控措施产生噪声，并干扰他人正常生活、工作和学习的现象。

在工程建设领域，环境噪声污染的防治主要包括两个方面：一是施工现场噪声污染的防治；二是建设项目噪声污染的防治。前者主要是解决建设工程施工过程中产生的施工噪声污染问题，后者则是要解决建设项目建成后使用过程中可能产生的环境噪声污染问题。

1）建设项目噪声污染的防治

城市道桥、铁路（包括轻轨）、工业厂房等，其建成后的使用可能会对周围环境产生噪声污染。因此，建设单位必须在建设前期就规定对噪声污染的防治措施，并在建设过程中同步建设噪声污染防治设施。

《中华人民共和国噪声污染防治法》（以下简称《噪声污染防治法》）规定，新建、改建、扩建可能产生噪声污染的建设项目，应当依法进行环境影响评价。

建设项目的噪声污染防治设施应当与主体工程同时设计、同时施工、同时投产使用。例如，建设经过已有的噪声敏感建筑物集中区域的高速公路和城市高架、轻轨道路，有可能造成环境噪声污染的，应当设置噪声屏障或者采取其他有效的控制环境噪声污染的措施；在已有的城市交通干线的两侧建设噪声敏感建筑物的，建设单位应当按照国家规定间隔定距离，并采取减轻、避免交通噪声影响的措施等。

建设项目在投入生产或者使用之前，建设单位应当依照有关法律法规的规定，对配套建设的噪声污染防治设施进行验收，编制验收报告，并向社会公开；未经验收或者验收不合格的，该建设项目不得投入生产或者使用。

2）施工现场噪声污染的防治

施工噪声，是指在建设施工过程中产生的干扰周围生活环境的声音。随着城市化进程的不断加快及工程建设的大规模开展，施工噪声污染问题日益突出，尤其是在城市人口稠密地区的建设工程施工中产生的噪声污染，不仅影响周围居民的正常生活，而且损害城市的环境形象。施工单位与周围居民因噪声而引发的纠纷也时有发生，群众投诉日渐增多。因此，应当依法加强施工现场噪声管理，采取有效措施防治施工噪声污染。

（1）排放建筑施工噪声应当符合建筑施工场界环境噪声排放标准

《噪声污染防治法》规定，排放噪声、产生振动，应当符合噪声排放标准以及相关的环境振动控制标准和有关法律、法规、规章的要求。

所谓噪声排放，是指噪声源向周围生活环境辐射噪声。《建筑施工场界环境噪声排放标准》GB 12523—2011 中规定，建筑施工过程中场界环境噪声不得超过规定的排放限值。建筑施工场界环境噪声排放限值，昼间 70dB(A)，夜间 55dB(A)。夜间噪声最大声级超过限值的幅度不得高于 15dB(A)。"昼间"是指 6:00 至 22:00 之间的时段；"夜间"是指 22:00 至次日 6:00 之间的时段。县级以上人民政府为环境噪声污染防治的需要（如考虑时差、作息习惯差异等）而对昼间、夜间的划分另有规定的，应按其规定执行。

dB 是英文 decibel 的缩写，是噪声分贝单位；（A）是指频率加权特性为 A，A 计权声级是目前世界上噪声测量中应用最广泛的一种。

（2）使用机械设备可能产生环境噪声污染的申报

《噪声污染防治法》规定，国家鼓励、支持低噪声工艺和设备的研究开发和推广应用，实行噪声污染严重的落后工艺和设备淘汰制度。国务院发展改革部门会同国务院有关部门确定噪声污染严重的工艺和设备淘汰期限，并纳入国家综合性产业政策目录，生产者、进口者、销售者或者使用者应当在规定期限内停止生产、进口、销售或者使用列入前款规定目录的设备，工艺的采用者应当在规定期限内停止采用列入前款规定目录的工艺。

（3）禁止夜间进行产生环境噪声污染施工作业的规定

《噪声污染防治法》规定，在噪声敏感建筑物集中区域，禁止夜间进行产生噪声的建筑施工作业，但抢修、抢险作业，因生产工艺要求或者特殊需要必须连续施工作业的除外。因特殊需要必须连续施工作业的，应当取得地方人民政府住房和城乡建设、生态环境主管部门或者地方人民政府指定的部门的证明，并在施工现场显著位置公示或者以其他方式公告附近居民。

所谓噪声敏感建筑物集中区域，是指以用于居住、科学研究、医疗卫生、文化教育、机关团体办公、社会福利等的建筑物为主的区域。

（4）政府监管部门的现场检查

《噪声污染防治法》规定，生态环境主管部门和其他负有噪声污染防治监督管理职责的部门，有权对排放噪声的单位或者场所进行现场检查。被检查者应当如实反映情况，提供必要的资料，不得拒绝或者阻挠。实施检查的部门、人员对现场检查中知悉的商业秘密应当保密。检查人员进行现场检查，不得少于两人，并应当主动出示执法证件。

3）交通运输噪声污染的防治

建设工程施工有着大量的运输任务，还会产生交通运输噪声。所谓交通运输噪声，是指机动车、铁路机车车辆、城市轨道交通车辆、机动船舶、航空器等交通运输工具在运行时产生的干扰周围生活环境的声音。

《噪声污染防治法》规定，机动车的消声器和喇叭应当符合国家规定。禁止驾驶拆除或者损坏消声器、加装排气管等自改装的机动车以轰鸣、疾驶等方式造成噪声污染。使用机动车音响器材，应当控制音量，防止噪声污染。机动车应当加强维修和保养，保持性能良好，防止噪声污染。

警车、消防救援车、工程救险车、救护车等机动车辆安装、使用警报器，应当符合国务院公安等部门的规定；非执行紧急任务，不得使用警报器。

4）对产生噪声污染企业事业单位的规定

《噪声污染防治法》规定，使用空调器、冷却塔、水泵、油烟净化器、风机、发电机、变压器、锅炉、装卸设备等可能产生社会生活噪声污染的设备、设施的企业事业单位和其他经营管理者等，应当采取优化布局、集中排放等措施，防止、减轻噪声污染。

排放工业噪声的企业事业单位和其他生产经营者，应当采取有效措施，减少振动、降低噪声，依法取得排污许可证或者填报排污登记表。

2. 施工现场大气污染防治的规定

1）建设项目大气污染的防治

《中华人民共和国大气污染防治法》（以下简称《大气污染防治法》）规定，编制有关开发利用规划，建设对环境有影响的项目，应当依法进行环境影响评价。未依法进行环境影响评价的开发利用规划，不得组织实施；未依法进行环境影响评价的建设项目，不得开工建设。建设项目的大气污染防治设施，应当与主体工程同时设计，同时施工，同时投产使用。排污单位应当保持大气污染防治设施的正常使用；拆除或者闲置大气污染防治设施的，应当事先报县级以上地方人民政府环境保护主管部门批准。

《大气污染防治法》规定，排污单位在执行国家和地方大气污染物排放标准的同时，应当遵守重点大气污染物排放总量控制要求。其中，新建、改建、扩建排放重点大气污染物的项目不符合总量控制要求的，不得通过环境影响评价。对超过国家重点大气污染物排放总量控制指标或者未完成国家下达的大气环境质量改善目标的地区，省级以上人民政府环境保护主管部门应当会同监察等有关部门约谈当地人民政府的主要负责人，并暂停审批该地区新增重点大气污染物排放总量的建设项目环境影响评价文件。约谈情况应当向社会公开。

2）施工现场大气污染的防治

《大气污染防治法》第六十八条至第七十二条规定：

地方各级人民政府应当加强对建设施工和运输的管理，保持道路清洁，控制料堆和渣土堆放，扩大绿地、水面、湿地和地面铺装面积，防治城市扬尘污染。住房城乡建设、市容环境卫生、交通运输、国土资源等有关部门，应当根据本级人民政府确定的职责，做好扬尘污染防治工作。

建设单位应当将防治扬尘污染的费用列入工程造价，并在施工承包合同中明确施工单位扬尘污染防治责任。施工单位应当制定具体的施工扬尘污染防治实施方案。从事房屋建筑、市政基础设施建设、河道整治以及建筑物拆除等施工单位，应当向负责监督管理扬尘污染防治的主管部门备案。施工单位应当在施工工地设置硬质围挡，并采取覆盖、分段作业、择时施工、洒水抑尘、冲洗地面和车辆等有效防尘降尘措施。建筑土方、工程渣土、建筑垃圾应当及时清运；在场地内堆存的，应当采用密闭式防尘网遮盖。工程渣土、建筑垃圾应当进行资源化处理。暂时不能开工的建设用地，建设单位应当对裸露地面进行覆盖；超过3个月的，应当进行绿化、铺装或者遮盖。

运输煤炭、垃圾、渣土、砂石、土方、灰浆等散装、流体物料的车辆应当采取密闭或者其他措施防止物料遗撒造成扬尘污染，并按照规定路线行驶。装卸物料应当采取密闭或者喷淋等方式防治扬尘污染。城市人民政府应当加强道路、广场、停车场和其他公共场所的清扫保洁管理，推行清洁动力机械化清扫等低尘作业方式，防治扬尘污染。

市政河道以及河道沿线、公共用地的裸露地面以及其他城镇裸露地面，有关部门应当按照规划组织实施绿化或者透水铺装。

贮存煤炭、煤矸石、煤渣、煤灰、水泥、石灰、石膏、砂土等易产生扬尘的物料应当密闭；不能密闭的，应当设置不低于堆放物高度的严密围挡，并采取有效覆盖措施防治扬尘污染。码头、矿山、填埋场和消纳场应当实施分区作业，并采取有效措施防治扬尘污染。

施工现场大气污染的防治，重点是防治扬尘污染。对于施工现场扬尘控制，《绿色施工导则》中规定：

①运送土方、垃圾、设备及建筑材料等，不污损场外道路。运输容易散落、飞扬、流漏的物料的车辆，必须采取措施封闭严密，保证车辆清洁。施工现场出口应设置洗车槽。

②土方作业阶段，采取洒水、覆盖等措施，达到作业区目测扬尘高度小于1.5m，不扩散到场区外。

③结构施工、安装装饰装修阶段，作业区目测扬尘高度小于0.5m。对易产生扬尘的堆放材料应采取覆盖措施；对粉末状材料应封闭存放；场区内可能引起扬尘的材料及建筑垃圾搬运应有降尘措施，如覆盖、洒水等；浇筑混凝土前清理灰尘和垃

坂时尽量使用吸尘器，避免使用吹风器等易产生扬尘的设备；机械剔凿作业时可用局部遮挡、掩盖、水淋等防护措施；高层或多层建筑清理垃圾应搭设封闭性临时专用道或采用容器吊运。

④施工现场非作业区达到目测无扬尘的要求。对现场易飞扬物质采取有效措施，如洒水、地面硬化、围挡、密网覆盖、封闭等，防止扬尘产生。

⑤构筑物机械拆除前，做好扬尘控制计划。可采取清理积尘、拆除体洒水、设置隔挡等措施。

⑥构筑物爆破拆除前，做好扬尘控制计划。可采用清理积尘、淋湿地面、预湿墙体、屋面敷水袋、楼面蓄水、建筑外设高压喷雾状水系统、搭设防尘排栅和直升机投水弹等综合降尘。选择风力小的天气进行爆破作业。

⑦在场界四周隔挡高度位置测得的大气总悬浮颗粒物（TSP）月平均浓度与城市背景值的差值不大于 $0.08mg/m^3$。

3）对向大气排放污染单位的监督

《大气污染防治法》第十九条规定，排放工业废气或者本法第七十八条（国务院生态环境主管部门应当会同国务院卫生行政部门，根据大气污染物对公众健康和生态环境的危害和影响程度，公布有毒有害大气污染物名录，实行风险管理。排放前款名录中所列有毒有害大气污染物的企业事业单位，应当按照国家有关规定建设环境风险预警体系，对排放口和周边环境进行定期监测，评估环境风险，排查安全隐患，并采取有效措施防范环境风险）规定名录中所列有毒有害大气污染物的企业事业单位、集中供热设施的燃煤热源生产运营单位以及其他依法实行排污许可管理的单位，应当取得排污许可证。排污许可的具体办法和实施步骤由国务院规定。

新建、改建、扩建项目的排污许可证，由环境保护主管部门结合依法审批的环境影响评价文件和大气污染防治设施验收等情况颁发；现有排污单位的排污许可证，由环境保护主管部门结合该单位近三年内大气污染物排放量、总量控制和排放标准等情况颁发。

排污许可证应当载明排污单位排放大气污染物的种类、排放标准、排放量、排放浓度、排污口设置、排放方式、监测方案、大气污染防治工艺和设施、大气污染防治技术要求、应急措施等内容。禁止无排污许可证或者违反排污许可证的规定排放大气污染物。

《大气污染防治法》第二十条、第二十四条、第二十九条、第三十条、第七十七条、第八十二条规定：

企业事业单位和其他生产经营者向大气排放污染物的，应当依照法律法规和国务院生态环境保护主管部门的规定设置大气污染物排放口。禁止通过偷排、篡改或者伪造监测数据、以逃避现场检查为目的的临时停产、非紧急情况下开启应急排放通道、不正常运行大气污染防治设施等逃避监管的方式排放大气污染物。

企业事业单位和其他生产经营者应当按照国家有关规定和监测规范，对其排放的工业废气和本法第七十八条规定名录中所列有毒有害大气污染物进行监测，并保存原始监测记录。其中，重点排污单位应当安装、使用大气污染物排放自动监测设备，与生态环境主管部门的监控设备联网，保证监测设备正常运行并依法公开排放信息。监测的具体办法和重点排污单位的条件由国务院生态环境主管部门规定。重点排污单位名录由设区的市级以上地方人民政府生态环境主管部门按照国务院生态环境主管部门的规定，根据本行政区域的大气环境承载力、重点大气污染物排放总量控制指标的要求以及排污单位排放大气污染物的种类、数量和浓度等因素，商有关部门确定。

生态环境主管部门及其环境执法机构和其他负有大气环境保护监督管理职责的部门，有权通过现场检查监测、自动监测、遥感监测、远红外摄像等方式，对排放大气污染物的企业事业单位和其他生产经营者进行监督检查。被检查者应当如实反映情况，提供必要的资料。实施检查的部门、机构及其工作人员应当为被检查者保守商业秘密。

企业事业单位和其他生产经营者违反法律法规规定排放大气污染物，造成或者可能造成严重大气污染，或者有关证据可能灭失或者被隐匿的，县级以上人民政府生态环境主管部门和其他负有大气环境保护监督管理职责的部门，可以对有关设施、设备、物品采取查封、扣押等强制措施。

省、自治区、直辖市人民政府应当划定区域，禁示露天焚烧秸秆、落叶等产生烟尘污染的物质。禁止在人口集中地区和其他依法需要特殊保护的区域内焚烧沥青、油毡、橡胶、塑料、皮革、垃圾以及其他产生有毒有害烟尘和恶臭气体的物质。

3. 施工现场水污染防治的规定

1）建设项目水污染的防治

《中华人民共和国水污染防治法》（以下简称《水污染防治法》）规定，新建、改建、扩建直接或者间接向水体排放污染物的建设项目和其他水上设施，应当依法进行环境影响评价。

建设单位在江河、湖泊新建、改建、扩建排污口的，应当取得水行政主管部门或者流域管理机构同意；涉及通航、渔业水域的，环境保护主管部门在审批环境影响评价文件时，应当征求交通、渔业主管部门的意见。

建设项目的水污染防治设施，应当与主体工程同时设计、同时施工、同时投入使用。水污染防治设施应当经过环境保护主管部门验收，验收不合格的，该建设项目不得投入生产或者使用。

禁止在饮用水水源一级保护区内新建、改建、扩建与供水设施和保护水源无关的建设项目；已建成的与供水设施和保护水源无关的建设项目，由县级以上人民政府责令拆除或者关闭。禁止在饮用水水源二级保护区内新建、改建、扩建排放污染物的建设项目；已建成的排放污染物的建设项目，由县级以上人民政府责令拆除或者关闭。

禁止在饮用水水源准保护区内新建、扩建对水体污染严重的建设项目；改建建设项目，不得增加排污量。

2）施工现场水污染的防治

《水污染防治法》规定，排放水污染物，不得超过国家或者地方规定的水污染物排放标准和重点水污染物排放总量控制指标。

直接或者间接向水体排放污染物的企业事业单位和个体工商户，应当按照国务院环境保护主管部门的规定，向县级以上地方人民政府环境保护主管部门申报登记拥有的水污染物排放设施、处理设施和在正常作业条件下排放水污染物的种类、数量和浓度，并提供防治水污染方面的有关技术资料。

（1）禁止向水体排放油类、酸液、碱液或者剧毒废液。禁止在水体清洗装贮过油类或者有毒污染物的车辆和容器。禁止向水体排放、倾倒放射性固体废物或者含有高放射性和中放射性物质的废水。向水体排放含低放射性物质的废水，应当符合国家有关放射性污染防治的规定和标准。

（2）禁止向水体排放、倾倒工业废渣、城镇垃圾和其他废弃物。禁止将含有汞、镉、砷、铬、铅、氰化物、黄磷等的可溶性剧毒废渣向水体排放、倾倒或者直接埋入地下。存放可溶性剧毒废渣的场所，应当采取防水、防渗漏、防流失的措施。禁止在江河、湖泊、运河、渠道、水库最高水位线以下的滩地和岸坡堆放、存贮固体废弃物和其他污染物。

（3）在饮用水水源保护区内，禁止设置排污口。在风景名胜区水体、重要渔业水体和其他具有特殊经济文化价值的水体的保护区内，不得新建排污口。在保护区附近新建排污口，应当保证保护区水体不受污染。

（4）禁止利用渗井、渗坑、裂隙和溶洞排放、倾倒含有毒污染物的废水、含病原体的污水和其他废弃物。禁止利用无防渗漏措施的沟渠、坑塘等输送或者存贮含有毒污染物的废水、含病原体的污水和其他废弃物。

（5）兴建地下工程设施或者进行地下勘探、采矿等活动，应当采取防护性措施，防止地下水污染。人工回灌补给地下水，不得恶化地下水质。

《城镇排水与污水处理条例》规定，城镇排水主管部门应当会同有关部门，按照国家有关规定划定城镇排水与污水处理设施保护范围，并向社会公布。在保护范围内，有关单位从事爆破、钻探、打桩、顶进、挖掘、取土等可能影响城镇排水与污水处理设施安全的活动的，应当与设施维护运营单位等共同制定设施保护方案，并采取相应的安全防护措施。

建设工程开工前，建设单位应当查明工程建设范围内地下城镇排水与污水处理设施的相关情况。城镇排水主管部门及其他相关部门和单位应当及时提供相关资料。建设工程施工范围内有排水管网等城镇排水与污水处理设施的，建设单位应当与施工单位、设施维护运营单位共同制定设施保护方案，并采取相应的安全保护措施。因工程建设需要拆除、改动城镇排水与污水处理设施的，建设单位应当制定拆除、改动方案，报城镇排水主管部门审核，并承担重建、改建和采取临时措施的费用。

《城镇污水排入排水管网许可管理办法》进一步规定，未取得排水许可证，排水户不得向城镇排水设施排放污水。各类施工作业需要排水的，由建设单位申请领取排水许可证。因施工作业需要向城镇排水设施排水的，排水许可证的有效期，由城镇排水主管部门根据排水状况确定，但不得超过施工期限。排水户应当按照排水许可证确定的排水类别、总量、时限排放污水。

排水户不得有下列危及城镇排水设施安全的行为：

（1）向城镇排水设施排放、倾倒剧毒、易燃易爆物质、腐蚀性废液和废渣、有害气体和烹饪油烟等。

（2）堵塞城镇排水设施或者向城镇排水设施内排放、倾倒垃圾、渣土、施工泥浆、油脂、污泥等易堵塞物。

（3）擅自拆卸、移动和穿凿城镇排水设施。

（4）擅自向城镇排水设施加压排放污水。

排水户因发生事故或者其他突发事件，排放的污水可能危及城镇排水与污水处理设施安全运行的，应当立即停止排放，采取措施消除危害，并按规定及时向城镇排水主管部门等有关部门报告。城镇排水主管部门实施排水许可不得收费。

3）发生事故或者其他突发性时间的规定

《水污染防治法》规定，企业事业单位发生事故或者其他突发性事件，造成或者可能造成水污染事故的，应当立即启动本单位的应急方案，采取应急措施，并向事故发生地的县级以上地方人民政府或者环境保护主管部门报告。

4. 施工现场固体废物污染环境防治的规定

固体废物，是指在生产、生活和其他活动中产生的丧失原有利用价值或者虽未丧失利用价值但被抛弃或者放弃的固态、半固态和置于容器中的气态的物品、物质以及法律、行政法规规定纳入固体废物管理的物品、物质。固体废物污染环境，是指固体废物在产生、收集、贮存、运输、利用、处置的过程中产生的危害环境的现象。

《中华人民共和国固体废物污染环境防治法》（以下简称《固体废物污染环境防治法》）规定，国家对固体废物污染环境的防治，实行减少固体废物的产生量和危害性、充分合理利用固体废物和无害化处置固体废物的原则，促进清洁生产和循环经济发展。

1）建设项目固体废物污染环境的防治

《固体废物污染环境防治法》规定，建设产生固体废物的项目以及建设贮存、利用、处置固体废物的项目，必须依法进行环境影响评价，并遵守国家有关建设项目环境保护管理的规定。

建设项目的环境影响评价文件确定需要配套建设的固体废物污染环境防治设施，必须与主体工程同时设计、同时施工、同时投入使用。固体废物污染环境防治设施必须经原审批环境影响评价文件的环境保护行政主管部门验收合格后，该建设项目方可投入生产或者使用。对固体废物污染环境防治设施的验收应当与对主体工程的验收同时进行。《中华人民共和国环境影响评价法》第二十五条规定，建设项目的环境影响评价文件未依法经审批部门审查或者审查后未予批准的，建设单位不得开工建设。

在国务院和国务院有关主管部门及省、自治区、直辖市人民政府划定的自然保护区、风景名胜区、饮用水水源保护区、基本农田保护区和其他需要特别保护的区域内，禁止建设工业固体废物集中贮存、处置的设施、场所和生活垃圾填埋场。

2）施工现场固体废物污染环境的防治

施工现场的固体废物主要是建筑垃圾和生活垃圾。固体废物又分为一般固体废物和危险废物。所谓危险废物，是指列入国家危险废物名录或者根据国家规定的危险废物鉴别标准和鉴别方法认定的具有危险特性的固体废物。

（1）一般固体废物污染环境的防治

《固体废物污染环境防治法》规定，产生固体废物的单位和个人，应当采取措施，防止或者减少固体废物对环境的污染。

收集、贮存、运输、利用、处置固体废物的单位和个人，必须采取防扬散、防流失、防渗漏或者其他防止污染环境的措施；不得擅自倾倒、堆放、丢弃、遗撒固体废物。禁止任何单位或者个人向江河、湖泊、运河、渠道、水库及其最高水位线以下的滩地和岸坡等法律、法规规定禁止倾倒、堆放废弃物的地点倾倒、堆放固体废物。

转移固体废物出省、自治区、直辖市行政区域贮存、处置的，应当向固体废物移出地的省、自治区、直辖市人民政府环境保护行政主管部门提出申请。移出地的省、自治区、直辖市人民政府环境保护行政主管部门应当经接受地的省、自治区、直辖市人民政府环境保护行政主管部门同意后，方可批准转移该固体废物出省、自治区、直辖市行政区域。未经批准的，不得转移。

工程施工单位应当及时清运工程施工过程中产生的固体废物，并按照环境卫生行政主管部门的规定进行利用或者处置。

（2）危险废物污染环境防治的特别规定

对危险废物的容器和包装物以及收集、贮存、运输、处置危险废物的设施、场所，必须设置危险废物识别标志。以填埋方式处置危险废物不符合国务院环境保护行政主管部门规定的，应当缴纳危险废物排污费。危险废物排污费用于污染环境的防治，不得挪作他用。

禁止将危险废物提供或者委托给无经营许可证的单位从事收集、贮存、利用、处置的经营活动。运输危险废物，必须采取防止污染环境的措施，并遵守国家有关危险货物运输管理的规定。禁止将危险废物与旅客在同一运输工具上载运。

收集、贮存、运输、处置危险废物的场所、设施、设备和容器、包装物及其他物品转作他用时，必须经过消除污染的处理，方可使用。

产生、收集、贮存、运输、利用、处置危险废物的单位，应当制定意外事故的防范措施和应急预案，并向所在地县级以上地方人民政府环境保护行政主管部门备案；环境保护行政主管部门应当进行检查。因发生事故或者其他突发性事件，造成危险废物严重污染环境的单位，必须立即采取措施消除或者减轻对环境的污染危害，及时通报可能受到污染危害的单位和居民，并向所在地县级以上地方人民政府环境保护行政主管部门和有关部门报告，接受调查处理。

（3）施工现场固体废物的减量化和回收再利用

《绿色施工导则》规定，制定建筑垃圾减量化计划，如住宅建筑，每万平方米的建筑垃圾不宜超过 400t。

加强建筑垃圾的回收再利用，力争建筑垃圾的再利用和回收率达到 30%，建筑物拆除产生的废弃物的再利用和回收率大于 40%。对于碎石类、土石方类建筑垃圾，可采用地基填埋、铺路等方式提高再利用率，力争再利用率大于 50%。

施工现场生活区设置封闭式垃圾容器，施工场地生活垃圾实行袋装化，及时清运。对建筑垃圾进行分类，并收集到现场封闭式垃圾站，集中运出。

5. 违法行为应承担的法律责任

1）施工现场噪声污染防治违法行为应承担的法律责任

《噪声污染防治法》规定，未经环境保护行政主管部门批准，擅自拆除或者闲置环境噪声污染防治设施，致使环境噪声排放超过规定标准的，由县级以上地方人民政府环境保护行政主管部门责令改正，并处罚款。

违反《噪声污染防治法》规定，拒绝、阻挠监督检查，或者在接受监督检查时弄虚作假的，由生态环境主管部门或者其他负有噪声污染防治监督管理职责的部门责令改正，处2万元以上20万元以下的罚款。

建筑单位、施工单位未按照规定取得证明，在噪声敏感建筑物集中区域夜间进行产生噪声的建筑施工作业的，由工程所在地人民政府指定的部门责令改正，处1万元以上10万元以下的罚款；拒不改正的，可以责令暂停施工。

受到噪声侵害的单位和个人，有权要求侵权人依法承担民事责任。对赔偿责任和赔偿金额纠纷，可以根据当事人的请求，由相应的负有噪声污染防治监督管理职责的部门、人民调解委员会调解处理。

2）施工现场大气污染防治违法行为应承担的法律责任

《大气污染防治法》规定，违反本法规定，有下列行为之一的，环境保护行政主管部门或者规定的监督管理部门可以根据不同情节，责令停止违法行为，限期改正，给予警告或者处以5万元以下罚款：（1）拒报或者谎报国务院环境保护行政主管部门规定的有关污染物排放申报事项的；（2）拒绝环境保护行政主管部门或者其他监督管理部门现场检查或者在被检查时弄虚作假的；（3）排污单位不正常使用大气污染物处理设施，或者未经环境保护行政主管部门批准，擅自拆除、闲置大气污染物处理设施的；（4）未采取防燃、防尘措施，在人口集中地区存放煤炭、煤矸石、煤渣、煤灰、砂石、灰土等物料的。

向大气排放污染物超过国家和地方规定排放标准的，应当限期治理，并由所在地县级以上地方人民政府环境保护行政主管部门处1万元以上10万元以下罚款。

违反《大气污染防治法》规定，有下列行为之一的，由县级以上地方人民政府环境保护行政主管部门或者其他依法行使监督管理权的部门责令停止违法行为，限期改正，可以处5万元以下罚款：（1）未采取有效污染防治措施，向大气排放粉尘、恶臭气体或者其他含有有毒物质气体的；（2）未经当地环境保护行政主管部门批准，向大气排放转炉气、电石气、电炉法黄磷尾气、有机烃类尾气的；（3）未采取密闭措施或者其他防护措施，运输、装卸或者贮存能够散发有毒有害气体或者粉尘物质的；（4）城市饮食服务业的经营者未采取有效污染防治措施，致使排放的油烟对附近居民的居住环境造成污染的。

在人口集中地区和其他依法需要特殊保护的区域内，焚烧沥青、油毡、橡胶、塑料、皮革、垃圾以及其他产生有毒有害烟尘和恶臭气体的物质的，由所在地县级以上地方人民政府环境保护行政主管部门责令停止违法行为，处2万元以下罚款。

在城市市区进行建设施工或者从事其他产生扬尘污染的活动，未采取有效扬尘防治措施，致使大气环境受到污染的，限期改正，处 2 万元以下罚款；对逾期仍未达到当地环境保护规定要求的，可以责令其停工整顿。对因建设施工造成扬尘污染的处罚，由县级以上地方人民政府建设行政主管部门决定；对其他造成扬尘污染的处罚，由县级以上地方人民政府指定的有关主管部门决定。

造成大气污染事故的企业事业单位，由所在地县级以上地方人民政府环境保护行政主管部门根据所造成的危害后果处直接经济损失 50% 以下罚款，但最高不超过 50 万元；情节较重的，对直接负责的主管人员和其他直接责任人员，由所在单位或者上级主管机关依法给予行政处分或者纪律处分；造成重大大气污染事故，导致公私财产重大损失或者人身伤亡的严重后果，构成犯罪的，依法追究刑事责任。

3）施工现场水污染防治违法行为应承担的法律责任

《水污染防治法》规定，排放水污染物超过国家或者地方规定的水污染物排放标准，或者超过重点水污染物排放总量控制指标的，由县级以上人民政府环境保护主管部门按照权限责令限期治理，处应缴纳排污费数额 2 倍以上 5 倍以下的罚款。限期治理期间，由环境保护主管部门责令限制生产、限制排放或者停产整治。限期治理的期限最长不超过 1 年；逾期未完成治理任务的，报经有批准权的人民政府批准，责令关闭。

在饮用水水源保护区内设置排污口的，由县级以上地方人民政府责令限期拆除，处 10 万元以上 50 万元以下的罚款；逾期不拆除的，强制拆除，所需费用由违法者承担，处 50 万元以上 100 万元以下的罚款，并可以责令停产整顿。

除上述规定外，违反法律、行政法规和国务院环境保护主管部门的规定设置排污口或者私设暗管的，由县级以上地方人民政府环境保护主管部门责令限期拆除，处 2 万元以上 10 万元以下的罚款；逾期不拆除的，强制拆除，所需费用由违法者承担，处 10 万元以上 50 万元以下的罚款；私设暗管或者有其他严重情节的，县级以上地方人民政府环境保护主管部门可以提请县级以上地方人民政府责令停产整顿。未经水行政主管部门或者流域管理机构同意，在江河、湖泊新建、改建、扩建排污口的，由县级以上人民政府水行政主管部门或者流域管理机构依据职权，依照以上规定采取措施、给予处罚。

有下列行为之一的，由县级以上地方人民政府环境保护主管部门责令停止违法行为，限期采取治理措施，消除污染，处以罚款；逾期不采取治理措施的，环境保护主管部门可以指定有治理能力的单位代为治理，所需费用由违法者承担：

（1）向水体排放油类、酸液、碱液的。

（2）向水体排放剧毒废液，或者将含有汞、镉、砷、铬、铅、氰化物、黄磷等的可溶性剧毒废渣向水体排放、倾倒或者直接埋入地下的。

（3）在水体清洗装贮过油类、有毒污染物的车辆或者容器的。

（4）向水体排放、倾倒工业废渣、城镇垃圾或者其他废弃物，或者在江河、湖泊、运河、渠道、水库最高水位线以下的滩地、岸坡堆放、存贮固体废弃物或者其他污染物的。

（5）向水体排放、倾倒放射性固体废物或者含有高放射性、中放射性物质的废水的。

（6）违反国家有关规定或者标准，向水体排放含低放射性物质的废水、热废水或者含病原体的污水的。

（7）利用渗井、渗坑、裂隙或者溶洞排放、倾倒含有毒污染物的废水、含病原体的污水或者其他废弃物的。

（8）利用无防渗漏措施的沟渠、坑塘等输送或者存贮含有毒污染物的废水、含病原体的污水或者其他废弃物的。

有以上第（3）、（6）项行为之一的，处 1 万元以上 10 万元以下的罚款；有以上第（1）、（4）、（8）项行为之一的，处 2 万元以上 20 万元以下的罚款；有以上第（2）、（5）、（7）项行为之一的，处 5 万元以上 50 万元以下的罚款。

企业事业单位有下列行为之一的，由县级以上人民政府环境保护主管部门责令改正；情节严重的，处 2 万元以上 10 万元以下的罚款：

（1）不按照规定制定水污染事故的应急方案的。

（2）水污染事故发生后，未及时启动水污染事故的应急方案，采取有关应急措施的。

4）施工现场固体污染环境防治违法行为应承担的法律责任

《固体废物污染环境防治法》规定，违反有关城市生活垃圾污染环境防治的规定，有下列行为之一的，由县级以上地方人民政府环境卫生行政主管部门责令停止违法行为，限期改正，处以罚款：

（1）随意倾倒、抛撒或者堆放的。

（2）擅自关闭、闲置或者拆除生活垃圾处置设施、场所的。

（3）工程施工单位不及时清运施工过程中产生的固体废物，造成环境污染的。

（4）工程施工单位不按照环境卫生行政主管部门的规定对施工过程中产生的固体废物进行利用或者处置的。

（5）在运输过程中沿途丢弃、遗撒生活垃圾的。

单位有以上第（1）、（3）、（5）项行为之一的，处 5000 元以上 5 万元以下的罚款；有以上第（2）、（4）项行为之一的，处 1 万元以上 10 万元以下的罚款。个人有第（1）、（5）项行为之一的，处 200 元以下的罚款。

造成固体废物严重污染环境的，由县级以上人民政府环境保护行政主管部门按照国务院规定的权限决定限期治理；逾期未完成治理任务的，由本级人民政府决定停业或者关闭。

造成固体废物污染环境事故的，由县级以上人民政府环境保护行政主管部门处 2 万元以上 20 万元以下的罚款；造成重大损失的，按照直接损失的 30％计算罚款，但是最高不超过 100 万元，对负有责任的主管人员和其他直接责任人员，依法给予行政处分；造成固定废物污染环境重大事故的，并由县级以上人民政府按照国务院规定的权限决定停业或者关闭。收集、贮存、利用、处置危险废物，造成重大环境污染事故，构成犯罪的，依法追究刑事责任。

拒绝县级以上人民政府环境保护行政主管部门或者其他固体废物污染防治工作的监督管理部门现场检查的，由执行现场检查的部门责令限期改正；拒不改正或者在检查时弄虚作假的，处 2000 元以上 2 万元以下的罚款。

11.2　建筑节能与施工节能制度

1. 施工现场合理利用与节约能源的规定

1）节能的产业政策

《节约能源法》规定，国家实行有利于节能和环境保护的产业政策，限制发展高耗能、高污染行业，发展节能环保型产业。

国家对落后的耗能过高的用能产品、设备和生产工艺实行淘汰制度。禁止使用国家明令淘汰的用能设备、生产工艺。国家鼓励企业制定严于国家标准、行业标准的企业节能标准。

2）用能单位的法定义务

用能单位应当按照合理用能的原则，加强节能管理，制定并实施节能计划和节能技术措施，降低能源消耗。用能单位应当建立节能目标责任制，对节能工作取得成绩的集体、个人给予奖励。用能单位应当定期开展节能教育和岗位节能培训。

用能单位应当加强能源计量管理，按照规定配备和使用经依法检定合格的能源计量器具。用能单位应当建立能源消费统计和能源利用状况分析制度，对各类能源的消费实行分类计量和统计，并确保能源消费统计数据真实、完整。任何单位不得对能源消费实行包费制。

3）循环经济的法律要求

循环经济是指在生产、流通和消费等过程中进行的减量化、再利用、资源化活动的总称。减量化，是指在生产、流通和消费等过程中减少资源消耗和废物产生；再利用，是指将废物直接作为产品或者经修复、翻新、再制造后继续作为产品使用，或者将废物的全部或者部分作为其他产品的部件予以使用；资源化，是指将废物直接作为原料进行利用或者对废物进行再生利用。

《中华人民共和国循环经济促进法》（以下简称《循环经济促进法》）规定，发展循环经济应当在技术可行、经济合理和有利于节约资源、保护环境的前提下，按照减量化优先的原则实施。在废物再利用和资源化过程中，应当保障生产安全，保证产品质量符合国家规定的标准，并防止产生再次污染。

企业事业单位应当建立健全管理制度，采取措施，降低资源消耗，减少废物的产生量和排放量，提高废物的再利用和资源化水平。

国务院循环经济发展综合管理部门会同国务院环境保护等有关主管部门，定期发布鼓励、限制和淘汰的技术、工艺、设备、材料和产品名录。禁止生产、进口、销售列入淘汰名录的设备、材料和产品，禁止使用列入淘汰名录的技术、工艺、设备和材料。

2. 建筑节能的规定

《节约能源法》规定，国家实行固定资产投资项目节能评估和审查制度。不符合强制性节能标准的项目，依法负责项目审批或者核准的机关不得批准或者核准建设；建设单位不得开工建设；已经建成的，不得投入生产、使用。

国家鼓励在新建建筑和既有建筑节能改造中使用新型墙体材料等节能建筑材料和节能设备，安装和使用太阳能等可再生能源利用系统。

建筑工程的建设、设计、施工和监理单位应当遵守建筑节能标准。

1）采用太阳能、地热能等可再生能源

《民用建筑节能条例》规定，国家鼓励和扶持在新建建筑和既有建筑节能改造中采用太阳能、地热能等可再生能源。

在具备太阳能利用条件的地区，有关地方人民政府及其部门应当采取有效措施，鼓励和扶持单位、个人安装使用太阳能热水系统、照明系统、供热系统、供暖制冷系统等太阳能利用系统。

2）新建建筑节能的规定

国家推广使用民用建筑节能的新技术、新工艺、新材料和新设备，限制使用或者禁止使用能源消耗高的技术、工艺、材料和设备。国家限制进口或者禁止进口能源消耗高的技术、材料和设备。

建设单位、设计单位、施工单位不得在建筑活动中使用列入禁止使用目录的技术、工艺、材料和设备。

（1）施工图审查机构的节能义务

施工图设计文件审查机构应当按照民用建筑节能强制性标准对施工图设计文件进行审查；经审查不符合民用建筑节能强制性标准的，县级以上地方人民政府建设主管部门不得颁发施工许可证。

（2）建设单位的节能义务

建设单位不得明示或者暗示设计单位、施工单位违反民用建筑节能强制性标准进行设计、施工，不得明示或者暗示施工单位使用不符合施工图设计文件要求的墙体材料、保温材料、门窗、供暖制冷系统和照明设备。

按照合同约定由建设单位采购墙体材料、保温材料、门窗、供暖制冷系统和照明设备的，建设单位应当保证其符合施工图设计文件要求。

建设单位组织竣工验收，应当对民用建筑是否符合民用建筑节能强制性标准进行查验；对不符合民用建筑节能强制性标准的，不得出具竣工验收合格报告。

（3）设计、施工、工程监理单位的节能义务

设计、施工、工程监理单位及其注册执业人员，应当按照民用建筑节能强制性标准进行设计、施工、监理。

施工单位应当对进入施工现场的墙体材料、保温材料、门窗、供暖制冷系统和照明设备进行查验；不符合施工图设计文件要求的，不得使用。

工程监理单位发现施工单位不按照民用建筑节能强制性标准施工的，应当要求施工单位改正；施工单位拒不改正的，工程监理单位应当及时报告建设单位，并向有关主管部门报告。

墙体、屋面的保温工程施工时，监理工程师应当按照工程监理规范的要求，采取旁站、巡视和平行检验等形式实施监理。未经监理工程师签字，墙体材料、保温材料、门窗、供暖制冷系统和照明设备不得在建筑上使用或者安装，施工单位不得进行下一道工序的施工。

3）既有建筑节能的规定

既有建筑节能改造，是指对不符合民用建筑节能强制性标准的既有建筑的围护结构、供热系统、供暖制冷系统、照明设备和热水供应设施等实施节能改造的活动。

实施既有建筑节能改造，应当符合民用建筑节能强制性标准，优先采用遮阳、改善通风等低成本改造措施。既有建筑围护结构的改造和供热系统的改造应当同步进行。

《绿色施工导则》规定，绿色施工是指工程建设中，在保证质量、安全等基本要求的前提下，通过科学管理和技术进步，最大限度地节约资源与减少对环境负面影响的施工活动，实现四节一环保（节能、节地、节水、节材和环境保护）。

3. 施工节能的规定

1) 节材与材料资源利用

(1) 图纸会审时，应审核节材与材料资源利用的相关内容，达到材料损耗率比定额损耗率降低30%；根据施工进度、库存情况等合理安排材料的采购、进场时间和批次，减少库存；现场材料堆放有序；储存环境适宜，措施得当；保管制度健全，责任落实；材料运输工具适宜，装卸方法得当，防止损坏和遗撒；根据现场平面布置情况就近卸载，避免和减少二次搬运；采取技术和管理措施提高模板、脚手架等的周转次数；优化安装工程的预留、预埋、管线路径等方案；应就地取材，施工现场500km以内生产的建筑材料用量占建筑材料总重量的70%以上。

(2) 推广使用预拌混凝土和商品砂浆。推广使用高强钢筋和高性能混凝土，减少资源消耗。推广钢筋专业化加工和配送。

(3) 优化钢筋配料和钢构件下料方案。优化钢结构制作和安装方法。采取数字化技术，对大体积混凝土、大跨度结构等专项施工方案进行优化。

2) 节水与水资源利用

(1) 施工中采用先进的节水施工工艺。

(2) 现场机具、设备、车辆冲洗，喷洒路面，绿化浇灌等优先采用非传统水源，尽量不使用自来水。现场混凝土施工宜优先采用中水搅拌、中水养护，有条件的地区和工程应收集雨水养护；处于基坑降水阶段的工地，宜优先采用地下水作为混凝土搅拌用水、养护用水、冲洗用水和部分生活用水。

(3) 施工现场供水管网应根据用水量设计布置，管径合理、管路简洁，采取有效措施减少管网和用水器具的漏损。

(4) 现场机具、设备、车辆冲洗用水必须设立循环用水装置。施工现场办公区、生活区的生活用水采用节水系统和节水器具。

(5) 施工现场建立可再利用水的收集处理系统，使水资源得到梯级循环利用。

(6) 施工现场分别对生活用水与工程用水确定用水定额指标，并分别计量管理。

3) 节能与能源利用

(1) 节能措施

①制订合理施工能耗指标，提高施工能源利用率。

②优先使用国家、行业推荐的节能、高效、环保的施工设备和机具。

③施工现场分别设定生产、生活、办公和施工设备的用电控制指标，定期进行计量、核算、对比分析，并有预防与纠正措施。

④在施工组织设计中，合理安排施工顺序、工作面，以减少作业区域的机具数量，相邻作业区充分利用共有的机具资源。

⑤根据当地气候和自然资源条件，充分利用太阳能、地热等可再生能源。

（2）机械设备与机具

①建立施工机械设备管理制度，开展用电、用油计量，完善设备档案，及时做好维修保养工作。

②选择功率与负载相匹配的施工机械设备，避免大功率施工机械设备低负载长时间运行。采用节电型机械设备。

③合理安排工序，提高各种机械的使用率和满载率。

（3）生产、生活及办公临时设施

①利用场地自然条件，合理设计生产、生活及办公临时设施的体形、朝向、间距和窗墙面积比，使其获得良好的日照、通风和采光。南方地区可根据需要在其外墙、外窗设遮阳设施。

②临时设施宜采用节能材料，墙体、屋面使用隔热性能好的材料，减少夏天空调、冬天取暖设备的使用时间及耗能量。

③合理配置供暖、空调、风扇数量，规定使用时间，实行分段分时使用，节约用电。

（4）施工用电及照明

①临时用电优先选用节能电线和节能灯具，临电线路合理设计、布置，临电设备宜采用自动控制装置。采用声控、光控等节能照明灯具。

②照明设计以满足最低照度为原则，照度不应超过最低照度的20％。

4）节地与施工用地保护

（1）临时用地指标

根据施工规模及现场条件等因素合理确定临时设施。施工平面布置应合理、紧凑。临时设施占地面积有效利用率大于90％。

（2）临时用地保护

①应对深基坑施工方案进行优化，减少土方开挖和回填量，最大限度地减少对土地的扰动，保护周边自然生态环境。

②红线外临时占地应尽量使用荒地、废地，少占用农田和耕地。工程完工后，及时将红线外占地恢复原地形、地貌，使施工活动对周边环境的影响降至最低。

③利用和保护施工用地范围内原有绿色植被。对于施工周期较长的现场，可按建筑永久绿化的要求，安排场地新建绿化。

（3）施工总平面布置

①施工总平面布置应做到科学、合理，充分利用原有建筑物、构筑物、道路、管线为施工服务。

②施工现场搅拌站、仓库、加工厂、作业棚、材料堆场等布置应尽量靠近已有交通线路或即将修建的正式或临时交通线路，缩短运输距离。

③临时办公和生活用房应采用经济、美观、占地面积小、对周边地貌环境影响较小，且适合于施工平面布置动态调整的多层轻钢活动板房、钢骨架水泥活动板房等标准化装配式结构。生活区与生产区应分开布置，并设置标准的分隔设施。

④施工现场围墙可采用连续封闭的轻钢结构预制装配式活动围挡，减少建筑垃圾，保护土地。

⑤施工现场道路按照永久道路和临时道路相结合的原则布置。施工现场内形成环形通路，减少道路占用土地。

⑥临时设施布置应注意远近结合（本期工程与下期工程），努力减少和避免大量临时建筑拆迁和场地搬迁。

4. 施工节能技术进步和激励措施的规定

1）节能技术进步

《节约能源法》规定，国家鼓励、支持节能科学技术的研究、开发、示范和推广，促进节能技术创新与进步。

（1）政府政策引导

国务院管理节能工作的部门会同国务院科技主管部门发布节能技术政策大纲，指导节能技术研究、开发和推广应用。县级以上各级人民政府应当把节能技术研究开发作为政府科技投入的重点领域，支持科研单位和企业开展节能技术应用研究，制定节能标准，开发节能共性和关键技术，促进节能技术创新与成果转化。

国务院管理节能工作的部门会同国务院有关部门制定并公布节能技术、节能产品的推广目录，引导用能单位和个人使用先进的节能技术、节能产品。

国务院管理节能工作的部门会同国务院有关部门组织实施重大节能科研项目、节能示范项目、重点节能工程。

（2）政府资金扶持

《循环经济促进法》规定，国务院和省、自治区、直辖市人民政府设立发展循环经济的有关专项资金，支持循环经济的科技研究开发、循环经济技术和产品的示范与推广、重大循环经济项目的实施、发展循环经济的信息服务等。

国务院和省、自治区、直辖市人民政府及其有关部门应当将循环经济重大科技攻关项目的自主创新研究、应用示范和产业化发展列入国家或者省级科技发展规划和高技术产业发展规划，并安排财政性资金予以支持。

利用财政性资金引进循环经济重大技术、装备的，应当制定消化、吸收和创新方案，报有关主管部门审批并由其监督实施；有关主管部门应当根据实际需要建立协调机制，对重大技术、装备的引进和消化、吸收、创新实行统筹协调，并给予资金支持。

2）节能激励措施

按照《节约能源法》《循环经济促进法》的规定，主要有如下相关的节能激励措施：

（1）财政安排节能专项资金

中央财政和省级地方财政安排节能专项资金，支持节能技术研究开发、节能技术和产品的示范与推广、重点节能工程的实施、节能宣传培训、信息服务和表彰奖励等。

国家通过财政补贴支持节能照明器具等节能产品的推广和使用。

（2）税收优惠

国家对生产、使用列入国务院管理节能工作的部门会同国务院有关部门制定并公布的节能技术、节能产品推广目录等需要支持的节能技术、节能产品，实行税收优惠等扶持政策。

国家运用税收等政策，鼓励先进节能技术、设备的进口，控制在生产过程中耗能高、污染重的产品的出口。

国家对促进循环经济发展的产业活动给予税收优惠，并运用税收等措施鼓励进口先进的节能、节水、节材等技术、设备和产品，限制在生产过程中耗能高、污染重的产品的出口。

企业使用或者生产列入国家清洁生产、资源综合利用等鼓励名录的技术、工艺、设备或者产品的，按照国家有关规定享受税收优惠。

（3）信贷支持

国家引导金融机构增加对节能项目的信贷支持，为符合条件的节能技术研究开发、节能产品生产以及节能技术改造等项目提供优惠贷款。国家推动和引导社会有关方面加大对节能的资金投入，加快节能技术改造。

对符合国家产业政策的节能、节水、节地、节材、资源综合利用等项目，金融机构应当给予优先贷款等信贷支持，并积极提供配套金融服务。

对生产、进口、销售或者使用列入淘汰名录的技术、工艺、设备、材料或者产品的企业，金融机构不得提供任何形式的授信支持。

（4）价格政策

国家实行有利于节能的价格政策，引导施工单位和个人节能。国家运用财税、价格等政策，支持推广电力需求侧管理、合同能源管理、节能自愿协议等节能办法。

国家实行有利于资源节约和合理利用的价格政策，引导单位和个人节约和合理使用水、电、气等资源性产品。

（5）表彰奖励

各级人民政府对在节能管理、节能科学技术研究和推广应用中有显著成绩以及检举严重浪费能源行为的单位和个人，给予表彰和奖励。

企业事业单位应当对在循环经济发展中做出突出贡献的集体和个人给予表彰和奖励。

5. 违法行为应承担的法律责任

1）建设单位的法律责任

建设单位有下列行为之一的，由县级以上地方人民政府建设主管部门责令改正，处 20 万元以上 50 万元以下的罚款：①明示或者暗示设计单位、施工单位违反民用建筑节能强制性标准进行设计、施工的；②明示或者暗示施工单位使用不符合施工图设计文件要求的墙体材料、保温材料、门窗、供暖制冷系统和照明设备的；③采购不符合施工图设计文件要求的墙体材料、保温材料、门窗、供暖制冷系统和照明设备的；④使用列入禁止使用目录的技术、工艺、材料和设备的。

建设单位对不符合民用建筑节能强制性标准的民用建筑项目出具竣工验收合格报告的，由县级以上地方人民政府建设主管部门责令改正，处民用建筑项目合同价款 2% 以上 4% 以下的罚款；造成损失的，依法承担赔偿责任。

2）设计单位的法律责任

设计单位未按照民用建筑节能强制性标准进行设计，或者使用列入禁止使用目录的技术、工艺、材料和设备的，由县级以上地方人民政府建设主管部门责令改正，处 10 万元以上 30 万元以下的罚款；情节严重的，由颁发资质证书的部门责令停业整顿、降低资质等级或者吊销资质证书；造成损失的，依法承担赔偿责任。

3）施工单位的法律责任

施工单位未按照民用建筑节能强制性标准进行施工的，由县级以上地方人民政府建设主管部门责令改正，处民用建筑项目合同价款 2% 以上 4% 以下的罚款；情节严重的，由颁发资质证书的部门责令停业整顿、降低资质等级或者吊销资质证书；造成损失的，依法承担赔偿责任。

施工单位有下列行为之一的，由县级以上地方人民政府建设主管部门责令改正，处 10 万元以上 20 万元以下的罚款；情节严重的，由颁发资质证书的部门责令停业整顿、降低资质等级或者吊销资质证书；造成损失的，依法承担赔偿责任：①未对进入施工现场的墙体材料、保温材料、门窗、供暖制冷系统和照明设备进行查验的；②使用不符合施工图设计文件要求的墙体材料、保温材料、门窗、供暖制冷系统和照明设备的；③使用列入禁止使用目录的技术、工艺、材料和设备的。

4）监理单位的法律责任

工程监理单位有下列行为之一的，由县级以上地方人民政府建设主管部门责令限期改正；逾期未改正的，处 10 万元以上 30 万元以下的罚款；情节严重的，由颁发资质证书的部门责令停业整顿、降低资质等级或者吊销资质证书；造成损失的，依法承担赔偿责任：①未按照民用建筑节能强制性标准实施监理的；②墙体、屋面的保温工程施工时，未采取旁站、巡视和平行检验等形式实施监理的。

对不符合施工图设计文件要求的墙体材料、保温材料、门窗、供暖制冷系统和照明设备，按照符合施工图设计文件要求签字的，依照《建设工程质量管理条例》第六十七条的规定，将责令改正，并处以 50 万元以上 100 万元以下的罚款，降低资质等级或吊销资质证书；有违法所得的，予以没收；造成损失的，应承担连带赔偿责任。

11.3　施工文物保护制度

1. 受国家保护的文物范围

1）国家保护文物的范围

《中华人民共和国文物保护法》（以下简称《文物保护法》）规定，在中华人民共和国境内，下列文物受国家保护：（1）具有历史、艺术、科学价值的古文化遗址、古墓葬、古建筑、石窟寺、石刻、壁画；（2）与重大历史事件、革命运动或者著名人物有关的以及具有重要纪念意义、教育意义或者史料价值的近代现代重要史迹、实物、代表性建筑；（3）历史上各时代珍贵的艺术品、工艺美术品；（4）历史上各时代重要的文献资料以及具有历史、艺术、科学价值的手稿和图书资料等；（5）反映历史上各时代、各民族社会制度、社会生产、社会生活的代表性实物。

具有科学价值的古脊椎动物化石和古人类化石同文物一样受国家保护。

2）水下文物的保护范围

《中华人民共和国水下文物保护管理条例》（以下简称《水下文物保护管理条例》）规定，水下文物是指遗存于下列水域的具有历史、艺术和科学价值的人类文化遗产：（1）遗存于中国内水、领海内的一切起源于中国的、起源国不明的和起源于外国的文物；（2）遗存于中国领海以外依照中国法律由中国管辖的其他海域内的起源于中国的和起源国不明的文物；（3）遗存于外国领海以外的其他管辖海域以及公海区域内的起源于中国的文物。

以上规定内容不包括 1911 年以后的与重大历史事件、革命运动以及著名人物无关的水下遗存。

3）文物保护单位和文物的分级

《文物保护法》规定，古文化遗址、古墓葬、古建筑、石窟寺、石刻、壁画、近代现代重要史迹和代表性建筑等不可移动文物，根据它们的历史、艺术、科学价值，可以分别确定为全国重点文物保护单位，省级文物保护单位，市、县级文物保护单位。

历史上各时代重要实物、艺术品、文献、手稿、图书资料、代表性实物等可移动文物，分为珍贵文物和一般文物；珍贵文物分为一级文物、二级文物、三级文物。

4）属于国家所有的文物范围

中华人民共和国境内地下、内水和领海中遗存的一切文物，属于国家所有。国有文物所有权受法律保护，不容侵犯。

（1）属于国家所有的不可移动文物范围

古文化遗址、古墓葬、石窟寺属于国家所有。国家指定保护的纪念建筑物、古建筑、石刻、壁画、近代现代代表性建筑等不可移动文物，除国家另有规定的以外，属于国家所有。

国有不可移动文物的所有权不因其所依附的土地所有权或者使用权的改变而改变。

（2）属于国家所有的可移动文物范围

下列可移动文物，属于国家所有：中国境内出土的文物，国家另有规定的除外；国有文物收藏单位以及其他国家机关、部队和国有企业、事业组织等收藏、保管的文物；国家征集、购买的文物；公民、法人和其他组织捐赠给国家的文物；法律规定属于国家所有的其他文物。属于国家所有的可移动文物的所有权不因其保管、收藏单位的终止或者变更而改变。

（3）属于国家所有的水下文物范围

《水下文物保护管理条例》规定，遗存于中国内水、领海内的一切起源于中国的、起源国不明的和起源于外国的文物，以及遗存于中国领海以外依照中国法律由中国管辖的其他海域内的起源于中国的和起源国不明的文物，属于国家所有，国家对其行使管辖权。

遗存于外国领海以外的其他管辖海域以及公海区域内的起源于中国的文物，国家享有辨认器物物主的权利。

5）属于集体所有和私人所有的文物保护范围

《文物保护法》规定，属于集体所有和私人所有的纪念建筑物、古建筑和祖传文物以及依法取得的其他文物，其所有权受法律保护。文物的所有者必须遵守国家有关文物保护的法律、法规的规定。

2. 在文物保护单位保护范围和建设控制地带从事建设活动的规定

《文物保护法》第七条规定，一切机关、组织和个人都有依法保护文物的义务。

1）在文物保护单位保护范围从事建设活动的相关规定

《文物保护法》第十七条规定，文物保护单位的保护范围内不得进行其他建设工程或者爆破、钻探、挖掘等作业。但是，因特殊情况需要在文物保护单位的保护范围内进行其他建设工程或者爆破、钻探、挖掘等作业的，必须保证文物保护单位的安全，并经核定公布该文物保护单位的人民政府批准，在批准前应当征得上一级人民政府文物行政部门同意；在全国重点文物保护单位的保护范围内进行其他建设工程或者爆破、钻探、挖掘等作业的，必须经省、自治区、直辖市人民政府批准，在批准前应当征得国务院文物行政部门同意。

《中华人民共和国文物保护法实施条例》（以下简称《文物保护法实施条例》）第九条规定，文物保护单位的保护范围，是指对文物保护单位本体及周围一定范围实施重点保护的区域。文物保护单位的保护范围，应当根据文物保护单位的类别、规模、内容以及周围环境的历史和现实情况合理划定，并在文物保护单位本体之外保持一定的安全距离，确保文物保护单位的真实性和完整性。

《文物保护法实施条例》第八条规定，全国重点文物保护单位和省级文物保护单位自核定公布之日起1年内，由省、自治区、直辖市人民政府划定必要的保护范围，做出标志说明，建立记录档案，设置专门机构或者指定专人负责管理。设区的市、自治州级和县级文物保护单位自核定公布之日起1年内，由核定公布该文物保护单位的人民政府划定保护范围，做出标志说明，建立记录档案，设置专门机构或者指定专人负责管理。

2）在文物保护单位建设控制地带从事建设活动的相关规定

《文物保护法》第十八条规定，根据保护文物的实际需要，经省、自治区、直辖市人民政府批准，可以在文物保护单位的周围划出一定的建设控制地带，并予以公布。在文物保护单位的建设控制地带内进行建设工程，不得破坏文物保护单位的历史风貌；工程设计方案应当根据文物保护单位的级别，经相应的文物行政部门同意后，报城乡建设规划部门批准。

《文物保护法》第十九条规定，在文物保护单位的保护范围和建设控制地带内，不得建设污染文物保护单位及其环境的设施，不得进行可能影响文物保护单位安全及其环境的活动。对已有的污染文物保护单位及其环境的设施，应当限期治理。

《文物保护法实施条例》第十三条规定，文物保护单位的建设控制地带，是指在文物保护单位的保护范围外，为保护文物保护单位的安全、环境、历史风貌对建设项目加以限制的区域。文物保护单位的建设控制地带，应当根据文物保护单位的类别、规模、内容以及周围环境的历史和现实情况合理划定。

《文物保护法实施条例》第十四条规定，全国重点文物保护单位的建设控制地带，经省、自治区、直辖市人民政府批准，由省、自治区、直辖市人民政府的文物行政主管部门会同城乡规划行政主管部门划定并公布。省级、设区的市、自治州级和县级文物保护单位的建设控制地带，经省、自治区、直辖市人民政府批准，由核定公布该文物保护单位的人民政府的文物行政主管部门会同城乡规划行政主管部门划定并公布。

3）在历史文化名城名镇名村保护范围内从事建设活动的相关规定

根据《历史文化名城名镇名村保护条例》第二十四条的规定，在历史文化名城、名镇、名村保护范围内禁止进行下列活动：

①开山、采石、开矿等破坏传统格局和历史风貌的活动。

②占用保护规划确定保留的园林绿地、河湖水系、道路等。

③修建生产、储存爆炸性、易燃性、放射性、毒害性、腐蚀性物品的工厂、仓库等。

④在历史建筑上刻划、涂污。

《历史文化名城名镇名村保护条例》第二十八条继续规定，在历史文化街区、名镇、名村核心保护范围内，不得进行新建、扩建活动。但是，新建、扩建必要的基础设施和公共服务设施除外。在历史文化街区、名镇、名村核心保护范围内，新建、扩建必要的基础设施和公共服务设施的，城市、县人民政府城乡规划主管部门核发建设工程规划许可证、乡村建设规划许可证前，应当征求同级文物主管部门的意见。在历史文化街区、名镇、名村核心保护范围内，拆除历史建筑以外的建筑物、构筑物或者其他设施的，应当经城市、县人民政府城乡规划主管部门会同同级文物主管部门批准。

4）文物修缮保护工程的管理

根据《文物保护法》第二十一条的规定，国有不可移动文物由使用人负责修缮、保养；非国有不可移动文物由所有人负责修缮、保养。非国有不可移动文物有损毁危险，所有人不具备修缮能力的，当地人民政府应当给予帮助；所有人具备修缮能力而拒不依法履行修缮义务的，县级以上人民政府可以给予抢救修缮，所需费用由所有人负担。对文物保护单位进行修缮，应当根据文物保护单位的级别报相应的文物行政部门批准；对未核定为文物保护单位的不可移动文物进行修缮，应当报登记的县级人民政府文物行政部门批准。文物保护单位的修缮、迁移、重建，由取得文物保护工程资质证书的单位承担。对不可移动文物进行修缮、保养、迁移，必须遵守不改变文物原状的原则。

《文物保护法实施条例》第十五条规定，承担文物保护单位的修缮、迁移、重建工程的单位，应当同时取得文物行政主管部门发给的相应等级的文物保护工程资质证书和建设行政主管部门发给的相应等级的资质证书。其中，不涉及建筑活动的文物保护单位的修缮、迁移、重建，应当由取得文物行政主管部门发给的相应等级的文物保护工程资质证书的单位承担。

3. 施工发现文物报告和保护的规定

《文物保护法》规定，地下埋藏的文物，任何单位或者个人都不得私自发掘。考古发掘的文物，任何单位或者个人不得侵占。

1）配合建设工程进行考古发掘工作的规定

进行大型基本建设工程，建设单位应当事先报请省、自治区、直辖市人民政府文物行政部门组织从事考古发掘的单位在工程范围内有可能埋藏文物的地方进行考古调查、勘探。

确因建设工期紧迫或者有自然破坏危险，对古文化遗址、古墓葬急需进行抢救发掘的，由省、自治区、直辖市人民政府文物行政部门组织发掘，并同时补办审批手续。

2）施工发现文物的报告和保护

《文物保护法》规定，在进行建设工程或者在农业生产中，任何单位或者个人发现文物，应当保护现场，立即报告当地文物行政部门，文物行政部门接到报告后，如无特殊情况，应当在 24 小时内赶赴现场，并在 7 日内提出处理意见。

依照以上规定发现的文物属于国家所有，任何单位或者个人不得哄抢、私分、藏匿。

3）水下文物的报告和保护

《水下文物保护管理条例》规定，任何单位或者个人以任何方式发现遗存于中国内水、领海内的一切起源于中国的、起源国不明的和起源于外国的文物，以及遗存于中国领海以外依照中国法律由中国管辖的其他海域内的起源于中国的和起源国不明的文物，应当及时报告国家文物局或者地方文物行政管理部门；已打捞出水的，应当及时上缴国家文物局或者地方文物行政管理部门处理。

任何单位或者个人以任何方式发现遗存于外国领海以外的其他管辖海域以及公海区域内的起源于中国的文物，应当及时报告国家文物局或者地方文物行政管理部门；已打捞出水的，应当及时提供国家文物局或者地方文物行政管理部门辨认、鉴定。

4. 违法行为应承担的法律责任

1）哄抢、私分国有文物等违法行为应承担的法律责任

《文物保护法》规定，有下列行为之一，构成犯罪的，依法追究刑事责任：

（1）盗掘古文化遗址、古墓葬的。

（2）故意或者过失损毁国家保护的珍贵文物的。

（3）擅自将国家馆藏文物出售或者私自送给非国有单位或者个人的。

（4）将国家禁止出境的珍贵文物私自出售或者送给外国人的。

（5）以牟利为目的倒卖国家禁止经营的文物的。

（6）走私文物的。

（7）盗窃、哄抢、私分或者非法侵占国有文物的。

（8）应当追究刑事责任的其他妨害文物管理行为。

造成文物灭失、损毁的，依法承担民事责任。构成违反治安管理行为的，由公安机关依法给予治安管理处罚。构成走私行为，尚不构成犯罪的，由海关依照有关法律、行政法规的规定给予处罚。

有下列行为之一，尚不构成犯罪的，由县级以上人民政府文物主管部门会同公安机关追缴文物；情节严重的，处 5000 元以上 5 万元以下的罚款：①发现文物隐匿不报或者拒不上交的；②未按照规定移交拣选文物的。

2）在文物保护单位的保护范围和建设控制地带内进行建设工程违法行为应承担的法律责任

《文物保护法》规定，有下列行为之一，尚不构成犯罪的，由县级以上人民政府文物主管部门责令改正，造成严重后果的，处 5 万元以上 50 万元以下的罚款；情节严重的，由原发证机关吊销资质证书：

（1）擅自在文物保护单位的保护范围内进行建设工程或者爆破、钻探、挖掘等作业的。

（2）在文物保护单位的建设控制地带内进行建设工程，其工程设计方案未经文物行政部门同意报城乡建设规划部门批准，对文物保护单位的历史风貌造成破坏的。

（3）擅自迁移、拆除不可移动文物的。

（4）擅自修缮不可移动文物，明显改变文物原状的。

（5）擅自在原址重建已全部毁坏的不可移动文物，造成文物破坏的。

（6）施工单位未取得文物保护工程资质证书，擅自从事文物修缮、迁移、重建的。

刻划、涂污或者损坏文物尚不严重的，或者损毁依法设立的文物保护单位标志的，由公安机关或者文物所在单位给予警告，可以并处罚款。

在文物保护单位的保护范围内或者建设控制地带内建设污染文物保护单位及其环境的设施的，或者对已有的污染文物保护单位及其环境的设施未在规定的期限内完成治理的，由环境保护行政部门依照有关法律、法规的规定给予处罚。

3）未取得相应资质证书擅自承担文物保护单位修缮、迁移、重建工程违法行为应承担的法律责任

《文物保护法实施条例》规定，未取得相应等级的文物保护工程资质证书，擅自承担文物保护单位的修缮、迁移、重建工程的，由文物行政主管部门责令限期改正；逾期不改正，或者造成严重后果的，处5万元以上50万元以下的罚款；构成犯罪的，依法追究刑事责任。

未取得建设行政主管部门发给的相应等级的资质证书，擅自承担含有建筑活动的文物保护单位的修缮、迁移、重建工程的，由建设行政主管部门依照有关法律、行政法规的规定予以处罚。

4）历史文化名城名镇名村保护范围内违法行为应承担的法律责任

损坏或者擅自迁移、拆除历史建筑的，由城市、县人民政府城乡规划主管部门责令停止违法行为、限期恢复原状或者采取其他补救措施；有违法所得的，没收违法所得；逾期不恢复原状或者不采取其他补救措施的，城乡规划主管部门可以指定有能力的单位代为恢复原状或者采取其他补救措施，所需费用由违法者承担；造成严重后果的，对单位并处20万元以上50万元以下的罚款，对个人并处10万元以上20万元以下的罚款；造成损失的，依法承担赔偿责任。

擅自设置、移动、涂改或者损毁历史文化街区、名镇、名村标志牌的，由城市、县人民政府城乡规划主管部门责令限期改正；逾期不改正的，对单位处1万元以上5万元以下的罚款，对个人处1000元以上1万元以下的罚款。

5）水下文物保护违法行为应承担的法律责任

《水下文物保护管理条例》规定，破坏水下文物，私自勘探、发掘、打捞水下文物，或者隐匿、私分、贩运、非法出售、非法出口水下文物，依法给予行政处罚或者追究刑事责任。

本章小结

本章主要介绍了三部分内容：施工现场环境保护制度、建筑节能与施工节能制度、施工文物保护制度。分别对施工现场环境噪声污染防治的规定、施工现场大气污染防治的规定、施工现场水污染防治的规定、施工现场固体废物污染环境防治的规定、违法行为应承担的法律责任；施工现场合理利用与节约能源的规定、建筑节能的规定、施工节能的规定、施工节能技术进步和激励措施的规定、违法行为应承担的法律责任；受国家保护的文物范围、在文物保护单位范围和建设控制地带施工的规定、施工发现文物报告和保护的规定、违法行为应承担的法律责任等内容进行了具体的阐述。

课后练习

一、选择题

1. 根据《建筑施工场界环境噪声排放标准》GB 12523—2011，建筑施工场界环境夜间噪声的夜间是指（　　）期间。

A. 21 点至次日 6 点
B. 22 点至次日 8 点
C. 21 点至次日 8 点
D. 22 点至次日 6 点

2. 下列关于噪声污染防治的说法中，错误的是（　　）。

A. 在高校附近，禁止夜间进行产生环境噪声污染防治的建筑施工作业

B. 因燃气管道抢修、抢险作业要求，可以在夜间连续作业

C. 环境影响报告书中，应当有该建设项目所在地单位和居民的意见

D. 建设工程必须夜间施工的，施工单位应当在开工 15 日以前向建设主管部门申报

3. 某工地施工扬尘严重，市环保局接到群众举报并进行查实后，依法判其做出停工整改并处以 3 万元罚款的行政处罚，施工企业认为处罚过高，向（　　）申请行政复议。

A. 市环保局
B. 省建设厅
C. 市人民政府
D. 省人民政府

4. 关于施工现场大气污染防治的说法，正确的是（　　）。

A. 重点是防治排放污染物

B. 爆破作业选择风力小的天气进行，做好计划

C. 结构施工阶段，作业区的目测扬尘高度小于 1m

D. 施工现场非作业区达到目测扬尘高度 0.5m

5. 根据《水污染防治法》，关于施工现场水污染防治的说法，正确的是（　　）。

A. 禁止利用无防渗漏措施的沟渠输送含有毒污染物的废水

B. 在具有特殊经济文化价值的水体保护区内，禁止设置排污口

C. 禁止向水体排放含低辐射性物质的废水

D. 禁止向水体排放生活污水

6. 我国《固体废物污染环境防治法》中对于固体废物污染环境问题做了有关规定，下列选项叙述不正确的是（　　）。

A. 禁止境外废物进境倾倒、堆放

B. 禁止将危险物与旅客用同一运输工具运载

C. 禁止向水体排放油类、酸类废液

D. 禁止经中华人民共和国过境转移危险废物

7. 在下列行为中不属于民用建筑节能情形的是（　　）。

A. 在规划、设计、建造和使用过程中，采用新型墙体材料

B. 执行建筑节能标准，加强建筑物用能设备的运行管理

C. 合理设计建筑围护结构热工性能，提高供暖、制冷、给水排水和管道系统的运行效率

D. 采用新型能源取代传统燃料

8. 根据建筑节能制度，国家对集中供热的建筑，实行分户计量，按（　　）收费。

A. 面积　　　　　B. 空间　　　　　C. 用热量　　　　　D. 时间

9. 下列施工中，属于既有建筑节能改造主要内容的是既有建筑（　　）。

A. 承重结构改造　　　　　　　B. 围护结构改造

C. 屋面防水层修复　　　　　　D. 外墙裂缝修补

10. 在全国重点文物保护单位的保护范围内进行爆破、钻探、挖掘作业的，必须经（　　）批准。

A. 县级人民政府　　　　　　　B. 省级人民政府

C. 国务院　　　　　　　　　　D. 省级文物行政部门

二、简答题

1. 简述施工现场噪声污染防治的规定。

2. 施工现场的固体废物主要有哪些？

3. 施工现场水污染防治规定有哪些？

4. 施工现场大气污染防治规定有哪些？

5. 简述建设节能主体的节能义务。

6. 施工单位未按照民用建筑节能强制性标准进行施工的，应承担哪些法律责任？

7. 简述我国施工节能激励措施。

8. 施工发现文物报告和保护的规定有哪些？

9. 对文物保护违法行为应如何处理？

10. 简述在文物保护单位范围和建设控制地带施工的规定。

第12章

建设工程纠纷处理法律制度

● 学习目标 ●

知识目标

了解建设工程纠纷的主要种类和解决途径；掌握民事诉讼制度、民事诉讼的程序；掌握仲裁制度；掌握行政复议和行政诉讼制度；熟悉调解、和解制度。

能力目标

具有利用所学的建设工程纠纷处理法律制度处理实际工程中遇到的纠纷问题。

12.1 建设工程纠纷概述

1. 建设工程纠纷的主要种类

建设工程项目通常具有投资大、建造周期长、技术要求高、协作关系复杂和政府监管严格等特点，因而在建设工程领域里常见的是民事纠纷和行政纠纷。

1）建设工程民事纠纷

建设工程民事纠纷，是在建设工程活动中平等主体之间发生的以民事权利义务法律关系为内容的争议。民事纠纷作为法律纠纷的一种，一般来说，是因为违反了民事法律规范而引起的。民事纠纷可分为两大类：一类是财产关系方面的民事纠纷，如合同纠纷、损害赔偿纠纷等；另一类是人身关系的民事纠纷，如名誉权纠纷、继承权纠纷等。

民事纠纷的特点有：（1）民事纠纷主体之间的法律地位平等；（2）民事纠纷的内容是对民事权利义务的争议；（3）民事纠纷的可处分性。这主要是针对有关财产关系的民事纠纷，而有关人身关系的民事纠纷多具有不可处分性。

在建设工程领域，较为普遍和重要的民事纠纷主要是合同纠纷、侵权纠纷。

（1）合同纠纷，是指因合同的生效、解释、履行、变更、终止等行为而引起的合同当事人之间的所有争议。合同纠纷的内容，主要表现在争议主体对于导致合同法律关系产生、变更与消灭的法律事实以及法律关系的内容有着不同的观点与看法。合同纠纷的范围涵盖了一项合同从成立到终止的整个过程。在建设工程领域，合同纠纷主要有工程总承包合同纠纷、工程勘察合同纠纷、工程设计合同纠纷、工程施工合同纠纷、工程监理合同纠纷、工程分包合同纠纷、材料设备采购合同纠纷以及劳动合同纠纷等。

（2）侵权纠纷，是指一方当事人对另一方侵权而产生的纠纷。在建设工程领域也易发生侵权纠纷，如施工单位在施工中未采取相应防范措施造成对他方损害而产生的侵权纠纷，未经许可使用他方的专利、工法等而造成的知识产权侵权纠纷等。

发包人和承包人就有关工期、质量、造价等产生的建设工程合同争议，是建设工程领域最常见的民事纠纷。

2）建设工程行政纠纷

建设工程行政纠纷，是在建设工程活动中行政机关之间或行政机关同公民、法人和其他组织之间由于行政行为而引起的纠纷，包括行政争议和行政案件。在行政法律关系中，行政机关对公民、法人和其他组织行使行政管理职权，应当依法行政；公民、法人和其他组织也应当依法约束自己的行为，做到自觉守法。在各种行政纠纷中，既有因行政机关超越职权、滥用职权、行政不作为、违反法定程序、事实认定错误、适用法律错误等所引起的纠纷，也有公民、法人或其他组织逃避监督管理、非法抗拒监督管理或误解法律规定等而产生的纠纷。

行政机关的行政行为具有以下特征：（1）行政行为是执行法律的行为，任何行政行为均须有法律根据，具有从属法律性，没有法律的明确规定或授权，行政主体不得做出任何行政行为；（2）行政行为具有一定的裁量性，这是由立法技术本身的局限性和行政管理的广泛性、变动性、应变性所决定的；（3）行政主体在实施行政行为时具有单方意志性，不必与行政相对方协商或征得其同意，便可依法自主做出；（4）行政行为是以国家强制力保障实施的，带有强制性，行政相对方必须服从并配合行政行为，否则行政主体将予以制裁或强制执行；（5）行政行为以无偿为原则，以有偿为例外，只有当特定行政相对人承担了特别公共负担，或者分享了特殊公共利益时，方可为有偿的。

在建设工程领域，易引发行政纠纷的具体行政行为主要有如下几种：

（1）行政许可，即行政机关根据公民、法人或者其他组织的申请，经依法审查，准予其从事特定活动的行政管理行为，如施工许可、专业人员执业资格注册、企业资质等级核准、安全生产许可等。行政许可易引发的行政纠纷通常是行政机关的行政不作为、违反法定程序等。

（2）行政处罚，即行政机关或其他行政主体依照法定职权、程序对于违法但尚未构成犯罪的相对人给予行政制裁的具体行政行为。常见的行政处罚为警告、罚款、没收违法所得、取消投标资格、责令停止施工、责令停业整顿、降低资质等级、吊销资质证书等。行政处罚易导致的行政纠纷，通常是行政处罚超越职权、滥用职权、违反法定程序、事实认定错误、适用法律错误等。

（3）行政奖励，即行政机关依照条件和程序，对为国家、社会和建设事业做出重大贡献的单位和个人，给予物质或精神鼓励的具体行政行为，如表彰建设系统先进集体、劳动模范和先进工作者等。行政奖励易引发的行政纠纷，通常是违反程序、滥用职权、行政不作为等。

（4）行政裁决，即行政机关或法定授权的组织，依照法律授权，对平等主体之间发生的与行政管理活动密切相关的、特定的民事纠纷（争议）进行审查，并做出裁决的具体行政行为，如对特定的侵权纠纷、损害赔偿纠纷、权属纠纷、国有资产产权纠纷以及劳动工资、经济补偿纠纷等的裁决。行政裁决易引发的行政纠纷，通常是行政裁决违反法定程序、事实认定错误、适用法律错误等。

2. 解决建设工程纠纷的途径

1）民事纠纷的法律解决途径

民事纠纷的法律解决途径主要有四种：和解、调解、仲裁、诉讼。当事人可以通过和解或者调解解决合同争议。当事人不愿和解、调解或者和解、调解不成的，可以根据仲裁协议向仲裁机构申请仲裁。涉外合同的当事人可以根据仲裁协议向中国仲裁机构或者其他仲裁机构申请仲裁。当事人没有订立仲裁协议或者仲裁协议无效的，可以向人民法院起诉。当事人应当履行发生法律效力的判决、仲裁裁决、调解书；拒不履行的，对方可以请求人民法院执行。

（1）和解

和解是民事纠纷的当事人在自愿互谅的基础上，就已经发生的争议进行协商、妥协与让步并达成协议，自行（无第三方参与劝说）解决争议的一种方式。通常它不仅从形式上消除当事人之间的对抗，还从心理上消除对抗。

和解可以在民事纠纷的任何阶段进行，无论是否已经进入诉讼或仲裁程序。例如，诉讼当事人之间为处理和结束诉讼而达成了解决争议问题的妥协或协议，其结果是撤回起诉或中止诉讼而无需判决。和解也可与仲裁、诉讼程序相结合；当事人达成和解协议的，已提请仲裁的，可以请求仲裁庭根据和解协议做出裁决书或调解书；已提起诉讼的，可以请求法庭在和解协议基础上制作调解书，或者由当事人双方达成和解协议，由法院记录在卷。

需要注意的是，和解达成的协议不具有强制执行力，在性质上仍属于当事人之间的约定。如果一方当事人不按照和解协议执行，另一方当事人不可以请求法院强制执行，但可要求对方就不执行该和解协议承担违约责任。

（2）调解

调解是指双方当事人以外的第三方应纠纷当事人的请求，以法律、法规和政策或合同约定以及社会公德为依据，对纠纷双方进行疏导、劝说，促使他们相互谅解，进行协商，自愿达成协议，解决纠纷的活动。

在我国，调解的主要方式是人民调解、行政调解、仲裁调解、司法调解、行业调解以及专业机构调解。

（3）仲裁

仲裁是当事人根据在纠纷发生前或纠纷发生后达成的协议，自愿将纠纷提交第三方（仲裁机构）做出裁决，纠纷各方都有义务执行该裁决的一种解决纠纷的方式。仲裁机构和法院不同。法院行使国家所赋予的审判权，向法院起诉不需要双方当事人在诉讼前达成协议，只要一方当事人向有审判管辖权的法院起诉，经法院受理后，另一方必须应诉；仲裁机构通常是民间团体的性质，其受理案件的管辖权来自双方协议，没有协议就无权受理仲裁。但是，有效的仲裁协议可以排除法院的管辖权；纠纷发生后，一方当事人提起仲裁的，另一方应当通过仲裁程序解决纠纷。

根据《中华人民共和国仲裁法》（以下简称《仲裁法》）规定，该法的调整范围仅限于民商事仲裁，即"平等主体的公民、法人和其他组织之间发生的合同纠纷和其他财产权纠纷"；劳动争议仲裁等不受《仲裁法》的调整，依法应当由行政机关处理的行政争议等不能仲裁。

（4）诉讼

民事诉讼是指人民法院在当事人和其他诉讼参与人的参加下，以审理、裁判、执行等方式解决民事纠纷的活动，以及由此产生的各种诉讼关系的总和。诉讼参与人包括原告、被告、第三人、证人、鉴定人、勘验人等。

在我国，《民事诉讼法》是调整和规范法院及诉讼参与人的各种民事诉讼活动的基本法律。民事诉讼的基本特征是：

①公权性

民事诉讼是由人民法院代表国家意志行使司法审判权，通过司法手段解决平等民事主体之间的纠纷。在法院主导下，诉讼参与人围绕民事纠纷的解决，进行着能产生法律后果的活动。它既不同于群众自治组织性质的人民调解委员会以调解方式解决纠纷，也不同于由民间性质的仲裁委员会以仲裁方式解决纠纷。

民事诉讼主要是法院与纠纷当事人之间的关系，但也涉及其他诉讼参与人，包括证人、鉴定人、翻译人员、专家辅助人员、协助执行人等；在诉讼和解时还表现为纠纷当事人之间的关系。

②程序性

民事诉讼是依照法定程序进行的诉讼活动，无论是法院还是当事人和其他诉讼参与人，都需要严格按照法律规定的程序和方式实施诉讼行为，违反诉讼程序常常会引起一定的法律后果或者达不到诉讼目的，如法院的裁判被上级法院撤销，当事人失去为某种诉讼行为的权利等。

民事诉讼分为一审程序、二审程序和执行程序三大诉讼阶段。并非每个案件都要经过这三个阶段，有的案件一审就终结，有的经过二审终结，有的不需要启动执行程序。但如果案件要经历诉讼全过程，就要按照上述顺序依次进行。

③强制性

强制性是公权力的重要属性。民事诉讼的强制性既表现在案件的受理上，又反映在裁判的执行上。调解、仲裁均建立在当事人自愿的基础上，只要有一方当事人不愿意进行调解、仲裁，则调解和仲裁将不会发生。但民事诉讼不同，只要原告的起诉符合法定条件，无论被告是否愿意，诉讼都会发生。此外，和解、调解协议的履行依靠当事人的自觉，不具有强制执行的效力，但法院的裁判则具有强制执行的效力，一方当事人不履行生效判决或裁定，另一方当事人可以申请法院强制执行。

除上述四种民事纠纷解决方式外，由于建设工程活动及其纠纷的专业性、复杂性，我国在建设工程法律实践中还在探索其他解决纠纷的新方式，如争议评审机制。

2）行政纠纷的法律解决途径

行政纠纷的法律解决途径主要有两种，即行政复议和行政诉讼。

（1）行政复议

行政复议是公民、法人或其他组织（作为行政相对人）认为行政机关的具体行政行为侵犯其合法权益，依法请求法定的行政复议机关审查该具体行政行为的合法性、适当性，该复议机关依照法定程序对该具体行政行为进行审查，并做出行政复议决定的法律制度。这是公民、法人或其他组织通过行政救济途径解决行政争议的一种方法。

行政复议的基本特点是：①提出行政复议的，必须是认为行政机关行使职权的行为侵犯其合法权益的公民、法人和其他组织；②当事人提出行政复议，必须是在行政机关已经做出行政决定之后，如果行政机关尚未做出决定，则不存在复议问题。复议的任务是解决行政争议，而不是解决民事或其他争议；③当事人对行政机关的行政决定不服，只能按照法律规定向有行政复议权的行政机关申请复议；④行政复议以书面审查为主，以不调解为原则。行政复议的结论做出后，即具有法律效力。只要法律未规定复议决定为终局裁决的，当事人对复议决定不服的，仍可以按《中华人民共和国行政诉讼法》（以下简称《行政诉讼法》）的规定，向人民法院提请诉讼。

（2）行政诉讼

行政诉讼是公民、法人或其他组织依法请求法院对行政机关具体行政行为的合法性进行审查并依法裁判的法律制度。《行政诉讼法》规定，公民、法人或者其他组织认为行政机关和行政机关工作人员的具体行政行为侵犯其合法权益，有权依照本法向人民法院提起诉讼。

行政诉讼的主要特征是：①行政诉讼是法院解决行政机关实施具体行政行为时与公民、法人或其他组织发生的争议；②行政诉讼为公民、法人或其他组织提供法律救济的同时，具有监督行政机关依法行政的功能；③行政诉讼的被告与原告是恒定的，即被告只能是行政机关，原告则是作为行政行为相对人的公民、法人或其他组织，不可能互换诉讼身份。

除法律、法规规定必须先申请行政复议的以外，行政纠纷当事人可以自主选择申请行政复议还是提起行政诉讼。

12.2 调解、和解制度与争议评审

1. 调解的规定

调解方式主要有人民调解、行政调解、仲裁调解、法院调解和专业机构调解等。

1）人民调解

（1）人民调解的原则和人员结构

人民调解的基本原则是：①当事人自愿原则、②当事人平等原则、③合法原则、④尊重当事人权利原则。

人民调解的组织形式是人民调解委员会。

《中华人民共和国人民调解法》规定，人民调解委员会是村民委员会和居民委员会下设的调解民间纠纷的群众性自治组织，在人民政府和基层人民法院指导下进行工作。人民调解委员会由3～9人组成，设主任1人，必要时可以设副主任若干人。人民调解员由人民调解委员会委员和人民调解委员会聘任的人员担任。

人民调解员应当具备的基本条件是：①公道正派、②热心人民调解工作、③具有一定文化水平、④有一定的法律知识和政策水平、⑤成年公民。

（2）人民调解的程序和调解协议。

人民调解应当遵循的程序主要是：①当事人申请调解，②人民调解委员会主动调解，③指定调解员或由当事人选定调解员进行调解，④达成协议，⑤调解结束。

经人民调解委员会调解达成调解协议的，可以制作调解协议书。当事人认为无需制作调解协议的，可以采取口头协议的方式，人民调解员应当记录协议内容。经人民调解委员会调解达成的调解协议具有法律约束力，当事人应当按照约定履行。当事人就调解协议的履行或者调解协议的内容发生争议的，一方当事人可以向法院提起诉讼。

2）行政调解

行政调解分为两种：①基层人民政府，即乡、镇人民政府对一般民间纠纷的调解；②国家行政机关依照法律规定对某些特定民事纠纷或经济纠纷或劳动纠纷等进行的调解。行政调解属于诉讼外调解。行政调解达成的协议也不具有强制约束力。

3）仲裁调解

仲裁庭在做出裁决前，可以先行调解。当事人自愿调解的，仲裁庭应当调解。调解不成的，应当及时做出裁决。调解达成协议的，仲裁庭应当制作调解书或者根据协议的结果制作裁决书。调解书与裁决书具有同等法律效力。调解书经双方当事人签收后，即发生法律效力。在调解书签收前当事人反悔的，仲裁庭应当及时做出裁决。

4）法院调解

（1）调解方法

《民事诉讼法》规定，人民法院进行调解，可以由审判员一人主持，也可以由合议庭主持，并尽可能就地进行。人民法院进行调解，可以用简便方式通知当事人、证人到庭。

人民法院进行调解，可以邀请有关单位和个人协助。被邀请的单位和个人，应当协助人民法院进行调解。

（2）调解协议

调解达成协议，必须双方自愿，不得强迫。调解协议的内容不得违反法律规定。调解达成协议，人民法院应当制作调解书。调解书应当写明诉讼请求、案件的事实和调解结果。调解书由审判员、书记员署名，加盖人民法院印章，送达双方当事人。调解书经双方当事人签收后，即具有法律效力。

但是，下列案件调解达成协议，人民法院可以不制作调解书：①调解和好的离婚案件、②调解维持收养关系的案件、③能够即时履行的案件、④其他不需要制作调解书的案件。

调解未达成协议或者调解书送达前一方反悔的，人民法院应当及时判决。

5）专业机构调解

专业机构调解是当事人在发生争议前或争议后，协议约定由指定的具有独立调解规则的机构按照其调解规则进行调解。所谓调解规则，是指调解机构、调解员以及调解当事人之间在调解过程中所应遵守的程序性规范。

2. 和解的规定

和解与调解的区别在于：和解是当事人之间自愿协商，达成协议，没有第三人参加；而调解是在第三人主持下进行疏导、劝说，使之相互谅解，自愿达成协议。

1）和解的类型

和解的应用很灵活，可以在多种情形下达成和解协议。

（1）诉讼前的和解

诉讼前的和解是指发生诉讼以前，双方当事人互相协商达成协议，解决双方的争执。这是一种民事法律行为，是当事人依法处分自己民事实体权利的表现。

和解成立后，当事人所争执的权利即归确定，所抛弃的权利随即消失，当事人不得任意反悔要求撤销。但是，如果和解所依据的文件，事后发现是伪造或涂改的；和解事件已为法院判决所确定，而当事人于和解时不知情的；当事人对重要的争执有重大误解而达成协议的，当事人都可以要求撤销和解。

（2）诉讼中的和解

诉讼中的和解是当事人在诉讼进行中互相协商，达成协议，解决双方的争执。《民事诉讼法》规定，双方当事人可以自行和解。这种和解在法院做出判决前，当事人都可以进行。当事人可以就整个诉讼标的达成协议，也可以就诉讼的个别问题达成协议。

诉讼阶段的和解没有法律效力。当事人和解后，可以请求法院调解，制作调解书，经当事人签名盖章产生法律效力，从而结束诉讼程序的全部或一部分。结束全部程序的，即视为当事人撤销诉讼。

（3）执行中的和解

执行中的和解是在发生法律效力的民事判决、裁定后，法院在执行中，当事人互相协商，达成协议，解决双方的争执。

《民事诉讼法》规定，在执行中，双方当事人自行和解达成协议的，执行员应当将协议内容记入笔录，由双方当事人签名或者盖章。一方当事人不履行和解协议的，人民法院可以根据对方当事人的申请，恢复对原生效法律文书的执行。

（4）仲裁中的和解

《仲裁法》规定，当事人申请仲裁后，可以自行和解。

和解是双方当事人的自愿行为，不需要仲裁庭的参与。达成和解协议的，可以请求仲裁庭根据和解协议做出裁决书，也可以撤回仲裁申请。当事人达成和解协议，撤回仲裁申请后又反悔的，可以根据原仲裁协议重新申请仲裁。

2）和解的效力

和解达成的协议不具有强制约束力，如果一方当事人不按照和解协议执行，另一方当事人不可以请求人民法院强制执行，但可以向法院提起诉讼，也可以根据仲裁协议申请仲裁。

法院或仲裁庭通过对和解协议的审查，对于意思真实而又不违反法律强制性或禁止性规定的和解协议予以支持，也可以支持遵守协议方要求违反协议方就不执行该和解协议承担违约责任的请求。但是，对于一方非自愿做出的或违反法律强制性或禁止性规定的和解协议不予支持。

3. 争议评审机制的规定

1）争议评审制度的起源和发展

争议评审制度起源于美国，指在工程开始时或进行过程中当事人选择独立于任何一方当事人的争议评审专家（通常3人，小型工程1人）组成评审小组，就当事人发生的争议及时提出解决问题的建议或者做出决定的争议解决方式。当事人不接受评审组的建议或者裁决，仍可通过仲裁或者诉讼的方式解决争议。

争议评审与其他争议解决机制相比的优势是：专业性、快速反应、现场解决问题、创造良好气氛、争议双方不需要律师的介入，以及双方最终仍保留诉讼或仲裁的救济途径。

2）我国对争议评审的规定

采用争议评审的，发包人和承包人应在开工日后的28天内或在争议发生后，协商成立争议评审组。争议评审组由有合同管理和工程实践经验的专家组成。

12.3 民事诉讼制度

1. 民事诉讼的法院管辖

民事诉讼中的管辖是指各级法院之间和同级法院之间受理第一审民事案件的分工和权限。

1）级别管辖

级别管辖是指按照一定的标准，划分上下级法院之间受理第一审民事案件的分工和权限。我国法院有四级，分别是：基层人民法院、中级人民法院、高级人民法院和最高人民法院，每一级均受理第一审民事案件。《民事诉讼法》主要根据案件的性质、复杂程度和案件影响来确定级别管辖。

中级人民法院管辖的第一审民商事案件由高级人民法院自行确定，并经最高人民法院批准。

2）地域管辖

地域管辖是指按照各法院的辖区和民事案件的隶属关系，划分同级法院受理第一审民事案件的分工和权限。地域管辖实际上是以法院与当事人、诉讼标的以及法律事实之间的隶属关系和关联关系来确定的，主要包括如下几种情况：

（1）一般地域管辖

一般地域管辖是以当事人与法院的隶属关系来确定诉讼管辖，通常实行"原告就被告"原则，即以被告住所地作为确定管辖的标准。《民事诉讼法》第二十二条规定：

①对公民提起的民事诉讼，由被告住所地人民法院管辖；被告住所地与经常居住地不一致的，由经常居住地人民法院管辖。其中，公民的住所地是指该公民的户籍所在地；经常居住地是指公民离开住所至起诉时已连续居住满1年的地方，但公民住院就医的地方除外。

②对法人或者其他组织提起的民事诉讼，由被告住所地人民法院管辖。被告住所地是指法人或者其他组织的主要办事机构所在地或者主要营业地。

（2）特殊地域管辖

特殊地域管辖是指以被告住所地、诉讼标的所在地、法律事实所在地为标准确定的管辖。《民事诉讼法》规定了九种特殊地域管辖的诉讼，其中与工程建设领域关系最为密切的是因合同纠纷提起的诉讼。

《民事诉讼法》第二十四条规定，因合同纠纷提起的诉讼，由被告住所地或者合同履行地人民法院管辖。合同履行地是指合同约定的履行义务的地点，主要是指合同标的交付地点。合同履行地应当在合同中明确约定。对于购销合同纠纷，对当事人在合同中明确约定履行地点的，以约定的履行地点为合同履行地；当事人在合同中未明确约定履行地点的，以约定的交货地点为合同履行地。合同中约定的货物到达地、到站地、验收地、安装调试地等，均不应视为合同履行地。对于建设工程施工合同纠纷，《最高人民法院关于审理建设工程施工合同纠纷案件适用法律问题的解释》中规定，建设工程施工合同纠纷以施工行为地为合同履行地。

发生合同纠纷的，《民事诉讼法》还规定了协议管辖制度。所谓协议管辖，是指合同当事人在纠纷发生前后，在法律允许的范围内，以书面形式约定案件的管辖法院。协议管辖仅适用于合同纠纷。《民事诉讼法》规定，合同的当事人可以在书面合同中协议选择被告住所地、合同履行地、合同签订地、原告住所地、标的物所在地人民法院管辖，但不得违反本法对级别管辖和专属管辖的规定。

（3）专属管辖

专属管辖是指法律规定某些特殊类型的案件专门由特定的法院管辖。专属管辖是排他性管辖，排除了诉讼当事人协议选择管辖法院的权利。专属管辖与一般地域管辖和特殊地域的关系是：凡法律规定为专属管辖的诉讼，均适用专属管辖。

《民事诉讼法》中规定了三种适用专属管辖的案件，其中因不动产纠纷提起的诉讼，由不动产所在地人民法院管辖，如房屋买卖纠纷、土地使用权转让纠纷等。应当注意的是，根据《最高人民法院关于审理建设工程施工合同纠纷案件适用法律问题的解释》的规定，建设工程施工合同纠纷不适用专属管辖，而应当按照《民事诉讼法》的规定，适用合同纠纷的地域管辖原则，即由被告住所地或合同履行地人民法院管辖。发包人和承包人也可根据《民事诉讼法》的规定，在发包人住所地、承包人住所地、合同签订地、施工行为地（工程所在地）的范围内，通过协议确定管辖法院。

（4）移送管辖和指定管辖

①移送管辖

人民法院发现受理的案件不属于本院管辖的，应当移送有管辖权的人民法院，受移送的人民法院应当受理。受移送的人民法院认为受移送的案件依照规定不属于本院管辖的，应当报请上级人民法院指定管辖，不得再自行移送。

②指定管辖

有管辖权的人民法院由于特殊原因，不能行使管辖权的，由上级人民法院指定管辖。人民法院之间因管辖权发生争议，由争议双方协商解决；无法协商解决的，报请其共同上级人民法院指定管辖。

（5）管辖权异议

管辖权异议是指当事人向受诉法院提出的该法院对案件无管辖权的主张。《民事诉讼法》规定，人民法院受理案件后，当事人对管辖权有异议的，应当在提交答辩状期间提出。人民法院对当事人提出的异议，应当审查。异议成立的，裁定将案件移交有管辖权的人民法院；异议不成立的，裁定驳回。根据《最高人民法院关于审理民事级别管辖异议案件若干问题的规定》，受诉人民法院应当在受理异议之日起 15 日内做出裁定；对人民法院就级别管辖异议做出的裁定，当事人不服提起上诉的，第二审人民法院应当依法审理并做出裁定。

2. 民事诉讼当事人和代理人的规定

（1）诉讼当事人

民事诉讼中的当事人，是指因民事权利和义务发生争议，以自己的名义进行诉讼，请求人民法院进行裁判的公民、法人或其他组织。狭义的民事诉讼当事人包括原告和被告；广义的民事诉讼当事人包括原告、被告、共同诉讼人和第三人。其中，原告是指为保护自己的合法权益，以自己的名义向法院提起诉讼，从而引起诉讼程序发生的人；被告是指，侵犯原告利益，需要追究民事责任，并经法院通知其应诉的人；共同诉述人是指，当事人一方或双方为二人以上（含二人），诉讼标的是共同的，或者诉讼标的是同一种类、人民法院认为可以合并审理并经当事人同意，一同在人民法院进行诉讼的人；第三人是指，诉讼中有独立请求权或虽无独立请求权，但案件的处理结果与其在法律上有利害关系，而参与到诉讼中的人。

（2）诉讼代理人

诉讼代理人，是指根据法律规定或当事人的委托，代理当事人进行民事诉讼活动的人。与代理分为法定代理、委托代理和指定代理相一致，诉讼代理人通常也可分为法定诉讼代理人、委托诉讼代理人和指定诉讼代理人。在建设工程领域，最常见的是委托诉讼代理人。

当事人、法定代理人可以委托 1 或 2 人作为诉讼代理人。可以被委托为诉讼代理人的人员有：律师、基层法律服务工作者，当事人的近亲属或者工作人员，当事人所在社区、单位以及有关社会团体推荐的公民。

《民事诉讼法》第六十二条规定，委托他人代为诉讼，必须向人民法院提交由委托人签名或者盖章的授权委托书。授权委托书必须记明委托事项和权限。诉讼代理人代为承认、放弃、变更诉讼请求，进行和解，提起反诉或者上诉，必须有委托人的特别授权。针对实践中经常出现的授权委托书仅写"全权代理"而无具体授权的情形，《最高人民法院关于适用〈中华人民共和国民事诉讼法〉的解释》（法释〔2022〕11 号）第八十九条特别规定，授权委托书仅写"全权代理"而无具体授权的，诉讼代理人无权代为承认、放弃、变更诉讼请求，进行和解，提出反诉或者提起上诉。

3. 民事诉讼中的证据制度

1）证据的概念和种类

（1）证据的概念

证据是指在诉讼中能够证明案件真实情况的各种资料。当事人只有通过证据才能证明自己主张的观点是正确的。因此，证据在民事纠纷的处理过程中具有非常重要的地位。

（2）证据的种类

根据《民事诉讼法》第六十六条的规定，证据包括当事人陈述、书证、物证、视听资料、电子数据、证人证言、鉴定意见、勘验笔录。证据必须查证属实，才能作为认定事实的根据。证据的具体种类如表 12-1 所示。

证据的种类 表 12-1

证据的种类	①当事人陈述	当事人陈述，是指当事人在诉讼中就本案的事实向法院所做的说明。作为证据的当事人陈述是指那些能够证明案件事实的陈述 《民事诉讼法》第七十八条规定，人民法院对当事人的陈述，应当结合本案的其他证据，审查确定能否作为认定事实的根据
	②书证	书证，是指以文字、符号、图形等形式所记载的内容或表达的思想来证明案件事实的证据，如合同文本、信函、电报、传真、图纸、图表等各种书面文件或纸面文字材料，但书证的物质载体并不限于纸质材料，非纸类的物质也可成为载体，如木、竹、金属等。书证的真实性较强，不易伪造
	③物证	物证，是指能够证明案件事实的物品及其痕迹。凡是以其存在的外形、质量、规格、损坏程度等物体的内部、外部特征和属性来证明待证事实的一部或者全部的物品及痕迹，均属于物证范畴。物证与其他证据比较，具有较强的可靠性和稳定性，难以伪造
	④视听资料	视听资料，是指利用录音、摄像、拍照等技术手段反映的声音、图像证明案件事实的证据。常见的视听资料有录音带、录像带、胶卷等 《民事诉讼法》第七十四条规定，人民法院对视听资料，应当辨别真伪，并结合本案的其他证据，审查确定能否作为认定事实的根据。根据《最高人民法院关于民事诉讼证据的若干规定》（以下简称《证据规定》）第九十条规定，存有疑点的视听资料、电子数据，不能单独作为认定案件事实的根据。据此，对于未经对方当事人同意私自录制其谈话取得的资料，只要不是以侵害他人合法权益（如侵害隐私）或者违反法律禁止性规定的方法（如窃听）取得的，仍可以作为认定案件事实的依据
	⑤电子数据	电子数据，是指以电子数据的形式存在于计算机存储器或磁盘、光盘、存储卡、手机等外部存储介质中，能够证明案件真实情况的电子数据证明材料或与案件有关的其他电子数据材料，如电子商务中的电子合同、电子提单、电子保险单、电子发票、电子文档、电子邮件、手机短信等 电子数据与视听资料的区别，在于电子数据更强调以电子方式记录数据
	⑥证人证言	证人，是指了解案件事实情况并向法院或当事人提供证词的人。证言，是指证人将其了解的案件事实向法院所做的陈述或证词。在我国证人包括单位证人和自然人证人两大类。单位作为证人要出庭作证时，应当由单位的法定代表人、负责人或经其授权的人代表单位作证

证据的种类	⑦鉴定意见	鉴定意见,是指鉴定人运用自己的专门知识,对案件中的专门性问题进行鉴定后所作出的书面结论。当事人申请鉴定,应当注意在举证期限内提出
		《民事诉讼法》第七十九条规定,当事人可以就查明事实的专门性问题向人民法院申请鉴定。当事人申请鉴定的,由双方当事人协商确定具备资格的鉴定人;协商不成的,由人民法院指定。当事人未申请鉴定,人民法院对专门性问题认为需要鉴定的,应当委托具备资格的鉴定人进行鉴定
		根据《证据规定》第四十条的规定,当事人申请重新鉴定,存在下列情形之一的,人民法院应当准许:(a)鉴定人不具备相应资格的;(b)鉴定程序严重违法的;(c)鉴定意见明显依据不足的;(d)鉴定不能作为证据使用的其他情形
		对鉴定意见的瑕疵,可以通过补正、补充鉴定或者补充质证、重新质证等方法解决的,人民法院不予准许不予重新鉴定的申请
	⑧勘验笔录	勘验笔录,是指人民法院审判人员或者行政机关工作人员对能够证明案件事实的现场或者对不能、不便拿到人民法院的物证,就地进行分析、检验、测量、勘察后所做的记录。包括文字记录、绘图、照相录像、模型等材料

2) 证据的保全

解决纠纷的过程就是证明的过程。在诉讼或仲裁中,哪些事实需要证据证明,哪些无需证明;这些事实由谁证明;靠什么证明;怎么证明;证明到什么程度,这五个问题构成了证据应用的全部内容,即证明对象、举证责任、证据收集、证明过程、证明标准。证据保全是重要的证据固定措施。

(1) 证据保全的概念和作用

所谓证据保全,是指在证据可能灭失或以后难以取得的情况下,法院根据申请人的申请或依职权,对证据加以固定和保护的制度。

民事诉讼或仲裁均是以证据为基础展开的。依据有关证据,当事人和法院、仲裁机构才能够了解或查明案件真相,确定争议的原因,从而正确地处理纠纷。但是,从纠纷的产生直至案件开庭审理必然有一个时间间隔。在这段时间内,有些证据由于自然原因或人为原因,可能会灭失或难以取得。为了防止这种情况可能给当事人的举证以及法院、仲裁机构的审理带来困难。《民事诉讼法》规定,在证据可能灭失或者以后难以取得的情况下,诉讼参加人可以向人民法院申请保全证据,人民法院也可以主动采取保全措施。

(2) 证据保全的申请

《证据规定》中规定,当事人依据《民事诉讼法》的规定向人民法院申请保全证据的,不得远于举证期限届满前 7 日。当事人申请保全证据的,人民法院可以要求其提供相应的担保。

《仲裁法》也规定,在证据可能灭失或者以后难以取得的情况下,当事人可以申请证据保全。当事人申请证据保全的,仲裁委员会应当将当事人的申请提交证据所在地的基层人民法院。

（3）证据保全的实施

《证据规定》中规定，人民法院进行证据保全，可以根据具体情况，采用查封、扣押、拍照、录音、录像、复制、鉴定、勘验、制作笔录等方法。人民法院进行证据保全，可以要求当事人或者诉讼代理人到场。

3）证据的应用

（1）举证时限

所谓举证时限，是指法律规定或法院、仲裁机构指定的当事人能够有效举证的期限。举证时限是一种限制当事人诉讼行为的制度，其主要目的在于促使当事人积极举证，提高诉讼效率，防止当事人违背诚实信用原则，在证据上搞"突然袭击"或拖延诉讼。

《证据规定》中规定，人民法院在送达案件受理通知书和应诉通知书的同时向当事人送达举证通知书，举证通知书应载明人民法院根据案件情况指定的举证期限以及逾期提供证据的法律后果。

（2）证据交换

我国民事诉讼中的证据交换，是指在诉讼答辩期届满后、开庭审理前，在法院的主持下，当事人之间相互明示其持有证据的过程。证据交换制度的设立，有利于当事人之间明确争议焦点，集中辩论；有利于法院尽快了解案件争议焦点，集中审理；有利于当事人尽快了解对方的事实依据，促进当事人进行和解和调解。证据交换应当在审判人员的主持下进行。在证据交换的过程中，审判人员对当事人无异议的事实、证据应当记录在卷；对有异议的证据，按照需要证明的事实分类记录在卷，并记载异议的理由。通过证据交换，确定双方当事人争议的主要问题。

（3）质证

质证是指当事人在法庭的主持下，围绕证据的真实性、合法性、关联性，针对证据证明力有无以及证明力大小，进行质疑、说明与辩驳的过程。《证据规定》中规定，证据应当在法庭上出示，由当事人质证。未经质证的证据，不能作为认定案件事实的依据。

（4）认证

认证即证据的审核认定，是指法院对经过质证或当事人在证据交换中认可的各种证据材料做出审查判断，确认其能否作为认定案件事实的根据。认证是正确认定案件事实的前提和基础，其具体内容是对证据证明力有无和证明力大小进行审查确认。

4. 民事诉讼时效的规定

1）诉讼时效的概念

诉讼时效，是指权利人在法定的时效期间内，未行使其权利的，依据法律规定消灭其胜诉权的制度。《民法典》第一百八十八条规定，向人民法院请求保护民事权利的诉讼时效期间为三年。法律另有规定的，依照其规定。

超过诉讼时效期间，在法律上发生的效力是权利人的胜诉权消灭。超过诉讼时效期间权利人行使权利的，如果符合《民事诉讼法》规定的起诉条件，法院仍然应当受理。如果法院经受理后查明无中止、中断、延长事由的，判决驳回诉讼请求。但是，依照《最高人民法院关于审理民事案件适用诉讼时效制度若干问题的规定》，当事人未提出诉讼时效抗辩，人民法院不应对诉讼时效问题进行释明。当事人违反法律规定，约定延长或者缩短诉讼时效期间、预先放弃诉讼时效利益的，法院不予认可。

应当注意的是，根据《民法典》的规定，超过诉讼时效期间，当事人自愿履行的，不受诉讼时效限制。

2）不适用于诉讼时效的情形

当事人可以对债权请求权提出诉讼时效抗辩，但对下列债权请求权提出诉讼时效抗辩的，法院不予支持：（1）支付存款本金及利息请求权；（2）兑付国债、金融债券以及向不特定对象发行的企业债券本息请求权；（3）基于投资关系产生的缴付出资请求权；（4）其他依法不适用诉讼时效规定的债权请求权。

3）诉讼时效期间的种类

根据我国《民法典》及有关法律的规定，诉讼时效期间通常可划分为四类。

（1）普通诉讼时效，即向人民法院请求保护民事权利的期间。普通诉讼时效期间通常为2年。

（2）短期诉讼时效。下列诉讼时效期间为1年：身体受到伤害要求赔偿的；延付或拒付租金的；出售质量不合格的商品未声明的；寄存财物被丢失或损毁的。

（3）特殊诉讼时效。特殊诉讼时效不是由民法规定的，而是由特别法规定的诉讼时效。例如，《民法典》第五百九十四条规定，因国际货物买卖合同和技术进出口合同争议提起诉讼或者申请仲裁的时效期间为四年；《中华人民共和国海商法》规定，就海上货物运输向承运人要求赔偿的请求权，时效期间为1年。

（4）权利的最长保护期限。诉讼时效期间从知道或应当知道权利被侵害时起计算。但是，从权利被侵害之日起超过20年的，法院不予保护。

4）诉讼时效期间的起算

《民法典》规定诉讼时效期间自权利人知道或者应当知道权利受到损害以及义务人之日起计算。法律另有规定的，依照其规定。但是，自权利受到损害之日起超过20年的，人民法院不予保护，有特殊情况的，人民法院可以根据权利人的申请决定延长。下列情况下，诉讼时效期间的计算方法是：

（1）人身损害赔偿的诉讼时效期间，伤害明显的，从受伤害之日起算；伤害当时未曾发现，后经检查确诊并能证明是由侵害引起的，从伤势确诊之日起算。

（2）当事人约定同一债务分期履行的，诉讼时效期间从最后一期履行期限届满之日起计算。

（3）未约定履行期限的合同，依照《民法典》规定，可以确定履行期限的，诉讼时效期间从履行期限届满之日起计算；不能确定履行期限的，诉讼时效期间从债权人要求债务人履行义务的宽限期届满之日起计算，但债务人在债权人第一次向其主张权利之时明确表示不履行义务的，诉讼时效期间从债务人明确表示不履行义务之日起计算。

（4）合同被撤销，返还财产、赔偿损失请求权的，诉讼时效期间从合同被撤销之日起计算。

（5）返还不当得利请求权的诉讼时效期间，从当事人一方知道或者应当知道不当得利事实及对方当事人之日起计算。

（6）管理人因无因管理行为产生的给付必要管理费用、赔偿损失请求权的诉讼时效期间，从无因管理行为结束并且管理人知道或者应当知道本人之日起计算。

（7）本人因不当无因管理行为产生的赔偿损失请求权的诉讼时效期间，从其知道或者应当知道管理人及损害事实之日起计算。

5）诉讼时效中止和中断

（1）诉讼时效中止

《民法典》第一百九十四条规定，在诉讼时效期间的最后 6 个月内，因下列障碍，不能行使请求权的，诉讼时效中止：

①不可抗力。

②无民事行为能力人或者限制民事行为能力人没有法定代理人，或者法定代理人死亡、丧失民事行为能力、丧失代理权。

③继承开始后未确定继承人或者遗产管理人。

④权利人被义务人或者其他人控制。

⑤其他导致权利人不能行使请求权的障碍。

自中止时效的原因消除之日起满 6 个月，诉讼时效期间届满。

根据上述规定，诉讼时效中止，应当同时满足两个条件：①权利人由于不可抗力或者其他障碍，不能行使请求权；②导致权利人不能行使请求权的事由发生在诉讼时效期间的最后 6 个月内。

诉讼时效中止，即诉讼时效期间暂时停止计算。在导致诉讼时效中止的原因消除后，也就是权利人开始可以行使请求权时起，诉讼时效期间继续计算。

（2）诉讼时效中断

《民法典》第一百九十五条规定，有下列情形之一的，诉讼时效中断，从中断、有关程序终结时起，诉讼时效期间重新计算：

①权利人向义务人提出履行请求。

②义务人同意履行义务。

③权利人提起诉讼或者申请仲裁。

④与提起诉讼或者申请仲裁具有同等效力的其他情形。

《最高人民法院关于审理民事案件适用诉讼时效制度若干问题的规定》中规定了诉讼时效中断的特殊情形：

①具有下列情形之一的，应当认定为《民法典》规定的"当事人一方提出要求"，产生诉讼时效中断的效力：（a）当事人一方直接向对方当事人送交主张权利文书，对方当事人在文书上签字、盖章或者虽未签字、盖章但能够以其他方式证明该文书到达对方当事人的；（b）当事人一方以发送信件或者数据电文方式主张权利，信件或者数据电文到达或者应当到达对方当事人的；（c）当事人一方为金融机构，依照法律规定或者当事人约定从对方当事人账户中扣收欠款本息的；（d）当事人一方下落不明，对方当事人在国家级或者下落不明的当事人一方住所地的省级有影响的媒体上刊登具有主张权利内容的公告的，但法律和司法解释另有特别规定的，适用其规定。

②权利人对同一债权中的部分债权主张权利，诉讼时效中断的效力及剩余债权，但权利人明确表示放弃剩余债权的情形除外。

③当事人一方向法院提交起诉状或者口头起诉的，诉讼时效从提交起诉状或者口头起诉之日起中断。

④下列事项之一，法院应当认定与提起诉讼具有同等诉讼时效中断的效力：（a）申请仲裁；（b）申请支付令；（c）申请破产、申报破产债权；（d）为主张权利而申请宣告义务人失踪或死亡；（e）申请诉前财产保全、诉前临时禁令等诉前措施；（f）申请强制执行；（g）申请追加当事人或者被通知参加诉讼；（h）在诉讼中主张抵消；（i）其他与提起诉讼具有同等诉讼时效中断效力的事项。

⑤权利人向人民调解委员会以及其他依法有权解决相关民事纠纷的国家机关、事业单位、社会团体等社会组织提出保护相应民事权利的请求，诉讼时效从提出请求之日起中断。

⑥权利人向公安机关、人民检察院、人民法院报案或者控告，请求保护其民事权利的，诉讼时效从其报案或者控告之日起中断。上述机关决定不立案、撤销案件、不起诉的，诉讼时效期间从权利人知道或者应当知道不立案、撤销案件或者不起诉

之日起重新计算；刑事案件进入审理阶段，诉讼时效期间从刑事裁判文书生效之日起重新计算。

⑦义务人做出分期履行、部分履行、提供担保、请求延期履行、制定清偿债务计划等承诺或者行为的，应当认定为《民法典》中规定的当事人一方"同意履行义务"。

⑧对于连带债权人中的一人发生诉讼时效中断效力的事由，应当认定对其他连带债权人也发生诉讼时效中断的效力。

⑨债权人提起代位权诉讼的，应当认定对债权人的债权和债务人的债权均发生诉讼时效中断的效力。

⑩债权转让的，应当认定诉讼时效从债权转让通知到达债务人之日起中断。债务承担情形下，构成原债务人对债务承认的，应当认定诉讼时效从债务承担意思表示到达债权人之日起中断。

5. 民事诉讼的审判程序

审判程序是人民法院审理案件适用的程序，可分为第一审程序、第二审程序和审判监督程序。

1）第一审程序

第一审程序包括普通程序和简易程序。普通程序是《民事诉讼法》规定的民事诉讼当事人进行第一审民事诉讼和人民法院审理第一审民事案件所通常适用的诉讼程序，具有独立性和广泛性，是整个民事审判程序的基础；简易程序是基层人民法院和它派出的法庭审理事实清楚、权利义务关系明确、争议不大的简单的民事案件的程序。

《民事诉讼法》第一百五十二条规定，人民法院适用普通程序审理的案件，应当在立案之日起6个月内审结。有特殊情况需要延长的，经本院院长批准，可以延长6个月；还需要延长的，报请上级人民法院批准。

（1）起诉

起诉，是指公民、法人和其他组织在其民事权益受到侵害或者发生争议时，请求人民法院通过审判给予司法保护的诉讼行为。起诉是当事人获得司法保护的手段，也是人民法院对民事案件行使审判权的前提。

根据《民事诉讼法》第一百二十二条规定，起诉必须符合下列条件：①原告是与本案有直接利害关系的公民、法人和其他组织；②有明确的被告；③有具体的诉讼请求和事实、理由；④属于人民法院受理民事诉讼的范围和受诉人民法院管辖。

起诉方式，应当以书面起诉为原则，口头起诉为例外。起诉应当向人民法院递交起诉状，并按照被告人数提出副本。

起诉状应当记明下列事项：

①原告的姓名、性别、年龄、民族、职业、工作单位、住所、联系方式，法人或者其他组织的名称、住所和法定代表人或者主要负责人的姓名、职务、联系方式。

②被告的姓名、性别、工作单位、住所等信息，法人或者其他组织的名称、住所等信息。

③诉讼请求和所根据的事实和理由。

④证据和证据来源、证人姓名和住所。

（2）受理

根据《民事诉讼法》第一百二十六条的规定，人民法院收到起诉状，经审查，认为符合起诉条件的，应当在 7 日内立案，并通知当事人；不符合起诉条件的，应当在 7 日内做出裁定书，不予受理；原告对裁定不服的，可以提起上诉。

（3）审理前的准备

审理前的准备，是指人民法院接受原告起诉并决定立案受理后，在开庭审理之前，由承办案件的审判人员依法所做的各种准备工作。主要工作包括：①送达起诉状副本和提出答辩状；②告知当事人诉讼权利义务；③组成合议庭。

普通程序的审判组织应当采用合议制。合议庭组成人员确定后，应当在 3 日内告知当事人。

（4）开庭审理

开庭审理，是指人民法院在当事人和其他诉讼参与人参加下，对案件进行实体审理的诉讼活动。人民法院审理民事案件，应当在开庭 3 日前通知当事人和其他诉讼参与人。公开审理的，应当公告当事人姓名、案由和开庭的时间、地点。开庭审理主要有以下四个步骤。

①宣布开庭

开庭审理前，由书记员查明当事人和其他诉讼参与人是否到庭，宣布法庭纪律。

开庭审理时，由审判长核对当事人，宣布案由，宣布审判人员、书记员名单，告知当事人有关的诉讼权利义务，询问当事人是否提出回避申请。

②法庭调查

法庭调查，是在法庭上出示与案件有关的全部证据，对案件事实进行全面调查并由当事人进行质证的程序。

法庭调查按照下列顺序进行：（a）当事人陈述；（b）告知证人的权利义务，证人作证，宣读未到庭的证人证言；（c）出示书证、物证、视听资料和电子数据；（d）宣读鉴定意见；（e）宣读勘验笔录。

经过庭审质证的证据，能够当即认定的应当当庭认定。未经庭审质证的证据资料不能作为定案的依据。审判员如果认为案情已经查清，即可宣布终结法庭调查，转入法庭辩论阶段。

③法庭辩论

法庭辩论，是当事人及其诉讼代理人在法庭上行使辩论权，针对有争议的事实和法律问题进行辩论的程序。法庭辩论的目的，是通过当事人及其诉讼代理人的辩论，对有争议的问题逐一进行审查和核实，借此查明案件的真实情况和正确适用法律。

法庭辩论按照下列顺序进行：（a）原告及其诉讼代理人发言；（b）被告及其诉讼代理人答辩；（c）第三人及其诉讼代理人发言或者答辩；（d）互相辩论。

法庭辩论终结，由审判长按照原告、被告、第三人的先后顺序征询各方最后意见。

④宣判

法庭辩论终结，应依法做出判决。判决前能够调解的，还可进行调解，调解不成的，应及时判决。宣告判决时，必须告知当事人上诉权利、上诉期限和上诉的法院。

《民事诉讼法》第一百四十六条规定，原告经传票传唤，无正当理由拒不到庭的，或者未经法庭许可中途退庭的，可以按撤诉处理；被告反诉的，可以缺席判决。

《民事诉讼法》第一百四十七条规定，被告经传票传唤，无正当理由拒不到庭的，或者未经法庭许可中途退庭的，可以缺席判决。

（5）法庭笔录

法庭笔录是在法庭审理过程中，由书记员制作的反映法庭全部审理活动的真实情况的记录。法庭笔录应当由全体审判人员、书记员签名，以表明法庭笔录的真实性和严肃性。

法庭笔录应当当庭宣读，也可以告知当事人和其他诉讼参与人当庭或者在 5 日内阅读。当事人和其他诉讼参与人认为对自己的陈述记录有遗漏或者差错的，有权申请补正。如果不予补正，应当将申请记录在案。法庭笔录由当事人和其他诉讼参与人签名或者盖章。拒绝签名盖章的，记明情况附卷。

（6）民事判决和裁定

①民事判决

民事判决，是指人民法院对审理结束的民事诉讼案件所做出的判决。判决书应当写明判决结果和做出该判决的理由，主要包括：（a）案由、诉讼请求、争议的事实和理由；（b）判决认定的事实和理由、适用的法律和理由；（c）判决结果和诉讼费用的负担；（d）上诉期间和上诉的法院。

判决书由审判人员、书记员署名,加盖人民法院印章。

②民事裁定

民事裁定,是指人民法院在审理民事案件时,为解决诉讼程序上的问题所做的裁定。根据《民事诉讼法》第一百五十七条的规定,裁定适用于下列范围:(a)不予受理;(b)对管辖权有异议的;(c)驳回起诉;(d)保全和先予执行;(e)准许或者不准许撤诉;(f)中止或者终结诉讼;(g)补正判决书中的笔误;(h)中止或者终结执行;(i)撤销或者不予执行仲裁裁决;(j)不予执行公证机关赋予强制执行效力的债权文书;(k)其他需要裁定解决的事项。对上述第(a)~(c)项裁定,可以上诉。

裁定书应当写明裁定结果和做出该裁定的理由。裁定书由审判人员、书记员署名,加盖人民法院印章。口头裁定的,记入笔录。

2)第二审程序

第二审程序又称上诉程序或终审程序,是指由于民事诉讼当事人不服地方各级人民法院尚未生效的第一审判决或裁定,在法定上诉期间内,向上一级人民法院提起上诉而引起的诉讼程序。由于我国实行两审终审制,上诉案件经第二审法院审理后做出的判决,裁定为终审的判决、裁定,诉讼程序即告终结。

《民事诉讼法》第一百八十三条规定,人民法院审理对判决的上诉案件,应当在第二审立案之日起3个月内审结。有特殊情况需要延长的,由本院院长批准。人民法院审理对裁定的上诉案件,应当在第二审立案之日起30日内做出终审裁定。

第二审人民法院审理上诉案件,除依照第二审程序规定外,适用第一审普通程序。

(1)上诉期间

《民事诉讼法》第一百七十一条规定,当事人不服地方人民法院第一审判决的,有权在判决书送达之日起15日内向上一级人民法院提起上诉。当事人不服地方人民法院第一审裁定的,有权在裁定书送达之日起10日内向上一级人民法院提起上诉。

(2)上诉状与答辩状

当事人提起上诉,应当递交上诉状。上诉状应当通过原审法院提出,并按照对方当事人的人数提出副本。当事人直接向第二审人民法院上诉的,第二审人民法院应当在5日内将上诉状移交原审人民法院。

原审人民法院收到上诉状,应当在5日内将上诉状副本送达对方当事人,对方当事人在收到之日起15日内提出答辩状。人民法院应当在收到答辩状之日起5日内将副本送达上诉人。

原审人民法院收到上诉状、答辩状,应当在5日内连同全部案卷和证据,报送第二审人民法院。

（3）二审法院对上诉案件的处理

第二审人民法院对上诉案件，经过审理，按照下列情形分别处理：①原判决认定事实清楚，适用法律正确的，判决驳回上诉，维持原判决；②原判决适用法律错误的，依法改判；③原判决认定事实错误，或者原判决认定事实不清，证据不足，裁定撤销原判决，发回原审人民法院重审，或者查清事实后改判；④原判决违反法定程序，可能影响案件正确判决的，裁定撤销原判决，发回原审人民法院重审。

第二审人民法院对不服第一审人民法院裁定的上诉案件的处理，一律使用裁定。

3）审判监督程序

审判监督程序即再审程序，是指由有审判监督权的法定机关和人员提起，或由当事人申请，由人民法院对发生法律效力的判决、裁定、调解书再次审理的程序。审判监督程序作为司法补救程序，是一种特别的审判程序。

6. 民事诉讼的执行程序

审判程序与执行程序是并列的独立程序。审判程序是产生裁判书的过程，执行程序是实现裁判书内容的过程。

1）执行程序的概念

执行程序是指人民法院的执行机构依照法定的程序，对发生法律效力并具有给付内容的法律文书，以国家强制力为后盾，依法采取强制措施，迫使具有给付义务的当事人履行其给付义务的行为。

2）执行根据

执行根据是当事人申请执行，人民法院移交执行以及人民法院采取强制措施的依据。执行根据是执行程序发生的基础，没有执行根据，当事人不能向人民法院申请执行，人民法院也不得采取强制措施。

执行根据主要有：

（1）人民法院制作的发生法律效力的民事判决书、裁定书以及生效的调解书等。

（2）人民法院做出的具有财产给付内容的发生法律效力的刑事判决书、裁定书。

（3）仲裁机构制作的依法由人民法院执行的生效仲裁裁决书、仲裁调解书。

（4）公证机关依法做出的赋予强制执行效力的公证债权文书。

（5）人民法院做出的先予执行的裁定、执行回转的裁定以及承认并协助执行外国判决、裁定或裁决的裁定。

（6）我国行政机关做出的法律明确规定由人民法院执行的行政决定。

（7）人民法院督促程序发布的支付令等。

3）执行案件的管辖

发生法律效力的民事判决、裁定，以及刑事判决、裁定中的财产部分，由第一审人民法院或者与第一审人民法院同级的被执行的财产所在地人民法院执行。

4）执行程序

（1）申请

人民法院做出的判决、裁定等法律文书，当事人必须履行。如果无故不履行，另一方当事人可向有管辖权的人民法院申请强制执行。申请强制执行应提交申请强制执行书，并附作为执行根据的法律文书。申请强制执行，还须遵守申请执行期限。申请执行的期间为 2 年。申请执行时效的中止、中断，适用法律有关诉讼时效中止、中断的规定。这里的期间，从法律文书规定履行期间的最后 1 日起计算；法律文书规定分期履行的，从规定的每次履行期间的最后 1 日起计算；法律文书未规定履行期间的，从法律文书生效之日起计算。

（2）执行

对于具有执行内容的生效裁判文书，由审判该案的审判人员将案件直接交付执行人员，随即开始执行程序。提交执行的案件有三类：具有给付或者履行内容的生效民事判决、裁定（包括先予执行的抚恤金、医疗费用等）；具有财产执行内容的刑事判决书、裁定书；审判人员认为涉及国家、集体或公民重大利益的案件。

（3）向上一级人民法院申请执行

人民法院自收到申请执行书之日起超过 6 个月未执行的，申请执行人可以向上一级人民法院申请执行，上一级人民法院经审查，可以责令原人民法院在一定期限内执行，也可以决定由本院执行或者指令其他人民法院执行。

有下列情形之一的，上一级人民法院可以根据申请执行人的申请，责令执行法院限期执行或者变更执行法院：①债权人申请执行时被执行人有可供执行的财产，执行法院自收到申请执行书之日起超过 6 个月对该财产未执行完结的；②执行过程中发现被执行人可供执行的财产，执行法院自发现财产之日起超过 6 个月对该财产未执行完结的；③对法律文书确定的行为义务的执行，执行法院自收到申请执行书之日起超过 6 个月未依法采取相应执行措施的；④其他有条件执行超过 6 个月未执行的。

5）执行中的其他问题

（1）委托执行

《民事诉讼法》规定，被执行人或被执行的财产在外地的，可以委托当地人民法院代为执行。受委托人民法院收到委托函件后，必须在 15 日内开始执行不得拒绝。

（2）执行异议

①当事人、利害关系人提出的异议。当事人、利害关系人认为执行行为违反法

律规定的，可以向负责执行的人民法院提出书面异议。当事人、利害关系人提出书面异议的，人民法院应当自收到书面异议之日起 15 日内审查，理由成立的，裁定撤销或者改正；理由不成立的，裁定驳回。当事人、利害关系人对裁定不服的，可以自裁定送达之日起 10 日内向上一级人民法院申请复议。

②案外人提出的异议。执行过程中，案外人对执行标的提出书面异议的，人民法院应当自收到书面异议之日起 15 日内审查，理由成立的，裁定中止对该标的的执行；理由不成立的，裁定驳回。案外人、当事人对裁定不服，认为原判决、裁定错误的，依照审判监督程序办理；与原判决、裁定无关的，可以自裁定送达之日起 15 日内向人民法院提起诉讼。案外人提起诉讼，对执行标的主张实体权利，并请求对执行标的停止执行的，应当以申请执行人为被告；被执行人反对案外人对执行标的所主张的实体权利的，应当以申请执行人和被执行人为共同被告。该诉讼由执行法院管辖，诉讼期间不停止执行。

③执行和解。在执行中，双方当事人自行和解达成协议的，执行员应当将协议内容记入笔录，由双方当事人签名或者盖章。一方当事人不履行和解协议的，人民法院可以根据对方当事人的申请，恢复对原生效法律文书的执行。

6）执行措施

执行措施主要有：

（1）查封、冻结、划拨被执行人的存款。

（2）扣留、提取被执行人的收入。

（3）查封、扣押、拍卖、变卖被执行人的财产。

（4）对被执行人及其住所或财产隐匿地进行搜查。

（5）强制被执行人和有关单位、公民交付法律文书指定的财物或票证。

（6）强制被执行人迁出房屋或退出土地。

（7）强制被执行人履行法律文书指定的行为。

（8）办理财产权证照转移手续。

（9）强制被执行人支付迟延履行期间的债务利息或迟延履行金。

（10）依申请执行人申请，通知对被执行人负有到期债务的第三人向申请执行人履行债务。

7）执行中止和终结

（1）执行中止

执行中止是指在执行过程中，因发生特殊情况，需要暂时停止执行程序。有下列情况之一的，人民法院应裁定中止执行：①申请人表示可以延期执行的；②案外人对执行标的提出确有理由异议的；③作为一方当事人的公民死亡，需要等待继承人继承权利或承担义务的；④作为一方当事人的法人或其他组织终止，尚未确定权利义务承受人的；⑤人民法院认为应当中止执行的其他情形，如被执行人确无财产可供执行等。中止的情形消失后，恢复执行。

（2）执行终结

在执行过程中，由于出现某些特殊情况，执行工作无法继续进行或没有必要继续进行的，结束执行程序。有下列情况之一的，人民法院应当裁定终结执行：①申请人撤销申请的；②据以执行的法律文书被撤销的；③作为被执行人的公民死亡，无遗产可供执行，又无义务承担人的；④追索培养费、扶养费、抚育费案件的权利人死亡的；⑤作为被执行人的公民因生活困难无力偿还借款，无收入来源，又丧失劳动能力的；⑥人民法院认为应当终结执行的其他情形。

12.4　仲裁制度

1. 仲裁概述

1）仲裁的概念和特点

仲裁是解决争议的一种重要方式。所谓仲裁是指双方当事人在发生争议之前或者争议发生之后达成协议，自愿将争议交给第三方评判，并由第三方做出对争议各方均有约束力的裁决的一种解决纠纷的法律制度。

根据仲裁的定义，其构成应具备以下要素：（1）双方当事人自愿协商通过仲裁方式解决争议；（2）解决争议的第三人是当事人自己选择的；（3）非司法机构的第三人为解决争议做出的裁决对双方当事人具有约束力。

作为一种解决财产权益纠纷的民间性裁判制度，仲裁既不同于解决同类争议的司法、行政途径，也不同于当事人的自行和解，具有以下特点：

（1）自愿性

当事人之间的纠纷，是否将其提交仲裁、交予哪一个仲裁委员会仲裁、仲裁庭的组成人员如何产生、仲裁适用何种程序规则，都是在当事人自愿的基础上，由当事人协商确定的，故仲裁能充分体现当事人意思自治的原则。

（2）专业性

由于仲裁的对象大都是民商事纠纷，常常涉及复杂的法律、经济贸易和技术性问题，所以，各仲裁机构大都具有分专业的仲裁员名册，如涉外贸易、知识产权、证券、建筑与房地产等专业，供当事人选定仲裁员，而仲裁员一般都是各行各业的专家。这些专家既懂法律，又精通某一领域的专业问题。当事人可以从所涉及行业的专家名册中指定仲裁员。这样，就能保证仲裁的专业权威性。

（3）灵活性

仲裁的灵活性很大，在程序上不像诉讼那样严格，程序灵活，很多环节可以被简化。

（4）保密性

仲裁一般以不公开审理为原则，并且各国有关的仲裁法律和仲裁规则都规定了仲裁员及仲裁秘书人员的保密义务，所以当事人的商业秘密和贸易活动不会因仲裁活动而泄露，仲裁表现出极强的保密性。

（5）快捷性

由于仲裁实行一裁终局制，不像诉讼那样实行两审终审制，这样就有利于当事人之间纠纷的迅速解决。

（6）经济性

仲裁的经济性主要表现在以下几个方面：①由于时间上的快捷性，费用也相应地节省了；②仲裁无需多次审判多次收费，故仲裁的收费一般要比诉讼收费低；③由于仲裁具有自愿性、保密性特点，当事人之间通常没有激烈对抗的态度，且商业秘密不必公之于世，对当事人之间今后的商业机会影响较小。

2）仲裁的基本原则

（1）当事人意思自治原则

这一原则通常也被称为当事人自愿原则，是《仲裁法》最基本的原则。这一原则主要体现在以下几个方面：

①当事人是否将他们之间发生的纠纷提交仲裁，由他们自愿协商决定。《仲裁法》规定，当事人采取仲裁方式解决纠纷，应当双方自愿，达成仲裁协议，一方申请仲裁的，仲裁委员会不予受理。当事人达成仲裁协议，一方向人民法院起诉的，人民法院不予受理。

②当事人将他们之间的纠纷提交哪一个仲裁委员会仲裁，亦由他们自愿协商决定。《仲裁法》规定仲裁委员会应当由当事人协议选定。仲裁不实行级别管辖和地域管辖。

（2）以事实为根据，以法律为准绳原则

以事实为根据，以法律为准绳，是我国法治建设的一项基本原则，当然也是《仲裁法》的基本原则。仲裁应当根据事实、符合法律规定，公平合理地解决纠纷。事实和法律是这一原则不可分割、不可偏废的两个方面。以事实为根据，意味着仲裁庭在仲裁的过程中，必须全面、客观、深入、细致地查明案件当事人的主体资格，查明案件的全部经过、现状及向仲裁庭提供的证据；以法律为准绳，意味着仲裁庭在查明事实的基础上，必须收集、理解与案件有关的法律，并准确地适用法律，公平合理地确认当事人的权利义务关系。

（3）独立公正仲裁原则

《仲裁法》第八条规定，仲裁依法独立进行，不受行政机关、社会团体和个人的干涉。仲裁委员会的设置独立于行政机关，与行政机关没有隶属关系。仲裁委员会之间也没有隶属关系。这是实现独立仲裁的组织保证。为了保证公正性，《仲裁法》也做了一系列规定，如要求仲裁员在思想品德方面要公道正派，规定了仲裁员的回避制度及仲裁员违反回避制度的法律责任。《仲裁法》还规定关于涉外仲裁委员会可以从外籍人士中聘任仲裁员，也充分体现了公正性。

（4）一裁终局原则

一裁终局原则是世界各国普遍接受的仲裁原则，我国《仲裁法》对此原则进行了确认。裁决做出后，当事人就同一纠纷再申请仲裁或者向人民法院起诉的，仲裁委员会或者人民法院不予受理。裁决书自做出之日起发生法律效力，当事人应当履行裁决，一方当事人不履行的，另一方当事人可以依照民事诉讼法的有关规定向人民法院申请执行，受申请的人民法院应当执行。

2. 仲裁协议

1）仲裁协议的概念及形式

仲裁协议是指当事人自愿将已经发生或者可能发生的争议通过仲裁解决的书面协议。《仲裁法》规定，仲裁协议包括合同中订立的仲裁条款和其他以书面形式在纠纷发生前或者纠纷发生后达成的请求仲裁的协议。据此，仲裁协议应当采用书面形式，口头方式达成的仲裁意思表示无效。仲裁协议既可以表现为合同中的仲裁条款，也可以表现为独立于合同而存在的仲裁协议书。在实践中，合同中的仲裁条款是最常见的仲裁协议形式。

《最高人民法院关于适用〈中华人民共和国仲裁法〉若干问题的解释》规定，仲裁法第十六条规定的"其他书面形式"的仲裁协议，包括以合同书、信件和数据电文（包括电报、电传、传真、电子数据交换和电子邮件）等形式达成的请求仲裁的协议。此外，《中华人民共和国电子签名法》还规定，能够有形地表现所载内容，并可以随时调取查用的数据电文，视为符合法律、法规要求的书面形式；可靠的电子签名与手写签名或者盖章具有同等的法律效力。

2）仲裁协议的内容

仲裁协议应当具有下列内容，且这三项内容必须同时具备，仲裁协议才能有效。

（1）请求仲裁的意思表示

请求仲裁的意思表示，是指条款中应该有"仲裁"两字，表明当事人的仲裁意愿。该意愿应当是确定的，而不是模棱两可的。有的当事人在合同中约定发生争议可以提交仲裁，也可以提交诉讼，根据这种约定就无法判定当事人有明确的仲裁意愿。因此，《最高人民法院关于适用〈中华人民共和国仲裁法〉若干问题的解释》规定，这样的仲裁协议无效。

（2）仲裁事项

仲裁事项，可以是当事人之间合同履行过程中的或与合同有关的一切争议，也可以是合同中某一特定问题的争议；既可以是事实问题的争议，也可以是法律问题的争议，其范围取决于当事人的约定。

（3）选定的仲裁委员会

选定的仲裁委员会，是指仲裁委员会的名称应该准确。《最高人民法院关于适用〈中华人民共和国仲裁法〉若干问题的解释》规定，仲裁协议约定的仲裁机构名称不准确，但能够确定具体的仲裁机构的，应当认定选定了仲裁机构。仲裁协议约定两个以上仲裁机构的，当事人可以协议选择其中的一个仲裁机构申请仲裁；当事人不能就仲裁机构选择达成一致的，仲裁协议无效。仲裁协议约定由某地的仲裁机构仲裁且该地仅有一个仲裁机构的，该仲裁机构视为约定的仲裁机构。该地有两个以上仲裁机构的，当事人可以协议选择其中的一个仲裁机构申请仲裁；当事人不能就仲裁机构选择达成一致的，仲裁协议无效。

3）仲裁协议的效力

（1）对当事人的法律效力

仲裁协议一经有效成立，即对当事人产生法律约束力。发生纠纷后，当事人只能向仲裁协议中约定的仲裁机构申请仲裁，而不能就该纠纷向法院提起诉讼。

（2）对法院的约束力

有效的仲裁协议可排除法院的司法管辖权。《仲裁法》规定，当事人达成仲裁协议，一方向人民法院起诉未声明有仲裁协议，人民法院受理后，另一方在首次开庭前提交仲裁协议的，人民法院应当驳回起诉，但仲裁协议无效的除外。

（3）对仲裁机构的法律效力

仲裁协议是仲裁委员会受理仲裁案件的基础，是仲裁庭审理和裁决案件的依据。没有有效的仲裁协议，仲裁委员会就不能获得仲裁案件的管辖权。同时，仲裁委员会只能对当事人在仲裁协议中约定的争议事项进行仲裁，对超出仲裁协议约定范围的其他争议无权仲裁。

（4）仲裁协议的独立性

仲裁协议独立存在，合同的变更、解除、终止或者无效，以及合同成立后未生效、被撤销等，均不影响仲裁协议的效力。当事人在订立合同时就争议解决达成仲裁协议的，合同未成立也不影响仲裁协议的效力。

（5）仲裁协议效力的确认

当事人对仲裁协议效力有异议的，应当在仲裁庭首次开庭前提出。当事人既可以请求仲裁委员会做出决定，也可以请求人民法院裁定。一方请求仲裁委员会做出决定，另一方请求人民法院做出裁定的，由人民法院裁定。

当事人向人民法院申请确认仲裁协议效力的案件，由仲裁协议约定的仲裁机构所在地的中级人民法院管辖；仲裁协议约定的仲裁机构不明确的，由仲裁协议签订地或者被申请人住所地的中级人民法院管辖。

3. 仲裁的程序

1）仲裁的申请和受理

（1）申请仲裁的条件

当事人申请仲裁，应当符合下列条件：①有仲裁协议；②有具体的仲裁请求、事实、理由；③属于仲裁委员会的受理范围。

（2）申请仲裁的方式

当事人申请仲裁，应当向仲裁委员会递交仲裁协议、仲裁申请书及副本。仲裁申请书应当载明下列事项：①当事人的姓名、性别、年龄、职业、工作单位、住所、联系方式，法人或者其他组织的名称、住所和法定代表人或者主要负责人的姓名、职务、联系方式；②仲裁请求和所根据的事实、理由；③证据和证据来源、证人姓名和住所。

（3）审查与受理

仲裁委员会收到仲裁申请书之日起 5 日内，认为符合受理条件的应当受理，并通知当事人；认为不符合受理条件的，应当书面通知当事人不予受理，并说明理由。

仲裁委员会受理仲裁申请后，应当在仲裁规则规定的期限内将仲裁规则和仲裁员名册送达申请人，并将仲裁申请书副本、仲裁规则、仲裁员名册送达被申请人。被申请人收到仲裁申请书副本后，应当在仲裁规则规定的期限内向仲裁委员会提交答辩书。仲裁委员会收到答辩书后，应当在仲裁规则规定的期限内将答辩书副本送达申请人。被申请人未提交答辩书的，不影响仲裁程序的进行。被申请人可以承认或者反驳仲裁请求，有权提出反请求。

（4）财产保全和证据保全

为保证仲裁程序顺利进行，仲裁案件公正审理以及仲裁裁决有效执行，当事人有权申请财产保全和证据保全。

2）仲裁的开庭和裁决

（1）仲裁庭的组成

仲裁庭的组成形式包括合议仲裁庭和独任仲裁庭，即仲裁庭可以由 3 名仲裁员或者 1 名仲裁员组成。由 3 名仲裁员组成的，设首席仲裁员。

①合议仲裁庭

当事人约定由 3 名仲裁员组成仲裁庭的，应各自选定或者各自委托仲裁委员会主任指定 1 名仲裁员，第 3 名仲裁员由当事人共同选定或者共同委托仲裁委员会主任指定。第 3 名仲裁员是首席仲裁员。

②独任仲裁庭

当事人约定 1 名仲裁员成立仲裁庭的，应当由当事人共同选定或者共同委托仲裁委员会主任指定仲裁员。当事人没有在仲裁规定的期限内约定仲裁庭的组成方式或者选定仲裁员的，由仲裁委员会主任指定。

仲裁员有下列情形之一的，必须回避，当事人也有权提出回避申请：①是本案当事人或者当事人、代理人的近亲属；②与本案有利害关系；③与本案当事人、代理人有其他关系，可能影响公正仲裁的；④私自会见当事人、代理人或者接受当事人、代理人的请客送礼的。

（2）开庭和审理

仲裁应当开庭进行。当事人协议不开庭的，仲裁庭可以根据仲裁申请书、答辩书以及其他材料做出裁决。当事人应当对自己的主张提供证据。仲裁庭认为有必要收集的证据，可以自行收集。证据应当在开庭时出示，当事人可以质证。当事人在仲裁过程中有权进行辩论。

仲裁庭可以做出缺席裁决。申请人无正当理由开庭时不到庭的，或在开庭审理时未经仲裁庭许可中途退庭的，视为撤回仲裁申请；如果被申请人提出了反请求，不影响仲裁庭就反请求进行审理，并做出裁决。被申请人无正当理由开庭时不到庭的，或在开庭审理时未经仲裁庭许可中途退庭的，仲裁庭可以进行缺席审理，并做出裁决；如果被申请人提出了反请求，视为撤回反请求。

（3）仲裁中的和解与调解

当事人申请仲裁后可以自行和解，仲裁庭在做出裁决前可以先行调解。

（4）仲裁裁决

仲裁裁决应当按照多数仲裁员的意见做出，少数仲裁员的不同意见可以记入笔录。仲裁庭不能形成多数意见时，裁决应当按照首席仲裁员的意见做出。《仲裁法》第五十七条规定，裁决书自做出之日起发生法律效力。

《仲裁法》第五十六条规定，对裁决书中的文字、计算错误或者仲裁庭已经裁决但在裁决书中遗漏的事项，仲裁庭应当补正；当事人自收到裁决书之日起 30 日内，可以请求仲裁庭补正。

裁决书的效力是：①裁决书一裁终局，当事人不得就已经裁决的事项再申请仲裁，也不得就此提起诉讼；②仲裁裁决具有强制执行力，一方当事人不履行的，对方当事人可以到法院申请强制执行；③仲裁裁决在所有《承认及执行外国仲裁裁决公约》缔约国（或地区）可以得到承认和执行。

3）申请撤销裁决

当事人提出证据证明裁决有下列情形之一的，可向仲裁委员会所在地的中级人民法院申请撤销裁决：①没有仲裁协议的；②裁决的事项不属于仲裁协议的范围或者仲裁委员会无权仲裁的；③仲裁庭的组成或者仲裁的程序违反法定程序的；④裁决所依据的证据是伪造的；⑤对方当事人隐瞒了足以影响公正裁决的证据的；⑥仲裁员在仲裁该案时有索贿受贿，徇私舞弊，枉法裁决行为的。

《仲裁法》第五十九条规定，当事人申请撤销裁决的，应当自收到裁决书之日起6个月内提出。

《仲裁法》第九条规定，裁决被人民法院依法裁定撤销或者不予执行的，当事人就该纠纷可以根据双方重新达成的仲裁协议申请仲裁，也可以向人民法院起诉。

4）仲裁裁决的执行

（1）仲裁裁决的强制执行力

《仲裁法》第六十二条规定，当事人应当履行裁决。一方当事人不履行的，另一方当事人可以依照民事诉讼法的有关规定向人民法院申请执行。受申请的人民法院应当执行。

仲裁裁决的强制执行应当向有管辖权的法院提出申请。被执行人在中国境内的，国内仲裁裁决由被执行人住所地或被执行人财产所在地的人民法院执行；涉外仲裁裁决，由被执行人住所地或被执行人财产所在地的中级人民法院执行。

申请仲裁裁决强制执行必须在法律规定的期限内提出。根据《民事诉讼法》第二百四十六条的规定，申请执行的期间为2年。申请执行时效的中止、中断，适用法律有关诉讼时效中止、中断的规定。申请仲裁裁决强制执行的期限，自法律文书规定履行期间的最后1日起计算；法律文书规定分期履行的，从最后一期履行期限届满之日起计算；法律文书未规定履行期间的，从法律文书生效之日起计算。

（2）仲裁裁决的不予执行

根据《民事诉讼法》第二百四十四条的规定，被申请人提出证据证明仲裁裁决有下列情形之一的，经人民法院组成合议庭审查核实，裁定不予执行：

①当事人在合同中没有订有仲裁条款或者事后没有达成书面仲裁协议的。

②裁决的事项不属于仲裁协议的范围或者仲裁机构无权仲裁的。

③仲裁庭的组成或者仲裁的程序违反法定程序的。

④裁决所根据的证据是伪造的。

⑤对方当事人向仲裁机构隐瞒了足以影响公正裁决的证据的。

⑥仲裁员在仲裁该案时有贪污受贿，徇私舞弊，枉法裁决行为的。

人民法院认定执行该裁决违背社会公共利益的，裁定不予执行。

仲裁裁决被人民法院裁定不予执行的，当事人可以根据双方达成的书面仲裁协议重新申请仲裁，也可以向人民法院起诉。

12.5 行政复议和行政诉讼制度

行政复议、行政诉讼处理和解决的都是行政争议，但二者又有着明显区别。行政复议，是指行政机关根据上级行政机关对下级行政机关的监督权，在当事人的申请和参加下，按照行政复议程序对具体行政行为进行合法性和适当性审查，并做出决定以解决行政侵权争议的活动。行政诉讼，是指人民法院应当事人的请求，通过审查具体行政行为合法性的方式，解决特定范围内行政争议的活动。行政诉讼、民事诉讼、刑事诉讼构成我国的基本诉讼制度。

此外，行政复议以具体行政行为为审查对象，但可应当事人的申请，依法附带审查该具体行政行为所依据的行政机关相关规定（即抽象行政行为）的合法性，而行政诉讼只对具体行政行为进行审查；行政复议不仅审查具体行政行为的合法性，也审查具体行政行为的适当性，行政诉讼只审查具体行政行为的合法性；具体行政行为经行政复议后，对行政复议不服的，绝大多数情况下还可依法再提起行政诉讼，但不允许经行政诉讼裁判生效后就同一行政纠纷再提行政复议。

1. 行政复议法律制度

1）行政复议受理范围

行政复议的目的，是防止和纠正违法的或者不当的具体行政行为，保护公民、法人和其他组织的合法权益，保障和监督行政机关依法行使职权。因此，只要是公民、法人或者其他组织认为行政机关的具体行政行为侵犯其合法权益，就有权向行政机关提出行政复议申请。

《中华人民共和国行政复议法》（以下简称《行政复议法》）规定，有15项可申请行政复议的具体行政行为，结合建设工程实践，其中第（15）条尤为重要：

（1）对行政机关做出的行政处罚决定不服。

（2）对行政机关做出的行政强制措施、行政强制执行决定不服。

（3）申请行政许可，行政机关拒绝或者在法定期限内不予答复，或者对行政机关做出的有关行政许可的其他决定不服。

（4）对行政机关做出的确认自然资源的所有权或者使用权的决定不服。

（5）对行政机关做出的征收征用决定及其补偿决定不服。

（6）对行政机关做出的赔偿决定或者不予赔偿决定不服。

（7）对行政机关做出的不予受理工伤认定申请的决定或者工伤认定结论不服。

（8）认为行政机关侵犯其经营自主权或者农村土地承包权、农村土地经营权。

（9）认为行政机关滥用行政权力排除或限制竞争。

（10）认为行政机关违法集资、摊派费用或者违法要求履行其他义务。

（11）申请行政机关履行保护人身权利、财产权利、受教育权利等合法权益的法定职责、行政机关拒绝履行、未依法履行或者不予答复。

（12）申请行政机关依法给付抚恤金、社会保险待遇或者最低生活保障等社会保障，行政机关没有依法给付。

（13）认为行政机关不依法订立、不依法履行、未按照约定履行或者违法变更、解除政府特许经营协议、工地房屋征收补偿协议等行政协议。

（14）认为行政机关在政府信息公开工作中侵犯其合法权益。

（15）认为行政机关的其他具体行政行为侵犯其合法权益。

此外，公民、法人或者其他组织认为行政机关的具体行政行为所依据的下列规范性文件不合法，在对具体行政行为申请行政复议时，可以一并向行政复议机关提出对该规范性文件的附带审查申请：（1）国务院部门的规范性文件；（2）县级以上地方各级人民政府及其工作部门的规范性文件；（3）乡、镇人民政府的规范性文件；（4）法律、法规、规章授权的组织的规范性文件。但以上规范性文件不含规章。规章的审查依照法律、行政法规办理。

下列事项不属于行政复议范围：（1）国防、外交等国家行为；（2）行政法规、规章或者行政机关制定、发布的具有普遍约束力的决定、命令等规范性文件；（3）行政机关对行政机关工作人员的奖惩、任免等决定；（4）行政机关对民事纠纷做出的调解。

2）行政复议程序

（1）行政复议申请

公民、法人或者其他组织认为具体行政行为侵犯其合法权益的，可以自知道该具体行政行为之日起 60 日内提出行政复议申请；但法律规定的申请期限超过 60 日的除外。因不可抗力或者其他正当理由耽误法定申请期限的，申请期限自障碍消除之日起继续计算。

依法申请行政复议的公民、法人或者其他组织是申请人。做出具体行政行为的行政机关是被申请人。申请人可以委托代理人代为参加行政复议。申请人申请行政复议，可以书面申请，也可以口头申请。

对于行政复议，应当按照《行政复议法》的规定向有权受理的行政机关申请，如"对县级以上地方各级人民政府工作部门的具体行政行为不服的，由申请人选择，可以向该部门的本级人民政府申请行政复议，也可以向上一级主管部门申请行政复议"。

申请行政复议，凡行政复议机关已经依法受理的，或者法律、法规规定应当先向行政复议机关申请行政复议、对行政复议决定不服再向人民法院提起行政诉讼的，在法定行政复议期限内不得向人民法院提起行政诉讼。公民、法人或者其他组织向人民法院提起行政诉讼，人民法院已经依法受理的，不得申请行政复议。

（2）行政复议受理

行政复议机关收到行政复议申请后，应当在5日内进行审查，依法决定是否受理，并书面告知申请人；对符合行政复议申请条件，但不属于本机关受理范围的，应当告知申请人向有关行政复议机关提出。

在行政复议期间，行政机关不停止执行该具体行政行为，但有下列情形之一的，可以停止执行：①被申请人认为需要停止执行的；②行政复议机关认为需要停止执行的；③申请人申请停止执行，行政复议机关认为其要求合理，决定停止执行的；④法律规定停止执行的。

（3）行政复议决定

行政复议原则上采取书面审查的办法，但申请人提出要求或者行政复议机关负责法制工作的机构认为有必要时，可以向有关组织和人员调查情况，听取申请人、被申请人和第三人的意见。行政复议决定做出前，申请人要求撤回行政复议申请的，经说明理由，可以撤回；撤回行政复议申请的，行政复议终止。

行政复议机关应当在受理行政复议申请之日起60日内做出行政复议决定，其主要类型有：

①对于具体行政行为认定事实清楚，证据确凿，适用依据正确，程序合法，内容适当的，决定维持。

②对于被申请人不履行法定职责的决定，其在一定期限内履行。

③对于具体行政行为有下列情形之一的，决定撤销、变更或者确认该具体行政行为违法：（a）主要事实不清、证据不足的；（b）适用依据错误的；（c）违反法定程序的；（d）超越或者滥用职权的；（e）具体行政行为明显不当的。对于决定撤销或者确认该具体行政行为违法的，可以责令被申请人在一定期限内重新做出具体行政行为。

申请人在申请行政复议时可以一并提出行政赔偿请求，行政复议机关对符合国家赔偿法有关规定应当给予赔偿的，在决定撤销、变更具体行政行为或者确认具体行政行为违法时，应同时决定被申请人依法给予赔偿。

2. 行政诉讼法律制度

1）行政诉讼受案范围

行政诉讼受案范围是指哪些行政争议可以进入行政诉讼加以解决。该受案范围确定了行政机关行政行为受司法监督的限度，以及公民、法人或其他组织获得司法救济的范围。

《行政诉讼法》规定，法院受理公民、法人和其他组织对下列具体行政行为不服提起的诉讼：

（1）对拘留、罚款、吊销许可证和执照、责令停产停业、没收财物等行政处罚不服的。

（2）对限制人身自由（如强制隔离、强制约束）或者对财产的查封、扣押、冻结等行政强制措施不服的。

（3）认为行政机关侵犯法律规定的经营自主权的。

（4）认为符合法定条件申请行政机关颁发许可证和执照，行政机关拒绝颁发或者不予答复的。

（5）申请行政机关履行保护人身权、财产权的法定职责，行政机关拒绝履行或者不予答复的。

（6）认为行政机关没有依法发给抚恤金的（如伤残抚恤金、遗属抚恤金、福利金、救济金等）。

（7）认为行政机关违法要求履行义务的（如财产义务、行为义务，典型表现为乱收费、乱摊派）。

（8）认为行政机关侵犯其他人身权、财产权的。

（9）法律、法规规定可以提起行政诉讼的其他行政案件。

但是，法院不受理公民、法人或者其他组织对下列事项提起的诉讼：（1）国防、外交等国家行为；（2）行政法规、规章或者行政机关制定、发布的具有普遍约束力的决定、命令；（3）行政机关对行政机关工作人员的奖惩、任免等决定；（4）法律规定由行政机关最终裁决的具体行政行为。

2）行政诉讼的法院管辖

行政诉讼管辖指不同级别和地域的人民法院之间在受理第一审行政案件的权限分工。

（1）级别管辖。行政诉讼案件一般都由基层人民法院管辖，有下列情形之一的，应当由中级人民法院管辖第一审行政案件：①确认发明专利权的案件、海关处理的案件；②对国务院各部门或者省、自治区、直辖市人民政府所做的具体行政行为提起诉讼的案件；③本辖区内重大、复杂的案件。

高级人民法院和最高人民法院只管辖本辖区范围内重大、复杂行政诉讼案件。

（2）一般地域管辖。行政案件由最初做出具体行政行为的行政机关所在地人民法院管辖。经复议的案件，复议机关改变原具体行政行为的，也可以由复议机关所在地人民法院管辖。对限制人身自由的行政强制措施不服提起的诉讼，由被告所在地或者原告所在地人民法院管辖。因不动产提起的行政诉讼，由不动产所在地人民法院管辖。两个以上人民法院都有管辖权的案件，原告可以选择其中一个人民法院提起诉讼。原告向两个以上有管辖权的人民法院提起诉讼的，由最先收到起诉状的人民法院管辖。

3）行政诉讼程序

行政诉讼程序如表 12-2 所示。

行政诉讼程序 表 12-2

行政诉讼程序	(1)起诉	提起诉讼应当符合下列条件：①原告是认为具体行政行为侵犯其合法权益的公民、法人或者其他组织；②有明确的被告；③有具体的诉讼请求和事实根据；④属于人民法院受案范围和受诉人民法院管辖 行政争议未经行政复议，由当事人直接向法院提起行政诉讼的，除法律另有规定的外，应当在知道做出具体行政行为之日起 3 个月内起诉。经过行政复议但对行政复议决定不服而依法提起行政诉讼的，应当在收到行政复议决定书之日起 15 日内起诉；若行政复议机关逾期不做复议决定的，除法律另有规定的外，应当在行政复议期满之日起 15 日内起诉
	(2)受理	人民法院接到起诉状，经审查，应当在 7 日内立案或者做出裁定不予受理。原告对裁定不服的，可以提起上诉
	(3)审理	《行政诉讼法》规定，行政诉讼期间，除该法规定的情形外，不停止具体行政行为的执行。法院审理行政案件，不适用调解。除涉及国家秘密、个人隐私和法律另有规定之外，人民法院公开审理行政案件 人民法院审理行政案件，以法律和行政法规、地方性法规为依据。地方性法规适用于本行政区域内发生的行政案件；审理民族自治地方的行政案件，并以该民族自治地方的自治条例和单行条例为依据。人民法院审理行政案件，参照国务院部、委根据法律和国务院的行政法规、决定、命令制定、发布的规章以及省、自治区、直辖市和省、自治区的人民政府所在地的市和经国务院批准的较大的市的人民政府根据法律和国务院的行政法规制定、发布的规章。经人民法院两次合法传唤，原告无正当理由拒不到庭的，视为申请撤诉；被告无正当理由拒不到庭的，可以缺席判决
	(4)判决	法院对行政诉讼的一审判决有如下几种：①认为具体行政行为证据确凿，适用法律、法规正确，符合法定程序的，判决维持。②认为具体行政行为有下列情形之一，判决撤销或者部分撤销，并可以判决被告重新做出具体行政行为：(a)主要证据不足的；(b)适用法律、法规错误的；(c)违反法定程序的；(d)超越职权的；(e)滥用职权的。③认为被告不履行或拖延履行法定职责，判决其在一定限期内履行。④认定行政处罚显失公正（即同类型的行政处罚畸轻畸重，明显的不公正）的，可以判决变更。⑤认为原告的诉讼请求依法不能成立，直接判决否定原告的诉讼请求。⑥通过对被诉具体行政行为的审查，确认被诉具体行政行为合法或违法的判决 我国实行二审终审制。当事人不服人民法院第一审判决的，有权在判决书送达之日起 15 日内向上一级人民法院提起上诉；不服人民法院第一审裁定的，有权在裁定书送达之日起 10 日内向上一级人民法院提起上诉。逾期不提起上诉的，人民法院的第一审判决或者裁定发生法律效力 第二审人民法院在二审程序中对上诉案件进行审理，并依法做出驳回上诉，维持原判，或者撤销原判、依法改判，或者裁定撤销原判，发回原审人民法院重审 当事人对已经发生法律效力的判决、裁定，认为确有错误的，可以向原审人民法院或者上一级人民法院提出申诉，但判决、裁定不停止执行
	(5)执行	当事人必须履行人民法院发生法律效力的判决、裁定。公民、法人或者其他组织拒绝履行判决、裁定的，行政机关可以向第一审人民法院申请强制执行，或者依法强制执行。公民、法人或者其他组织对具体行政行为在法定期间不提起诉讼又不履行的，行政机关可以申请人民法院强制执行，或者依法强制执行

本章小结

本章主要介绍了五部分内容：建设工程纠纷概述，调解、和解制度与争议评审，民事诉讼制度，仲裁制度，行政复议和行政诉讼制度。分别对建设工程纠纷的主要种类以及解决建设工程纠纷的途径；调解的规定、和解的规定、争议评审机制的规定；民事诉讼的法院管辖、民事诉讼当事人和代理人的规定、民事诉讼中的证据制度、民事诉讼时效的规定、民事诉讼的审判程序、民事诉讼的执行程序；仲裁概述、仲裁协议、仲裁的程序；行政复议法律制度、行政诉讼法律制度等内容进行了具体的阐述。

建设工程纠纷是指建设工程当事人对建设过程中的权利和义务产生了不同的理解，由此而引发的争议，其起因复杂、争议标的额大、涉及层面广、内容复杂、解决难度大。处理建设工程纠纷包括非诉讼和诉讼两种方式。建设工程民事纠纷最理想的解决方法是和解，建设工程行政纠纷可以通过行政复议或行政诉讼来解决。如果建设工程法律关系主体的行为触犯了刑法的规定，则应当依法追究其刑事责任。

◆ 课后练习

一、选择题

1. 关于行政行为的说法，正确的是 （   ）。

A. 行政行为具有自愿性

B. 实施行政行为具有单方意志性

C. 行政行为具有不可裁量性

D. 行政行为不属于执法行为

2. 如果当事人在合同中没有约定通过仲裁解决争议，则只能通过 （   ）作为解决争议的最终方式。

A. 调解　　　　　B. 审查　　　　　C. 诉讼　　　　　D. 和解

3. 施工单位与物资供应单位因采购的防水材料质量问题发生争议，双方多次协商，但没有达成和解，则关于此争议的处理，下列说法中正确的是 （   ）。

A. 双方依仲裁协议申请仲裁后，仍可以和解

B. 如果双方在申请仲裁后达成了和解协议，该和解协议即具有法律强制执行力

C. 如果双方通过诉讼方式解决争议，不能再和解

D. 如果在人民法院执行中，双方当事人达成和解协议，则原判决书终止执行

4. 在合同纠纷的调解解决中，经（　　）达成的调解书可以成为人民法院强制执行的直接根据。

A. 法院调解　　　B. 民间调解　　　　C. 行政调解　　　　D. 律师调解

5. 关于民事诉讼执行程序的说法，正确的是（　　）。

A. 具有执行力的裁判文书只能由做出该裁判文书的法院负责执行

B. 执行可以采取查封、扣押、冻结等措施

C. 执行异议审查和复议期间，暂停执行

D. 执行申请人只能是诉讼当事人

6. 关于人民法院管辖权的说法，正确的是（　　）。

A. 原告向两个以上有管辖权的人民法院起诉的，由最先受理的人民法院管辖

B. 两个以上人民法院都有管辖权的诉讼，原告可以向其中一个人民法院起诉

C. 有管辖权的人民法院由于特殊原因，不能行使管辖权的，移送上级人民法院直接管辖

D. 人民法院之间因管辖权发生争执，报请共同上级人民法院直接管辖

7. 根据《民事诉讼法》，关于证据的说法，正确的是（　　）。

A. 书证只能提交原件

B. 涉及商业秘密的证据需要在法庭出示的，应当在公开开庭时出示

C. 经过公证证明的文书，人民法院可以作为认定事实的根据

D. 证据应当在法庭上出示，并由当事人互相质证

8. 关于仲裁庭组成的说法，正确的是（　　）。

A. 首席仲裁员应当由仲裁委员会指定

B. 当事人双方必须各自选定合议仲裁庭中的一名仲裁员

C. 当事人未在规定期限内选定仲裁员的，由仲裁委员会主任指定

D. 仲裁庭应当由3名仲裁员组成

9. 关于仲裁的说法，正确的是（　　）。

A. 没有仲裁协议或者仲裁协议无效的，法院对当事人的纠纷应当予以受理

B. 对于仲裁协议有效的仲裁案件，法院仍具有管辖权

C. 只要一方当事人申请仲裁，仲裁委员会都应当予以受理

D. 仲裁裁决做出后，当事人就同一纠纷向法院起诉的，法院应当予以受理

10. 关于行政复议的说法，正确的是（　　）。

A. 行政复议既可以解决行政纠纷，也可以解决民事纠纷

B. 在行政复议中随时可以调解

C. 行政复议可以与申请一并审查抽象行政行为

D. 行政复议决定具有终局性

二、简答题

1. 简述解决建设工程纠纷的途径。

2. 什么是争议评审机制？

3. 民事诉讼的法院管辖是什么意思？有哪些分类？

4. 简述民事诉讼证据的种类。

5. 简述关于民事诉讼的相关规定。

6. 简述仲裁的特点。

7. 简述仲裁协议的内容。什么情况下仲裁协议无效？

8. 简述行政诉讼的基本程序。

9. 简述行政复议的受理范围。

10. 在建设工程中，当遇到纠纷时，你会选择哪些途径解决？

参考文献

[1] 李永福，孙晓冰. 建设工程法规 [M]. 3 版. 北京：中国建筑工业出版社，2022.

[2] 王小艳，韦新丹. 建设工程法规及案例分析 [M]. 武汉：华中科技大学出版社，2020.

[3] 全国一级建造师执业资格考试用书编写委员会. 建设工程法规及相关知识 [M]. 北京：中国建筑工业出版社，2023.

[4] 黄薇. 中华人民共和国民法典释义（中）[M]. 北京：法律出版社，2020.

[5] 法律出版社法规中心. 中华人民共和国建筑法注释本（全新修订版）[M]. 北京：法律出版社，2021.

[6] 法律出版社法规中心. 中华人民共和国土地管理法注释本（全新修订版）[M]. 北京：法律出版社，2022.

[7] 法律出版社法规中心. 中华人民共和国城市房地产管理法注释本（全新修订版）[M]. 北京：法律出版社，2021.

[8] 法律出版社法规中心. 中华人民共和国城乡规划法注释本（全新修订版）[M]. 北京：法律出版社，2022.

[9] 法律出版社法规中心. 最新招标投标法规汇编 [M]. 北京：法律出版社，2022.

[10] 法律出版社法规中心. 中华人民共和国安全生产法注释本（全新修订版）[M]. 北京：法律出版社，2021.

[11] 法律出版社法规中心. 中华人民共和国劳动法注释本（全新修订版）[M]. 北京：法律出版社，2022.

[12] 法律出版社法规中心. 中华人民共和国劳动合同法注释本（全新修订版）[M]. 北京：法律出版社，2022.

[13] 法律出版社法规中心. 2023 年版中华人民共和国合同法律法规全书（含示范文本）[M]. 北京：法律出版社，2023.